Lebensart *genießen*

im Fichtelgebirge

Neuausgabe, Oktober 2019

ISBN 978-3-9818551-1-1
Hergestellt in Deutschland.

Titel: Musenkopf der Luisenburg-Festspiele in Schokolade. Gestaltung: Eva Hagen, ADM Service
(Verwendung mit Genehmigung der Luisenburg-Festspiele, Künstlerische Leiterin: Birgit Simmler).

Lebensart *genießen*
im Fichtelgebirge

Herausgegeben
von Oliver van Essenberg

Essen Trinken Ausgehen
Ausstattung Design Architektur
Kunst Kultur Natur

selekt

Editorial

Refugium Fichtelgebirge – eine Region als Rückzugsort. Dieses Erlebnis ist nachvollziehbar, auch heute noch. Man taucht ab aus dem Gewimmel der Städte, lässt den Alltag hinter sich und saugt die frische Luft und die Eindrücke in sich auf. Auftakt zu einer Symphonie der Grüntöne.

Ein Rückzugsort sollte das Fichtelgebirge schon früher sein, als vor über 200 Jahren Kurgäste aus aller Welt anreisten, um sich von den Strapazen des Kurlebens in den mondänen böhmischen Kurorten zu erholen. Das Motiv ist geblieben: das Fichtelgebirge als Kurort für Körper und Geist. Und das Fichtelgebirge hat sich nach allen Wechselfällen der Geschichte einen ganz eigenen Charme bewahrt. Er erschließt sich nicht jedem sofort. Hier pulsiert nicht das mondäne Leben, hier sind die Sehenswürdigkeiten nicht wie an einer Promenade aufgereiht. An der Oberfläche wirkt das Fichtelgebirge eher ein wenig rau. Doch das macht gerade den Reiz aus, weil sich der Eindruck bei genauerem Hinsehen auflöst und eine unwahrscheinliche Vielfalt zu Tage tritt.

Wenn es dafür noch eines Beweises bedurft hätte, kann das Buch „Lebensart genießen – im Fichtelgebirge“ die Belege liefern. Es präsentiert einen einzigartigen Querschnitt rund um Kulinarik, Spezialitäten, Zeitgeschichte und Aktuelles, Kunst und Kultur, Handwerk und Design, Natur und Freizeit. Dabei schlägt es eine Brücke zwischen – auf den ersten Blick – rein populär erscheinenden Alltagsthemen und regionalen Besonderheiten, die die Leser mit einem Aha-Effekt beglücken soll. Faszinierende Bilder und Beiträge profilierter Autoren runden den Mix ab.

Aufgrund der zahlreichen Adressempfehlungen hat das Buch einen hohen Nutzwert und kann langfristig auch als Nachschlagwerk benutzt werden. Die Empfehlungen wurden sorgfältig ausgewählt mit Bick auf Kriterien wie Regionalität, Naturnähe, handwerkliche Vielseitigkeit und geschichtliche Bedeutung. Die vorgestellten Betriebe haben die aufwendige Erstellung des Buches intellektuell und finanziell unterstützt. Ohne ihren Beitrag wäre die Umsetzung in der vorliegenden Qualität nicht möglich gewesen. So auch nicht ohne die Mithilfe, die ich von Institutionen und Organisationen erfahren habe, namentlich die Entwicklungsagentur Fichtelgebirge, die Luisenburg-Festspiele, der Förderverein Fichtelgebirge und die Tourismuszentrale Fichtelgebirge. Ihnen allen gebührt mein herzlicher Dank.

Und jetzt eine genussvolle, Appetit anregende Lektüre!

Oliver van Essenberg

Inhalt

Essen
Trinken
Ausgehen

Spezialität Wildkräuter: ab Seite 52

Textilprodukte von einer alten Rasse: Seite 120

Ausstattung Design Architektur

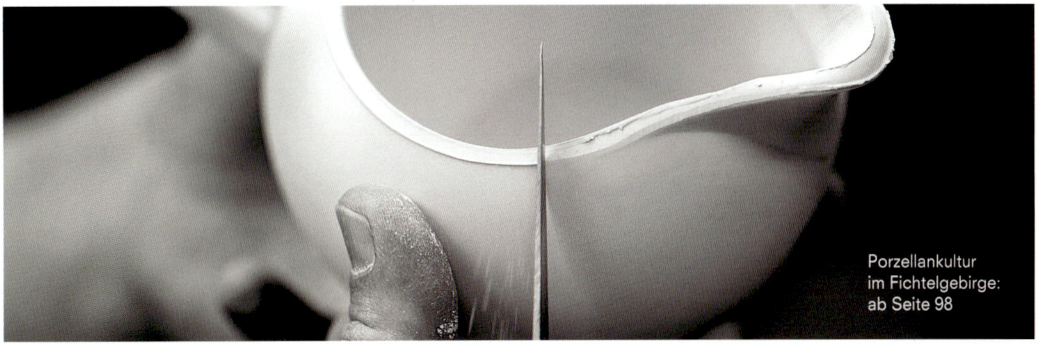

Porzellankultur im Fichtelgebirge: ab Seite 98

Felsenlabyrinth und Naturbühne: ab Seite 200

Schwarzenbach ist Entenhausen: ab Seite 192

Kunst
Kultur
Natur

Mein Fichtelgebirge

von
Birgit Simmler

Acht Uhr früh. Auf ins Theater. Luisenburg-Parkplatz. Aussteigen, Richtung Berg. Durchatmen. Lächeln. Da liegen sie, die moosüberwucherten Steinriesen. Heidelbeerbüsche überall als heimischer Bodendecker. Vorm Büro noch ein Abstecher in den Wald. Die Luft genießen und den Duft. Rückweg durchs Felsenlabyrinth.

Inzwischen weiß ich, wie ich „wild" ins Labyrinth komme. Früh am Morgen, wenn ich allein bin, überträgt sich für mich die Faszination der Menschen, die vor 200 Jahren diesen Ort als bürgerlichen Landschaftsgarten erschlossen. Damals, als Goethe durch den Granit gerobbt ist und Proben nahm.
Als Humboldt die Romantik einläutete und vom Felsenmeer sprach wie Naturforscher heute vom Himalaya. Die Gegend als kalt, unzugänglich, feindlich beschrieb.
Für mich erzählt das Felsenlabyrinth vom Charakter der Menschen im Fichtelgebirge. Oder zumindest meiner Vorstellung davon. Macher in einer Region, die stets fern der Machtzentren lag. Die sich lieber auf sich selbst verlassen als auf die Obrigkeit. Man ist skeptisch gegenüber den Mächtigen und misstraut ihren Anbiederungen. Das Felsenlabyrinth entstand als bürgerlicher Landschaftsgarten zu einer Zeit, als Landschaftsgärten und Lustwandeln dem Adel vorbehalten waren. Doch Wunsiedler Bürger entfernten Geröll und buschigen Bewuchs und machten sich zum Adel ihrer eigenen Landschaft. Fichtelgebirgler eben. Kantig und gleichzeitig in sich ruhend wie die Steine.
Der Schnee hier versetzt mich in meine Jugend. Aus meiner Zeit in Regensburg in den Achtzigern erinnere ich solchen Schnee. Aus den 20 Jahren Berlin danach nicht. Dieser hier glänzt anders. Riecht anders. Winterwunderland. Ich trage inzwischen kaum mehr Schuhe mit Absätzen, lieber flache Schuhe für Spaziergänge und Wanderungen. Wobei ich weniger wandere als mir gefiele. Doch wenn ich es tue, meist allein, ruhe auch ich in mir.

Im Winter schätze ich auch die Architektur vom Alexbad, die günstigen Preise, und dass es nicht überlaufen ist. Und, zugegeben, dass es warm ist. Dreißig Minuten schwimmen, Ausspannen im Außenpool, in die Wolken schauen. Im Sommer ist das Waldbad in Bad Alexandersbad die erste Anlaufstelle. Kein Eintritt, geführt von einem Verein, getragen rein über die Konsumation der Gäste. Da ist es wieder, das Fichtelgebirglertum. Man macht. Überhaupt essen. Norddeutsch-analytisch dient Essen doch wohl primär der Beseitigung des Hungers. Falsch. Essen ist Genuss. Als gutes Trüffelschwein finde ich in den kleinen Ortschaften versteckte Juwelen. Zünftig beim Zoigl. Edel im Landgasthof. Hipp im Künstlertreff. Im Lokal, das Bürger vor der Schließung bewahrt haben, indem sie es genossenschaftlich gekauft haben und nun verpachten, finde ich wieder den Flair der Macher im Fichtelgebirge. Und nette Leute.

An die Öffnungszeiten muss ich mich gewöhnen. Montag und Dienstag ist gefühlt alles zu. Am Ende des Sommers scheint mir bei bestem Biergarten-Wetter die Gastronomie kollektiv im Urlaub. Und in meinem Kopf herrscht zwischen 14 und 17 Uhr im Fichtelgebirge Diät. Ich habe gelernt, zum Einkehren mindestens 90 Minuten mitzubringen. Man isst in Ruhe und steuert Essen gezielt an. In meinem Fall am besten mit einem Auto. Vom Berg der Luisenburg kommend, ist mir eine gute halbe Stunde zu Fuß zu weit.

So ein schönes altes Haus mit Fenster- und Türstürzen aus Granit in der Innenstadt fände ich gut. Damit rücken die Einkaufs- und Ausgehmöglichkeiten in Lauf- oder Fahrraddistanz. Auf der Straße trifft man bekannte Gesichter, klönt hier und dort. Klönt? Ratscht, heißt das hier. Oder?

Als Theatermacherin sagen mir viele ihre Meinung. Gut so. Das Theater, das ich künstlerisch leiten darf, ist eine der schönsten Naturbühnen Deutschlands. Nicht wegen der Größe. Ich finde die Bühne der Luisenburg-Festspiele recht kompakt. Doch ihre Dreidimensionalität, die Höhe und die Art der Natur erlauben ein Theater der großen Emotionen. Es hat etwas Archaisches. Das Theater hier kommt wie so vieles aus einer Natur der Macher. Die Wurzeln sind das Volkstheater, nicht das Hoftheater, in dem sich der Adel darstellte und aus dem die meisten Stadt- und Staatstheater hervorgegangen sind. Die öffentliche Förderung pro Besucher dürfte ca. bei einem Dreißigstel einer Bühne aus der höfischen Tradition liegen. Das Spiel muss die Menschen erreichen. Sonst geht nichts. Fichtelgebirge. Man muss machen.

Gefällt es mir hier? Unbändig!

Habe ich schon alles entdeckt? Im Leben nicht!

Essen
Trinken
Ausgehen

Mit der Erde verbunden

Spezialitäten (1): Fichtelgebirgserdäpfel

von Georg Lang

Kartoffeln aus dem Fichtelgebirge, einer Region, die der „tollen Knolle“ verbunden ist wie keine zweite, haben auch heute noch einen legendären Ruf. Wer aber glaubt, sie würden in einem ihrer früheren Hauptanbaugebiete nach wie vor die Feldfluren bestimmend prägen, wird herb enttäuscht.

Er ist gut beraten, wenn er das Angebot der letzten „Kartoffeldörfer“ um Kirchenlamitz, Marktleuthen, Röslau und Weißenstadt nutzt und sich auf den „Kartoffelerlebnispfad“ begibt, der durch Reicholdsgrün, Raumetengrün und Großschloppen führt. Selbst hier erlebt der kulinarisch Interessierte aber mehr Informationstafeln als Kartoffelfelder, so dass ihm fast wehmütig zumute wird, wenn er doch einmal auf eines stößt.

Ein Denkmal für den Landwirt

Vor 250 Jahren wäre er leichter fündig geworden. Damals bedeckten Kartoffeln ein Drittel der Feldflur, seit die Fichtelgebirgsbauern auf die Idee gekommen waren, die bis dahin ungenutzten Brachflächen der Dreifelderwirtschaft mit der Hackfrucht zu bestellen. Wir wüssten nichts über den Beginn des feldmäßigen Anbaus der Kartoffel in Deutschland, hätte nicht 1648 ein Grundherr seinen Bauern Hans Rogler in Pilgramsreuth bei Rehau vor Gericht verklagt, weil er von der neuen Feldfrucht, die in den Zehntlisten nicht aufgeführt war, eben auch keinen Zehnten bekam. Der Anbau der Kartoffel muss in der Folge kräftig zugenommen haben, denn schon 100 Jahre später war sie in der Markgrafschaft Bayreuth flächendeckend abgabepflichtig. Das Denkmal, das man weitere 200 Jahre danach Hans Rogler und den anderen Kartoffelpionieren neben der Pilgramsreuther Dorfkirche gesetzt hat, gilt freilich nicht nur ihrer Bauernschläue.

Die Kartoffel entwickelte sich schnell zum Hauptnahrungsmittel der ärmeren Schichten und wurde die Ernährungsgrundlage der Arbeiterschaft in der industriellen Epoche. Sie beendete die Jahrhunderte lange Abhängigkeit der Ernährung vom Getreide, ohne aber das „tägliche Brot“ ganz zu verdrängen. Wurde sie anfangs in der Küche mehr als Streckmittel oder Ersatz des Mehls gebraucht, emanzipierte sie sich schnell in einer Fülle eigener Kartoffelrezepte, zu denen Hausfrauen und Köchinnen aus dem Fichtelgebirge einfallsreich beigetragen haben. Von den „Kartoffelklößen“ bis

zum „Kartoffelkaas“ sind sie im „Kirchenlamitzer Kartoffelkochbuch“ nachzulesen, dessen nunmehr dritte Auflage vermutlich so schnell vergriffen sein wird wie die beiden ersten.

Mineralstoffreiche Knolle

Ihre Besonderheit verdankt die Fichtelgebirgskartoffel vor allem dem Reichtum an Mineralstoffen in den Verwitterungsböden des Urgesteins. Auch die übrigen Wachstumsbedingungen sind hier ideal, so dass es nicht wundert, wenn die Kartoffelzüchtungen des 1910 gegründeten und 1997 in eine bayerische Züchtervereinigung eingegangenen „Nordostbayerischen Saatbauverbands“ aus dem „Verbandshof“ bei Marktredwitz stark nachgefragt sind. Klingende Namen wie die vorzügliche, fest kochende „Selma“ sind darunter. Aktuell werden im Fichtelgebirge die heimischen Zuchtsorten kaum noch angebaut, doch auch andere entwickeln hier den typischen Wohlgeschmack . Denn die günstigen Böden sind immer noch da, und die Kartoffelbauern wenden ihr traditionelles Können bei der Herstellung und Lagerung weiter an. Wer bei Fritz Schelter die „Fichtelgebirgserdäpfel“ – eine geschützte Marke seines Betriebs – einkauft und die Nase darüber rümpft, dass sie nicht so geschleckt gewaschen und poliert daliegen wie im Supermarkt, sondern nur gebürstet, weil sie so ihren Geschmack am besten erhalten, der riskiert schon mal die Frage, ob er die Kartoffeln essen oder an den Christbaum hängen möchte.

Den Menschen des Fichtelgebirges bescherte die Kartoffel schon weit vor dem restlichen Deutschland das ersehnte weiße Mehl der Reichen und zum ersten Mal eine bewusste regionale Küche mit ureigenen Kartoffelgerichten. Nicht zufällig stammt der Knödel (übrigens als Resteprodukt der Kartoffelmehlgewinnung) aus Oberfranken. Im Bild: Fichtelgebirgs-Erdäpfel der Familie Schelter, Großschloppen.

Der Geschmack der Heimat

Jean Paul und die Kartoffel

von Beate Roth

Da gibt es dieses Bild eines fülligen Gesichts, leicht verknittertes Kinn, hohe Stirn. Das goldgerahmte Original hängt in Berlin und zeigt einen älteren Mann mit wachem Blick. Irgendwie weckt es Assoziationen an etwas Nahrhaftes. Richtig, an eine Kartoffel.

Der Mann auf dem kleinformatigen Pastell ist Jean Paul, Dichterfürst aus dem Fichtelgebirge. Das Bild des fränkischen Malers Johann Lorenz Kreul ziert in Franken Bierflaschen, Bierdeckel, Dosenwurst, alles, von dem man glaubt, dass es typisch für Jean Paul sei. Sauerkraut fehlt seltsamerweise. Merkwürdig auch, dass kaum einer die Ähnlichkeit Jean Pauls mit der Kartoffel erkennt, wo er sich selbst doch lebenslang gerne damit verglich. Mit dieser giftigen Knolle, die wie der Dichter selbst einen kometenhaften Aufstieg erlebte.

Kartoffel-Poesie

Der Dichter liebte die Kartoffel: „In den Herbstabenden (noch dazu an trüben) ging nämlich der Vater im Schlafrocke mit ihm und seinem Bruder auf ein über der Saale gelegenes Kartoffelfeld; der eine Junge trug eine Grabhaue, der andere ein Handkörbchen.“ (Aus: „Selberlebensbeschreibung“) Andere große Dichter seiner Zeit indes schätzten weder dieses „niedere“ Lebensmittel noch Jean Paul, den Dichter niederer Herkunft. „Manna“ wird die Kartoffel im zeitgenössischen Diskurs bereits genannt. Immer wieder taucht dieses Sinnbild des Volkes in Jean Pauls Romanen auf: „Kastanien der niederländischen Schule“, „satirische Gift- und Pechkugeln“, „Erdäpfel“.

Wenn Jean Paul von Kartoffeln schrieb, meinte er die blaue Urkartoffel. Der Bauer Hans Rogler baute schon 1647 Kartoffeln oder Tartuffeln im Fichtelgebirge an. Er bekam sie Ende des 30-jährigen Krieges als „Wiedergutmachung“ von einem Soldaten, der seine Tochter geschwängert hatte. Zunächst wurden Kartoffeln als Blumen angebaut. Erst Ende des 17. Jahrhunderts entdeckte man den ungeheueren Wert der Knolle.

Es war von Sebastian ausgesonnen, daß für jeden Gast nur das Leibgericht besorgt wurde – für den Pfarrer farcierte Krebse und Erdäpfelkäse – für Flamin Schinken – für den Helden das Gemüse vom guten Heinrich.

Aus dem Roman „Hesperus"

Jean Paul und die Kartoffeln, diese beiden Knollen, die ihren Siegeszug vom Fichtelgebirge aus starten, verbindet Vieles. Beide treten in unterschiedlichsten Variationen auf – der frauenverstehende Poet der Romane agiert als Frauenver- und -zerstörer im realen Leben. Beiden haftet jene Giftigkeit an, wie es Jean Paul gerne nennt, die doch bei richtigem Umgang eine beispiellose Vielfalt offenbart. Schließlich ist die Kartoffel ein Nachtschattengewächs aus fremden Kolonien, was bei genauerem Blick auch auf den Schriftsteller zutrifft. Schiller bezeichnete ihn nicht umsonst als einen, „der aus dem Mond gefallen" ist, eine schmeichelhafte Umschreibung für das, was wir heute als „verschroben" bezeichnen würden.

Jean Paul kommt an der Rollwenzelei an. Friedrich und Anna Dorothea Rollwenzel erwarten ihn auf der Treppe vor dem Eingang. Holzstich von Theobald von der Oer, erschienen in der Leipziger Zeitschrift „Die Gartenlaube".

Jean Pauls Romane sind eine wahre Abhandlung zur „aufgeklärten" Esskultur. Nach Erdäpfelkäse mit farcierten Krebsen und vielen Kartoffelkriegen stößt man auf *„die Nachahmung des berühmten Kartoffel-Gastmahls in Paris: anfangs kam bloß eine Kartoffelsuppe – dann schon mit anderer Zubereitung wieder Kartoffeln – das dritte Gericht hingegen bestand aus umgearbeiteten Kartoffeln – auch das vierte – als fünftes konnte man nun wieder Kartoffeln servieren, sobald man nur zum sechsten neu brillantierte Kartoffeln bestimmte – und so ging es durch 14 Gerichte hindurch, wobei man noch von Glück zu sagen hatte, daß wenigstens Brot, Konfekt und Likör den Magen aufrichteten und aus Kartoffeln bestanden. – –*

(aus: „Hesperus oder 45 Hundposttage").

Die Rezepte dieser Zeit lassen sich in alten Kochbüchern nachschlagen: Kartoffelwandeln, Erdäpfel-Hefeklöße oder Allerweltsessen wie Kartoffelsuppe, Arme-Leute-Marzipan oder kugelrunde Erdbirn-Klöße – heute beliebter denn je. Nebenbei kann man den Siegeszug der Kartoffel quer durch Deutschland verfolgen, der mit dem Pilgramsreuther Kartoffelkrieg (1778/79) im Fichtelgebirge beginnt. Während im Norden noch erste Gebrauchsanweisungen zum richtigen Umgang mit Tartuffeln erscheinen, gibt es im Süden bereits die vielfältigsten Zubereitungen. Die ganzen Möglichkeiten der Kartoffel – gekocht, gebraten oder zu Mehl verarbeitet – werden in der heimischen Küche für traditionelle Gerichte angepasst. Semmel- und Hefeknödel werden zu Kartoffelknödeln, aus dem weißen Kartoffelmehl wird nach Jahrhunderten mit „schwarzem" Mehl endlich heller Tortenteig. Schließlich, was heute kaum einer mehr weiß, war die Kartoffel damals wegen ihrer schönen Blüten und Früchte eine beliebte Zimmerpflanze.

Des Dichters Lieblingsessen

Mochte Jean Paul auch erlesenes höfisches Essen genossen haben, mochte seine Frau Caroline Feinstes auf den Tisch gebracht haben – war er erst einmal in der Rollwenzelei vor den Toren Bayreuths *„dann verlangte er schnell nach seinem Lieblingsgericht. Und was ist das? – Denken Sie sich – Kartoffeln. Dieser einzige Mann isst Kartoffeln. Wir kochen sie ihm schnell – wir wissen es ja." (Frau Rollwenzel über Jean Paul)*
Viele haben die Kartoffel besungen, wie Hermann Löns, Joachim Ringelnatz und Matthias Claudius, aber nur einer hat sie so geliebt und verinnerlicht: *„Aus der Liebe will ich wie aus der Kartoffel verschiedene Gerichte zubereiten;" (aus: „Titan").*

Erfolgsautor, Sonderling, Klassiker

Jean Paul – eine schillernde Persönlichkeit

Jean Paul (eigentlich Jean Paul Friedrich Richter) war zu seiner Zeit einer der fantasievollsten und beliebtesten Schriftsteller deutscher Sprache. Noch heute ist er Oberfrankens, ja Bayerns berühmtester Dichter und hat einen festen Platz in der Weltliteratur.
Als Dichter steht er literarisch zwischen Klassik und Romantik und nimmt in der deutschen Literatur eine Sonderstellung ein: „Er sang nicht in den Palästen der Großen, er scherzte nicht mit seiner Leier an den Tischen der Reichen. Er war der Dichter der Niedergeborenen, er war der Sänger der Armen, und wo Betrübte weinten, da vernahm man die süßen Töne seiner Harfe …" (so Ludwig Börne in seiner Gedenkrede 1825).
Jean Paul ist nach wie vor nicht einfach zu lesen, aber wer sich ihm öffnet, dem erschließen sich der große Sprachschatz und die reiche Seelenlandschaft seiner Figuren mit Humor und Ironie. Seine Literatur ist metaphorisch und realistisch, umfasst Idyllen und Abgründe, spießbürgerliche Enge und kosmische Weite, bürgerlichen Gefühlsüberschwang und adelige Kälte, immer in der Hoffnung, dass der Mensch sich letztlich zum „Guten, Wahren und Schönen" entwickeln könne und hinter allem eine göttliche Macht waltet.
Der Jean-Paul-Weg zieht sich als biografische Linie durch die wichtigsten Lebensstationen des Dichters, und das bedeutet durchs ganze Fichtelgebirge mit seinen Ausläufern, beginnt in Joditz (Kindheit), berührt in Hof Gymnasium und Wohnhaus, in Schwarzenbach a.d. Saale die Jahre als Jugendlicher und junger Winkelschullehrer, landet dann im Geburtsort Wunsiedel und setzt sich über Bad Berneck bis ins Bayreuther Land fort. Gewandert ist er all diese Strecken viel. Und Vieles davon findet sich in seinen Romanen wieder, auch auf den grünen Texttafeln am Weg, die dem Wanderer alle Viertelstunden etwa als geistige Nahrung dienen, zum Schmunzeln, Mitempfinden, Nachdenken, Staunen und als Unterhaltung. Kosmopolitischer Weltgeist mit gesunden Wurzeln im Arkadienland Oberfranken.

Hesperus – Erdäpfelkäse und farcierte Krebse

von Beate Roth, Food-Designerin

Erdäpfelkäse

- 150 g Kartoffeln gekocht und durchgequetscht
- 120 g Quark
- 50 g saure Sahne
- 30 g weiche Butter
- Salz, Pfeffer
- 4 EL fein geschnittene Schnittlauchröllchen
- Rosa Pfeffer

Den Quark mit Sauerrahm und Butter verrühren. Danach Kartoffelschnee und Kräuter unterheben. Mit Salz und Pfeffer abschmecken und mit dem rosa Pfeffer garnieren.

Farcierte Krebse

- 250 g Krebsfleisch oder ausgelöste Garnelen (am besten TK-Ware)
- 250 g Lachsfilet
- 100 g Räucherlachs
- 50 g Schinkenspeck nach Geschmack
- 2 Eiweiß
- Salz
- 200 g Sahne
- 50 g Crème fraîche
- 1 Ei
- 200 g fertig gekochte Krebse
- 20 g Pistazien

Krebsfleisch, Lachsfilet, Räucherlachs und Speck am besten noch leicht gefroren im Mixer fein pürieren und das Eiweiß einarbeiten. Für 10 Minuten ins Gefrierfach stellen. Wenn die Masse nach dem Pürieren noch etwas grob ist, durch ein Sieb streichen.
Sahne, Crème fraîche und das Ei kräftig unter die Krebsfarce rühren, salzen und pfeffern. Die Flusskrebse und die Pistazien vorsichtig unterkneten. Nochmals 10 Minuten kühlen. Eine Terrinenform mit Butter einfetten und die Farce einfüllen. Die geschlossene Form (Kuchenformen mit Alufolie abdecken) in eine mit heißem Wasser gefüllte Reine (= tiefes Backblech) stellen und im vorgeheizten Ofen bei 150 Grad circa 50 Minuten garen. Gut auskühlen lassen.

Hausgebackenes im besten Sinn

Großschloppen, ein oberfränkisches „Golddorf" zwischen Weißenstadt und Kirchenlamitz – Von der Bundesstraße führt der Weg vorbei an Kartoffelfeldern hinab zum Hof der Familie Petzold.

Bauernhofcafé und Ferienhof Petzold
Großschloppen 1
95185 Kirchenlamitz
Tel. 09285 / 8389
www.bauernhof-cafe.com
info@bauernhof-cafe.com

www.ferienhof-petzold.de
info@ferienhof-petzold.de

Öffnungszeiten Café:
Samstag und Sonntag 13 – 18 Uhr

Öffnungszeiten Ferienhof:
Ganzjährig bis auf wenige Wochen rund um Weihnachten

Torten und Kuchen versüßen den Aufenthalt im malerischen Kleinod. Sie sind aus dem Ort, der unter anderem für seine Kartoffeln bekannt ist und im Zuge der Dorferneuerung 2009 Gold gewann, nicht mehr wegzudenken.
Schöne Unternehmungen können auch aus der Not geboren sein. Ein Brand auf dem Hof, der in den 1980er Jahren einen Teil der Gebäude zerstörte, und der Strukturwandel in der Landwirtschaft, der einen drastischen Preisverfall mit sich brachte, zwang die Familie Petzold zum Umdenken. Mit Ferienwohnungen öffneten die Großschloppener das Haus nach und nach für Gäste. Liane Petzold schwebte jedoch mehr vor, sie träumte seit langem von einem Bauernhofcafé. Ihre Schwiegertochter Elke war als gelernte Konditorin prädestiniert für diese Aufgabe. Mit der Begeisterung ihres Mannes und ihrer Mutter haperte es anfangs noch. Der Erfolg des im Jahr 2009 eröffneten Cafés brachte die Skepsis jedoch schnell zum Schmelzen und überraschte selbst die Initiatorin Liane Petzold. „Zuerst dachten wir: Es werden schon ein paar Neugierige vorbeischauen. Dass es sich so schnell beleben würde, obwohl wir nicht groß Werbung machen, hätte niemand geglaubt."
Auszeichnungen für vorbildliche Sanierung unterstreichen die Wohlfühl-Qualität. Beim Umbau des ehemaligen Kuhstalls wurde das Gewölbe mit Granitsockeln bewahrt und behutsam modernisiert. Ein Zimmermeister schreinerte die Tische aus einer alten Lärche. Ein Dorfbewohner verschenkte sein Sofa... Das Amt für Ländliche Entwicklungen würdigte die private Sanierung mit einer Auszeichnung, das Bayerische Staatsministerium krönte das ohne einen Architekten, mit viel Eigenarbeit umgesetzte Projekt schließlich sogar mit dem „Staatspreis".

Kartoffeln, Kuchen, Torten

Vor allem aber sind es die süchtig machenden Kuchen und Torten, wegen

Auf der Zunge zergehen die Kuchen und Torten mit Suchtfaktor – Elke Petzold verwöhnt die Gäste des Bauernhof-Cafés mit Selbstgebackenem, vorwiegend aus heimischen Zutaten: Eier vom Hof, Obst und Nüsse aus den Garten, Milch und Mehl aus der Nachbarschaft.

denen die Gäste nach Großschloppen kommen. Die Hofhennen liefern die Eier. Frische Zutaten wie Äpfel, Pflaumen und Walnüsse wachsen vor der Haustür, alle anderen stammen von besten Quellen. Die Brotzeiten werden ebenfalls vom Hof erzeugt, zum Teil in Zusammenarbeit mit einer regionalen Metzgerei. Kartoffeln ergänzen das Sortiment. Sebastian Petzold, Elke Petzolds Mann, managt die Landwirtschaft mitsamt der Schweinezucht. Alle Familienmitglieder – auch Lianes Mann Willi, Tochter Constanze und Schwester Elke Spaderna – packen im Café mit an.

Während im Sommer die Terrasse heiß begehrt ist, machen es sich die Gäste in der kalten Jahreszeit in der charmanten Stube gemütlich. Dann lädt das Café regelmäßig zu Lesungen ein, bei denen Hobby-Autoren eigene Texte vortragen, umrahmt von Musik, Eintritt frei.
Über solche besonderen Ideen freuen sich die Gäste wie über kleine, persönliche Geschenke. Gastfreundlich und familiär nimmt sich auch der Aufenthalt in den Ferienwohnungen aus. Sie bieten jeweils 90 Quadratmeter Platz, 4-Sterne-Komfort und sind beliebte Ausgangspunkte für Wanderungen. Die Familie Petzold bietet Ausflüge, darunter eine Nachtwanderung, sowie Fahrten mit dem Traktor an. Ziele sind u.a. der Epprechtstein, der Egerfall bei Thus und der Waldstein. Obwohl etliche Wanderer hierher kommen, verbringen die Gäste gerne viel Zeit auf dem Hof und in der nahen Umgebung. Das ländliche Leben lässt sich hier in vollen Zügen genießen

Im Sommer 2017 wurde das neue Café-Haus auf dem Bauernhof Petzold eröffnet. Dazu wurde der ehemalige Kartoffelkeller aus den 60er Jahren mit viel Fleiß und Handarbeit in einen freundlich lichthellen Raum umgewandelt. Ob Firmenevent, Busgesellschaft oder Privatfeier – ab 30 bis max. 60 Personen finden hier Platz.

Oberfränkisch mit Laib und Leben

Das Sauerteigbrot gilt neben Bier als fränkisches Vorzeigeprodukt, und wenig bindet stärker an die Heimat als der damit verbreitete Genuss. Bei rund 3000 verschiedenen Aromen, die in einem Laib Brot zusammenwirken können, lässt sich seine Qualität nicht in einem simplen Satz beschreiben.

Fickenschers Backhaus
Stammhaus:
Luitpoldstr. 16
95213 Münchberg
Tel. 09251 / 8599811
www.fickenschers-backhaus.de
info@fickenschers-backhaus.de

Öffnungszeiten und weitere Verkaufsstellen siehe Webseite

Internationaler Versand:
www.brotverliebt.de

Zum Projekt Heimatbrot:
www.mein-heimat-brot.de

Jemand, der viel dazu sagen kann, ist der Brot-Sommelier Andreas Fickenscher aus Münchberg. Seine Hauptbotschaft verbreitet er jedoch am liebsten in gebackener Form.

Wann ist ein Gebäck ein Genussprodukt, das den Geschmack von Heimat ahnen lässt? Leichter als die Beantwortung dieser Frage fällt die Aufzählung, was nicht dazu gehört: standardisierte Fertigteigmischungen, Geschmacksverstärker, künstliche Aromen, künstliche Farbstoffe, überwiegend nicht-regionale Zutaten. Andreas Fickenscher sind solche Zusätze von Haus aus ein Gräuel. Als Bäckermeister, der eine der ältesten Bäckereien Deutschlands leitet, Gründungsjahr 1625, fühlt er sich auch aus ethischer Perspektive dazu verpflichtet, den Kunden ehrliche Produkte anzubieten. Die Bäckerei und Konditorei Fickenscher hat es als „Reinheitsgebot“ formuliert. Es enthält zusätzlich zu den genannten Ausschlusskriterien auch konkrete Gebote: Das Backhaus züchtet sich seinen Natursauerteig im traditionellen Drei-Stufen-Verfahren selbst und lässt den Teig für bessere Bekömmlichkeit extra lange reifen. Es bezieht 80 Prozent der Rohstoffe aus der Region und greift bei der Herstellung der Gebäcke auf überlieferte Hausrezepturen zurück. „Statt alle möglichen Trends bedienen zu wollen, setzen wir gerne auf traditionelle Produkte wie Roggenbrote, Vollkornbrötchen, Zimtschnecken, Strudel und dergleichen. Dinge, an die viele noch aus Kindheitserinnerungen haben“, lautet

Vorzügliches Backhandwerk und der unverwechselbare Geschmack oberfränkischer Spezialitäten sind im Heimatbrot vereint. Das Brot wurde in der Sterneküche, bei Alexander Herrmann in Neueunmarkt-Wirsberg, als Zwischengang serviert, lässt sich aber auch zu Hause sehr gut genießen, morgens zum Beispiel mit Marmelade, abends mit Brotaufstrich. Bäckermeister Andreas Fickenscher (rechts mit weißer Jacke) hat das Projekt initiiert und es mit oberfränkischen Spitzenköchen umgesetzt. Das Bild zeigt sie bei der Arbeit im FoodLab des Kompetenzzentrums für Ernährung (KErn), Kulmbach.

Andreas Fickenschers Devise. Scheinbar einfach, ja, aber vom Feinsten ist denn auch die Auswahl.

Das erste „Crowd Sourcing-Brot"

Das Heimatbrot verinnerlicht in einzigartiger Weise Andreas Fickenschers persönlichen Anspruch. Er ging hierfür einen sehr aufwendigen, aber auch innovativen Weg. An der Entwicklung haben unter seiner Federführung 160 Personen mitgewirkt: der Physiker und Ernährungsspezialist Prof. Thomas Vilgis, die Spitzenköche Alexander Hermann und Tobias Bätz, das Kompetenzzentrum für Ernährung (Kern), Kulmbach, sowie Teilnehmer einer Online-Befragung. Beim Vorgehen stand das Motto der Slow Food-Philosophie „gut, sauber, fair" Pate. Man ermittelte Schlüsselaromen, bestimmte passende Aromen-Kombinationen und griff auf regionale Rohstoffe zu, die einzigartig für die Region Oberfranken, jedoch leider vom Aussterben bedroht sind: Dem Sauerteig wurde eine Reduktion Bamberger Rauchbier beigemengt. Anschließend gab man Fichtenspitzensirup hinzu, um die rauchigen Aromen mit Honignoten abzurunden. Die Kruste wurde zudem mit Spänen aus der schwarzblauen Frankenwald-Kartoffel wie ein Rösti eingebacken. Beim Probieren schmeckt man also erst das knusprige Äußere, dann das weiche Innere – auch vom Mundgefühl eine gute Kombination für den Genuss.

Einen markanten Geschmack der oberfränkischen Region vermittelt der Laib schon alleine, besonders aber in Verbindung mit weiteren regionaltypischen Besonderheiten. Das Backhaus Fickenscher bietet das Heimatbrot zusammen mit außergewöhnlichen oberfränkischen Spezialitäten in einer Geschenkbox an. Ein gutes Stück regionaler Identität, zeitgemäß interpretiert.

Gehaltvolle Originale

Spezialitäten (2): Soßenkuchen, Fichtelgebirgs-Pumpernickel

von Georg Lang

Zum Backen von Lebkuchen, seien es edle Oblaten-Lebkuchen oder die einfachen braunen, braucht man Gewürze, die in alten Zeiten nur über wenige Fernhandelsstädte bezogen werden konnten. Die große Lebkuchentradition des Fichtelgebirges ist deshalb nicht erklärbar ohne die beiden Handelsstraßen, die von Nürnberg aus nach Leipzig sowie nach Eger und Prag führend das Bergland berührten.

Gewürzmischungen aus Zimt, Nelken, Piment, Koriander, Kardamom, Muskatnuss, Anis und Ingwer sind unter anderem typisch für weihnachtliche Lebkuchen. In der althergebrachten oberfränkischen Küche wurden diese Zutaten jedoch nicht nur für Lebkuchen verwendet. Kaum ein Produkt belegt dies so deutlich wie der Soßenkuchen. Dieser besteht im Wesentlichen aus der oben genannten Gewürzmischung, die sich auch in Oblaten- oder Elisenlebkuchen befindet, und wird verhältnismäßig fest und trocken gebacken. Als ein mit Karamellzuckersirup leicht gesüßter Gewürz(leb)kuchen wurde das Produkt generell auch außerhalb der Weihnachtszeit verwendet, um dunkle Soßen zu binden und zu verfeinern, vor allem beim Sauerbraten, aber auch bei Rinderbraten, Wildgerichten und Karpfen. Was viele nicht wissen, ist, wie kreativ man den Soßenkuchen heute noch verwenden kann: Seine geschmacksreichen Bestandteile sind in der modernen Küche vielseitig einsetzbar, auch bei der Zubereitung süßer Speisen.

Nicht nur der Soßenkuchen verdeutlicht den alteuropäischen Charakter der oberfränkischen Küche sehr gut. Das gleiche gilt auch für eine originelle Süßspeisenspezialität mit ungewöhnlichem Namen: das Fichtelgebirgs-Pumpernickel. Es soll im ehemals böhmischen Marktredwitz von Lebküchnern, zu denen wohl auch Wiener Zuckerbäcker gehörten, produziert worden sein. Der Name könnte aus der lateinischen Bezeichnung „bonum paniculum" für gute (nahrhafte) kleine Brote abgeleitet sein, der auf die wohlschmeckenden gewürzten Kuchen (= Lebkuchen) übertragen wurde. Man genießt ihn vorzüglich zu Kaffee, aber auch zu Likör, Bier und Wein.

Aus den oberfränkischen Berühmtheiten sind rare Spezialitäten des Fichtelgebirges geworden. Den Soßenkuchen bekommt man bei PEMA Vollkorn-Spezialitäten in Weißenstadt, den Fichtelgebirgs-Pumpernickel im Hotel „Bayerischer Hof" (Cafe Riedel) im Zentrum von Marktredwitz.

Verbindende Zutat: Roggen

Als eine Zutat beider Spezialitäten ist der Roggen heute noch allgegenwärtig im Fichtelgebirge. Der Roggen liebt die kargen, leichten Böden, braucht zum Keimen die strenge Winterkälte und kommt mit den häufig rauen Witterungsbedingungen gut zurecht. Ohne Roggen wäre das Bergland einst kaum zu besiedeln gewesen und ohne ihn würden viele Regale in den Bäckerläden anders aussehen. Auch im Fichtelgebirgs-Pumpernickel steckt neben dem Weizen- noch 50 Prozent Roggenmehl. Das ROGG-In in Weißenstadt stellt den Roggen in einem fast meditativen Rahmen als Wesen voller Kraft und Ruhe vor, das die Zeit seines langsamen Reifens auf dem Feld wie in den Backstuben bedingungslos einfordert, ein Wesen, von dem man viel lernen kann (siehe auch Beitrag Seite 32)

Linke Seite:
Der Soßenkuchen ist eine traditionelle Spezialität im östlichen Oberfranken. In der Küche wird er v.a. zum Verfeinern und Binden dunkler Soßen verwendet. In den Ländern der ehemaligen k.u.k.-Monarchie kennt man ähnliche Spezialitäten.

Oben: Das Fichtelgebirgs-Pumpernickel aus dem ehemals böhmischen Marktredwitz wird dagegen als Süßspeise mehr oder weniger pur genossen.

Das Gold der Region

Der Roggen ist der Spartaner unter den Getreidesorten. Auf den kargen Böden des Fichtelgebirges fühlt er sich seit jeher wohl und gedeiht hier nach wie vor ganz vorzüglich. Die äußere Schlichtheit bei gleichzeitig reichen inneren Werten verbindet das Getreide mit Weißenstadts ROGG-IN, dem pädagogisch-poetischen Informationszentrum für Roggen-Kultur, das dem „Gold der Region“ gewidmet ist.

ROGG-IN
Pädagogisch-poetisches Informationszentrum für Roggen-Kultur
Goethestr. 25
95163 Weißenstadt

Tel. 09253 / 9546224
www.rogg-in.de
mail@rogg-in.de

Öffnungszeiten:
Donnerstag bis Samstag
13.30 – 17 Uhr

Der Roggen war einst das Hauptbrotgetreide im Fichtelgebirge und sicherte die Brotversorgung der heimischen Bevölkerung. Den Hintergrund der Roggen-Kultur aufzuzeigen, ist ein Anliegen des im Juni 2014 eröffneten Informationszentrums. Als Betreiber ruft der „Förderverein für Roggen-Kultur in Weißenstadt“ auch die ernährungsphysiologische Bedeutung dieses Getreides ins Bewusstsein. Damit leistet das Haus einen wichtigen Beitrag zur Wertschätzung des Roggens. Diesen Umstand spiegelt die äußerst gut gelungene Gestaltung dieses Objektes wider. Jeder der Räume bietet sachliche und emotional-sinnlich erlebbare Erfahrungen, ein Konzept für Herz und Verstand.
Eine „Schleuse des Halbwissens“ führt den Besucher hinein. Gelegenheit für einen spielerischen Wissenstest. Wie wenig wissen wir doch vom Roggen, wie auch von anderen Getreidesorten! Das soll der Rundgang ändern. In einem goldenen Kubus werden Anbaubedingungen und Wachstumsphasen der Roggenpflanze dargestellt. Bereits beim Betreten stimmt ein Gedicht emotional auf das Themengebiet ein. Im anschließenden Halbrund kann der Besucher die Poesie des Roggens audiovisuell auf sich wirken lassen. An verschiedenen Stationen erfährt man sodann Wissenswertes über Methoden zur Qualitätsbestimmung und den ernährungsphysiologischen Bestandteilen des Korns. Die Besucher erhalten an einem Tisch unter anderem auch hilfreiche Tipps für eine gesunde, ausgewogene Ernährung. Ein weiterer Bereich ist der „Poesie der Verarbeitung“

Ob im Garten oder in den Räumen des ROGG-IN: Besucher erleben Entschleunigung und Ruhe, können die Kultur des Roggen sehen, hören, riechen und schmecken. Reichhaltige Bildtafeln begleiten durch die Ausstellung und vermitteln Wissen rund um den Roggen. Im Juni 2019 wurde das ROGG-IN um eine kleine Nebenausstellung zum Thema Honig- und Wildbiene erweitert.

gewidmet. Insbesondere das Backen von Roggenvollkornbrot ist ein langwieriger Prozess, der hohe Aufmerksamkeit und Sorgfalt verlangt. Am Ende des Backprozesses erwartet den Besucher eine Genussmeditation: In einem abgedunkelten Raum kann der Geschmack einer Scheibe naturreinen Roggenbrotes ausgekostet werden.

Spaziergang im Roggen

Zu guter Letzt öffnet sich hinter dem Haus ein über 2000 Quadratmeter großer Roggengarten. Exemplarisch werden drei gleich große Felder in einer dreigliedrigen Fruchtfolge bewirtschaftet (Roggen, Lupine, Hafer). Wechselschilder an den Feldern dienen der Erläuterung; Schildchen an den Weg zitieren Weisheiten rund um den Roggen. Neben einer Blumenwiese als typischem Feldrain laden Rasenflächen ebenso wie Sitzbänke zum Verweilen ein. Kunstwerke international renommierter Künstler verleihen dem Roggengarten eine einzigartige Note.

Nach Einbruch der Dunkelheit sorgt die Beleuchtung für angenehme Atmosphäre. Durch eine Hecke von der Umgebung abgetrennt, wird der Garten zu einer Insel der Ruhe und Entspannung. Besucher können hier Energie für den weiteren Weg schöpfen oder den Besuch in Weißenstadt besinnlich ausklingen lassen.

Gebackene Natur

PEMA Vollkorn-Spezialitäten und Concept Store
Goethestr. 23
95163 Weißenstadt
Tel. 09253 / 8954
www.pema.de
pema@pema.de

Öffnungszeiten Concept Stores:

Franz
Januar – August:
Montag bis Samstag
10 – 17 Uhr
Sept. – Dez.:
Montag bis Samstag
10 – 18 Uhr

Laura
Aktuelle Öffnungszeiten siehe Webseite:
www.
lustaufvollkorn.de

Roggen, Wasser, Salz – mehr braucht es nicht, um Natur schmeckbar zu machen. Das Hauptprodukt des Unternehmens PEMA ist verblüffend einfach. Was der Roggenvollkorn-Spezialist auf dieser Basis entwickelt hat, darf als großartig gelten. Selten ist ein Unternehmen bei seiner Wandlung vom Handwerksbetrieb zum Global Player seinen Prinzipien so treu geblieben, wie es PEMA gelungen ist.

Seit 1905, seit der Gründung einer kleinen Lebküchnerei in Weißenstadt trägt die Familie Leupoldt die unternehmerische Verantwortung. Von Anfang an stehen natürliche Produktion und nachhaltiges Wirtschaften im Mittelpunkt. Großes Aufheben wurde darum zunächst nicht gemacht. Heute aber, da PEMA ein Unternehmen mit 160 Mitarbeitern ist, das seine Produkte in über 80 Länder exportiert, ist wesentlich mehr Innovation gefragt als einst. Um den Qualitätsansprüchen zu genügen, hat PEMA daher viele Maschinen selbst entwickelt. Genau so wichtig wie der technisch optimierte Backprozess sind jedoch die regionale Verwurzelung und der Umgang der Mitarbeiter mit den Rohstoffen. PEMA bezieht sein Getreide für die Roggen-Vollkorn-Brote ausschließlich aus der Region. Der Roggen und das Fichtelgebirge sind ein gutes Paar: Denn der Roggen liebt karge Böden und rauhes Klima. Eine Erzeugergemeinschaft, die sich auf einen Umkreis von 30 Kilometern um Weißenstadt verteilt, liefert gleichbleibend hohe Qualität. Der Rohstoff wird – eine weitere Besonderheit – sauber gewaschen und nass vermahlen. Die hohe Wasserqualität des Waldsteins kommt der Reinigung zugute, und das an das Waschen anschließende Quellen aktiviert zugleich zusätzliche Vitamine und Wirkstoffe. Optimale Bedingungen also für PEMA – Die Frage, welchen Standort das Unternehmer-Ehepaar heute für sein Unternehmen wählen würde, lässt für Dr. Laura und Franz H. Leupoldt daher nur eine Antwort zu: „das Fichtelgebirge".

Die Tradition der Langsamkeit

Beim Backen der Brote achtet PEMA auf niedrige Temperatur und gibt dem Brot zwei Tage Zeit zum Reifen, bevor es

Die Besitzer des seit über 100 Jahren bestehenden Familienunternehmens (links im Bild) haben mit den zwei Concept Stores „Laura" und „Franz" moderne Akzente gesetzt. Hier gibt es kulinarische Leckerbissen in genussreichem Flair.

geschnitten und verpackt wird. Die Pasteurisation, die das Brot haltbar macht, war ein Schlüssel für die weltweite Expansion der Weißenstädter. Auch aus gesundheitlicher Sicht bekommt der Kunde ein sehr gutes Produkt: bestens für die Verdauung und immer auch für Diabetiker geeignet, ein eigenes Bio-Sortiment, darunter ein Bio-Dinkel-Brot mit 90 Prozent Dinkel-Anteil, und eine Auswahl glutenfreier Brote auf Reis-Mais-Basis.

Die Grundsätze der Unternehmensphilosophie – Fairness und Nachhaltigkeit – hat PEMA mit Erfolg übertragen auf sein Umwelt- und Personalmanagement. Zahlreiche Auszeichnungen und Zertifizierungen unterstreichen die Verantwortung auch in diesem Bereich.

Die Weißenstädter Concept Stores widmen sich ganz der PEMA-Produktwelt, zu der auch der Leupoldt Soßenkuchen – ein echtes Original – und eine geschmackreiche Auswahl an Lebkuchen, Pralinen und andere Spezialitäten gehören. Tradition und Innovation ergänzen sich: Während Mittags-Snacks aus der hauseigenen Küche Leib und Seele verwöhnen, wirken die modern gestalteten Stores so wohltuend, dass man gerne sitzen bleibt, schaut, stöbert, genießt.

Das ROGG-IN (Seite 32) und „Das Kleine Museum" für zeitgenössische Kunst (Seite 182) befinden sich praktisch vor der Tür und sind wie die Stores empfehlenswerte Ziele für einen Ausflug nach Weißenstadt, auch mit der Familie.

Beglückend süße Genüsse

Jahrzehnte lang konnten kleine Konditoreien von ihrer unmittelbaren Nachbarschaft leben. Um die Kunden zufrieden zu stellen, mussten sich die Meister nicht über die Maßen anstrengen. Inzwischen hat sich die Situation gewandelt.

Konditorei und Café Seel
Wunsiedler Str. 5
95163 Weißenstadt
Tel. 09253 / 429
www.seel-konditorei.de
www.weissenstaedter-lebkuchen.de
info@seel-konditorei.de

Öffnungszeiten
Konditorei:
Dienstag bis Freitag 6.30 – 18 Uhr
Samstag 6.30 – 17 Uhr
Sonn- und Feiertage 12 – 17 Uhr
Café:
Dienstag - Samstag 10 – 18 Uhr
Sonn- und Feiertage 12 – 18 Uhr

Als Magnus Seel zusammen mit seiner Frau Nadja den traditionellen Weißenstädter Handwerksbetrieb zur Jahrtausendwende von seinen Eltern übernahm, trat das richtige Paar zur richtigen Zeit das Erbe an. Die verheirateten Konditoren führten das Haus voller neuer Ideen weiter und firmierten das Unternehmen 2011 in „Konditorei & Café Seel" um. Da der Geschmack weit über durchschnittliche Qualität hinausreicht, kommen immer mehr Genießer auch von außerhalb nach Weißenstadt.
Für dolce vita ist manchmal kein Weg zu weit. Wer ein wenig Zeit mitbringt, kann die süßen Verführungen der Konditorei mit Kaffeespezialitäten im Haus genießen. Das klassische 70er-Jahre-Cafe im Obergeschoss hat aber auch Pikantes und kleine warme Mahlzeiten in die Speisekarte aufgenommen.

Top-Adresse im „Feinschmecker"

Der„Feinschmecker" zählte die Konditorei mehrmals zu Recht zu den kulinarischen Top-Adressen in Bayern. Die Auswahl ist, zumal für eine Konditorei auf dem Land, enorm. Rund 330 verschiedene Artikel umfasst das Sortiment ganzjährig, mit etwa 300 verschiedenen Rohstoffen. So viel Unwiderstehliches! Eis und Petit fours

aus der Patisserie, Plundergebäcke und Kuchen bei den feinen Backwaren. Die Konditorei lockt mit sahnigen, cremigen und fruchtigen Ideen, die Confiserie mit hervorragenden Pralinen und Schokoladen. Nicht zu vergessen: die Lebkuchen, auf die manche schon im Juli Lust bekommen. Der Versandservice bringt viele Artikel auf Bestellung (telefonisch oder über das Internet) bis zur Haustür. Auch wegen der Dominosteine, Plätzchen und anderen Herbstgenüssen kommen viele Genießer auf die Adresse zurück. Künstlerisch werden Festtagstorten und Schaustücke für jeden Anlass gefertigt. Frische ist das A und O. So sind etwa die Pralinen vier Wochen nach der Herstellung in der Regel schon verzehrt – ganz anders als Industrieprodukte aus dem Supermarkt. Die mögen zwar auch cremig-schokoladig sein. Aber nur bei frischer Ware schmeckt man noch die Nuancen heraus. Ein anderes Beispiel: die Teigführung für die Kuchen. Die Konditorei arbeitet wie zu Omas Zeiten, lässt den Teig gehen und reifen. Nicht zuletzt verwendet sie hochwertige Rohstoffe wie Kuvertüre aus Belgien, deutsche Süßrahmbutter, Marzipan aus kalifornischen Mandeln, Gewürze und Früchte aus aller Welt, ohne Konservierungsstoffe und Geschmacksverstärker.
Die Konditoren Nadja und Magnus Seel haben beide das Handwerk in unterschiedlichsten Konditoreien und Bäckereien gelernt. Heute teilen sie sich die Zuständigkeit. Sie übernimmt Service, Verkauf und den Bereich des Traiteurs (die kleine Küche der Konditorei). Ihr Mann managt mit vier Mitarbeitern die Fein-Backstube und Confiserie. Bewährte, ausgereifte Rezepte werden um neue Kreationen erweitert. „Die Möglichkeiten sind unendlich. Das macht mir absolut viel Spaß“, freut sich der Konditormeister. Beim Handwerker drückt sich die Freude auch im Stolz auf die eigene Arbeit aus, beim Genießer in der Wertschätzung des Handwerks.

Erfolgsfaktor Familie: Nadja und Magnus Seel übernahmen den Handwerksbetrieb von den Eltern und erweiterten das Angebot beträchtlich. Die nächste Generation kann schon über die Ladentheke schauen.

Die klassische Konditorei mit Café ist selten geworden.
Umso erfreulicher ist es, wenn die Qualität so ausgezeichnet ist wie bei diesem Haus.

Bier-Hochsitz vor Fichtelgebirgs-Landschaft (Kösseine). Richard (links) und Rudolf Hopf (rechts) auf dem Parkplatz der Lang Bräu.

Biere und Bierkultur mit Charakter

Im Prinzip ist es ganz einfach: Wer ausdrücken will, dass ein Bier schmeckt, muss das nicht umständlich diskutieren. Es reicht eine Formel: „Aah!". Oder auch ein herzhaftes „Läuft!". „Läuft", so lautet der Slogan der Lang Bräu in Schönbrunn bei Wunsiedel. Das Gute ist freilich auch hier nicht nur der Slogan, sondern der Geschmack.

Lang Bräu
Bayreuther Str. 19
95632 Wunsiedel
Tel. 09232 / 181940
www.lang-braeu.de
info@lang-braeu.de

Öffnungszeiten Getränkemarkt:
Montag bis Freitag
7 – 18 Uhr
Samstag
8 – 12 Uhr

„Worauf es uns ankommt, ist, dass unsere Biere für die Kunden wiederkennbar sind, dass sie einen Charakter haben", beschreibt der Geschäftsführer und Braumeister Richard Hopf sein zentrales Anliegen. Schließich hat die Lang Bräu eine Tradition, die gepflegt sein will. 1853 wurde sie offiziell gegründet, wobei die Vorgängerfamilie Schmidt zusammen mit zwei weiteren Familien im Ort schon vorher ein Kommunbrauhaus betrieben hatte. Man schätzte damals die gute, weiche Wasserqualität des Fichtelgebirges und tut dies noch heute. Um relevant zu bleiben, muss sich eine Brauerei jedoch immer wieder verändern.
„2014 stand die Brauerei vor einer Weichenstellung", erinnert sich Rudolf Hopf, der für Vertrieb und Marketing zuständig ist. Es wurden neue Etiketten gestaltet, neben den altbewährten Kisten auch Tragerl für 9 Flaschen produziert und zwei neue Sorten, ein Super Ale und ein Lager, eingeführt. Die Schönbrunner bewiesen hierbei ein gutes Händchen, weil sie nicht kurzlebigen Trends hinterher liefen. Statt geschmacklich extreme Sonderbiere herzustellen, wie in der Craft Beer Szene teils üblich, setzte die Brauerei weiterhin auf gut trinkbaren Stoff für alle. Die Spezialitäten sind dabei wie die anderen Biere auch der Tradition des Reinheitsgebotes und der fränkischen Bierbraukunst verpflichtet. Die klassischen Biersorten, die sich großer Beliebtheit erfreuen, blieben erhalten. Dem Hellen Doppelbock wurde eine besondere Ehre zuteil. Er gewann beim European Beer Star 2018 die Silbermedaille – als „Frankens bester Doppelbock".
Eine Auszeichnung, jedoch für die Architektur und den Erhalt fränkischer Lebenskultur, hätten auch die historischen Gebäude verdient, die der Lang Bräu gehören. Ein Schmuckstück in diesem Ensemble ist das Bräustüberl (siehe auch Seite 84). Gelegenheiten die Biere zu probieren, gibt es reichlich. Probieren und einkaufen kann man sie auch im Getränkemarkt über die Straße. Einer der beiden Chefs ist hier fast immer anwesend und stets offen für die Anliegen der Kunden.

„Himmel, wie werd‘ ich trinken …“

Spezialitäten (3): Biere

von Norbert Krines

Ein Streifzug mit Goethe und Jean Paul führt zu Bierspezialitäten im Fichtelgebirge und am Ende zum einen oder anderen Zoigl in den Steinwald.

Dass das Fichtelgebirge mehr als nur eine Reise wert ist, wusste schon Johann Wolfgang von Goethe. Drei Mal besuchte er das Fichtelgebirge und schwärmte in seinen Tagebüchern vom dortigen Bier. Als der Dichterfürst und begeisterte Naturforscher 1785 zum ersten Mal ins Herz des Fichtelgebirges nach Wunsiedel reiste, wanderte er zur Weißmainquelle, zum Ochsenkopf und zu den Granitfelsen der Luisenburg. Damals glich das noch mehr einer Expedition, für die man einen ortskundigen Führer brauchte. Den fand er im Wirt und Kommunbrauer Johann Georg Hönicka, in dessen Gasthof „Goldenes Einhorn“ der berühmte Gast logierte. Heute reicht festes Schuhwerk, wenn man das bestens erschlossene Felsenlabyrinth der Luisenburg, eines von Bayerns schönsten Geotopen, entdecken will. Aber wer will, kann sich danach wie weiland Goethe zur Belohnung ein Glas Hönicka Wonnesud, ein kastanienbraunes Spezialbier mit malziger Fülle und einer feinen Hopfennote, gönnen.

Bei den Stichwörtern Bier und Literatur denkt man im Fichtelgebirge aber vor

allem an Jean Paul. Der ungemein fantasievolle Dichter blieb zeit seines Lebens mit seiner Heimatregion verbunden. Und mit dem heimischen Bier! Liebevoll nannte er es seinen Herbsttrost, sein Magen-Balsam, seinen Gehirnkitzel oder sogar seine vorletzte Ölung. Auf Jean Pauls Spuren kann man in mehreren Tagen durch das Fichtelgebirge wandern: Natürlich begegnet man auf dem 108 Kilometer langen Jean-Paul-Weg auch der einen oder anderen Brauerei.

Von Bummelhenkern und Super Ales

Die Weißenstädter Brauerei Michael zum Beispiel lockt mit Brauseminaren. Oder man probiert eines der saisonalen Biere aus der eigenen Bierwerkstatt wie den „Bummelhenker". Mit diesem „Spottnamen" bedenkt man die Bürger von Weißenstadt augenzwinkernd. Einer alten Geschichte zufolge war die Weißenstädter Stadtmauer mit Gras bewachsen. Die Weißenstädter wollten den Bummel, den Zuchtstier der Gemeinde, dort weiden lassen. Also banden sie dem armen Tier einen Strick um den Hals und zogen ihn die Mauer hoch. Der Bummel überlebte die Prozedur freilich nicht und die Weißenstädter hatten zum Schaden auch noch den Spott.
Tradition und Moderne verbindet die Brauerei Lang in Schönbrunn bei Wunsiedel (siehe Seite 38). Der Ort liegt zwar nicht direkt auf dem Jean-Paul-Weg, ein Abstecher lohnt für den Bierfreund trotzdem. Die Brauerei verbindet Tradition und Moderne mit einem frischen Marketing: Das „7 Sternchen Pils" hat seinen Namen vom Siebenstern, der kleinen, weißen Blume, die ein Wahrzeichen des Fichtelgebirges ist. Das Erotik Bier ist deutschlandweit für seine angebliche Wirkung bekannt und mit dem Super Ale gibt es ein kaltgehopftes Sonderbier.

Fränkischer Zoigl und neue Kommunbrauer

Je weiter man sich durchs Fichtelgebirge in Richtung Oberpfalz bewegt, desto eher trifft man auf eine seltene Spezialität: fränkische Zoigl-Biere. Streng genommen versteht man unter einem Zoigl eine besondere Wirtschaftsform: Im Fichtelgebirge wie in der Oberpfalz durften die Bürger – Kaufleute, Grundbesitzer und Handwerker – in vielen Städten und Gemeinden in kommunalen Brauhäusern selbst Bier brauen lassen. Es wurde von den Bürgern dann im heimischen Keller vergoren und gegen ein Entgelt nacheinander in der heimischen Stube ausgeschenkt. Wo es gerade frisches Bier gab, zeigte ein Brauerstern, der sogenannte Bierzeiger oder Zoigl, an.
Im oberfränkischen Marktredwitz an der Grenze zur Oberpfalz gab es den Stadtchroniken zufolge einstmals zwischen 20 und 30 solcher Zoigl-Stuben. Wer gerade mit dem Ausschank an der Reihe war, räumte sein Wohnzimmer aus und stellte ein paar Tische und Bänke hinein. Dann ging jeder zum „Riesnfriedrich", zu den „Salesbuam" oder zur „Becknsannl", um frischen Zoigl zu trinken. Im 19. und 20. Jahrhundert wurden viele Kommunbrauhäuser in Familienbrauereien umgewandelt. Das bedeutete aber nicht das Ende fränkischer Zoigl-Biere. In Marktredwitz hält die Brauerei Nothhaft noch die Zoigl-Tradition hoch (siehe auch Porträt auf Seite 42). Auch bei der Brauerei Hütten in Oberwarmensteinach oder der Schlossbrauerei Stelzer in Fattigau am Rande des Fichtelgebirges wird heute noch fränkischer Zoigl gebraut.
Seit einigen Jahren wird die Kommunbrauhaus-Tradition wiederbelebt. 2012 gründete sich in Rehau ein Kommunbrau-Verein, der auf dem Gelände der ehemaligen „Ludwigsbrauerei" in Handarbeit ein unfiltriertes, bernsteinfarbenes Vollbier braut. Brautag ist immer am zweiten Sonntag im Monat. Wann es verkauft wird, zeigt nicht mehr der klassische Bieranzeiger, diese

Die nördliche Oberpfalz und das Fichtelgebirge verbindet vieles: teilweise der Dialekt, immer aber die guten Biere und viele urige Kneipen. Im Bild: die Brauerei Schafferhof in Neuhaus, dem oberpfälzischen Zoigl-Mekka.

Aufgabe übernimmt mittlerweile das Internet. Auch in Goldkronach lohnt ein Blick ins Internet, will man sich das dortige Kommunbräu schmecken lassen. Bis 1920 durften jeweils drei Bürger brauen und wechselweise ihr Bier im Ort ausschenken. Knapp 100 Jahre später gründete sich 2017 die Museumsbrauerei, die mit ihrer unregelmäßig stattfindenden Buschenschänke an die alte Brautradition anknüpft.

„Echter Zoigl" und streitende Brüder

Für das Zentrum der Zoigl-Kultur muss man sich nach Neuhaus und Windischeschenbach aufmachen. Hier pflegt man noch die ursprüngliche Zoigl-Tradition. Die Biere werden in Kommunbrauhäusern gebraut und nach einem festen Kalender in urigen Zoiglstuben wie dem Schafferhof in Neuhaus ausgeschenkt. Für ihre ursprüngliche Zoigl-Tradition haben die Brauereien die Schutz-Gemeinschaft „Echter Zoigl vom Kommunbrauer" gegründet.

Dass Zoigl mehr als nur unfiltriertes Lagerbier sein kann, zeigt die Friedenfelser Schlossbrauerei im Naturpark Steinwald, der noch zum Fichtelgebirge gezählt wird. Das Schloss Friedenfels soll seinen Namen dem Streit zweier Brüder verdanken. Im 16. Jahrhundert sollen die beiden Brüder Christoph und Friedrich Sittich Notthafft von Weißenstein so sehr zerstritten gewesen sein, dass sie nicht gemeinsam unter einem Dach hätten wohnen können. Als der jüngere der beiden, Friedrich Sittich Nothafft von Weißenstein, ein neues Schloss erbaut hatte, gab er ihm den Namen Friedenfels. Denn er war froh, nun endlich seinen Frieden vor seinem Bruder gefunden zu haben. Die Ruine Weißenstein, das Stammhaus der Familie Nothafft von Weißenstein, prägt heute mit ihrem auf einer imposanten Felsklippe thronenden Bergfried das Logo der Schlossbrauerei Friedenfels. Das Besondere an der Schlossbrauerei ist aber nicht die Geschichte des Ortes, sondern der sehr seltene Weizen-Zoigl, der dort gebraut wird.

Aber egal, ob man sich ein klassisches fränkisches Lagerbier oder einen urigen Zoigl schmecken lässt – beim einen Besuch im Fichtelgebirge denkt man schnell wie Jean Paul:

„Himmel, wie wird ich trinken ...!"

„Zoigl“ war nur der Anfang

Gutbürgerliche Küche und Bier – von alters her ist das in Franken eine harmonische Beziehung. Dabei sind es gerade die kleinen Handwerksbetriebe, die für Vielfalt auf dem Teller und im Glas wichtig sind.

Brauerei Nothhaft
Ottostraße 30
95615 Marktredwitz
www.brauerei-nothhaft.de
info@brauerei-nothhaft.de
Tel. 09231 / 2077

Öffnungszeiten und Getränke-Direktverkauf:
Montag bis Donnerstag
8 – 12 Uhr und
13 – 17 Uhr
Freitag
8 – 12 Uhr und
13 – 16 Uhr
Samstag 9 – 12 Uhr

Brauereigaststätte Am Strand
Ottostraße 32
95615 Marktredwitz
Tel. 09231 / 9731800

Öffnungszeiten:
Mittwoch bis Montag
11 – 14 und
17 – 22 Uhr

Inzwischen haben die Spezialitäten sogar noch an Bedeutung gewonnen, wie man in der Brauerei Nothhaft, eine der Privatbrauereien des Fichtelgebirges, weiß. Während Standardbiere den Durst stillen und einfach gute Laune machen können, entdeckt der Genießer bei Spezialbieren die erstaunlichen Möglichkeiten, die über das alltägliche „Seidla“ hinaus reichen. Obwohl der „Zoigl“ vor allem in der Oberpfalz Kult ist, hat es an der Stelle des Brauereigasthofes „Am Strand“, der direkt an die Marktredwitzer Brauerei Nothhaft angrenzt, eine altehrwürdige Tradition. Im Jahr 1540 erhielt das Haus in der Ottostraße mit der Nummer 36 das Kommunbraurecht. Als Otto Nothhaft 1882 hier seine eigene Brauerei gründete, fing er mit „Zoigl“ an. Das mit Spezialmalz hergestellte Bier geriet irgendwann in Vergessenheit. 1994 jedoch holte man das Rezept aus der Versenkung, um es nach alter Brauart wiederherzustellen. Heute wird ein beachtlicher Teil sogar in die Oberpfalz geliefert.
Die regionale Verwurzelung der Brauerei Nothhaft prägt die Herstellung und die Qualität des Sortiments. Das Brauwasser ist so gut, dass der Betrieb es ohne weitere Aufbereitung verwenden kann. Die Brauerei spart nicht an Rohstoffen und gibt den Bieren mit der klassischen Vergärung bei kalten Temperaturen einen schönen abgerundeten Geschmack. Bei der Auswahl gibt es so gut wie keine saisonalen Beschränkungen. Auch der mächtige Doppelbock „Antonius“ mit über 18 Prozent Stammwürze und 7,5 Prozent Alkohol ist fast das ganze Jahr über erhältlich.
Die Motivation der Handwerksbrauerei ist eine besondere, wie Andreas Nothhaft betont: „Wir kämpfen dafür, dass die regionale Biervielfalt erhalten bleibt.“ Drei mögliche Nachfolger, die aus der Ehe mit seiner Frau Carolin hervorgegangenen Söhne Simon und Martin sowie Tochter Antonia, stehen schon bereit. Mit der Biervielfalt kann so auch das alte Wissen in die nächste, die nunmehr sechste Generation weitergegeben werden.

Andreas Nothhaft (oben links) ist es wichtig, die Kultur der Brauereigaststätten und die regionalen Bierspezialitäten zu erhalten. Die Gaststätte „Am Strand“ liegt unmittelbar neben der Marktredwitzer Brauerei.

Helden der Landschaft

Spezialitäten (4): Rotvieh und alte Landrassen

von
Oliver van Essenberg

Eine Prise Bergwiesen-Romantik weht durch Kleinwendern. Auf einem Wiesenstück wachsen Orchideen und Arnika. Wildkräuter liefern schmackhaftes Futter für die Tiere, die sich an der frischen Luft bewegen können. Neben Rotvieh finden sich rund um das Dorf Coburger Fuchsschafe, Thüringer Waldziegen, Sundheimer Hühner, Schecken-Karnickel, weiß-graue bayerische Landgänse und Warzenenten. Die Gesellschaft zur Erhaltung alter und gefährdeter Haustierrassen (GEH) hat Kleinwendern wegen der besonderen Anzahl der hier gehaltenen, gezüchteten und auch genutzten Rassen im Juli 2019 als Bayerns erstes Archedorf ausgezeichnet. Weitere Dörfer dürften dem Beispiel folgen.

Die Industrieregion brauchte Nutztiere

Alte Landtierrassen sowie alte Gemüse- und Obstsorten gab es in Frankens kleinteilig strukturierter Landwirtschaft einst in unüberschaubarer Zahl. Auch im Fichtelgebirge. Bis zum Beginn des 20. Jahrhunderts war es üblich, Rinder, Schafe, Ziegen und Schweine auf der Weide zu halten. Darauf deuten Flurnamen wie „Auf der Hut", „Ochsentränk" oder „Trieb" hin. Die Erträge der Tiere waren im Vergleich zu leistungsfähigeren Züchtungen jedoch eher bescheiden. Genau das wurde ihnen in der auf Leistung getrimmten Modernisierung der Landwirtschaft fast zum Verhängnis. Dabei hatten sie einst einen wesentlichen Anteil am Aufschwung des Fichtelgebirges. Ohne die roten Zugochsen wären Gold, Zinn und Eisen, Granit und Holz, Porzellan, Glas und Stoffe vor der Erfindung

Das Rote Höhenvieh fühlt sich im Fichtelgebirge wohl und trägt in der Weidehaltung auch zum Naturschutz bei. In Kleinwendern, wo das Bild aufgenommen wurde, ist eine „Oase" für alte Landrassen entstanden. Kleinwendern ist Bayerns erstes Archedorf.

von Lok und LKW nie zu den oft weit entfernten Zielmärkten gelangt. Die Textilbranche verdankte ihre erste Blütezeit nicht nur dem Flachsanbau, sondern ganz wesentlich der heimischen Schafwolle. Selbst die Ziege, die so genannte Kuh des kleinen Mannes, war wie der Ochse auch ein Drei-Nutzungs-Tier. Sie gab Milch, zog u.a. leichte Wägen, um Holz aus dem Wald zu transportieren, und wurde für den Verzehr geschlachtet.

Viele der alten Nutztierrassen und Sorten werden heute von Liebhabern und Genießern wiederentdeckt. Das Sechsämter-Rotvieh ist die populärste Rasse unter den Ureinwohnern, die in diesem Zuge ins Fichtelgebirge heimgekehrt sind. Von der Rasse, die einst im ganzen deutschen Mittelgebirge verbreitet war, zählte Karl Scholler in den 1990er Jahren nur noch 26 Exemplare. Zusammen mit Gudrun Frohmader-Heubeck, Gisela Kreipe und Ronald Ledermüller vom Naturpark Fichtelgebirge kümmerten sich die Naturschützer um die Rückführung der Rinder aus der nördlichen Oberpfalz. Kein Rind ist nämlich besser geeignet für das Beweiden der kräuterreichen Bergwiesen und keines wirkt mit seinem roten Fell und den weißen Hörnern mit schwarzer Spitze dekorativer in der Kulturlandschaft der Region.
Wie nicht anders zu erwarten, ist sein Fleisch von hervorragender Qualität und findet ohne Schwierigkeiten Abnehmer. Rudi Küspert aus Kleinwendern ist eine der Adressen, der man in dieser Hinsicht uneingeschränkt vertrauen kann. Sein Betrieb ist biozertifiziert, die Schlachtung übernimmt die ebenfalls biozertifizierte Metzgerei Ruckdeschel aus dem nahen Wunsiedel. Der Verkauf begann 2019. Wer Pioniere für die Züchtung der alten Landrasse kennenlernen möchte, muss nur ein paar Kilometer weiter Richtung Süden fahren. Hier macht sich „Köstlers Bio-Bauernhof" schon seit 2007 um die Züchtung und Vermarktung der heimischen Rasse verdient (siehe Seite 46).

Alte Rassen, neue Heimat

Aber nicht nur jene alten Nutztierrassen, die typisch für das Fichtelgebirge sind, können zu den Helden der Landschaft zählen, sondern auch von weit her importierte oder eingekreuzte Tiere. Schon seit 1993 züchtet die Familie Purucker das französische Rind „Blond d'Aquitaine". Ihr Hof liegt in Sichtweite des Schiedapasses, dem Hauptübergang aus dem Fichtelgebirge nach Norden, zwischen Kirchenlamitz und Schwarzenbach an der Saale, direkt am Waldrand. Das Fleisch vermarktet die Familie Purucker als „Purucker's

Blond" ausschließlich in Zusammenarbeit mit der Metzgerei Wunderlich, Kirchenlamitz.

Im benachbarten Hallerstein ziert eine bunte Herde aus braunen und schwarzen Rindern die Fluren des Förmitzspeichers. Es handelt sich um reinrassige „Luing"-Rinder, die von der gleichnamigen schottischen Insel stammen, sowie um eingekreuztes Welsh-Fleckvieh. Die Philosophie lautet auch hier: Qualität statt Quantität. Die Tiere wachsen natürlich heran, leben ganzjährig auf der Weide, der

Alte Rassen erleben eine Renaissance.
Diese Seite:
Coburger Fuchsschafe und Blonde d'Aquitaine-Rinder der Familie Purucker.

Rechte Seite:
Die Familie Kießling hält bei Hallerstein braunrote Luing-Kühe sowie Kreuzungen aus Luing und Welsh Black.
Darunter:
Thühringer Waldziegen im Archedorf Kleinwendern.

eigene, komplett ökologisch ausgerichtete Landbau liefert das Futter. Die Verbraucher schätzen die hohe Fleischqualität und akzeptieren auch den höheren Preis, mit dem die Weidehaltung bezahlt werden muss.
So auch bei einer ganz anderen Tierrasse, die man bei der Durchfahrt auf der B303 schon vom Auto aus sehen kann: Am Sichersreuther Berg, am Hof der Familie Höpfel, die hier auch einen Ferienhof unterhält, grasen mächtige amerikanische Bisons. Die besten Stücke sind so begehrt, dass sie schon ein Jahr im Voraus bestellt werden.
Viele weitere Betriebe arbeiten inzwischen nach ähnlichen Kriterien, sei es in der artgerechten Tierhaltung oder der Herstellung anderer genussreicher Produkte, ob Gemüse und Öl, Käse und Eier oder Holzofenbrot und Eis vom Bauernhof. Adressen von Direktvermarktern findet man leicht im Internet, z.B. auf der Webseite der Entwicklungsagentur Fichtelgebirge, und in einer sorgfältigen Auswahl im vorliegenden Buch.

Kein Luxusanliegen

Heimische Sorten und Rassen sind immer öfter die bessere Alternative zu konventionell und industriell hergestellten Lebensmitteln. Extensive Landwirtschaft und Direktvermarktung sollten jedoch nicht als Luxusanliegen von Naturschwärmern und Feinschmeckern verniedlicht werden. Sie sind zentrale Bestandteile einer Gegenbewegung zur globalisierten Agrar- und Lebensmittelindustrie. Wenn Köche und Konsumenten bereit sind, einen angemessenen Preis für bäuerlich und handwerklich hergestellte Lebensmittel zu zahlen, stärken sie die Wertschätzung und Wertschöpfung innerhalb der Region. Der Bauer hat ein Produkt, auf das er stolz ist. Und der Genießer bekommt die Gelegenheit, sich selbst etwas Gutes zu tun. Nirgends ist das besser möglich als dreimal täglich beim Essen und Trinken. Es ist ein erfreulicher Nebeneffekt, dass auf diese Weise auch regionale Wirtschaftskreisläufe geschlossen werden. Auf der Basis kann das vermeintlich alte das neue, zukunftsfähige Modell sein.

Das Rotvieh und das Gold des Hofes

Hermann Köstlers Vorfahren haben über 300 Jahre lang im Fichtelgebirge Landwirtschaft betrieben. Kurz nach der Jahrtausendwende aber war für den zupackenden Mann aus Hermannsreuth die Zeit gekommen, etwas Neues auszuprobieren.

Köstlers Bio-Bauernhof
Hermannsreuth 7
95683 Ebnath
Tel. 09234 / 1083
www.koestlers-biobauernhof.de
koestlers-bauernhof@gmx.de

Öffnungszeiten Hofladen
Freitag 8 – 18 Uhr
Markttermine s. Webseite

Karolin und Herrmann Köstler lieben, was sie tun. Mit ihrem Betrieb kam das Rotvieh zurück ins Fichtelgebirge. Den Sommer verbringt die Herde auf den Weiden. Die Mutterkuhhaltung macht das Tierwohl perfekt.

Für den entscheidenden Impuls sorgte Karolin, seit 2005 die Lebensgefährtin des Landwirts. Sie hatte in der Demeter-Landwirtschaft genau das gefunden, wonach sie gesucht hatte und konnte ihren Partner, der den Hof beinahe geschlossen hätte, kurzerhand zum Umschwenken bewegen. So entstand in Hermannsreuth, zwischen Kulmain und Ebnath, 2007 der erste Zuchtbetrieb für Rotvieh im Fichtelgebirge. Köstlers Biobauernhof macht seitdem durch gutes Fleisch von glücklichen Kühen von sich reden und bietet zudem die passenden Nebenprodukte ebenfalls in Bio-Qualität an: Kartoffeln, Zwiebeln, Möhren, Kraut, Eier, „Karolins Suppen & Braten-Gewürz“, Obst und vieles andere mehr.

Die biologisch-dynamischen Grundsätze von Demeter sind schon vor gut 100 Jahren niedergeschrieben worden. Niemand wäre damals auf die Idee gekommen, die so erzeugten Genussprodukte als „bio“ auszuzeichnen. Heute jedoch steht Demeter nicht nur für „bio“, sondern für eine Premiummarke unter den Bio-Lebensmitteln. Für Karolin und Hermann Köstler bedeutet dies, dass sie ein besonderes Augenmerk auf die Beschaffenheit ihrer Böden legen. Sie düngen mit hofeigenem, reifen Kuh-Dung, halten konsequent den Fruchtwechsel auf dem Feld ein, verwenden bio-dynamische Präparate und fördern auf diese Weise ein gesundes Pflanzenwachstum. Wenn Karolin Köstler sagt, dass ihr Gold daher der Mist auf dem Hof sei, ist das ihr völliger Ernst.

Das Rotvieh kommt nahezu vollständig ohne Mastfutter aus. Auf dem Speiseplan der Tiere steht vor allem hofeigenes Heu, Gras, aber auch Möhren, Futterrüben, Schrot, im Winter sogar Haferplätzchen. „Es ist eine Freude, die Natur und die Tiere wachsen zu sehen und dass alles auch ohne Kunstdünger funktioniert, oft sogar noch schöner und besser“, sagt Hermann Köstler. Das Leben mit dem Kreislauf der Natur will das Paar nicht mehr missen.

Edles Wild für edlen Geschmack

Rot- bzw. Edelwild war lange Zeit der Hohen Jagd, sprich der Hochadelsjagd vorbehalten. Zwischen dem 15. und 17. Jahrhundert hatten die Markgrafen auch in der Gegend um Wunsiedel ihre Jagdgründe.

Stadtförster
Hubert Steinberger
Rot-Kreuz-Str. 6
95632 Wunsiedel
Tel. 09232 / 9199950

Bayerische Landesjagdschule Wunsiedel
Severin Wejbora
Tel. 0170 / 228880

Das Rotwildgehege beim Wunsiedler Bürgerpark ist eine der besten Quellen für edles Wildfleisch.

Die besten Stücke vom Wild sind noch immer ein Essen für besondere Anlässe, das heute jedoch jedermann genießen kann. Im Wunsiedler Rotwildgehege werden die Tiere vorbildlich aufgezogen, sodass daraus bestes Fleisch für Filets und Veredelungsprodukte entsteht.

Im Sommer ernährt sich das Rotwild von Gras, Klee und Kräutern. Im Winter bekommt es an der Futterhütte Heu und etwas Kraftfutter. Die Ernährung im Gehege ist abwechslungsreich und komplett natürlich, frei von chemischen Zusätzen (zum Rotwildgehege siehe auch Seite 223).
Während Fleisch vom Rotwild bei einseitiger Ernährung fad werden kann, nimmt es im Wunsiedler Gehege auf dem Katharinenberg jenen edlen Geschmack an, der dem Namen des Edelwilds alle Ehre macht. Das Fleisch ist dabei fettarm, für gesunde Ernährung also sehr gut geeignet. Eine Keule oder ein Rücken sind gerade zur Weihnachtszeit besonders begehrt, weil sie als hervorragende Alternative zum Weihnachtsbraten aufgetischt werden können. Wer wild ist auf die erlesenen Stücke, sollte auf jeden Fall im Voraus bestellen. In den Verkauf gelangen zur Weihnachtszeit auch beliebte Veredelungsprodukte wie Hirschsalami, Göttinger, Knacker und Hirschbeisser. Die neben dem Gehege angesiedelte Landesjagdschule hält die Produkte im Schlachthaus vorrätig. Die Mitarbeiter des Rotwildgeheges und der Leiter der Landesjagdschule, Severin Wejbora, arbeiten zudem mit Metzgern zusammen, bei denen die Produkte weiterverarbeitet und verkauft werden – Adressen auf Anfrage!

Kochkurse

Die Zubereitung will gekonnt sein. Kochbücher und Rezepte helfen dabei. Mehr noch lernt man über den sachgerechten Umgang mit dem Fleisch in einem der Kochkurse, die die Landesjagdschule anbietet. Anmeldungen sind über die Seite der bayerischen Landesjagdschule möglich.

Schweine im Glück

Mit der Initiative „Strohschweine" hat Rüdiger Strobel aus Dörnthal eine Kehrtwende bewirkt. Artgerechte Haltung und Bewegungsfreiheit kommen auch der Fleischqualität zugute.

Landmetzgerei Strobel
Zentrale Dörnthal
Dörnthal 71
95152 Selbitz
Tel. 09280 / 5383

www.metzgerei-strobel.de
post@metzgerei-strobel.de

Öffnungszeiten Metzgerei:
Montag bis Freitag
7 – 18 Uhr
Samstag
7 – 12.30 Uhr

Das zufrieden in seinem Element lebende Schwein ist selten geworden, sehr selten. Als wirtschaftliches Nutztier wächst es heute zu 99 Prozent in der Intensivhaltung auf: als eine Hochleitungs-Züchtung, die auf wenig Raum und mit geringem Personalaufwand ungeheure Mengen an Fleisch liefern soll, und das in möglichst kurzer Zeit. Von Schweineglück kann keine Rede sein.
Der Metzger Rüdiger Strobel aus Dörnthal, Landkreis Hof, zeigt, dass es auch anders geht. 2014 gründete er die Initiative „Strohschweine". Von der Idee konnte er ein Dutzend Landwirte schnell überzeugen. Für den Mehraufwand, den die Strohhaltung mit sich bringt, zahlt er ihnen zudem einen angemessenen Preis. Die Vorteile liegen auf der Hand: Während die Haltung auf einem Vollspaltenboden bei Schweinen fast immer zu Entzündungen an Gelenken und Schleimbeuteln führt, kann das Tier bei der Strohhaltung seiner Natur folgen, das heißt mit der Schnauze wühlen, sich lustvoll wälzen, mit Artgenossen kuscheln. Jedes Strohschwein bekommt zudem fast drei Mal mehr Platz als bei der Intensivhaltung. Das freut die sensiblen Tiere und ist auch für die Qualität des Fleisches gut, da sich bei der Bewegung Fett abbaut. Freilandhaltung ist nach der Erkenntnis von Rüdiger Strobel dagegen nicht von Vorteil, zumindest nicht bei der domestizierten Rasse seiner Vertragslandwirte, einer Mischung aus deutschem Landschwein und der alten Rasse La Pietrain. Die Schweine würden sich ohnehin kaum außen aufhalten.

Wichtiger ist das Futter: Die Landwirte haben sich dazu verpflichtet, dass es

zu 100 Prozent gentechnikfrei ist. Das Tierwohl ist dem Inhaber der Landmetzgerei schon lange ein Anliegen. Sein Vater war im Nebenerwerb Landwirt und war mit befreundeten Bauern auch noch in Kontakt, als er sich 1981 mit einer Metzgerei in Naila selbständig machte. 1987 baute die Familie an ihrem Stammsitz in Dörnthal, einem Ort mit 80 Einwohnern im obersten Oberfranken, den Hauptbetrieb auf.

Traditionelles Handwerk ist hier noch eine Selbstverständlichkeit. Der Inhaber arbeitet sogar noch bei der Schlachtung mit. Der Catering-Service setzt die gute Qualität fort. Die größte Beachtung erfahren regional und auch überregional indes die Strohschweine. Die Vorzüge wissen auch die Kunden zu schätzen. Sie zahlen zwar etwas mehr als für ein Produkt aus Massentierhaltung, bekommen im Gegenzug jedoch ein gereiftes, hochwertiges Stück Fleisch, das länger frisch bleibt und beim Braten deutlich weniger Wasser verliert.

Neuzugang seit 2018: Fränkisches Gelbvieh

Der Erfolg des Projektes Strohschweine hat Rüdiger Strobel dazu motiviert, sich auch bei den Rindern verstärkt für artgerechte Haltung zu engagieren, mit dem Ziel, ausschließlich Fleisch aus Weidehaltung anzubieten. Dabei ist es ihm wichtig, den Erhalt alter einheimischer Rinderrassen, die eine vorzügliche Fleischqualität liefern, zu unterstützen. 2018 hat er direkt gegenüber seiner Metzgerei die erste kleine Herde angesiedelt. Die Rinder der Rasse „Fränkisches Gelbvieh“ wachsen vorbildlich, in Mutterkuhhaltung auf.

Die Initiative „Strohschweine" von Rüdiger Strobel, seines Zeichens Metzgermeister, Genussbotschafter und Diplom-Fleischsommelier und Gewürzsommeliere, erhält viel Beachtung, auch überregional. Bild oben: Rüdiger Strobel (rechts) im Gespräch mit der Familie Marktstein, Landwirte aus Gumpersreuth. Darunter (von links): Dr. Hermann Meiler, Amtstierarzt a.D., und Landwirt Walter Ritter, zwei weitere Unterstützer des Projektes.

Premium-Geflügel aus Marktleuthen

Fleischqualität wächst nirgends von allein, sondern ist darauf angewiesen, dass Verbraucher das Lebensmittel wertschätzen. Wer sich im Fichtelgebirge nach einem Geflügelhof umschaut, bei dem dieses Zusammenspiel funktioniert, landet schnell bei den Ritters in Marktleuthen.

Dem Geflügel geht es gut auf dem Biohof von Iris und Andreas Ritter (im Bild). Bewegungsfreiheit, sauberes Futter und langsames Wachstum haben entscheidenden Einfluss auf die Fleischqualität.

Bio-Geflügelhof Ritter
Hofer Straße 35
95168 Marktleuthen
Tel. 09285 / 913505
oder 0170 / 4519963
Öffnungszeiten des Hofverkaufs:
Täglich zwischen 8 und 18 Uhr

Eine Terminvereinbarung ist auch außerhalb der o.g. Zeiten nach telefonischer Rücksprache möglich

An der Ortsausfahrt Richtung Hof kann man mit etwas Glück einen Teil der insgesamt 3200 Hühner beim Auslauf beobachten. In der warmen Jahreszeit tummeln sie sich gerne auf der eingezäunten Streuobstwiese vor dem Stall. Iris und Andreas Ritter haben den Betrieb, einen typischen Aussiedlerhof, 2008 übernommen und von der kaum noch rentablen Milchviehhaltung auf einen Bio-Geflügelhof umgestellt. Den Plan zu einem Bio-Betrieb hatte Andreas Ritter jahrelang mit sich herumgetragen. „Als Bio vor etwa 25 Jahren ins Rollen kam, wurde die Idee etwas belächelt", weiß der Inhaber. Inzwischen liegen über 10 Jahre Produktion im Ökobereich hinter uns und wir wissen, dass die Qualität unserer Produkte höchsten Ansprüchen gerecht wird."

Zeit und Raum für mehr Qualität

An den Qualitätsgrundsätzen hat sich bis heute nichts geändert. Die Tiere erhalten bio-zertifiziertes Futter von den eigenen Feldern – kein tierisches Eiweiß, keine Antibiotika. Das Geflügel hat Bewegungsfreiheit, im Freilauf pro Schnabel 4 Quadratmeter zusätzlich. Es bekommt Zeit, natürlich zu wachsen – 70 Tage dauert die Mast in Marktleuthen, in einem industriellen Turbomast-Betrieb wären es 28 bis 32. Sobald das Geflügel schlachtreif ist, sorgen rund 20 Helfer des Nachts für einen schonenden, stressfreien Transport – jedes Tier wird dabei noch schlafend von Hand in einen Transportbehälter gelegt.

Der Zeitaufwand ist ein entscheidender Qualitätsfaktor. Da die Kunden den Unterschied zu herkömmlichem Geflügel schmecken, sind viele auch bereit, einen angemessenen Preis dafür zu zahlen. Der Einkauf lässt sich mit einem Besuch am Hof verbinden, wo es auch Kartoffeln, Eier und zukünftig Feldgemüse in Bio-Qualität gibt. Wahlweise findet man das Fleisch auch in lokalen Edeka-Märkten (Edeka-Egert), in Restaurants (Teschner's), Dorfladen Dola Thierstein.

Die Reichels haben ihren Familienbetrieb von Milchwirtschaft auf eine vorzügliche Eis-Manufaktur umgestellt. Ihr Bauernhof-Café in Fichtenhammer ist gerade auch für Familien einen Besuch wert.

Jedes Eis hat seine Saison

Eis kann kaum geschmackvoller sein, als wenn es direkt vom Bauernhof stammt, zubereitet mit frischem Obst und Zutaten aus der Umgebung. So wie von der Buchberghof Eismanufaktur in Fichtenhammer.

Lange hatte der Familienbetrieb sein Geld mit Milchwirtschaft verdient, bis ein Umbau bevorstand. Martina und Florian Reichel hätten die Nutzfläche mehr als verdoppeln müssen, um aus der Sichtweise ihrer Bank konkurrenzfähig sein zu können. Da das Paar diesen Weg auch mit Blick auf das Tierwohl nicht gehen wollte, ließ es sich 2013 auf ein Wagnis ein. Abgesehen von den Reichels selbst wollte zunächst niemand an den Erfolg des neuen Geschäfts glauben. Als die Familie vier Jahre später, am 12. November 2017, mit über 3000 (!) Besuchern aus nah und fern die Einweihung des neuen Stalls und die Eröffnung ihres Bauernhof-Cafés feierte, war der Durchbruch jedoch offensichtlich.

Klein, aber fein – darin liegt auch hier der Schlüssel zum Erfolg. Die Tiere, allesamt heimische Fleckvieh-Kühe bzw. Simmenthaler Rinder, können aus dem Stall raus und fressen, wann sie wollen. Dank einer Melkanlage, die rund um die Uhr offen steht, können sie nun auch über den Zeitpunkt des Melkens selbst entscheiden. Die abgepumpte Milch wird vollautomatisch auch gleich auf Inhaltsstoffe getestet und weitergeleitet in den Stahltank, wo sie schonend wie in einem Eisbad gekühlt wird. Bei der Verarbeitung zu Eis verzichten die Reichels gänzlich auf künstliche Aromen, Farbstoffe und Konservierungsmittel. Was an Früchten regional lieferbar ist, bezieht die Manufaktur von Bauern aus der Umgebung. Ein ausgeprägtes Qualitätsbewusstsein bestimmt den gesamten Herstellungsprozess.

Rund 50 Sorten

Um das Produkt geschmackvoll zu veredeln, bringt die Eis-Manufaktur viele eigene Ideen ein. „Wir haben rund 50 Sorten entwickelt, von saisonalen Erdbeervarianten über milchfreie Sorbets bis zum Lebkuchen-Eis für die Weihnachtszeit. Zudem machen wir auf Vorbestellung Eisgebäck und Eistorten", erklärt Martina Reichel. Gelegenheiten zum Ausprobieren gibt es viele: im Hofladen, in ausgewählten Gaststätten und Cafés, beim Einkauf im Markt oder beim Eiswagen, der außerhalb Fichtenhammers unterwegs ist.

Buchberghof Eis-Manufaktur
Fichtenhammer 7
95158 Kirchenlamitz
Tel. 09285 / 92134
www.buchberghof.eu

Öffnungszeiten Bauernhof-Café:
1. Mai bis Ende September
An Samstagen, Sonn- und Feiertagen 13 – 19 Uhr

Das Buchberghof-Eis ist auch in EDEKA-Märkten der Region sowie bei weiteren Wiederverkäufern und ausgewählten Gastronomiebetrieben erhältlich

Im Naschgarten der Bergwälder und Bergwiesen

Spezialitäten (5): Wildkräuter und Wildfrüchte

von Georg Lang

Von über 1500 Wildkräutern des Fichtelgebirges sind schätzungsweise 600 essbar. Auch bei den Waldbeeren ist das Potenzial enorm.

Wildpflanzen haben den Kulturpflanzen vor allem eines voraus: Sie wachsen nicht, wie und wo der Mensch sie haben will, sondern so, wie sie selber wollen, und sie suchen sich auch selbst den Standort, an dem sie vital gedeihen und ihre Inhaltsstoffe vollendet ausbilden können. Daher kommt ihr herzhaftes Aroma und ihr kräftiger Fruchtgeschmack. Ungezähmt und unverbildet, wie sie nun einmal sind, genieren sie sich auch nicht, ihre nährenden und heilenden Kräfte durch appetitanregende und verdauungsfördernde Bitter- und Gerbstoffe zu verstärken. Die geschmeidig-eleganten, dafür längst nicht so wirkungsmächtigen Kulturformen von Gemüse, Kräutern und Obst ergänzen sie auf diese Weise in den Mahlzeiten um ein Stück unverfälschte Natur.

Das Fichtelgebirge bietet ihnen in seinen Höhenlagen ab etwa 600 bis 700 Metern ideale Wachstumsbedingungen auf den Wiesen der Hochtäler und der Berghänge und weiter oben in den lichten Bergwäldern. Geprägt sind diese Lebensräume neben den natürlichen Faktoren von Boden und Klima durch die ursprüngliche Nutzung als Viehweide in der alten bäuerlichen Landwirtschaft. Seit von der Mitte des 19. Jahrhunderts an das Weidevieh ganzjährig in Ställe gesperrt wurde, ging der Flächenumfang dieser Lebensräume stark zurück. Der Hutewald mit seinem dünnen Baumbestand wuchs zum „tiefen dunklen Tann" zu. Die offenen Flächen der Magerwiesen forsteten die Bauern mit Wirtschaftswald zur reinen Holznutzung auf oder wandelten sie in Äcker und intensiv genutzte Wirtschaftswiesen um. Für die Wildkräuter und die Wildfrüchte wurde es eng.

Wanderung „in die Blaubeeren"

Die überall im Fichtelgebirge verbreitete, auch Schwarzbeere und Heidelbeere genannte Blaubeere zum Beispiel zog sich auf die durch naturnahe Bewirtschaftung licht und luftig gebliebenen Waldstücke und auf die Moor- und Bergheiden zurück. Hier wächst sie auf nährstoffarmen, sauren und lockeren, oft sandigen und steinigen Böden freudig zu erstaunlichen Höhen um die 60 Zentimeter heran. Waren ihre Früchte früher das Zubrot der Viehhirten und ein kleiner Nebenverdienst armer Leute, wurden sie im frühen 20. Jahrhundert trotz der reduzierten Lebensräume zu einer wichtigen Einnahmequelle. Vor allem Frauen und Kinder pflückten die Beeren, die tonnenweise vom Endbahnhof der Fichtelgebirgsbahn in die süddeutschen Großstädte verfrachtet wurden. Einen abwechslungsreichen Rundwanderweg vorbei an reichen Blaubeerbeständen empfiehlt der „Naturpark Fichtelgebirge e.V." Er führt vom Parkplatz an der Naturpark-Infostelle Grassemann auf den Gipfel des Ochsenkopfs und über Fleckl zurück.

„In die Blaubeeren" wandern sollte man im August, wenn sie in voller Reife stehen. Denn nur so entwickeln sie ihr spezielles süßsaures Aroma und werden zur willkommenen Nascherei am Wegrand. Pflücken sollte man ausschließlich von Hand und nur kleine Mengen, frisch für das Müsli am nächsten Morgen oder luftgetrocknet aufbewahrt als wirkungsvolles natürliches Abführmittel. Größere Mengen für den Blaubeerkuchen oder für Saft, Marmelade und Fruchtgelee kauft man besser als Frischware oder Halbfertigprodukt.

Bärwurz-Fleckl

Hinter der Ortschaft „Fleckl" führt die Wanderroute an Bergwiesen vorbei, auf denen das feingliedrige Grün der Bärwurz zu bewundern ist. Vorsichtig

zwischen den Fingern zerrieben weckt der zarte, unvergleichliche, entfernt an Kümmel erinnernde Duft eine leise Sehnsucht nach dem prächtigen „Fichtelgebirgs-Bärwurz" aus Sack´s Destille in Weißenstadt. Die Feinheit dieses Geistes rührt nicht zuletzt daher, dass er nicht aus der Wurzel, sondern aus der Frucht der Bärwurz hergestellt wird. Dieses Juwels der Bergwiesen nimmt sich das „Kräuterdorf" Nagel ganz besonders an, wo die Kräuterführerinnen der Vereinigung „Herbaria" einen delikaten Bärwurzessig kreiert haben. Die Würzkraft dieses Kräutleins wird so sehr nachgefragt, dass es inzwischen auf geeigneten ungenutzten Flächen eigens ausgesät wird, um die Wildbestände zu schonen.

Die ursprünglichen Kräuterwiesen auf mageren, leicht sauren Lehmböden der mittleren Hanglagen haben sich im südlichen Fichtelgebirge vereinzelt noch erhalten als ein kleiner Rest des in der alten Literatur so bezeichneten „teutschen Paradeises", das rund um Nagel mit einem wundervoll erlebnisreichen Wanderweg gleichen Namens erschlossen wird. Wildkräuter, darunter auch seltene und geschützte Arten, begegnen einem hier in großer Zahl, und wer sie nicht genau kennt, soll seine Freude an ihnen haben und sie stehen lassen, oder er vertraut sich den

Kräuterführerinnen an. Sie lotsen nicht nur kundig mit Riechen und Schmecken durch die Wunderwelt von Giersch, Vogelmiere, Schafgarbe, Hirschholunder und vielen anderen, sie warten auch mit Kostproben der feinen Kräuterküche auf und geben im „Haus der Kräuter“ in der Ortsmitte von Nagel Kochkurse. Geführtes Sammeln und angeleitetes Kochen finden sich auch in den Jahresprogrammen des Naturparks Fichtelgebirge und der Regionalgruppen von Bund Naturschutz und Vogelschutzbund (speziell für Pilze). Kochen mit Wildpflanzen ist nicht zuletzt deshalb zum Bedürfnis geworden, weil es die Sicherheit gibt, etwas Natürliches, Frisches, ungedüngt und ungespritzt Gesundes auf den Teller zu bringen, das auch noch hervorragend schmeckt. Wer die Zeit dafür nicht aufbringt oder die Mühe scheut, muss nicht verzweifeln. Zum Kräutergenuss beim Essen, ohne selbst kochen zu müssen, laden die Mitgliedsrestaurants des „essbaren Fichtelgebirges e.V.“ ein. Sie bieten auf ihren Speisekarten immer ein paar Gerichte an, die mit den Beeren und Kräutern der Bergregion auf einfühlsame, oft kreative Weise spielen und die bitteren, sauren und süßen Geschmackskomponenten wie die erdenschweren und die luftig-leichten Aromen fein ausbalancieren.

Die wilden Köstlichkeiten einzusammeln und aufzuessen, ist vielleicht nicht die höchste Form des Genusses, weil er von der Attitüde des Haben-Wollens und Sich-Aneignens doch etwas getrübt wird. Warum nicht versuchen, einfach nur da zu sein in der sommerlichen Kräuterwiese mit ihren Düften oder im herbstlichen Bergwald mit den Farben seiner Beeren?

Wenn das Mädesüß blüht

Um sich in solche Genusserlebnisse einzuarbeiten, eignet sich keine Pflanze besser als das Mädesüß in den weiten Feuchtwiesen der Hochtäler. Allein der süße, an Vanille erinnernde Duft seiner cremefarbenen Blütendolden wirkt schon aufbauend und belebend und stimmt freundlich. Fern liegt der Gedanke, dass es in der Küche wie Holunderblüten verwendet werden kann, Nachspeisen, Obst, Wein und Säfte aromatisiert und besonders gut mit Blaubeeren und Brombeeren harmoniert, noch ferner das Wissen, dass es dem Aspirin den Grundstoff und den Namen gegeben hat. Der hoch wachsenden, alle Wiesenpflanzen überragenden und alle Wiesendüfte überlagernden „Wiesenkönigin“, wie das Mädesüß auch heißt, widmet der Naturpark Fichtelgebirge einen schönen Wandervorschlag für den Monat Juli durch das Egertal im Abschnitt zwischen Wellerthal und Leupoldshammer.

Auf den Spuren der Vogelbeere

In der Farbpalette der Beeren vom Blau der Heidel- über das Rot der Preisel- bis zum Blauschwarz der Brombeere und dem violett getönten Schwarz des Holunders gibt das leuchtende Orangerot der Vogelbeere den Ton an. Die Eberesche mit ihrem filigranen Blattwerk und den lockeren Fruchtdolden ist im Fichtelgebirge allgegenwärtig an Waldrändern und Lichtungen, zwischen den Felsen der Berggipfel und einzeln oder als Alleebaum an Straßen und Wegen. Dass ihre Beeren die Vögel nähren und den Menschen charakteristisch strengen Kräuterbitter, Fruchtwein und Fruchtessig liefern, ja selbst den seltenen Leckerbissen kandierter Vogelbeeren vergisst der faszinierte Betrachter schnell angesichts der eigenartig kraftvollen, stillen Ruhe und Zufriedenheit, die von diesem herbstlichen Leuchtbaum aus der Familie der Rosengewächse ausgeht. Die Ruhe teilt sich ihm mit, und er beginnt zu ahnen, warum die Eberesche den Kelten als Symbol des Lebens galt, und die Germanen sie dem zweithöchsten Gott ihres Götterhimmels, dem mächtigen Donar geweiht hatten.

Naab-Saiblingsfilet mit Roter Bete und Fingermöhren auf Wiesenkräuterrisotto

von Friederike Heusinger, Wildkräuter-Hotel Schönblick, Fichtelberg

Zutaten für 4 Personen
4 Saiblingsfilets
3 EL Olivenöl
300 g Risottoreis
1 Schalotte
100 ml Weißwein
½ l Gemüsebrühe
50 g Butter
50 g Hartkäse (z.B. Pamigo aus der Käserei Bayreuth)
50 g grob gehackte Wiesenkräuter
200 g Rote Bete
200 g Fingermöhren
Scheiben von gebratener Hirschwurst

Zubereitung

Saiblingsfilets mit Wildkräutersalz, Pfeffer und Zitronensaft würzen, die Hautseite mit Wiener Grießler mehlieren und in schaumiger Butter auf der Hautseite knusprig anbraten und durchziehen lassen. Den Risottoreis und die Schalotte, fein gewürfelt, darin andünsten, mit dem Weißwein ablöschen, solange rühren bis die Flüssigkeit in den Reis eingezogen ist. Gemüsebrühe nach und nach in den Reis geben und immer unter Rühren verkochen lassen, bis der Reis nur noch leicht Biss hat. Butter und Hartkäse dazugeben. Die grob gehackten Wiesenkräuter kurz vor dem Verzehr unterrühren.

Rote Bete im Ganzen weich kochen, schälen und ganz fein pürieren. Mit Salz, Zucker, etwas Essig, Pfeffer und Meerrettich abschmecken. Fingermöhren zuputzen und blanchieren. Vor dem Anrichten mit Butter, Zucker, Brühe, Salz und Pfeffer erwärmen und glasieren. Mit verschiedenen Wiesenkräutern und Scheiben von gebratener Hirschwurst anrichten!

Kulinarische Botschafter der Region

Der Verein „essbares Fichtelgebirge“

von Oliver van Essenberg

Wildkräutersalat mit Fichtenspitzendressing, dazu Wildkräuterbratwurst – Filet vom Fichtelgebirgssaibling mit Wildkräuterkruste auf Gurken-Bärwurz-Gemüse und Salzkartoffeln …

essbares Fichtelgebirge e.V.
Hofer Str. 20
95326 Kulmbach
Tel. 09221 / 40782-31

www.essbares-fichtelgebirge.de
info@essbares-fichtelgebirge.de

Was die Mitglieder des Bayerischen Landtags im März 2012 von Wildkräuter-Experten des Vereins „essbares Fichtelgebirge“ serviert bekamen, sorgte schon auf der Speisekarte für einen Aha-Effekt. Und als die Damen und Herren Abgeordneten die ersten Bissen zu sich nahmen, kam das zweite „Aha“… „Das klingt nicht nur spannend. Das schmeckt auch noch.“
Für Tischkultur und Porzellan ist das Fichtelgebirge weit über die Grenzen hinaus bekannt. Und die Regionalküche? Würzburg hat den Wein. Nürnberg hat eine Tradition als Gewürzstadt. Bratenklassiker und Bier ziehen sich durch ganz Franken, wobei Bambergs Rauchbierspezialitäten weltberühmt sind. Das Fichtelgebirge hat etwas, das so in keiner anderen Region zu finden ist – gut, speziell und reichlich vorhanden, und das sind Wildkräuter. Und wo es jede Menge Wald, Wiesen und viele Gewässer gibt, sind Waldfrüchte, Wild und Fische ebenfalls nicht weit. All das ist seit alters her vorhanden. Der Verein „essbares Fichtelgebirge“ musste das Rad also gar nicht neu erfinden, als er sich 2010 mit dem Ziel gründete, dem Fichtelgebirge über die schönen Seiten des Lebens, Essen und Genuss, ein Gesicht zu geben. Das Vorhandene musste einzig noch besser entdeckt und neu kombiniert werden, mit allem, was das Fichtelgebirge zu bieten hat: Porzellan, verführerischen touristischen Angeboten und Gerichten mit unverwechselbaren regionalen Zutaten.
Die Inhaber des Wildkräuter Hotels „Schönblick“ in Fichtelberg, allen voran Jutta Hecht-Heusinger, hatten schon viele Jahre vor der Vereinsgründung Anlauf zum Gemeinschaftsprojekts genommen, mit Kräuterfrauen und Kräuterpädagoginnen gesprochen, qualitätsbewusste Experten wie den Gartenbau-Architekten Steffen Fleischhauer, Weihenstephan, und den Koch Jean-Marie Dumaine aus Sinzig (an der Ahr) befragt. Um in der Küche nicht zu dilettieren, hatte sich Jutta Hecht-Heusinger als Initiatorin und Vorsitzende des Vereins schon vorab erfolgreich für eine IHK-Zertifizierung stark gemacht. Viele Köche und Genießer aus ihrem Freundeskreis lagen auf gleicher Wellenlänge, jetzt hieß es nur noch: Gas geben. Und in der Tat ging nach dem Start ein Ruck durch die Regionalküche.
Rückblickend hat das „essbare Fichtelgebirge“ bereits Beachtliches geleistet: Es hat die Gemeinsamkeit in der Region, in der ohnehin Vieles großflächig verstreut ist, über Landkreisgrenzen hinweg gestärkt. Die Köche sind Vollbut-Gastronomen und Hoteliers mit einer ordentlichen Zusatzausbildung zum Kräuterkoch und werden pingelig auf den korrekten Umgang mit Wildkräutern geprüft. Der Gast hat so die Gewissheit, dass er ein sauberes und gutes Lebensmittel bekommt. Ein Bä-

Cluster Ernährung

Der Verein „essbares Fichtelgebirge“ wird seit seiner Gründung vom Cluster Ernährung am Kompetenzzentrum für Ernährung – KErn, Kulmbach, unterstützt. Der Cluster Ernährung ist eine Plattform, die Akteure aus Landwirtschaft, Ernährungshandwerk, produzierendem Ernährungsgewerbe, wissenschaftlichen Einrichtungen, Forschungsinstituten sowie Dienstleister, Lebensmitteleinzelhandel und Verbraucher vernetzt. Der Cluster Ernährung berät dabei rund um die Themen Regionalität, Qualifizierung, Internationalisierung und Innovation.

Verwurzelt im Fichtelgebirge – der Verein „essbares Fichtelgebirge“ greift das über Jahrhunderte bewahrte Wissen um die Wildpflanzen auf, die im Fichtelgebirge heimisch sind. Moderne Rezepte halten die Tradition lebendig.

cker und ein Destillateur erweitern das kulinarische Angebot. Nach außen treten die Mitglieder stark auf, sie kochten beim Staatsempfang in Bayreuth, in der Gaststätte des Bayerischen Landtags, wie eingangs erwähnt, bewirten regelmäßig die Gäste bei Top-Veranstaltungen in und außerhalb der Region, sind auf Messen und werden auch von der Tourismuszentrale Fichtelgebirge als kulinarische Botschafter überall eingebunden. Ein Aushängeschild der Region ist so entstanden, das auch beim wichtigsten Glied der Wertschöpfungskette, dem Konsumenten, supergut ankommt. Denn vor der Kultur hat der Touristiker das Essen gesetzt.

Wer einmal tiefer in das „essbare Fichtelgebirge“ einsteigt, wird überrascht sein, wie kreativ und vielfältig, wie frisch und modern sich die Kräuter einsetzen lassen. Die Frischeküche der Qualitätsadressen unterscheidet sich je nach Stil des Hauses, vor allem aber in saisonaler Hinsicht. Im Jahresverlauf steht pro Monat immer ein anderes Wildkraut im Vordergrund, das dann in allen Wildkräuter-Betrieben unterschiedlich interpretiert auf die Speisekarten kommt (s. Webseite). Das Potenzial ist sagenhaft: Von über 1500 Wildkräutern aus dem Fichtelgebirge sind schätzungsweise 600 essbar. Für ein Gericht reichen allerdings schon eine gute Pflanze und ein guter Koch. Dazu ein Drink mit Kräuteraroma, zum Abschluss darf es auch ein Kräuterschnaps sein.

Wohl bekomm's! →

Feine Wildkräuterküche und mehr:

Die Experten und Köche des „essbaren Fichtelgebirges“ sind ausgebildete Kräuterkundige, die sich mit Leidenschaft für die regionale Küche einsetzen. Hier finden Sie die Adressen und Besonderheiten der Betriebe.

Landgasthof Haueis
Hermes 1 • 95352 Marktleugast
Tel. 09255 / 245 • www.landgut-hermes.de
kein Ruhetag
Besonderheiten:
Wildkräuterkarte, z.B. Gierschspätzle • Karpfen (in der Saison) • Spezialitäten aus der Frankenwaldküche

Wildkräuterhotel Schönblick
Gustav-Leutelt-Straße 18 • 95686 Fichtelberg
Tel. 09272 / 97800 • www.hotel-schoenblick.de
kein Ruhetag
Besonderheiten:
Wildkräuterküche mit frisch gesammelten Kräutern • Kreative Gerichte – auch fleischlos und vegan

Gasthof Pension Waldfrieden
Schneebergweg 7 • 95682 Brand/Opf.
Tel. 09236 / 376 • www.gasthof-pension-waldfrieden.com • Ruhetag: Dienstag
Besonderheiten:
Frische Wildkräuter-Gerichte von ungedüngten Magerwiesen • Wild aus heimischen Wäldern

Puchtler's Deutscher Adler
Gasthof und Hotel
Kirchenring 4 • 95493 Bischofsgrün
Tel. 09276 / 926060 • www.puchtlers.de
Dienstag mittag geschlossen
Besonderheiten:
Fränkische Gerichte • Wild mit Pilzen aus der Region

Gasthof-Pension „Zum Loisl“
Neugrün 5 • 95694 Mehlmeisel
Tel. 09272/6138 • www.zum-loisl.de
Besonderheiten:
Kreative Küche mit Wild aus eigener Jagd • Kräuterspezialitäten aus der Region

Brauerei-Gasthof Schnupp
Altdrossenfeld 8 • 95512 Neudrossenfeld
Tel. 09203 / 9920 • www.brauereigasthof-schnupp.de
kein Ruhetag
Besonderheiten:
Saisonale Karte mit regionalen Produkten • Wildkräuterspezialitäten

Gasthof/Hotel Goldener Hirsch
Hofer Straße 12 ◆ 95460 Bad Berneck
Tel. 09273 / 7689 ◆ www.goldener-hirsch.de
Ruhetag: Mittwoch
Besonderheiten:
Wild-Kräuter-Gerichte mit frischen Zutaten aus der Region ◆ Biergartenschmankerl

Gasthof-Pension Entenmühle
Entenmühle 6 ◆ 95482 Gefrees ◆ Tel. 09254 / 260
Mobil: 0174 / 4900604 ◆ www.gasthof-pension-entenmuehle.de
Ruhetag: Montag (außer Feiertag)
Besonderheiten:
Fangfrische Forellen und Bachsaiblinge ◆ Schlachtplatte

Café Pension Mordlau
Mordlau 2 ◆ 95138 Bad Steben
Tel. 09288 / 97 310 ◆ www.mordlau.de
Kein Ruhetag.
Besonderheiten:
Wildkräutermedaillons, Wildkräuterpesto oder Wildkräutersalsa zu Steak ◆ Holunder-Löwenzahn- und andere Limonaden ◆ Hausgebackene Kuchen und Torten

Bäckerei Söllner
Tobias Göhl
Schulstraße 8 ◆ 95683 Ebnath
Tel. 09234 / 258 ◆ baeckerei-soellner@t-online.de
Besonderheiten:
Bärlauchweißbrot ◆ Bärwurz-Brote ◆ Kümmelstollen
Backwaren mit Knoblauch-Rauke

Sack's Destille
Kirchenlamitzer Straße 12 ◆ 95163 Weißenstadt
Tel. 09253 / 954809 ◆ www.destillerie-sack.de
Besonderheiten:
Typische Fichtelgebirgs-Spirituosen aus Beeren, Wurzeln, Kräutern und Samen der Region ◆ Fruchtige Kräuterliköre ◆ Obstler aus Früchten des Fichtelgebirges ◆ Gin

Rund um das Kräuterdorf

Den Ort Nagel anzuschauen, ist schön, aber richtig spüren und verstehen kann man dieses Fleckchen Erde erst, wenn man über Wiesen und Felder streift und den Duft der Kräuter atmet.

Haus der Kräuter
Kemnather Str. 3
95697 Nagel
Programm ganzjährig

Gemeinde Nagel
Wunsiedler Straße 25
95697 Nagel
Tel. 09236 / 98110
www.kraeuterdorf-nagel.de
willkommen@erholungsort-nagel.de

Kräuterfrauen Herberia
Erika Bauer
Lohweg 6
95697 Nagel
Tel. 09236 / 1006
bauer-nagel@hotmail.de

Erstaunlich viele verschiedene Wildkräuter wachsen hier, vor allem an Wald- und Wiesenrändern und rund um den See. Man muss nur wissen, welche genießbar sind und wie man sie zubereitet. Die Nageler Kräuterfrauen „Herberia" zeigen bei Wanderungen, in Seminaren und in der Küche des 2014 eröffneten Kräuterhauses, wo welche Kräuter wachsen und für was sie alles gut sind.

Nagel ist auf einer Rodungsinsel entstanden und zeichnet sich durch eine kleinteilig strukturierte Kulturlandschaft mit Feldrainen, Hecken und Feuchtwiesen aus, die viel für Kräuter hergibt. Ein besonders beschützenswerter Ort: Denn Nagel ist nach der europäischen FFH-Richtlinie (Flora-Fauna-Habitat) auch die Gemeinde mit der dichtesten Vernetzung an Biotopen in ganz Bayern.
Insgesamt haben sich mehr als ein Dutzend Frauen bei „Herberia" zusammengetan und sich 2008 bei der Umweltstation des Klosters Waldsassen zu zertifizierten Kräuterführerinnen ausbilden lassen. Kräuterköchin Edda Pollath und die Kräuterfrauen bringen professionelles kulinarisches Know-how ein. Weitere Kräuterexpertinnen mit Spezialinteressen kommen hinzu. Das Programm des Kräuterdorfes informiert umfassend über zahlreiche Aspekte. Bei Kräuterwanderungen führen die Frauen zu speziellen, oft auch versteckten Stellen, wo Wildkräuter gepflückt werden können. Die Teilnehmer können etwas über Sagen erfahren, Tradition und Brauchtum kennenlernen, sich über positive Vitalstoffe und Heilsubstanzen aufklären lassen, Tipps für den Anbau im eigenen Garten bekommen und erfahren, wie sie mit Wildkräutern Essen und Getränke verfeinern. Firmen nutzen das Angebot für Betriebsausflüge, Privatpersonen und Vereine für ein schönes Erlebnis in der Gemeinschaft. Die Frauen,

Rat und Tat in Sachen Kräuter gibt es bei den Nagler Kräuterfrauen.

Eine Genussinsel und ein Ort des Besonderen: Vom Duft- und Schmetterlingsgarten am Nageler See ist es nicht weit zum Haus der Kräuter, in dem viele äußerst schmackhafte Kräutergerichte auf den Tisch kommen.

die die Teilnehmer begleiten, haben immer etwas Stärkendes im Gepäck, kleine Kräuterhäppchen oder selbstgemachte Kräuter-Drinks.
Nicht selten endet eine Führung mit einem Buffet. Treffpunkte sind der Duft- und Schmetterlingsgarten am See, der Zeit- und Erlebnisgarten in der Wunsiedler Straße der Bauerngarten im Ortsteil Reichenbach und das Kräuterhaus, das die Gemeinde Nagel zwischen 2012 und 2014 errichtete. Während der Zeit- und Erlebnisgarten über die Verwendung von Steinen und Kräutern von der Steinzeit bis zur Neuzeit informiert, widmen sich Ausstellungen im Haus dem Thema. In der Küche dreht sich alles um den Genuss. Für Nagel ist die Anlage ein weiteres Alleinstellungsmerkmal. Und für alle Gäste ein neues Kleinod. Im Garten kann im Sommer ein Backofen mitgenutzt werden. Betreiber des Hauses ist die Gemeinde Nagel. Der Natur- und Kräuterdorfverein, vor allem die Frauen von „Herberia", die VHS und die örtlichen Vereine füllen das Haus mit Leben.

Praktische Tipps

Kräuterführerin Erika Bauer gibt Einsteigern ein paar Tipps: die Kräuter nicht in einer Plastiktüte, sondern einer Leinentasche oder einem Körbchen sammeln, nicht abreißen, sondern mit einer Schere abschneiden, dabei Samenstände auf der Wiese stehen lassen. Generell sollte man den Besitzer der Fläche vorher um Erlaubnis bitten und sich informieren, ob die Fläche gespritzt ist. Die meisten Wildkräuter bis auf wenige Ausnahmen wie z.B. die Scharfgarbe sollten früh, zwischen 10 und 12 Uhr und nicht in der prallen Sonne gesammelt werden. Am besten ist es jedoch, sich mit einem der Angebote von „Herberia" schlau zu machen. Denn nicht alle Wildkräuter sind genießbar.

Von Hochgeistigem zu tiefen Kellern

Die köstlichen Waldbeeren und Bitterkräuter, die im Fichtelgebirge zu Hause sind, waren schon unseren Vorfahren bekannt.

Bei Sack's Destille werden die Spirituosen und Liköre mit typischen Fichtelgebirgs-Kräutern noch auf handwerkliche und natürliche Art, aber mit modernem Know-how hergestellt. 2018 übernahm Marcel Völkel (im Bild) die Leitung des Familienbetriebs.

Sack's Destille und Museum
Kirchenlamitzer Str. 12
95163 Weißenstadt
Tel. 09253 / 954809
www.sacks-destille.de
info@sacks-destille.de

Verkauf:
Montag bis Freitag
10 – 16 Uhr
Samstag
10 – 14 Uhr

Versand
deutschlandweit

1864 begann Carl Sack in seiner Weißenstädter „Specerey-Waren-Handlung" damit, Liköre aus Heidelbeeren des Fichtelgebirges herzustellen. Im Lauf der Zeit kamen immer mehr Spirituosen dazu. Noch heute werden die hochgeistigen Erzeugnisse auf traditionelle handwerkliche Art gewonnen. Die Rezepte sind zum Teil über 150 Jahre alt. Innerhalb der Familie wurden sie von Generation zu Generation weitergeben, so auch 2018, als der Firmenchef Gerald Kastl in Rente ging und Marcel Völkel die Nachfolge antrat. Dessen Lebenspartnerin Lisa ist eine Enkelin von Willi Sack und das Patenkind von Gerald Kastl.
Nach seiner Ausbildung zum Destillateur hat sich Marcel Völkel bei Gerald Kastl ein Jahr lang das praktische Wissen angeeignet, um das bestehende Sortiment in der selben Qualität fortführen zu können, wie es sich bewährt hat. Sack's Destille verwendet nach wie vor nur natürliche Rohstoffe, hauptsächlich heimische Beeren, Wurzeln, Kräuter und Samen. Dazu das weiche Wasser des Granitgebirges und Alkohol. Künstliche Zusatzstoffe und fremde Essenzen sind tabu.

Alte Rezepte und modernes Know-how lassen ausgezeichnete Spirituosen entstehen. Die Produkte wurden auch deshalb schon mehrfach von der Zeitschrift „Der Feinschmecker" empfohlen und von der Metropolregion Nürnberg für ihre hohe Qualität prämiiert. Spitzenprodukt und einer der meist verkauften Schnäpse ist der aus 32 Kräutern bestehende „Fichtelgold". „Sack's Destille" nimmt sich auch ungewöhnlicher Zutaten an, so etwa Beeren der Eberesche, die in Verbindung mit feinen Kräutern eine Spirituose mit süß-saurer Note ergeben. Passend zur Gewürzküche (Ober-)Frankens bietet die Destille einen Fichtelgebirgs-Kümmel nach traditioneller Überlieferung und

1864 gründete Carl Sack hier eine „Specerey-warenhandlung", die sich im Laufe der Jahre zur Drogerie entwickelte. 1989 endete die Geschichte der Drogerie. Viele Gegenstände aus der Drogeriegeschichte werden, um viele Zeitdokumente ergänzt, heute in einem Privatmuseum ausgestellt. Der Besuch lässt sich mit dem Abstieg in einen der Bergwerksstollen verbinden, die unter Weißenstadt verlaufen.

Geführte Tour mit Abstieg in die Weißenstädter Unterwelt, Museumsbesuch und Einkehr in die Destille jeden Freitag 15 Uhr, Dauer: ca. 2 Stunden.

eine besonders aromatische Bio-Kümmel-Variante an. Ihr gutes Aroma entfalten die Spirituosen am besten bei Zimmertemperatur.
Marcel Völkel ist in seiner Rolle als Firmenleiter nicht nur fest mit der Tradition verbunden, sondern setzt auch neue Akzente. 2019 führte er zwei neue, sehr empfehlenswerte Gin-Sorten ein. Doch das soll erst der Anfang der Neuerungen sein „Mein Ziel ist es, irgendwann das volle Programm anbieten zu können, inklusive Rum, Schnapspralinen und mehr, für Kunden im Alter von 20 bis 80." Die Erneuerung aus dem Geist der Tradition macht im Übrigen auch der neue Verkaufsraum deutlich, der 2019 an der Ecke Kirchenlamitzer Straße seine Türen öffnete.

Drogeriemuseum und Kristallkeller

Im Stockwerk über der Destille lebt derweil die Familien- und Betriebsgeschichte unverändert weiter. Hier befand sich eine aus der „Specerey-Waren-Handlung" hervorgegangene Drogerie, die Willi Sack 1989 schließen musste. Die Gegenstände, die aus über 200 Jahren angefallen waren, stellten die Inhaber in einem entzückenden Privatmuseum aus. Krimskrams steht in einer Reihe mit Skurrilem, amüsante Zeitdokumente haben neben Raritäten Platz gefunden.
Im Zusammenhang mit dem Familienerbe lebt um die Ecke noch ein weiteres Stück Geschichte fort. Auf private Initiative wurde ein Kristallgang zugänglich gemacht, ein Teil des Bergwerkes, dessen Gänge die ganze Innenstadt durchziehen. „Sacks Destille" vereint Genuss, Kultur und Historie.

Sehnsuchtsort

An einer Raststätte in der Rhön hing vor vielen Jahren eine Landkarte mit einem ungewöhnlichen Eintrag. Zwischen kleinen und großen Städten wie Nürnberg, Kassel und Hof tauchte unvermittelt ein weitestgehend unbekannter Ort auf: Fahrenbühl. Hatte sich jemand mit dem rätselhaften Ortsverweis nur einen Gag erlaubt?

Gut möglich, Insider wussten jedoch, dass es sich hierbei um eine ernst zu nehmende Empfehlung handelt, einen Geheimtipp, der den Namen verdient hat. Fahrenbühl – das ist neben Entenlohe und Schnepfenmühle eine Adresse, die oft auch in Donald-Duck-Comics der Übersetzerin Erika Fuchs aus Schwarzenbach auftaucht. Das ist allerdings auch das 1887 erbaute Jagdschloss, das seit Jahrzehnten eine Zuflucht bietet, in mehrfacher Hinsicht. Nach dem Zweiten Weltkrieg lebten Flüchtlinge in dem Gebäude, das in seinem Äußeren eher an ein herrschaftliches Landhaus als an ein Schloss erinnert. 1958 erwarb es die Familie Bräutigam, der neue Inhaber hatte seine Spedition verkauft, um ins Grüne zu ziehen. Kaum vorstellbar, wie verwahrlost es innen ausgesehen haben mag. Denn heute nimmt nicht nur der 10.000 Quadratmeter große Garten um das idyllisch gelegene Haus, sondern vor allem auch das Innenleben die Gäste in Beschlag – und lässt einige zeitlebens nicht mehr los.

Jeder Quadratmeter des Hauses erzählt eine Geschichte. Und jeder Aufenthalt fügt eine neue Episode hinzu.

Voller Antiquitäten

Warum? Tausend Dinge ließen sich hier anführen: die antiken Möbel, die stilge-

Sich wie zu Hause zu fühlen, fällt den Gästen im Jagdschloss Fahrenbühl nicht schwer. Wiederkehrer haben oft schon ihre eigenen Lieblingszimmer.

treu, vornehmlich aus der Zeit zwischen 1880 und 1910, bei Trödelmärkten beschafft wurden; die Zimmer, die komplett individuell eingerichtet sind und voller Raritäten stecken, wie die sprichwörtliche Kommode einer Großmama, die viel zusammenscharrte, und all die anderen Erinnerungsstücke, zu denen die Besitzer weit verzweigte Geschichten erzählen können. Alles in allem aber ist es das, was sich nicht kaufen lässt: Charme und eine von Herzen kommende Gastfreundschaft. In der zweiten und dritten Generation sind Carola Sperrer und ihr Mutter Angelika Raeithel für das Erbe zuständig. Willi Raeithels Lebenswerk ist die Reitanlage. Pferde mitzubringen, ist ausdrücklich erlaubt. Ebenso wie Hunde.
Mit Fahrenbühl leben die Inhaberinnen ein ganzes Stück weit ihre eigene Vision von der guten alten Zeit. „Wir wollen uns keinem Trend beugen, sondern lieber etwas Besonderes bleiben und das immer wieder verfeinern, also das Haus zurückführen zu dem, was es ist," führt Carola Sperrer aus – ein echter Sehnsuchtsort eben. Und die Gäste, die etwas Besonderes suchen, sind bunt gemischt. „Es kommen Menschen, die schon als Kinder da waren, aber auch viele neue Stammgäste, bis hin zu Gruppen. Das kulinarische Angebot der Pension konzentriert sich auf das Frühstückbüffet, das passend zum Charakter des Hauses fein und opulent zugleich ausfällt: mit verschiedenen Salaten, Gemüse- und Käse-Variationen, Lachs, Eiern vom Hof, eigenen Marmeladen …

In der Rhön wurde die eingangs erwähnte Landkarte mit dem Verweis auf Fahrenbühl inzwischen abgehängt und durch eine neue ersetzt. Als Liebhaber des Besonderen ist man fast froh drum, wenn nicht allzu viele von Fahrenbühl erfahren.

Jagdschloss Fahrenbühl
Fahrenbühl 14
95158 Kirchenlamitz
Tel. 09284 / 364
www.jagdschloss-fahrenbuehl.de
info@jagdschloss-fahrenbuehl.de

Mit wenigen Ausnahmen ganzjährig geöffnet.
Termine auf der Internetseite beachten.

Atempause in einem alten Baudenkmal

Hier lässt es sich durchatmen: Im idyllisch gelegenen Örtchen Vierst am Rande des Zeitelmoos lebt Familie Dittmar in einem ehemaligen Trüpfhaus. Seit Jahrzehnten restauriert, erweitert und verschönt der Hausherr das alte kleinbäuerliche Anwesen.

Volker und Heike Dittmar
Vierst Nr. 7
95709 Tröstau

Tel. 09232 /8136
www.fichtelgebirge-atempause.de
familie.dittmar@t-online.de

Und seit kurzem können Urlauber in der ehemaligen Scheune auf drei Stockwerken den Alltag vergessen und eine Atempause einlegen.
Den als Förstersohn in Tröstau aufgewachsenen Volker Dittmar zog es während seines Studiums in Bamberg immer wieder in die Natur des Fichtelgebirges. So entdeckte er beim Langlaufen von der Loipe im Zeitelmoos aus den atemberaubenden Blick auf das Hochland vor dem Schneeberg, das kleine Dorf Vierst und ein schönes altes Fachwerkhaus. Dieser idyllische Eindruck sollte ihm nicht mehr aus dem Sinn gehen. Wenige Jahre später verschlug ihn die museale Arbeit zurück ins Fichtelgebirge und glückliche Zufälle machten ihn bald zum Besitzer seines Traumhauses. Von da an sollte er seine Feierabende dem widmen, was er als Kind schon immer werden wollte: Handwerker und vor allem Maurer. Im Laufe der Zeit erweiterte der Autodidakt sein Wissen und praktisches Können. Noch heute widmet er sich leidenschaftlich historischen Handwerkstechniken wie Verputzen, Farben nach alten Rezepturen mischen, Reparieren und Ergänzen alter Hölzer. Der junge Idealist mit denkmalpflegerischem Ansatz fand damals bei „alten Meistern“

und Spezialisten, die im Bereich historisches Bauhandwerk und Denkmalpflege arbeiteten, kongeniale Partner, um die Sanierung mit viel Fingerspitzengefühl und Respekt vor der gewachsenen Bausubstanz umsetzen zu können. Belohnt wurde die Familie nicht nur mit dem Glück des individuellen Wohnens, sondern auch mit der Denkmalschutzmedaille 1993 und dem Preis der Hypo-Kulturstiftung 1994.

Neben dem üppigen Spalierbirnbaum, von dessen Früchten die Gäste gerne naschen dürfen, bildet ein hölzernes

In alten Archivquellen wird das 1782 errichtete Anwesen bezeichnet als „Ein Trüpfhaus mit angebauter Stallung und kleinem Stadel". Das als „Austragshaus" zu Hof Nr. 1 erbaute Frackdachgebäude besteht im Erdgeschoß aus Lesesteinen der umliegenden Felder und Granit von den Hängen des Schneebergmassivs, im Obergeschoß teilweise aus Fachwerk. Gedeckt war das Haus ursprünglich mit Stroh und Holzschindeln. Durch die Nutzung als bäuerliches Anwesen im 19. und 20. Jahrhundert wuchs der Raumbedarf. So wurde 1911 die schiefergedeckte Scheune angebaut und 1934 dem Wohn- und Stallgebäude ein Satteldach mit der damals üblichen Blechdeckung aufgesetzt.

Scheunentor mit handgeschmiedeten Beschlägen den Eingang zur großzügigen Ferienwohnung. 100 Quadratmeter bieten hier eine historische und zugleich entspannte Atmosphäre zum Kochen, Essen, Spielen und Schlafen.

Materialien aus der Region

Das Motto beim Ausbau war: Verwendung hochwertiger baubiologischer Materialien aus der Region. Die Wände bestehen aus Fichten- und Kiefernholzbrettern, die Tonfliesen in der Küche wurden aus einem alten Anwesen gerettet, die Steinplatten fürs Bad sind aus blauem Kösseine-Granit und dem unverwechselbaren Wunsiedler Marmor gefertigt. Mit viel Liebe zum Detail wurden antike und moderne Möbel gewählt, ausgeklügelte Wandheizungen eingebaut, mundgeblasene Fensterscheiben eingesetzt, eine moderne Küche vom örtlichen Schreiner aus heimischen

Hölzern eingebaut, ein Essplatz mit Sonnenuntergangsblick vors Küchenfenster platziert.

Wer hier im Winter Urlaub macht, findet die nächste Loipe 200 Meter vor der Tür, Skigebiete in Mehlmeisel, Oberwarmensteinach, am Kornberg und Ochsenkopf, verwunschene Winterwälder und einen großzügigen Wohnbereich für lange Abende. Die anderen Jahreszeiten sind neben Golfen in nächster Nähe auch gut für Wanderungen, Fahrradtouren, Ausflüge zum Weißenstädter Badesee sowie zur Luisenburg mit Felsenlabyrinth und Freilichttheater.

Ein Urlaubsort wie eine zweite Heimat

Häuser haben eine Geschichte, und jene der „Alten Schreinerei“ könnte so anfangen: An der Stelle des heutigen Ensembles befand sich einst eine Dorfschreinerei, ein landwirtschaftlich schlichter, aber kraftvoller Bau.

Alte Schreinerei
Im Winkel 2
95691 Hohenberg
Tel. 030 / 30204245

info@alteschreinerei.com
www.alteschreinerei.com

Das Ensemble der „Alten Schreinerei“ mit Ferienhaus (unten), Loft und Dachterrasse (oben): Die ehemalige Werkstatt verbindet die Häuser und dient als Spielscheune für die jüngsten Gäste. Auf der Rückseite schließt sich ein Innenhof mit Liegeplätzen an.

Das Haupthaus wurde im 20. Jahrhundert jedoch überbaut und bis zur Unkenntlichkeit verändert. Auch den Nebengebäuden erging es nicht viel besser.
Zum Glück ist die Geschichte der „Alten Schreinerei“ hier nicht zu Ende. Denn 2013 schlug die aus Hohenberg stammende Familie Kaiser ein neues Kapitel auf und sorgte mit der Sanierung für eine Wiederverwandlung. Mit dem Ferienhaus und dem Ferienloft namens „Alte Schreinerei“ ist dabei nicht nur ein schönes Stück Dorfarchitektur in Hohenbergs schönstes Eck zurückgekehrt, sondern auch ein neuer, ungemein einladender Ort für Gäste entstanden.

„Ein Kulturgut zu erhalten und ordentlich herzurichten, ist meinem Mann und mir ein wichtiges Anliegen“, erzählt Tatjana Kaiser. Zusammen hat das Paar daher schon in den 1990er Jahren ein altes Bauernhaus am Hohenberger Burgplatz vorbildlich saniert. Seit beinahe zwei Jahrzehnten lebt die Familie in Berlin, wobei Hohenberg für das Paar und die vier Kinder „eine zweite Heimat“ geworden ist. Mit Heimatliebe ist es wohl auch zu erklären, dass die Kaisers die leer stehende, kaputt sanierte ehemalige Schreinerei

2013 relativ spontan kauften, um sie mit viel Gespür, in gut dreijähriger Arbeit in ein Kleinod zu verwandeln. Als historische Vorlage stand ihnen lediglich ein altes Bild zur Verfügung, das eine Bäuerin um 1900 vor dem Haus zeigt.

Die Alte Schreinerei im Ursprungszustand um 1900. „Es gibt viele alte Gebäude, deren Schönheit in Vergessenheit gerät. Wir wollen diese stillen Schätze des Fichtelgebirges und des Egerlandes wieder sichtbar machen", lautet die Devise des Ehepaars Kaiser, das die Alte Schreinerei zu einem Ferienhaus umgebaut hat.

Harmonie und Ruhe

Harmonische Proportionen prägen den Bau nun wieder, innen wie außen. „Auch bei der Ausstattung der Wohnräume wollte ich Ruhe reinbringen", erklärt Tatjana Kaiser ihre Vorstellungen. Aufeinander abgestimmte Farben, dezente Grundtöne, ineinander fließende Räume mit Nischen, Naturholz, eine edle Küche – geschmackvoll und hochwertig bis ins Detail. In der Alten Schreinerei befindet sich auch viel Regionales: Handtücher von FEILER, Porzellan von Dibbern, Möbel regionaler Handwerker.

Bis zu sechs Personen können im Ferienhaus wohnen. 2017 entstand im Gebäude gegenüber eine Ferienwohnung mit vier Schlafplätzen. Von ihr führt eine Treppe zur Dachterrasse und einer Sauna, die beide Mieter nutzen können. In unmittelbarer Nachbarschaft befindet sich ein Dorfladen für die Nahversorgung und eine Ansprechpartnerin für alle Fragen der Gäste. Im Nu sind die Gäste damit Teil des Dorflebens und können sich wie in einer zweiten Heimat fühlen.

Logieren und Probieren

Gäste aus Berlin sind im Fichtelgebirge keine Seltenheit. An einen Mann aus der Hauptstadt kann sich Joachim Scharf aber heute noch so gut erinnern, als wäre er gerade da gewesen.

Das Logierhaus
Pension und Café
Markgrafenstr. 3
95680 Bad Alexandersbad
Tel. 09232 / 1839322
www.das-logierhaus.de
info@das-logierhaus.de

Öffnungszeiten Café:
Freitag bis Sonntag
14 – 18 Uhr

„Jetzt muss ich Ihnen schon mal was sagen", hob der Gast an und winkte Joachim Scharf, den Inhaber des Logierhauses, zu sich. Innerlich zuckte der Cafébetreiber zusammen und dachte „Oh je". Dann fuhr der Besucher fort: „Ich komme aus einer Bäckerfamilie, wo seit Generationen gebacken wird. Aber so eine gute Torte habe ich noch nie gegessen."

Keine Frage: „So ein Satz geht einem natürlich schon runter", sagt Scharf. Er erzählt noch eine weitere kleine Anekdote, von zwei Motorradfahrern aus Hamburg, die einmal zu Gast waren und im Jahr drauf ihre Tour, die nach Passau führte, extra so gelegt haben, dass sie in Bad Alexandersbad noch ein Stück Torte und einen Kaffee genießen können. Joachim Scharf erklärt das schlicht so: „Die Menschen schätzen, was wir machen. Sie schmecken, dass wir Top-Produkte verwenden und kommen daher gerne zu uns." Über 100 verschiedene Tortensorten hat Christina Scharf im Lauf der Jahre für das Café gebacken. Dabei hält sie das wöchentliche Angebot absichtlich überschaubar. Weniger ist mehr. Mehr Frische, mehr Liebe zum Detail.

„Ein Café war immer mein Traum", sagt die gelernte Hauswirtschafterin, die vor ihrer Selbständigkeit 21 Jahre lang in der Diakoniestation Marktredwitz gearbeitet hat. Ihr Mann Joachim Scharf hat sich dagegen auf ganz andere Bauwerke spezialisiert. Beim Umbau des Logierhauses zum Café und zur Pension konnte der gelernte Schreiner sein Know-how in Sachen Trockensanierung und Altbausanierung einbringen.

Gespür für Details

Im Nachhinein sieht es so aus, als ob das Haus auf die neuen Besitzer gewartet hat. Alte Karten aus dem Jahr 1904 verraten, dass es sich ursprünglich um ein Logierhaus handelte. Das Ehepaar Scharf entrümpelte das Objekt gründlich und verwandelte es in ein Schmuckstück

Hier lässt es sich aushalten. Das Logierhaus wartet mit großzügig geschnittenen Gästezimmern und einer schönen Auswahl an Kuchen und Torten auf, die Christina Scharf (im Bild) in ihrer Backstube im Haus kreiert.

des Ortes. Seit 2015 steht das neue alte Logierhaus auch Übernachtungsgästen als Ort zum Genießen und Wohlfühlen offen. Joachim Scharf ist mit viel Behutsamkeit und Know-how zu Werke gegangen und hat den Originalzustand mit Eichenholz, alten Türdrückern und zweiflügligen Fenstern so weit wie möglich bewahrt. Schon beim Durchlaufen bekommt man das Gefühl, dass der Alltag hier schnell vergessen ist und nach einem Abstecher zur Sauna im Gewölbekeller möchte man sich am liebsten gleich einquartieren. Die Pension bietet unterschiedlich angelegte Ferienzimmer und -wohnungen und damit Raum für viele Gelegenheiten. Ob als Geschäftsreisender, Erholungssuchender, mit Freunden oder der Familie, ob mit oder ohne Küche bzw. Küchenzeile, allein oder gemeinsam in einer kompletten Wohnung, die Platz für bis zu sechs Personen bietet.

„Als unsere Freunde anfangs von den Plänen hörten, haben manche den Kopf geschüttelt und gesagt ‚Ihr seid doch wahnsinnig, dass ihr so ein Wagnis eingeht und dafür den Job aufgebt'", erinnert sich Joachim Scharf. Doch seine Frau und er bereuen keine Minute, sondern sind schon wieder einen großen Schritt weiter. Aktuell baut Joachim Scharf das Übernachtungsangebot aus um vier Ferienwohnungen direkt hinter dem Logierhaus, alle komplett aus Holz, aber topmodern in der Ausstattung, mit unverbautem Blick auf die Natur. Fortsetzung offen.

Dörfliche Idylle und wilde Vielfalt

Die Natur um Waldeck in der Oberpfalz ist unverfälscht und geprägt von Kräutern in Hülle und Fülle. Geführte Kräuterwanderungen, der Essbare Wildpflanzenpark und Anleitungen zum Waldbaden bereiten Entspannung und machen das Naturerlebnis zum Genuss. In der Ortschaft Waldeck laden die Hollerhöfe zu ruhigen Tagen im Grünen ein – Wellness und Wohlfühlatmosphäre inklusive.

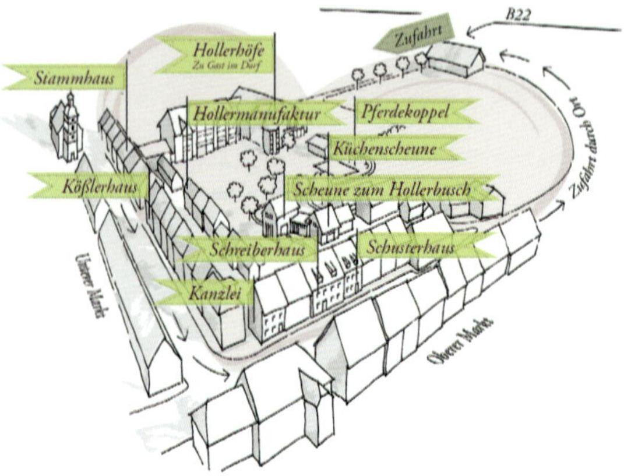

Fast genau in der Mitte Europas, im Oberpfälzer Länderdreieck zwischen Bayern, Sachsen und Tschechien, ca. 30 Minuten von Bayreuth entfernt, liegt das Dorf Waldeck bei Kemnath. Einst schmiegte sich der Ort um den Schloßberg. Nach einem Brand wurde er im 18. Jahrhundert weiter unten wieder aufgebaut.
Die Wohnhäuser und die zentralen Gebäude der Hollerhöfe liegen mitten im Ort (Skizze links).

Mit viel Liebe zum Detail wurden hier historische und teilweise denkmalgeschützte Häuser mitten im Dorf renoviert, darunter das geschichtsträchtige Kößlerhaus, das Schreiberhaus, das Schusterhaus und die Kanzlei. Die Wohnhäuser sind im Dorf verteilt und werden ergänzt durch zentrale Gebäude und Einrichtungen der Hollerhöfe – wie etwas das Landhaus, den weitläufigen Garten und die Tagungsscheunen. Seit Oktober 2019 ist ein weiteres denkmalgeschütztes Haus, die Manufaktur, für Gäste geöffnet.

Die Manufaktur bietet, wie die Scheune auch, die Möglichkeit,

Hollerhöfe
Unterer Markt 35 A
95478 Waldeck bei Kemnath
Tel. 09642 / 7041310
www.hollerhoefe.de
rezeption@hollerhoefe.de
Ganzjährig geöffnet

Der „Essbare Wildpflanzen Park"
Der Essbare Wildpflanzenpark in Waldeck ist der erste dieser Art in Deutschland. Der Essbare Wildpflanzenpark – kurz der EWILPA – bietet eine sehr gute Gelegenheit, die Pflanzenwelt in ihrer ganzen Vielfalt kennenzulernen; denn hier kann die Natur machen, was sie will. Der Erlebniswanderweg besteht aus insgesamt 13 „wilden" Stationen und macht auf fast sechs Kilometern Appetit auf Wildkräuter. Infotafeln geben Auskunft über die wichtigsten Wildpflanzen. Sie zeigen, wie man essbare Wildpflanzen in den täglichen Speiseplan aufnehmen kann und wie man mit Kräutern auch satt werden kann. Wer sich auf den Weg macht, ist erstaunt, wie viel Essbares die Natur bereit hält und wie viele Wildpflanzen es gibt, die zusätzlich noch eine Heilwirkung haben. Ungemein nützlich sind sie für alle Hobbyköche und Profis in der Küche obendrein, da man mit den gesammelten Wildkräutern Tee, Sirup, Tinkturen, Marmeladen, Brot, Kuchen, Gerichte und Liköre herstellen kann.

Tagungen, Schulungen, Workshops sowie Kräuterseminare, Teamevents und Kochworkshops durchzuführen. Die Veranstaltungsorte wurden mit modernster Technik ausgerüstet und warten jeweils mit einer Küche und einer Bar zum anschließenden Feiern auf. Die Räume lassen sich daher auch sich für die gemeinsame Verarbeitung von Kräutern, Blüten und Früchten nutzen, die in Deutschlands ersten „Essbaren Wildpflanzenpark" (EWILPA) reichlich zur Verfügung stehen.

In den Häusern der Hollerhöfe trifft historischer Charme auf modernen Komfort. Die Zimmer und Appartements sind sehr geräumig und ungemein gemütlich, also auch für längere Aufenthalte bestens geeignet. Jedes von ihnen erzählt ein Stück Waldecker Geschichte.

Zu Gast im Dorf – Die Hollerhöfe sind ein idealer Rückzugsort für Urlauber, Gruppen und Tagungsgäste.

Kostbarkeiten von Haus und Hof

Beate Wolf und ihre Familie pflegen die kulinarische Identität Oberfrankens im Kleinen. Mit bodenständigen, aber kostbaren Dingen.

Wunderbar sitzt es sich im Biergarten der Waldgaststätte Steinhaus. Wegen der Spielmöglichkeiten für Kinder und der idyllischen Lage schätzen Familien das Ausflugsziel sehr.

Waldgaststätte Steinhaus
Steinhaus 1
95707 Thiersheim
Tel. 09233 / 2366 oder
0171 / 3408136
www.steinhaus-gasthaus.de
wolf-thiersheim@t-online.de

Öffnungszeiten siehe Homepage

Für Gruppen ab 10 Personen nach Vereinbarung auch außerhalb der Öffnungszeiten geöffnet.
Bitte bereits Kleingruppen ab 6 Personen anmelden, da die Chefin meistens alleine arbeitet und die Bewirtung so besser vorbereiten kann.

Von Moden unberührt hat sich im „Steinhaus“ ein Stück authentischer Wirtshauskultur mit unverfälschten Lebensmitteln von Haus und Hof erhalten. Auf dem dazu gehörigen landwirtschaftlichen Betrieb leben Rinder, die sich ab Mai bis Spätherbst auf der Weide aufhalten, Strohschweine sowie Damwild, das ganzjährig im Gehege lebt.
Die erste urkundliche Erwähnung des Hauses als Forsthaus der Burg Hohenberg datiert auf 1620. 1842 kam das Anwesen in den Besitz von Beate Wolfs Vorfahren. 1924 feierte man die Eröffnung der Gaststätte, drei Jahre später kamen Zimmer für erholungssuchende Städter hinzu. 2004 übernahm Beate Wolf den Betrieb und setzte mit ihrem Mann die behutsame Modernisierung fort.
Dass die hausgemachten Wurst- und Fleischspezialitäten, die auf der Speisekarte stehen, ohne Geschmacksverstärker und künstliche Zusatzstoffe auf den Tisch kommen, ist für die Familie Wolf seit jeher eine Selbstverständlichkeit. Nicht nur ältere, sondern auch junge Semester und Familien schätzen das Angebot, sei es bei einem Urlaub in einer der beiden Ferienwohnungen (3 Sterne), bei einer zünftigen Brotzeit mit selbstgebackenem Roggenbrot, oder sonntags beim Mittagessen (nur auf Vorbestellung!). Die leckeren Wurstspezialitäten verkauft Beate Wolf in der Gaststätte auch für den Außer-Haus-Verzehr. Wer es süß und fruchtig mag, fragt nach Kuchen und Torten, die ausschließlich mit Dinkelmehl in eigener Herstellung gebacken werden. Fast alle Zutaten und Getränke sind in Bio-Qualität. Das Haus ist Gründungsmitglied des Fränkischen Wurstreinheitsgebotes und wird als Mitgliedsbetrieb der Genussregion Oberfranken regelmäßig zertifiziert.

Vorbestellungen für Gruppen

Die Gaststätte hat sich auf Gruppen und Feiern (bis ca. 60 Personen) mit vorbestellten Speisen (warme Hauptgerichte, Brotzeiten) und/oder zum Kaffeetrinken mit selbstgebackenen Torten und Kuchen spezialisiert. Vom Hof und der 150 m entfernten Fatima-Kapelle kann der Besucher herrlich weit ins Land schauen. Der von Bayreuth nach Eger verlaufende Mittelweg (ein schwarzes M) und der Fränkische Gebirgsweg führen direkt durch den Biergarten, ebenso wie mehrere Radwege.

Köstliche Karpfen

Der nahe gelegene Naturpark Steinwald liefert sauberes Wasser, die Fische ernähren sich natürlich und die Küche sorgt mit kreativem Handwerk für die i-Tüpfelchen.

Mit diesem Rezept hat sich der Fischhof Bächer bei Einheimischen, aber auch bei Gästen aus Weiden und Bayreuth bewährt. Der Familienbetrieb versteht sich auf Fisch-Delikatessen mit unverfälschtem, feinem Geschmack.
Die Saison beginnt Ende September und dauert bis April. Im Herbst starten in der Region auch die Erlebniswochen Fisch, zu denen es ein umfangreiches Programm mit Ausstellungen, Schmankerln, Bauernmarkt und Erlebnisangeboten rund um den Karpfen gibt. Was den Fischhof Bächer, einen der wenigen Vollerwerbs-Betriebe seiner Art, besonders macht, hat mit mehreren Faktoren zu tun: Die Besatzdichte in den Teichen ist relativ gering. Ein Karpfen hat zum Beispiel 20.000 Liter zur Verfügung, in denen er sich tummeln kann. Er ernährt sich von Getreide, das der Hof selbst erzeugt, sowie einem beträchtlichen Anteil an Naturnahrung, die die Bildung der gesunden Omega3-Fettsäuren begünstigt und sich positiv auf die Gesundheit der Menschen auswirkt. Nach dem Abfischen und Wässern werden die Karpfen filetiert, grätenfrei geschnitten und verkauft. Während Elsa Bächer und ihre Schwiegertochter Manuela sich in der Saison vor allem um die Küche und den Laden kümmern, liefern der Bertriebsleiter und Fischwirtschaftsmeister Klaus Bächer sowie sein Vater Alfons stets frischen

Nachschub in reicher Menge. Das Lokal bringt Fischsspezialitäten, mal in bodenständiger Zubereitung, zum Beispiel mit Bierteig, aber auch raffiniert, etwa als Karpfenfilet mit Birnen-Pfeffer-Rahm, auf den Tisch. Im Laden werden Filets (auch geräuchert), Karpfensalate und Spezialitäten im Glas verkauft. Mit einem Karpfenbier beziehungsweise einem Glas fränkischen Silvaner oder einem exzellenten Moselwein wird das Essen zum Gourmet-Genuss.

Fischhof Bächer – Erlebnis Fisch
Muckenthal 4
95676 Wiesau / Muckenthal
Tel. 09634 / 536
www.baecher-fischhof.de
info@fischhof-baecher.de

Öffnungszeiten

Fischerstüberl:
Oktober bis April
Freitag und Samstag ab 18 Uhr
Während der Erlebniswochen Fisch (letzter Sonntag im September bis Landkirchweih)
Sonntag Mittagstisch

Laden:
Oktober bis April
Freitag und Samstag 10 – 14 Uhr

Im Fischhof Bächer kann der Gast immer einen guten Fang machen.
Dafür sorgt die Familie Bächer. Oben: Tochter Sophia serviert als Oberpfälzer Teichnixe einen Karpfen „blau“. Unten: Manuela und Elsa Bächer bei den heimischen Teichen. Muckenthal wurde 2018 als einer der 100 Genusssorte in Bayern ausgezeichnet.

Charakterfische

Spezialitäten (6): Fischzucht und Teichwirtschaft

von Georg Lang

„Taschenspiegel der Sonne" nannte Jean Paul die Teiche und streifte damit ihren Wert eher an der Oberfläche. Was sich die Sonne spielerisch zunutze macht, ist Menschenwerk, mit aufwendigen Dammbauten zum Stehen gebrachte Gewässer für ganz unterschiedliche Zwecke.

Eine Ruhezone der Natur, von Menschenhand geschaffen: Die Waldnaabaue gehört zu den wertvollsten Kulturlandschaften Bayerns.

Heute gibt es kaum einen Teich, der nicht mit Fischen besetzt ist, auch wenn er ursprünglich als Wasserreservoir für Mühlen und Hammerwerke, zum Auswaschen des Zinnsandes bei der Zinngewinnung oder zur Entwässerung landwirtschaftlicher Flächen angelegt wurde. Ausschließlich für die Fischzucht vorgesehene Teiche entstanden im 14. und 15. Jahrhundert in großer Zahl vor allem am südlichen Rand des Fichtelgebirges. Fisch war damals schon teurer als Fleisch, und Stadtbürger, Adel und Klöster beteiligten sich ebenso wie die Bauern auf dem Lande am einträglichen Geschäft der Teichwirtschaft im Zuerwerb. Ein Nebenverdienst ist sie bis heute geblieben; Haupterwerbsbetriebe gibt es im „Land der 1000 Teiche" (genau sind es 4600) und im Fichtelgebirge nur wenige. Fischerei- und Angelvereine haben die Pflege und Bewirtschaftung vieler alter Teichanlagen übernommen.

Die weiten flachen, von der Sonne gut durchwärmten Teiche liebt der Karpfen. Er wächst schnell und lässt sich willig züchten, so dass er im Laufe der Jahrhunderte fast alle seine Schuppen einbüßte und zum Haustier im Wasser, zum „Schwein der Teiche" wurde. Zu diesem Hauptfisch gesellt sich als Nebenfisch die Schleie, die wegen ihres langsamen Wachstums von Züchtung verschont, sich selber treu bleiben konnte und wohl aus diesem Grund dem Karpfen an Weichheit und Milde nachsteht, ihn aber an kernigem Wohlgeschmack übertrifft. Man könnte sie fast als heimlichen Charakter-

fisch der Tirschenreuther Teichlandschaft bezeichnen. Unbestrittene Beherrscherin der kleineren und tieferen, von kaltem Wasser der Bäche gut durchströmten Teiche des Fichtelgebirges ist die Forelle, eigentlich ein Fisch der fließenden Gewässer, der in Teiche erst eingesetzt werden konnte, als man in der Mitte des 20. Jahrhunderts zur künstlichen Fütterung überging.

„Phantastische Karpfen"

Der Karpfen war in alten Zeiten ein gefragter Exportartikel. Vom Weißenstadter Stadtweiher fuhren ihn Ochsengespanne in belüfteten Fässern an den markgräflichen Hof nach Bayreuth. In Tirschenreuth nahm der Versand lebender Karpfen einen mächtigen Aufschwung, als er sich von ca. 1860 an speziell konstruierter Güterwaggons der Eisenbahn bedienen konnte. Heutzutage reist der Fisch nicht mehr so weit; er ist zum grundsoliden Regionalprodukt geworden und steht seinen Mann auch als Werbeträger für die Vorzüge seiner Heimat. Etwas wunderliche Formen sind es freilich schon, in denen der „Phantastische Karpfen" aus Epoxitharz dem Landkreis Tirschenreuth an vielen Stellen unübersehbar die Stange hält, nämlich den Stecken, auf dem er steckt, oder in denen der forellenartige Großfisch der „Schwarzenbacher Fischflut" aus PUR-Integralschaum farbenfroh künstlerisch gestaltet seinen Beitrag zur Imagebildung der Stadt Schwarzenbach an der Saale leistet. Zum Glück ist das alles nicht so laut, dass es die Stille der waldgesäumten Teiche der Teichpfannen und Teichketten übertönt, dieser großen und kleinen Taschenspiegel, mit denen uns die Sonne Großes und Kleines zuzwinkert.

Im Land der 1000 Teiche ist der Karpfen der Hauptbewohner.
Bild oben: Kinder angeln in Kemnath.
In Schwarzenbach a.d. Saale sind forellenartige Großfische allgegenwärtig (unten links).

Essen wie die Liebe

Jean Paul und die romantische Küche

von Beate Roth

„Mög' Ihnen doch allen mein wohlgemeintes Traktament, […], einigermaßen geschmeckt haben! – Es hätte wohl besser ausfallen können, ja zehntausendmal besser, und gern hätt' ich (ich darf es sagen) Bayonner Schinken aufgetischt und Straßburger Pasteten samt polnischem Salat, desgleichen gefüllte Zungen von Troyes und Kälber von Rouen und Hähne von Caux und Kapaunen von la Fleche und Rotkehlchen von Metz; mit Freuden, wie gesagt, hätt' ich damit bewirtet; aber die Sachen waren nicht zu haben: konnt' ich doch kaum in der Stadt Wien gebacknen Katzendreck auftreiben und sächsische Christscheit und abgetriebene Wespennester und boeuf à la mode und pommersche Gans. […]" (Aus: „Der Komet oder Nikolaus Marggraf. Eine komische Geschichte")

Jean Paul stellt den Lesern die romantische Küche vor: Man spricht zum ersten Mal in der Geschichte bei Tisch über das Essen, es gehörte sogar zum guten Ton. Fulminante Rezepte und aufwendige Verarbeitung zeichnen den Gastgeber aus. Prunk war gestern, nun zählen Können, Originalität und Nachhaltigkeit. Zubereitet und erdacht wird dies alles von Köchen und vielen Küchenhilfen, erforderten doch die meisten Rezepturen höchsten körperlichen Einsatz. Allein für die im „Komet" erwähnten Wespennester mussten Butter und Eier je eine gute halbe Stunde mit einem Weidling abgetrieben, also aufgeschlagen werden.

Gerichte als Spiegel der Zeit

Die Gerichte in Jean Pauls Texten sind so vielfältig, dass sich nicht nur „die Poetik des Verzehrs", wie es Dr. Cosima Lutz bezeichnet, köstlich aufzeigen lässt, sondern sich die ganze Esskultur der Romantik und der Aufklärung und nebenbei der Kochbuchbestand im Hause Richter offenbart. Überall wird Essen serviert – charakteristisch, verführend, es wird erlesenst und auch bitterst getrunken, über Porzellan philosophiert, spezielle Teller für jedes Gericht sollten erfunden werden. Außergewöhnliche Gerichte verlangen außergewöhnliches Porzellan. Der Romantiker zeichnet die Vorgeschichte der modernen Esskultur.

„Als nachher eine farschierte Weißkohlbombe wie eine Zentralsonne auf das Tischtuch niederfiel: schlang der Magister den brennenden Kalbfleisch-Farsch kühn hinein, wie ein Taschenspieler oder Vogel Strauß glimmende Kohlen, und atmete mehr ein- als auswärts." (Aus: „Titan")

Farschierte Weißkohlbombe – schon der Name ist Programm: Da sieht man gleich dieses runde, von Tüchern eingehüllte Gesicht einer seiner adligen Verehrerinnen, „Weimarer-Titaniden" genannt. An ihr verbrennt sich, wie man lesen kann, zumindest der arme Magister jedoch sauber den Mund. Farschierte Weißkohlbombe ist allerdings auch ein wunderbares Rezept, das den damaligen Zeitgeist spiegelt: Es handelt sich um eine Farsch oder Farce (die oben erwähnte Pastetenmasse), die mit Kraut umwickelt wird, sodass wieder ein Krautkopf entsteht – Foodstyling anno 1800. Kann man so etwas heute noch finden? Klar: Krautwickel, wie sie der Fichtelgebirgler nennt. Nur sind die trotz aller Küchenhilfen mit normalem Hackfleisch gefüllt und keineswegs schön rund. Die hohe Kunst ist dahin!
Auch andere Gerichte mit originellen Namen, die oft den von Jean Paul so gerne ins Spiel gebrachten Ekel beweisen sollen, sind erwähnenswert. Da finden sich „Schnepfendreck und Katzendreck", „Eingeschneizel" (Hackbraten) und „Nonnenfürze" und andere wohlschmeckende Leckereien. Sie sind alle in alten Kochbüchern zu finden und damit keineswegs eine Erfindung des Dichters, und – keine Sorge – alle sind wohlschmeckend.

Finesse statt Dekadenz

Nicht weniger Finesse haben Gerichte, die wegen ihrer Zubereitung, ihrer Geschichte oder ihrer Wirkung den Weg ins Werk gefunden haben. Kaum einer weiß, dass die Fleischbrühe, inklusive zugehörigem Brühwürfel, damals erfunden wurde.
All die überladenen Prunktafeln des Mittelalters, die nur dem Protz dienten, scheinen dem Adel nicht mehr zeitgemäß. Verschwendung ist schon zugelassen, aber bitte ganz subtil. Die spanische Olla Podrida, sie kommt in Jean Pauls Werk mehrfach als Spiegel der adeligen Dekadenz vor, wird aufgepeppt. Es entsteht die heute als Consommé bekannte, gehaltvolle Fleischbrühe mit einem genialen Vorteil: Die ausgekochten, je nach Geldbeutel immens teuren Fleischstücke können hervorragend an die Hunde verfüttert werden, nicht mehr ans Personal.

Schnepfendreck ist ein heute vergessenes Gericht aus Schnepfengedärm, samt Inhalt. Jean Pauls Romanfigur Dr. Katzenberger schmiert zum Graus seiner Gäste den „bloßen Nettodreck", Kot ohne Darm, auf das Brot. Linke Seite: Weißkohlbombe.

Oben: Wespennester
Unten: Katzendreck – auf eine Schnur gefädelte Zwiebelscheiben und Mandeln werden in Backteig getaucht, gebacken und von der Schnur gestreift serviert (Bild unten). Das sieht zwar ein bisschen wie der Namensgeber aus, aber es schmeckt wunderbar. Probieren lohnt sich!

Suppen bei Jean Paul sind fast durchgängig nahrhaft: Schwarze Suppe (Blutsuppe) und Rumford Suppe, der Vorgänger der legendären Erbswurstsuppe, erfreuen heute nicht mehr jeden. Andere wie Kerbelsuppe, Sardellensuppe oder Krebssuppe überlebten die Jahrhunderte und beglücken heute noch Feinschmecker.

Süßbriefchen – nicht nur für angebetete Damen

Jean Paul hat, wenn er nicht die Locken seines Pudels (als Ersatz für sein Haupthaar) versandte, so manchen als Zuckerwerk getarnten Liebesbrief zustellen lassen. Es herrscht ohnedies Zuckereuphorie. Die Zuckerrübe macht Süßes für die arme Bevölkerung, die sich teuren Überseezucker der Kolonien nicht leisten konnte, erschwinglich. Kaffeekränzchen halten auch in bürgerlichen Kreisen Einzug. Man zeigt Stil und bietet Selbstgebackenes vom Küchenpersonal an. Es entstehen Kaffeehäuser. Jean Paul liebt das „süße Paradies“ und leidet dementsprechend im Alter an schwerer Diabetes. Allerorts werden ihm Leckereien angeboten, er lehnt nie ab und lässt sie in seinem Werk weiterleben.
Ob sein Bettelbrot, Wiener Spießkrapfen, all seine erwähnten Naschereien heute noch gegessen würden? Aber natürlich – selbst Eis (ohne Gefriertruhe und Eismaschine zubereitet) gehörte damals schon zum feinen Leckerwerk. Jean Paul benennt unter anderem Rosen- und Stachelbeereis. Der Rest begegnet immer wieder in seinem ganzen Werk: Galanterieküchlein, krachender Rahm oder herzoglicher Marzipan – Jean Paul vergisst nichts. Der Dichter liefert mehr als genug Stoff für ein Abendessen bei Kerzenschein, das mit romantischen Gerichten aus der Feder Jean Pauls so richtig genossen werden kann. Auf dem Tisch frisches Bier, Kaffee und erlesener Rotwein. Und da der Weg zum Herzen bekanntlich durch den Magen geht, bleibt zu hoffen, dass Jean Paul weit über das Jubiläumsjahr 2013 hinaus in den Köpfen und Mägen seiner Nachfahren bleibt.

Wespennester

von Beate Roth, Food-Designerin

Zutaten
250 g Butterschmalz
20 g zerlassene Butter zum Bestreichen
4 Eier
4 Eigelb
150 g lauwarme Sahne
1 Pkg Hefe
500 g Mehl
Zibeben (Jumbo-Rosinen)
Korinthen (auch Schokoladenstückchen, Zimt, Kakao)

Zubereitung

Das Butterschmalz schaumig schlagen (altdeutsch abtreiben), Eier und Eidotter einzeln dazurühren. Die Hefe in der lauwarmen Sahne auflösen und nach und nach zugeben. Zuletzt das Mehl zugeben und den Teig gut abschlagen. An einem warmen Ort gehen lassen. Teig auf einer bemehlten Fläche ca. 5mm dick ausrollen. In 3cm x 20cm lange Streifen schneiden. Mit den Rosinen belegen und einrollen. In Backpapierstreifen einschlagen und nochmal gehen lassen.
Bei mittlerer Hitze ca. 20 Minuten langsam backen.

Eine Baustelle als Wohltat

Die „Ewige Baustelle“ kann man ohne große Übertreibung als Glücksfall für Wunsiedel bezeichnen. Die Kneipe ist hier das, was in kleinen Orten einst das Wirtshaus am Platz war – ein Treffpunkt für Menschen allen Alters und aller Gesellschaftsschichten, ein Kristallisationspunkt der Lebensart.

Zur ewigen Baustelle
Breite Str. 3
95632 Wunsiedel
Tel. 09232 / 917337
www.ewigebaustelle.de
info@ewigebaustelle.de

Öffnungszeiten:
Dienstag bis Samstag ab 16 Uhr

Sie ist darüber hinaus allerdings auch eines der geschichtsträchtigsten Häuser der Region. Hinter jeder Ecke öffnet sich eine andere Tür in die Historie. Im Zusammenspiel mit den modernen Akzenten entsteht ein spannender Kontrast.

Für den aus der mittelfränkischen Hopfenstadt Spalt stammenden Kunstlehrer German Schlaug ist die „Baustelle“ eine Art Lebensaufgabe. Als er das Haus 1991 von einer Erbengemeinschaft erwarb, ließ er aufwendige archäologische Untersuchungen am zum Teil einsturzgefährdeten Gebäude vornehmen. Die Befunde und ihre exemplarische Bedeutung für mittelalterliche Bauten in der Fichtelgebirgsregion sind auf der Webseite dokumentiert. Sieben Jahre lang arbeitete der neue Eigentümer an der Sanierung und dem Umbau zur Kulturkneipe, ohne Architekt, dafür mit großer denkmalpflegerischer Sensibilität und enormen finanziellem Aufwand. Die Bezeichnung „Ewige Baustelle“ entstand in dieser Zeit und war zunächst als Spottname seitens der Zaungäste gedacht. Da das Ergebnis der Restaurierung jedoch ziemlich perfekt ausfiel, schwingt in dem Namen inzwischen höchste Anerkennung mit.
Marion Meyerhöfer erinnert sich noch genau an den Tag der Eröffnung, als plötzlich eine Bedienung mit Tablett auf der Straße herumlief und die Menschen einlud zu kommen. Die gelernte Hotelfachfrau Meyerhöfer ist bis heute nicht nur Pächterin, sondern auch eine sympathische Botschafterin des Hauses. Auf ihre

Kontakte zu Künstlern der Luisenburg ist es zurückzuführen, dass sich die „Baustelle“ zum zweiten Zuhause für Schauspieler entwickelt hat. Künstler, Artisten und kulturelle Weltenbummler fühlten sich hier schon immer aufgehoben. Ausstellungen, Lesungen und Konzerte tragen ihren Teil dazu bei. Ein bisheriger Höhepunkt war der Auftritt des Blues-Brothers-Sängers Ron Williams, der vor gut 2000 Gästen auf der Straße ein Dankeschön-Konzert gab.

Lässige Offenheit

Die „Baustelle“ lebt eben nicht nur von der Historie. Man pflegt eine Atmosphäre lässiger Offenheit. „Egal, ob jemand nur noch einen Schluck Wein statt ein ganzes Glas haben möchte, ob wir schnell zehn Stühle für eine größere Gruppe arrangieren müssen oder jemand um 1 Uhr noch etwas Warmes essen möchte, wir machen fast alles möglich“, sagt Marion Meyerhöfer. Wobei die Spontaneität nicht auf Kosten des professionellen Service und des guten Angebots geht. Denn man kann in der Kneipe nicht einfach nur toll sitzen und gut trinken, sondern auch richtig schön essen. Das funktioniert auch deshalb so gut, weil die Räumlichkeiten für viele Gelegenheiten hervorragend geeignet sind: den eher intimen Plausch im Gewölbekeller, ein gemeinsames Essen mit Freunden im Wintergarten, einen Drink an der Bar, Sehen und Gesehenwerden in der grünen Oase vor dem Haus... Mancher Wunsiedler, der fast nicht mehr hinter dem Ofen vorzulocken war, ist durch die „Baustelle“ schon zum Kneipengänger bekehrt worden. Gegenüber, im Wirtshaus „Volle Breite“, werkelt German Schlaug an seiner nächsten „Baustelle“. In welchem Jahr sie aus ihrem Dornröschenschlaf erwacht, weiß man noch nicht. Aber die Stunde steht schon fest: Freitag, 19 Uhr.

Viele Räume, viele Gelegenheiten: Hier gibt es Thekenplauderei, Interessantes aus Kunst und Kultur, einen Raum für Feiern und ein Plätzchen für den Rückzug.

Neue alte Lieblingsplätze

Bräustüberl – das klingt gleich so anheimelnd, gemütlich und bodenständig, nach einem Wirtshaus aus alten Zeiten. Genau diesen Charme hat das Bräustüberl in Schönbrunn auch, mit all seinen Ecken und Nischen, seinen kleinen Räumen, der umlaufenden Bank und der Gewölbedecke, die sich wie ein Himmel über dem Gast spannt. Eine zweite Wohnstube war und ist das, für die Stammgäste allemal. Alles wie einst? Keineswegs! Bis auf das oben genannte Inventar ist im Bräustüberl seit Sommer 2017 so gut wie alles neu!

Bräustüberl Schönbrunn
Brunnenstr. 10
95632 Wunsiedel-Schönbrunn
Tel. 09232 / 2813
www.bräustüberl-schönnbrunn.de
info@braeustueberl-schoenbrunn.de

Öffnungszeiten:
Dienstag bis Donnerstag ab 16 Uhr
Freitag bis Sonntag ab 11 Uhr

Als die ehemaligen Pächter im April 2017 den Betrieb einstellten, entschloss sich der Besitzer, die Lang Bräu aus Schönbrunn, zur Renovierung. Mit Marion Meyerhöfer hat die Brauerei auch gleich die passende Pächterin mit Sachverstand und gastronomischer Erfahrung gefunden. Die Hotelfachfrau hat sich zuvor als Pächterin der „Ewigen Baustelle", Wunsiedel (Seite 82), einen guten Namen gemacht. Sie gab die „Baustelle" nicht auf, sondern teilt sich die Leitung beider Häusern mit ihrer Tochter, die als Hotelfachfrau im Sommer 2017 vom Tegernesse zurück ins Fichtelgebirge gezogen ist.

Das Geheimnis charmanter Wirtshäuser

Viele Lieblingsplätze und eine Vielfalt von Räumen, die geschmeidig ineinander übergehen – das ist das Geheimnis vieler schöner Wirtshäuser, so bei der „Baustelle", so auch beim „Bräustüberl". Der Biergarten ist eine Augenweide, seit der Renovierung mehr als doppelt so groß, sodass der Platz von morgens bis abends Sonne bekommt. In warmen Farbtönen ist hier alles gehalten, vom historischen Mobiliar der Brauerei über die massiven Holztische bis zum hellgelben Hausanstrich.

Auch innen hat das Wirtshaus Stil. Es hat Historie, schmeißt sich aber nicht mit Kitsch-Deko an die Gäste ran. Und es lebt! Marion Meyerhöfer erinnert sich lebhaft an den Tag der Eröffnung, den 25. Juni 2017, der zugleich „Tag der offenen Gartentür" war. „Der Zustrom ging früh los und dauerte bis abends, eine herrliche Wirtshaustaufe. Wir wollten eigentlich nur testen, wie es läuft und wieder

schließen bis zur offiziellen Eröffnung am 7. Juli. Die Gäste haben uns aber nicht gelassen.“ Zumal auch das Essen in schöner Qualität auf den Tisch kommt. Die Küche spannt einen Bogen von raffiniert interpretierten Wirtshausklassikern über zeitgemäße leichte Speisen ohne Fleisch bis zur Bratenküche (am Wochenende).

Uriges Wirtshaus, herzerfrischendes Konzept - Marion Meyerhöfer und ihre Tochter Hannah (im Bild) haben das Bräustüberl gemeinsam mit der Brauerei Lang zu einem beliebten Treffpunkt und einer Herberge auf Zeit gemacht.

Hier einkehren heißt immer auch ankommen – Entspannung in heimelig-charmanter Atmosphäre. Das Gleiche gilt auch für die Gästezimmer der Pension. Sie sind auf die gesamte Atmosphäre so gut abgestimmt, dass der Gast im Haus nur ein paar Schritte gehen muss, um sich fallen lassen zu können. Weil in so einem Bauernhaus nichts vom Reißbrett ist, keine Wand exakt wie mit dem Lineal hochgezogen wurde, sind auch die Zimmer individuell gestaltet, in unterschiedlichen Farbtönen, mit passendem antiken Mobiliar bestückt, aber zugleich mit modernem Komfort, z.B. einer bodengleich begehbaren Dusche, ausgestattet. Gerade auch E-Biker können hier gut auftanken und entspannen. Auftanken im doppelten Sinn: Das Bräustüberl verfügt eine E-Bike-Ladestation und verleiht E-Bikes für Touren. Schönbrunn ist ein guter Start- und Zielort: ruhig und doch irgendwie mittendrin.

Ein besonderes Schmankerl

Für viele gehört der Fichtelsee zu den schönsten Orten im Fichtelgebirge. Um das Glück und die Freude der Besucher perfekt zu machen, fehlte lange Zeit nur eins: ein Haus, in dem sich der Aufenthalt am Fichtelsee genießen lässt. 2015 war es soweit.

Hotel und Restaurant am Fichtelsee
Am Fichtelsee 1
95686 Fichtelberg
Tel. 09272 / 964000
www.hotel-am-fichtelsee.de
info@am-fichtelsee.de

Öffnungszeiten:
Mai bis Oktober täglich durchgehend.
In allen übrigen Zeiten bitte die Informationen auf der Homepage beachten.

Zwei Jahre lang hatte der Diplom-Ingenieur Bernd Deyerling, der mit seiner Frau in Bayreuth ein Architekturbüro leitet und sich auf Altbausanierung spezialisiert hat, von Grund auf saniert. Rund 30 Container wurden rausgeräumt, die Kunststoff-Verkleidung und die Kunststoff-Fenster durch heimisches Holz und Sprossenfenster ersetzt und die komplette Technik, einschließlich Küche, erneuert. Urgemütlich sitzt es sich nun in der Wirtsstube, besonders, wenn an kalten Tagen ein gemütliches Feuer im Kamin knistert. Zur warmen Jahreszeit zieht es die Gäste auf die Seeterrasse, von welcher aus man den Anblick des von Fichten umringten Sees mit einem kühlen Getränk in der Hand und der Sonne auf der Haut genießen kann. Sonnenschirme und Markisen sorgen auch an den heißen Tagen für Schatten.

Die Alleinlage am See und die Sonnenterrasse sind unschlagbare Stärken des Restaurants und des Hotels. Die Küche macht die Kombination perfekt.

Die Küche wurde von Anfang an neu ausgerichtet, hin zu einer zeitgemäßen Landküche, die Fisch und Fleisch aus heimischen Gefilden bietet und aus regionalen Lebensmitteln, Weinen, Honig und Schnaps besondere Schmankerl kreiert. 2017 übernahm Michael Waigel die Geschäftsleitung, mit dem Ziel, die bodenständige Philosophie durch raffinierte Extras zu verfeinern. Er bringt reiche Erfahrungen aus der Spitzengastronomie und exquisiten Hotels ein. So war er u.a. als Küchenchef in Steigenberger-Hotels und als Küchendirektor eines Maritim-Hotels beschäftigt, aber auch als Mitarbeiter in verschiedenen Sternerestaurants im In- und Ausland angestellt. Vor seinem Wechsel zum „Hotel am Fichtelsee" hatte er sich in der Region bereits als Küchen-

Das gut aufgelegte Service-Team mit Geschäftsführer Michael Waigel (untere Reihe, links) und Inhaber Bernd Deyerling (untere Reihe rechts). Heimelig fühlt man sich hier auch innen, in den Stuben und den Hotelzimmern.

chef der Bayreuther Eremitage und bei der Miteröffnung des „Liebesbier" in Bayreuth einen Namen gemacht. Im „Hotel am Fichtelsee" wird er durch seine Assistentin Sabrina Hagen unterstützt, die verantwortlich ist für Organisation des Teams, sich aber auch um das wohlige, romantische Ambiente im Haus kümmert.

i-Tüpfelchen am Fichtelsee

Als Küchenchef verpflichtete Michael Waigel den ebenfalls weit gereisten und kulinarisch bewanderten Koch David Zilai. Die kulinarischen Schätze der Region bilden die Basis der saisonal ausgerichteten frischen Küche. Die Zubereitung ist trotz des fränkischen Einschlags offen für mediterrane Einflüsse. Einzig am Sonntag ist das Menü dank Bratenklassikern sehr regional geprägt. Durch dieses breite Angebot bietet das „Restaurant am Fichtelsee" seinen Gästen zum einen die Möglichkeit, Neues zu testen, zum anderen die Gelegenheit, Kindheitserinnerungen mit traditionellem Essen zu beleben.

Das Hotel ist ein weiteres i-Tüpfelchen des Genussortes Fichtelsee. Hier können alle Gäste und Besucher dem stressigen Alltag entkommen und die Seele baumeln lassen. Viele Wege zu Highlights im Fichtelgebirge kreuzen sich an dem idyllischen Fleckchen, ein Waldspielplatz liegt nicht weit vom Haus entfernt, sogar ein aufgeschütteter Sandstrand mit breiten Liegen und wechselnden Wasserattraktionen befindet sich gleich nebenan. Neben dem renovierten Hotel ist ein Neubau mit Angeboten zu Wellness und Reha in Planung. Das Potential des Ortes ist groß.

Für den glücklichen Gast

Für Gäste zu kochen und als Gastgeber präsent zu sein, ist im Privaten untrennbar verbunden. Und im Gastgewerbe? Hier ist die Küche oft ein abgelegener Ort, wo der Küchenchef als Gastgeber unsichtbar bleibt.

Kohler's Kulinarik
Haag 1
95615 Marktredwitz
Tel. 09231/4499

www.
kohlerskulinarik.de
info@
kohlerskulinarik.de

Veranstaltungen
s. Webseite

Ulrich Kohler kennt als Profi-Koch beide Seiten. Zwischen seiner privaten Küche im Wohnhaus und der Profi-Küche, wo die Ideen umgesetzt werden, die er zusammen mit seiner Frau Agnes entwirft, liegen auch nur ein paar Schritte. Und das Paar ist sehr gerne nah dran an den Gästen: bei Feiern und Menüs auf ihrem Anwesen in Haag, als Caterer und beim „Home Cooking Service". „Kohler's Kulinarik" steht für eine andere Art von Gastronomie und bei alledem auch für hervorragende Qualität.
Ulrich Kohler absolvierte nach der Ausbildung zum Koch eine Konditorlehre in der „Traube Tonbach" (drei Michelin-Sterne), übernahm Verantwortung in der Patisserie und blieb fortan der Sterne-Gastronomie treu. In Alexander Herrmanns Gourmet-Restaurant (seit 2018 zwei Michelin-Sterne) lernte er seine Frau Agnes kennen, die dort zur Köchin ausgebildet wurde. Bei Thomas Kellermann auf der Burg Wernberg (zwei Michelin-Sterne) konnte sie ihre Kenntnisse erweitern, bevor sie der Weg in das Rosenthal Casino, Selb, führte.

Angrenzend zum Saal befindet sich der weitläufige Garten, der für Feierlichkeiten genutzt werden kann.

Der Wechsel in die Selbständigkeit ergab sich beiläufig. Ulrich Kohler kochte nebenbei zunächst für kleine, dann für größere Gesellschaften, anfangs sporadisch, dann regelmäßig. Agnes übernimmt in Haag inzwischen vor allem organisatorische Aufgaben und gestaltet die Menüs mit. Ulrich Kohlers Eltern, seine Schwester und ein eingespieltes Küchen- und Serviceteam unterstützen das Duo.

Das kulinarische Herz schlägt im Ortsteil Haag bei Marktredwitz. Dort besitzt die Familie ein ehemaliges landwirtschaft-

Von der Auswahl über die Zubereitung bis zur Präsentation stimmt hier jedes Detail.

liches Anwesen mit Gewölbesaal. Der weitläufige Garten bereichert die Küche mit Kräutern und Obst. Doch auch die Hauptzutaten, ob heimische Fische aus Teichen bei der Luisenburg, Wild von befreundeten Jägern oder Fleisch von alten Landrassen, wachsen nah am Herd. Brot backt Ulrich Kohler selbst – in sensationeller Qualität. Ein großer Fundus an Rezepten, handwerkliche Meisterschaft und die geeignete Ausstattung (mobile Gerätschaften, Zelte, Pavillons, Steinöfen...) ermöglichen eine ungeheure Kreativität und Flexibilität: mit Menüs für 20 bis 100 Personen oder auch mit Fingerfood-Schälchen für lockere Veranstaltungen, in Haag oder außer Haus …

Überraschungsmenüs und gemeinsame Erlebnisse

Alle Arrangements müssen vorher gebucht werden. „Kohler's Kulinarik" bietet regelmäßig Veranstaltungen an, die sich großen Zuspruchs erfreuen und daher rechtzeitige Reservierung erfordern. Mehrmals pro Jahr lädt die Familie zum Überraschungsmenü ein, ebenso zum sonntäglichen Brunch, der hier jedoch mehr einer Festtafel gleicht als einem ausgedehnten Frühstück. Wenn es das Wetter zulässt, können die Gäste draußen im Garten essen. Ulrich Kohler baut hierfür eine Kochstelle unter freiem Himmel auf und macht so schon die Zubereitung zu einem gemeinsamen Erlebnis. Empfohlen seien auch die Veranstaltungen „Herbst- bzw. Wintergenuss" Ende Oktober oder November sowie das bodenständige Kennenlern-Menü im März, das gerade Gäste, die eine Hochzeit planen, gerne nutzen. Für Hochzeitsgäste und deren Familie bieten die Gastgeber Zimmer in ihrer hauseigenen Pension an. Die Kombination aus Essen, Service und Atmosphäre lässt kaum Wünsche offen.

Favoriten – einfach gut

Jeder von uns hat Lust auf neue kulinarische Entdeckungen. Meistens sind es jedoch die einfachen und guten Gerichte, zu denen viele immer wieder zurückkehren: Klassiker wie Wiener Schnitzel, Braten oder, wenn es fleischlos sein soll, geräucherter Lachs.

Teschner's Herrschaftliche Gastwirtschaft
Seulbitzer Str. 3
95126 Schwarzenbach a.d. Saale
(OT Förbau)
Tel. 09284 / 8012588
www.teschners-restaurant.de
mail@teschners-herrschaftliche.de

Öffnungszeiten:
Mittwoch bis Samstag
18 – 22.30 Uhr
Sonntag
11.30 – 14 Uhr und
18 – 21 Uhr

Kein Wunder, denn die Zusammenstellung jedes dieser Gerichte kann eine nahezu perfekte Komposition aus Aromen sein. Solange der Koch die Haupt- und Nebenprodukte gut auswählt und gut inszeniert, will sagen frisch und mit Sorgfalt zubereitet. Christoph Teschner hat auf dieser Basis das für ihn und seine Gäste passende Konzept gefunden. Schon in der Zeit, als er noch sein Restaurant bei der Luisenburg innehatte, galt sein Augenmerk Klassikern, die er fein, frisch und pfiffig zubereitet hat. Auf Luxusprodukte wie Muscheln und Hummer verzichtet er jedoch ganz bewusst, seit er die „Herrschaftliche Gastwirtschaft" bei Schwarzenbach a.d. Saale betreibt.

Christoph Teschner und seine Frau Dana (im Bild mit ihrer Tochter) bieten das ganze Jahr über pfiffig interpretierte Klassiker.

„Anfangs wollten wir mehr eine Brotzeitkarte machen, aber die Gäste haben uns dahingeführt, wo wir jetzt sind", berichtet der Wirt, der das Haus zusammen mit seiner Frau Dana 2015 in ihrer alten Heimat Schwarzenbach eröffnete. Die schon zu Wunsiedler Zeiten beliebte Steakkarte haben sie übernommen. Auch ein Großteil ihrer regionalen Lieferanten ist gleich geblieben und das grundsolide, ehrliche Handwerkszeug beherrscht der Koch aus dem Effeff.

Die im Kern über 500 Jahre alte „Herrschaftliche Gastwirtschaft" war einst ein landwirtschaftlicher Betrieb mit Mühle und bietet im Außenbereich mindestens 100 Personen Platz, mit Extra-Tischen und zu Hochzeiten locker für nochmal so viele. Beim Biergarten am Fluss hat Christoph Teschner eine Outdoor-Küche aufgebaut, mit der er auch Geräuchertes, z.B. Wildschweinschinken oder Räucherlachs, selber herstellen kann – bei den Gästen ein Renner. Während sich das Angebot an Sonn- und Feiertagen auf Braten konzentriert, lädt Christoph Teschner die Gäste an anderen Tagen immer wieder auch zu Schlemmergerichten ein, so z.B. zum Mittwochs-Burger und zu Schaschlik (jeden Donnerstag, von Ostern bis Mitte September nur jeden zweiten und vierten Donnerstag). Schöne Fischgerichte und Vegetarisches sind dabei stets fester Bestandteil der Karte.

Schlemmerküche für jung und alt

Bereits seit 1994 schwört die Familie Neuberger auf die Prinzipien Direktvermarktung und Regionalität. Gerhard Neuberger baute im Nebenerwerb einen landwirtschaftlichen Betrieb mit Lämmern, Hühnern, Schweinen und Getreideanbau auf.

Artgerechte Tierhaltung ist den Genusslieferanten seit jeher ein großes Anliegen. Besucher können den Hof besichtigen und im gut sortierten Bauernladen einkaufen. Die kulinarischen i-Tüpfelchen setzt jedoch die 2013 eröffnete „Alte Wirtschaft“.

Hier können die Gäste in vielen Facetten des regionalen Genusses schwelgen. Die „Alte Wirtschaft“ steht für eine junge, trendbewusste Wirtshauskultur, bei der die Tradition nicht zu kurz kommt. Das mit großem Aufwand renovierte, historische Gebäude vereint beide Qualitäten und bietet rundum Wohlfühl-Atmosphäre. Küchenmeister Bernd Neuberger setzt genussreiche Akzente mit abwechslungsreichen Gerichten und frischen Saisonprodukten aus der Region. In den gemütlichen Stuben servieren Jasmin Greinert und ihr Service-Team als Highlight hausgemachte Burger, heimische Craft Biere, knusprige Flammkuchen und „Special Cut Steaks“. Fränkische Bratengerichte stehen an den Wochenenden auf der Karte, ebenso hausgemachte Torten- und Kuchenspezialitäten. Das Fleisch stammt ausschließlich von Schweinen aus Strohhaltung, Rindfleisch bzw. Kalbfleisch von Weidetieren aus dem Frankenwald, Hühnerfleisch vom Bio-Geflügelhof Ritter, Marktleuthen, das Wild aus der heimischen Jagd, Fisch aus der Kleppermühle bei Rehau.

Einladender Biergarten

Der Biergarten mit seinen urigen Granitmauern und dem plätschernden Brunnen lädt nur so ein zu einer fränkischen Brotzeit mit Bier und Frankenwein.

Viele Wanderer und Radfahrer nehmen hier gerne eine Auszeit. Der Besuch im Wirtshaus lässt sich praktischerweise bequem mit einem Einkauf verbinden. Der im Haus untergebrachte Laden bietet hofeigene Produkte und Besonderheiten von heimischen Landwirten, die generell einen Abstecher wert sind.

Die Alte Wirtschaft gibt dem „Alten Fischer's Haus“ in der Ortsmitte neuen Glanz. Die Ersterbauung des Hauses reicht in die Zeit vor 1500 zurück.

Alte Wirtschaft an der Lamitz

Königstr. 12

95158 Kirchenlamitz

Tel. 09285 / 9684700

www.alte-wirtschaft.de

alte-wirtschaft@t-online.de

Öffnungszeiten Wirtschaft

Mittwoch bis Freitag ab 14 Uhr (warme Küche ab 17 Uhr)

Samstag und Sonntag ab 11 Uhr (warme Küche 11 – 14 und 17 – 21 Uhr)

Öffnungszeiten Bauernladen:

Mittwoch und Donnerstag 14 – 18 Uhr, Freitag 10 – 18 Uhr

Genuss in historischem Ambiente

Früher kreischte hier die Steinsäge. Tonnenschwere Blöcke aus grünem Porphyr, eine nur im Fichtelgebirge vorkommende Gesteinsart, wurden in tagelanger Arbeit durchtrennt, um Pflastersteine, Grabsteine, prachtvolle Denkmäler sowie Platten für Bau- und Monumentalarbeiten zu gewinnen.

Restaurant Museo
Nagler Weg 10b
95686 Fichtelberg
Tel. 09272 / 9658955
www.
museo-restaurant.de
info@museo
-restaurant.de

Öffnungszeiten:
s. Webseite

Die acht Meter hohe Werkshalle, die alten zwei Gatter und eine noch funktionsfähige Dampfmaschinen ist wie so vieles hier ein imposanter Gruß aus der Vergangenheit, aber nicht der einzige gute Grund für einen Besuch: Der ehemalige Steinbearbeitungsbetrieb bildet eine beeindruckende Kulisse für das Restaurant „Museo", das den kulinarischen Genuss optisch erweitert.
Dass es überhaupt soweit kam, ist der Initiative von Gabi und Perry Eckert mit ihren Söhnen Raphael (†) und Constantin zu verdanken. Die Familie aus Fichtelberg hatte das stillgelegte Gebäude in heruntergekommenem Zustand 1994 erworben und nach reiflichen Überlegungen sieben Jahre lang selbst umgebaut. Eine ehemalige Bahntrasse wurde an den Euregio-Egrensis-Fahrradweg angeschlossen, der nun vom Biergarten über Regensburg bis nach Prag führt. Die Inhaber legten einen Kinderspielplatz und einen Koi-Teich an und schufen in Verbindung mit den Terrassen und dem gepflegten Buchs-Eibengarten einen Ort zum Wohlfühlen.
Die Innenräume sind eine Sehenswürdigkeit für sich und runden das sinnliche Gesamterlebnis ab. Im Hauptraum sitzen die Gäste inmitten der historischen Maschinen und Teilen von Steinsägen, die aufwendig saniert wurden. Der behagliche Kaminraum eignet sich besonders für diejenigen, die sich in gepflegter, gediegener Stimmung aufhalten möchten. Während hier Holztöne das Bild bestimmen, herrscht im Roten Salon ein warmes Rot vor, veredelt durch schicke Leuchten, für ein Candle-Light-Dinner wie geschaffen. Im vierten Raum, der Lounge, haben die Inhaber orientalische Stimmung und Industrieflair geschickt kombiniert. Das Museo ist ein Restaurant für viele Gelegenheiten und auch für größere Gesellschaften, die sich in außergewöhnlicher Atmosphäre schön bewirten lassen wollen, eine Empfehlung.

Wildkräuter-Cappuccino

von Friederike Heusinger,
Wildkräuter-Hotel Schönblick,
Fichtelberg

Zutaten für 4 Personen
130 g Zwiebelwürfel
130 g Kartoffelwürfel
500 ml Gemüsebrühe
100 ml Sahne
1 Scheibe Toastbrot
1-2 EL Brennnesselpaste
Sahne, Toastcroutons, gehackte Wildkräuter und Blüten

Zubereitung

Zwiebelwürfel und Kartoffelwürfel in Öl andünsten, mit Gemüsebrühe aufgießen und kochen lassen. Mit Salz und Pfeffer abschmecken, Sahne dazugeben und mixen. Toastbrot entrinden, in Würfel schneiden und mit 2EL Butter in der Pfanne goldgelb braten, salzen! Vor dem Anrichten Brennnesselpaste dazugeben und aufmixen. Die grüne Suppe in Gläser, Tassen oder Teller füllen. Mit geschlagener Sahne, den Toastcroutons sowie gehackten Wildkräutern und Blüten garnieren. Auf einem japanischen Knöterichblatt servieren und gebackene Brennnesselblätter als Dekoration verwenden.

„Kunst leben und erleben"

Begegnung und Genuss, Kreativität und Inspiration – Um nichts anderes geht es im Rosenthal Casino, Deutschlands erstem und ältestem Design-Hotel, das Philip Rosenthal konzipierte. Noch heute überzeugen und begeistern das Hotel und das Restaurant mit Räumen, die das Auge wandern lassen und Grenzen überschreiten. Die Küche rundet das Ganze entsprechend ab.

Rosenthal Casino
Kasinostr. 3
95100 Selb
Tel. 09287 / 8050
www.rosenthal-casino.de
info@rosenthal-casino.de

Öffnungszeiten Restaurant:
Montag bis Freitag 11.30 – 14 Uhr
und 18 – 22 Uhr
Samstag 18 – 22 Uhr

Sebastian Körber verbrachte bereits seine Lehrjahre hier und kam 2001 mit seiner Frau Sandra zurück nach Selb, um mit ihr das Steuer in der Küche und im Hotel zu übernehmen. Ein großes Erbe: Die Villa, das Herzstück des Casinos, wurde 1912 nach den Plänen von Prof. Fritz Klee gebaut und war bis 1933 ein Treffpunkt der oberen Zehntausend. Nach 1945 nutzten die neuen Besitzer, die Firma Rosenthal, es als Gästehaus. Das Gebäude wuchs und öffnete sich in den 70er Jahren der Öffentlichkeit. Ab 1980 entwarfen Künstler die ersten Hotelzimmer – jeder Raum trägt die markante Handschrift einer anderen Persönlichkeit, mit Bauhaus- und modernen Designer-Möbeln als verbindendem Element. „Kunst leben und erleben" lautete das Motto, das Philip Rosenthal formulierte. Auch das Restaurant entstand nicht am Reißbrett, sondern oft durch Ideen, die Philip Rosenthal von Reisen mitbrachte und mit feinem Gespür integrierte. Die Decke ist asiatischer Herkunft, der Boden russische Mooreiche, die Stühle das Produkt eines dänischen Designers.

In einem Nebenzimmer, der eher rustikal gehaltenen Frankenstube, ließ Philip Rosenthal den früheren Fußboden vorsichtig abtragen, damit er an der Decke wieder eingebaut werden konnte. Das Haus hat so viele Ecken und liebevolle Details, wie es Geschichten aus verschiedenen Ländern und Zeiten zu erzählen hat, wobei der Schwerpunkt auf dem Zeitraum der

Deutschlands erstes Design-Hotel beeindruckt noch heute – Während Marcello Morandini das obere Zimmer gestaltete, ist im unteren Bild das Künstlerzimmer „Otmar Alt" zu sehen.

Philip Rosenthals Handschrift ist in der Gestaltung des Restaurants allgegenwärtig. Als Gastgeber setzen Sandra und Sebastian Körber die passenden Akzente.

1960er Jahre bis zur unmittelbaren Gegenwart liegt. Zimmer wurden modernisiert, die Vitrinen werden immer wieder mit neuesten Porzellan-Kollektionen ausgestattet. Philip Rosenthals Handschrift aber blieb erhalten. Die vielfältig gestalteten Räume fließen harmonisch ineinander und machen den Aufenthalt schon optisch zu einem Genuss.

Bayernweit noch ein Geheimtipp

Die Gastgeber spielen das Thema Rosenthal beim einladend gedeckten Tisch weiter. Die Hauptrolle haben sie mit der saisonalen Frischeküche, durchweg auf hohem Niveau, vortrefflich besetzt. Sebastian Körber verwendet, soweit wie möglich, Produkte aus der Region und hat das Restaurant als eine Top-Adresse im Fichtelgebirge etabliert, wobei das Haus bayernweit immer noch als Geheimtipp gelten darf. Während unter der Woche vor allem Geschäftskunden zu Gast sind, kommen Paare und Familien bevorzugt am Wochenende, zumal das Restaurant hier ein attraktives Verwöhnarrangement anbietet: ein 4-Gang-Degustationsmenü mit Aperitif, einem korrespondieren Wein zu jedem Gang, dazu Wasser und zum Abschluss Kaffee. Optional lässt sich eine Übernachtung in einem Künstlerzimmer mit schönem Frühstück am nächsten Morgen dazu buchen. Für die einen wie die anderen Genießer, ob geschäftlich oder privat, kommt das Kaminzimmer mit Zugang zum großzügigen Garten auch als Raum für Feiern oder Seminare in Frage. Ein Besuch im Rosenthal Casino inspiriert und hinterlässt bleibende Eindrücke.

Ausstattung
Design
Architektur

Teeserviceteile Form 29
Form: Leopold
E. Gmelin, um 1870/75
Lorenz Hutschen-
reuther, Selb, Unter-
glasurbemalung.

Weißes Gold

Die Entwicklung der Porzellanindustrie ab 1814 bis heute

von Wilhelm Siemen

„Kauft Porzellan", so lautet Anfang der 1930er Jahre die Aufschrift einer über 4 Meter hohen, 14 Zentner schweren Kaffeekanne, die auf Rädern gelagert und mit einer Deichsel versehen, von jungen Männern aus der Porzellanstadt Selb durch Deutschland gezogen wurde, um für den Absatz des heimischen Porzellans zu werben.

Bildnis von Carolus Magnus Hutschenreuther, im Hintergrund die von ihm gegründete Fabrik in Hohenberg.

Die Not hat sie dazu veranlasst. Von den 14.000 Einwohnern der Stadt beziehen 1931 ca. 4000 Arbeitslosenunterstützung – und die Krise hat schon 1926 begonnen. Bis dahin hatte sich die Porzellanfabrikation im Nordosten Bayerns als der Faktor industrieller Entwicklung für diese zuvor auf Heimweberei ausgerichtete Region immer mehr ausgeweitet und war zum beherrschenden Wirtschaftszweig im Raum zwischen Hof, Wunsiedel, Waldsassen und Hohenberg an der Eger geworden.

Mit Hohenberg an der Eger hatte alles begonnen. Es war Carolus Magnus Hutschenreuther, der aus Wallendorf in Thüringen stammend, sich 1814 als Porzellanmaler in Hohenberg niedergelassen hatte. Hohenberg lag günstig. Noch auf deutschem Boden, war es direkt benachbart dem böhmischen Bäderdreieck: Franzensbad, Marienbad, Karlsbad. Die dort kurenden Kreise aus wohlhabendem Bürgertum und dem Adel der KuK-Monarchie waren seit jeher dankbare Abnehmer für Porzellan. Trinkbecher, reich bemalte Tassen, Pfeifenköpfe und allerlei ähnliche Artikel fanden guten Absatz. „Ich liefere aus inländischen rohen Produkten ein Porzellan, das keinem anderen in Deutschland an Güte und Feinheit nachsteht, beziehe den Erlös dafür beinah ganz vom Auslande", schrieb er. Die Porzellanerde, das Kaolin kam zunächst aus kleineren Vorkommen in der Nähe des Ortes, ebenso der Feldspat.
Die Konkurrenz ließ nicht lange auf sich warten. Der Hohen-

Briefkopf der Rosenthal-Fabriken Selb und Kronach mit Abbildungen ihrer Auszeichnungen, um 1903.

berger Lorenz Christoph Äcker gründete 1838 im zwei Kilometer entfernten Schirnding eine Fabrik, zog jedoch noch im selben Jahr nach Arzberg um. Ganz allmählich entwickelte sich Arzberg zur zweiten Porzellanstadt im bayerischen Nordosten. Im oberpfälzischen Tirschenreuth entstand im selben Jahr eine weitere Produktionsstätte. Hutschenreuther reagierte mit einer Betriebsausweitung und dem Bau einer eigenen Massemühle an der unterhalb Hohenbergs gelegenen Eger.
Für die häufig an Silikose erkrankenden Mitarbeiter musste Vorsorge getroffen werden. Der hohe Anteil an Quarz in der Porzellanmasse war einer der Gründe, ein anderer die Verwendung von Quecksilber in den Malerstuben, dass bereits 1837 eine „Krankenunterstützungs- und Beerdigungskasse für das Dreher- und Malerpersonal der Hutschenreutherschen Porzellanfabrik zu Hohenberg“ gegründet wurde. Die „Porzellinerkranheit“ raffte die in den Fertigungsbereichen Tätigen frühzeitig dahin. Nur wenige wurden älter als 40. In der Massemühle, in den Drehereien – Quarzstaub war überall in der Luft.

Von Hohenberg nach Selb

1845 starb C.M. Hutschenreuther im Alter von 51 Jahren. Schon 1843 war der älteste Sohn Lorenz (*1817) als „Dritteilinhaber“ Mitglied der Fabrikleitung geworden. Nach dem Tod des Firmengründers führte der Sohn zusammen mit der Witwe die Firma. Diese muss sich alljährlich mit den übrigen Kin-

Porzellanmaler, Geheimrat und Firmengründer in Personalunion: Philipp Rosenthal.

Speiseserviceteile. Formentwurf: Paul Müller, Selb, um 1900 Dekor: Krautheim & Adelberg, Selb, um 1900, handkolorierter Stahldruck, Goldbemalung.

dern beraten. Die fehlende Freiheit, das Geschehen innerhalb und außerhalb des Betriebes selbst zu gestalten, veranlasst Lorenz, 1856 den väterlichen Betrieb zu verlassen und sich selbständig zu machen. Als Standort wählt er das 12 Kilometer entfernte Selb. Im Januar stellt er den Antrag beim Magistrat der Stadt, sich dort ansässig machen zu dürfen.
Die Planungen für die Errichtung einer Porzellanfabrik sind voll im Gange, als das Weberstädtchen am 18. März durch einen Großbrand heimgesucht wird. Kaum ein Haus bleibt verschont. Die in Heimweberei tätigen Bürger verlieren nicht nur ihre Wohnungen, auch der Arbeitsplatz ist vernichtet. Für Selb bedeutet damit die Gründung der Porzellanfabrik Lorenz Hutschenreuther am 10. August 1856 einen völligen Neuanfang und in den folgenden Jahrzehnten die Entwicklung zur „Weltstadt des Porzellans".
Die Rahmenbedingungen sind günstig: Kaolin wird aus den nahen böhmischen Vorkommen bezogen. Feldspat und Quarz aus dem Forstrevier um Selb. Rundöfen modernster Bauart werden errichtet. Nicht Holz, sondern Kohle wird für deren Befeuerung benötigt. Auch die gibt es ausreichend im nahen Böhmen. Die Erfahrungen mit der Planung und Einrichtung von Porzellanfabriken sind erheblich gewachsen. Es gibt erste Maschinen. Arbeitskräfte sind ausreichend vorhanden, die Löhne ausgesprochen niedrig.
Roh- und Brennstoffversorgung, Warentransport und Absatz in immer größeren Mengen erfahren durch den Bau der Eisenbahnlinie zwischen Hof und Asch/Eger eine erhebliche Verbesserung. 1865 wird die Bahnlinie in Betrieb genommen. Selb erhält mit dem Bahnhof in Selb-Plößberg seine Anbindung an das dringend benötigte Verkehrsnetz. Die Gunst der Stunde ruft andere auf den Plan.

Ansicht der Porzellanfabrik C.M. Hutschenreuther Hohenberg, 1886. Handmalerei auf einer Dekormuster-Platte.

Gründungsboom

Ursprünglich hatte der Lohgerbereibesitzer Jacob Zeidler geplant, eine Gastwirtschaft unmittelbar am zukünftigen Bahnhof Selb-Plößberg zu errichten. Angesichts der wirtschaftlichen Erfolge der bereits existierenden Porzellanfabriken C.M. Hutschenreuther in Hohenberg und Lorenz Hutschenreuther in Selb versprach er sich von diesem Haltepunkt allerdings mehr Nutzen, wenn er auf seinem dortigen Grund eine Porzellanfabrik errichten würde. 1866 – im selben Jahr wie in Waldsassen – erfolgte die Gründung der Porzellanfabrik Jacob Zeidler & Co.
Die Verbesserung der Transportverhältnisse, die Gewerbefreiheit ab 1868, der wirtschaftliche Boom der Jahre ab 1871, all dies sind Faktoren, die den Ausbau der Porzellanindustrie Nordbayerns begünstigen und drastisch beschleunigen. Goebel fertigt seit 1871 in Oeslau bei Coburg, Heinrich Schumann, Arzberg, nimmt nach Inbetriebnahme der Eisenbahnlinie Marktredwitz-Schirnding-Eger, 1879, 1881 die Produktion auf, Christoph Schumann gründet die spätere Porzellanfabrik Arzberg bereits 1887.
Gleichzeitig entstehen immer mehr Porzellanmalereien, die das weiße Porzellan von dort erwerben, um es ihrem Kundenkreis entsprechend zu dekorieren. Aus dem Alltag der Besitzer resultiert häufig der Wunsch, selbst Weißporzellan herzustellen. So begann der 1879 aus dem westfälischen Werl nach Selb gekommenen Porzellanmaler Philipp Rosenthal seine Laufbahn mit der Gründung einer Malerei, bezog das Porzellan von Lorenz Hutschenreuther und Jacob Zeidler. Auch

Glasieren in der Rosenthal-Fabrik um 1920.

Unten: Kaffee-/Teeserviceteile Herborth Formentwurf: August Herborth, 1906 Thomas & Ens, Marktredwitz, Aufglasurdekor, Goldbemalung.

er errichtet schließlich 1891 seine erste eigene Porzellanfabrik. Andere Gründungen erfolgen in Kirchenlamitz und Marktleuthen (Winterling), in Rehau (Zeh Scherzer und Co.), in Hof (Pf. Moschendorf), in Wunsiedel (Retsch), in Marktredwitz (Jaeger), in Mitterteich, in Schirnding, in Schönwald … Oftmals sind es gleich mehrere an einem Ort, so z.B. neben Seltmann auch Bauscher in Weiden. Bei weitem nicht alle können genannt werden.

Die Leistung der Fabriken wächst zusehends. Die Modernität in der Ausstattung und Konzeption, das Vorhandensein großer zusammenhängender Flächen, die niedrigen Löhne und die günstige Lage für den Bezug der Rohstoffe lassen einen Vorsprung vor anderen Porzellanregionen entstehen, der sich zu einer dominierenden Rolle in Europa ausweitet.

Globale Branche

Die Porzellanindustrie entwickelt sich in der zweiten Hälfte des 19. Jahrhunderts zu einer global tätigen Branche. Die Exporte gehen nach Nord- und Südamerika, Süd-, Ost- und Nordeuropa. Immer mehr Arbeiter werden gebraucht. Aus dem unmittelbaren Umland können diese nicht mehr rekrutiert werden. Viele sind einfache Landarbeiter, die sich hier ein besseres Leben erhoffen. Der Bau der Arbeiterwohnhäuser beginnt schon Ende der 1870er Jahre. Die Städte in der einst ländlichen Region wachsen und wachsen. Selb hat 1855 3500 Einwohner, 1939 sind es 13.000. Damit ist der Ort die fünftgrößte Stadt Oberfrankens. Zulieferer siedeln

Ein Kapitel der Industriegeschichte ging zu Ende: die stillgelegte Hutschenreuther-Fabrik in Selb. Ab 2013 begann der Abriss.

Halbautomatische Tauchbad-Glasur bei Rosenthal.

sich an. Eigene Unternehmen widmen sich dem Bau von Maschinen speziell für die keramische Industrie. Zu diesen zählt die Firma Gebrüder Netzsch in Selb, die aus einem Betrieb für den Bau von Kartoffelsortiermaschinen entspringt. Andere liefern die Drucke, die nach und nach die Handmalerei verdrängen. Die Motive werden auf große Bögen gedruckt und wie Abziehbilder auf das weiße Porzellan übertragen.
Eine Monostruktur entsteht, deren Nachteile sich mit jeder wirtschaftlichen Flaute bemerkbar machen. Auch die Abhängigkeit von den Exportmärkten wächst. 1910 beträgt der Auftragsbestand der Porzellanfabrik Arzberg für den deutschen Markt 40.000 RM, gegenüber Exportaufträgen in Höhe von 460.000 RM. Der Erste Weltkrieg wird entsprechend zu einer Nagelprobe. Das Abschneiden der angestammten Exportgebiete und gleichzeitige Lieferengpässe bei Rohstoffen und Brennmaterialien führen zu gravierenden Problemen.

Weltwirtschaftskrise

Die unmittelbare Nachkriegszeit ist noch schwierig. Doch die 20er Jahre bringen zunächst neue Prosperität. Alsbald werden die Produktionsmengen der Vorkriegszeit wieder erreicht. Immer neue Kapazitäten werden aufgebaut, die Fabriken vergrößert, neue werden gegründet. Nach einer ständigen Aufwärtsentwicklung, die während der Inflationszeit durch die Flucht in Sachwerte künstlich angeheizt wird, kommt es fast über Nacht 1926 zum folgenschweren Einbruch. Doch die Situation verschärft sich weiter. Die Weltwirtschaftskrise führt zu dramatischen Zuständen. Inlands- und Auslandsmärkte nehmen immer weniger Ware auf. Die Produzenten versuchen, durch massive Preissenkungen gegenzusteuern. Auch dies bringt keine Lösung. Bis weit in die 30er Jahre hinein ist das Bild der Branche geprägt von Kurzarbeit und Entlassung. Zum Ende des Jahrzehnts erfolgt eine Stabilisierung und schließlich eine deutliche Belebung. Der Zweite Weltkrieg bringt die üblichen, schon aus dem Ersten bekannten Folgen mit sich: Mitarbeitermangel, Knappheit der Brenn- und Rohstoffe, Ausweichen auf kriegswichtige Produkte. Produziert wird bis in die letzten Tage des „Dritten Reiches".
Die Gebäude der Porzellanfabriken bleiben von der Zerstörung durch die Bombennächte weitgehend verschont. Auch von Demontage ist keine Rede. In der amerikanischen Besatzungszone liegend, nehmen die nordbayerischen

Philipp Rosenthal prägte maßgeblich den Erfolg der Firma Rosenthal in Selb. In Zusammenarbeit mit Künstlern revolutionierte er als Marketingmann das Profil des Unternehmens.

Links:
Mit dem Service „Form 2000" gelang den Designern Raymond Loewy und Richard Latham 1954 ein großer Wurf. Rosenthal präsentierte es im Lauf der Zeit in über 200 Dekorvarianten. Erst 1956 kam es in Weiß auf den Markt.

Betriebe als „Hauptträger zukünftigen deutschen Exports", so die amerikanische Militärregierung, die Produktion schon 1945, spätestens 1946 wieder auf. Die Amerikaner sind es, die einerseits die Brenn- und Rohstoffversorgung sicherstellen, die andererseits aber zunächst einen Ausschließlichkeitsanspruch auf die produzierte Ware erheben. Der Bedarf nach Porzellan ist angesichts der Zerstörungen der Wohnungen in Europa immens. Mit der Währungsreform 1948 strömen die Kunden in die Geschäfte, vor denen sich lange Schlangen bilden. Die Porzellanindustrie erlebt einen Boom ohnegleichen.

Porzellan für alle

Es folgt in den 50er Jahren eine neue Zeit der Investition in Maschinen und Gebäude. Arbeitskräfte aus dem Ausland werden angeworben, um die benötigten Mengen produzieren zu können. Porzellan ist jetzt wirklich Massenware.
Die Industrie deckt die Wünsche der Kunden in den unterschiedlichsten Preissegmenten ab. Arzberg als die „gute Form für jeden Tag" mit Gretsch, dann Löffelhardt, Hutschenreuther mit Achtziger, Heinrich mit Leutner. Rosenthal und Hutschenreuther verstärken das Gewicht ihrer Kunstabteilungen für hochwertige Figuren und Zierartikel. Noch boomt der Warenabsatz im In- und Ausland. 1959 stößt die Branche an ihre Grenzen. Aus dem Verteiler- ist ein Käufermarkt geworden. Erstmals sinkt die Zahl der Mitarbeiter, die Produktion nimmt ab. Die Industrie reagiert mit immer neuen Serviceschöpfungen, mit denen sie

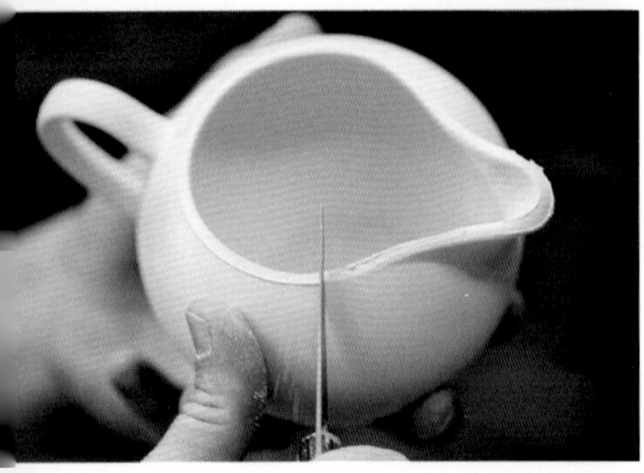

70 bis 75 Prozent der Herstellungsprozesse geschehen bei Dibbern in Hohenberg in Handarbeit. Die Firma produziert in den Hallen der ehemaligen Hutschenreuther-Fabrik.

die Trends der Zeit aufnimmt. Neben den Privathaushalten gewinnt jetzt das Gastronomieporzellan an Bedeutung. Großküchen, Kantinen, Krankenhäuser benötigen speziell auf deren Bedürfnisse abgestimmte Formen. Bauscher und die Porzellanfabrik Schönwald bedienen diesen Markt als große Anbieter. Doch die blühenden Zeiten sind mit dem Ende der 60er Jahre endgültig vorbei.
Alle Anbieter machen die Erfahrung, dass die Kunden ihre Porzellankäufe bei unsicherer Konjunktur als erstes zurückstellen. Wenn die Konjunktur wieder Fahrt aufnimmt, wird Porzellan erst relativ spät zum Ziel der Begehrlichkeiten. Rationalisierung der Fertigungsabläufe, Mechanisierung, niedrige Lohnabschlüsse gehen in der Folgezeit parallel. Arbeitgeber und Arbeitnehmer bemühen sich gemeinsam, die Produktionsstandorte zu erhalten. Dazu dient auch ein Aufbruch im Design. Junge Gestalter werden engagiert. Mode und Produktdesign gewinnen in den 1970er und 1980er Jahren immer mehr an Aufmerksamkeit in den Augen der Bevölkerung.

Die Wende kommt

Mit dem Fall des Eisernen Vorhangs und der zunehmenden Globalisierung der Märkte werden die Verhältnisse indes völlig neu geordnet. Zunächst sucht die Ware aus Osteuropa neue Absatzmöglichkeiten, mit dem Fall der Kontingentierung für Lieferungen aus Asien überschwemmt billige und billigste Ware aus Fernost den Markt. Die Mentalität der Konsumenten ändert sich. Geiz wird geil. Die einst gewohnten Familienstrukturen werden zunehmend verdrängt durch Single-Haushalte. Das Essen außer Haus ersetzt oftmals die Bewirtung der Gäste im eigenen Heim. Die Zubereitungsformen der Speisen und Getränke gestalten sich anders: Kaffeemaschine und Vollautomat ersetzen die Kaffeekanne. Serviert wird vielfach vom Herd direkt auf den Teller. Damit werden Terrinen, Schüsseln und Ragouts immer weniger nachgefragt. Doch gerade die Hohlteile prägen das Gesicht des Porzellans.
1990 sind in der feinkeramischen Industrie in Oberfranken und der Oberpfalz im Bereich Geschirr und Zierporzellan 16.000 Mitarbeiter tätig. Mit der Zerschla-

gung des Hutschenreuther Konzerns, dem Konkurs der Winterling AG, der Insolvenz zahlreicher kleinerer Betriebe in den 90er Jahren kommt es zu einer rasanten Talfahrt, die im neuen Jahrtausend – allerdings verlangsamt – ihre Fortsetzung findet. Im Rahmen der Möglichkeiten wird weiter modernisiert. Isostatische Pressen und Hochdruckgießmaschinen multiplizieren den Ausstoß von Flachware. Neue effizientere Brennöfen ersetzen jetzt die alten Tunnelöfen.
Zwar ist die Zahl der Beschäftigten auf 3450 in 2006 gesunken, doch der Vergleich der Produktionsmenge ergibt ein optimistischeres Bild: Gegenüber von 85.280 Tonnen in 1990 wurden in 2006 immerhin noch 27.905 Tonnen Porzellan in Oberfranken und der Oberpfalz hergestellt. Anfang des 21. Jahrhunderts hat sich die Porzellanindustrie Deutschlands neu aufgestellt. Innovative Produkte im Bereich Haushalts- wie Gastronomieporzellan, rationelle Fertigung und Marktnähe haben dafür Sorge getragen, dass die Porzellanhersteller in Oberfranken und der Oberpfalz nach wie vor die Marktführer im Bereich des europäischen Porzellans sind. Die Exportquote ist hoch: Sie liegt im Durchschnitt bei knapp 50 Prozent. Damit ist die Branche auf allen globalen Märkten vertreten.

Die Wertschätzung wächst

Sicher ist die Talfahrt noch nicht ganz zu einem Ende gekommen. Sie hat sich jedoch deutlich verlangsamt. Auch die Insolvenz der Rosenthal AG im Jahr 2009 ändert daran nichts. Das Unternehmen wird mit seinen rund 1000 Mitarbeitern erfolgreich geführt. Hotelausstatter wie BHS Tabletop trotzen erfolgreich der Wirtschaftskrise. Auch die kleineren Unternehmen behaupten sich trotz aller Schwierigkeiten. Gründe, zu einer positiven Einschätzung der Zukunft zu kommen, ergeben sich zudem aus einem einsetzenden Wertewandel in der Gesellschaft. Gestiegen ist das Bewusstsein für gute Ernährung, eine Neubesinnung hin zu einer Tafelkultur geht damit einher. Gutes Essen, gute Unterhaltung am gut gedeckten Tisch haben wieder einen Stellenwert. Das Porzellan als ökologisch hochwertige Alternative für Pappe und Papier hält Einzug bei Ketten wie McDonalds Café. Junge Designer befassen sich aus sich selbst heraus neugierig mit dem Werkstoff und seinen Möglichkeiten. Es gibt auch 2014 noch viele gute Gründe für den Glauben an die Zukunft des Porzellans – auch in Oberfranken und der Oberpfalz.

Produktfoto zur Präsentation des japanisch inspirierten Tee-Services Cha, das die italienische Designerin Federica Capitana für Rosenthal Porzellan entworfen hat.

Das Porzellanikon – Ein Museum der Vielfalt

Im Reigen der staatlichen Museen in Bayern ist das Porzellanikon eines der großen. Mit 2000 m² am Standort Hohenberg a.d. Eger und 8000 m² Ausstellungsfläche in Selb ist es einzigartig in Europa.

Porzellanikon
Staatliches Museum für Porzellan, Selb
Werner-Schürer-Platz 1
95100 Selb
Tel. 09287 / 918000

Porzellanikon
Staatliches Museum für Porzellan, Hohenberg / Eger
Schirndinger Str. 48
95691 Hohenberg
Tel. 09233 / 77220
www.porzellanikon.org
info@porzellanikon.org

Öffnungszeiten:
Dienstag bis Sonntag
10 – 17 Uhr

Insgesamt über 200.000 Exponate bilden ab, was die Menschen in der deutschen Porzellanbranche, insbesondere in Oberfranken und der Oberpfalz, in den letzten 200 Jahren geschaffen haben und was die Region mit der größten Dichte an Produktionsstätten, vor allem das Fichtelgebirge, weltweit bekannt gemacht hat: das Porzellan. Es verbindet Gebäude, die den Atem der Geschichte spüren lassen und Ausstellungen, die auf rund 10.000 m² Menschen faszinieren.

Hohenberg – Faszination des Schönen

In Hohenberg a. d. Eger dokumentiert das Mutterhaus dieser 1982 ins Leben gerufenen Einrichtung die Geschichte der Porzellanformen und -dekore seit der Erfindung des Porzellans durch Johann Friedrich Böttger und Walther Ehrenfried von Tschirnhaus. Der Schwerpunkt liegt auf dem Schaffen der Porzellanindustrie im deutschsprachigen Raum seit Mitte des 19. Jahrhunderts bis 1990. Sonderausstellungen, die manchmal sogar das ganze Museum in ein neues Gewand hüllen, behandeln immer wieder zentrale Aspekte der Porzellangeschichte aus ganz unterschiedlichen Perspektiven. Aber auch das faszinierende künstlerische und handwerkliche Können der Manufakturisten in ganz Europa ist hier präsent.

Selb – Porzellan erleben

Die klassische Eleganz und das stilvolle Wohnen, das die neben der Fabrik gelegene ehemalige Fabrikanten-Villa und der 1995 eröffnete Neubau in Hohenberg a. d. Eger verkörpern, findet eine kontrastreiche Entsprechung in der früheren Porzellanfabrik in Selb. Diese wurde 1867 durch Jacob Zeidler gegründet und 1917 erworben durch Phillipp Rosenthal. In drei Bereichen wird Porzellan als Erlebnis erfahrbar: von der Herstellung des „Weißen Goldes“ über den fertig gebrannten zunächst noch weißen Scherben bis zur verzierten Ware. Erlebbar wird dies in den historischen Fabrikationsräumen, wo Maschinen, Vorführungen und Videofil-

Am Standort Selb kann man auf Wunsch Porzellandrehern bei der Arbeit zusehen.

me spannende Einblicke in 300 Jahre Produktionsgeschichte vermitteln. Ehemalige Porzelliner geben gern Auskunft und zeigen, wie es ging.

Auch technische Keramik, die von deutschen Herstellern produziert wurde und in vielerlei Weise den Menschen dient, ohne bemerkt zu werden, wird hier anschaulich dargestellt – ob durch mannshohe Mischbehälter für die chemische Industrie, Tauchformen für die altbekannten Latexhandschuhe, Elektroisolatoren und Kondensatoren oder modernste Produkte für Biomedizin, Computertechnik und den Automobilbau.

Rosenthal – Ein Mythos

2016 wurde der Ausstellungsbereich am authentischen Ort, im Brennhaus der 1969 stillgelegten Rosenthal-Fabrik in Selb-Plößberg, auf außergewöhnliche Weise neu inszeniert. Der Weg führt durch einen „Logo-Tunnel" in einen 600 m² großen Raum mit einem imposanten Brennofen. Medienstationen geben Einblicke in das Leben von Philipp sen. und Philip jun. Die Ausstellung präsentiert die Fülle ihrer Produktinnovationen zwischen dem ausgehenden 19. und dem beginnenden 21. Jahrhundert. Ausgewählte Kunstporzellane lassen sich hingegen in speziell dafür entworfenen Archivschränken entdecken. Ein Highlight stellen die 44 farbenprächtig dekorierten Glasfenster dar. Bei Sonnenschein verwandeln sie das historische Gebäude in eine Art Industriekathedrale.

Das Mutterhaus des Porzellanikons befindet sich in einer ehemaligen Rosenthal-Porzellanfabrik, Selb, und geht in seiner Hauptabteilung dem „Mythos Rosenthal" nach (oben).

Experten für Grafik und Form

Von der Tapete oder einer Fliese an der Wand bis zum kompletten Fahrzeug – Produktdesign ist in nahezu allen Lebenssituationen zu finden. Wo immer Produkte erfunden und gestalterisch neu definiert werden müssen, sind Produktdesigner gefragt. Die Absolventen der Staatlichen Berufs- und Fachschule für Produktdesign Selb werden genau dafür vielseitig ausgebildet.

Visualisierung „E-Auto", Transportationdesign. Daneben: Abschlussarbeit, Fach Fotografie I Produktdesign Industrie.

Die Fachschule für Produktdesign mit dem historischen Namen „Johann-Friederich-Böttger-Institut" besteht seit 1909 und war viele Jahrzehnte eine zentrale Ausbildungsstätte für die Porzellanindustrie. Der älteste Teil wurde nach einem Entwurf des Architekten Prof. Fritz Klee, der gleichzeitig erster Schulleiter war, gebaut und 1921 eröffnet. Bedingt durch den Strukturwandel der Branche veränderte sich auch die Ausrichtung der Ausbildung hin zum allgemeinen Produktdesign.

Internationale Reputation

Heute ist die Schule ein international angesehenes Zentrum für innovative Produktgestaltung, Industriedesign und Designmodellbau. Die enge Vernetzung mit der Industrie und der projektorientierte Unterricht prägen das Profil der Schule. Talentierte Bewerber werden in vier Jahren zum „Staatlich geprüften Produktdesigner" ausgebildet. Mit den Schwerpunkten Transportationdesign, Produktdesign-Industrie in den Bereichen 2D & 3D und Produktdesign Handwerk.

Zugangsvoraussetzungen sind der Nachweis der Mittleren Reife, Fachabitur oder Abitur und das Bestehen einer zweitägigen künstlerisch-gestalterischen Eignungsprüfung. Ehemalige Fachschüler arbeiten z.B. weltweit in den Designzentren der Autoindustrie, im Industriedesign von Kunststoffteileherstellern, in der Spielzeugindustrie, bei Tafelbesteckherstellern, in der Porzellan- und Keramikbranche, als Kommunikations- oder Grafikdesigner

Staatliche Fachschule für Produktdesign Selb
Weißenbacher Str. 60
95100 Selb
Tel. 09287 / 8827700
www.bsz-selb.de
info@bsz-selb.de

Abschlussarbeit Modell „Flying Car" – Porsche | Transportationdesign.

Unten links:
Mockup „Speiseeis", Fach Verpackungsdesign | Produktdesign Industrie.

Unten rechts:
Workshop „TT" mit der Firma Audi, Claymodell 1:1 | Transportationdesign.

in Werbeagenturen und Marketingbüros, als Buchillustratoren, Ornamentiker, Restauratoren in Museen, Kunsttherapeuten oder als selbständige Entwerfer.

Seit 2007 ist neben der Staatlichen Fachschule für Produktdesign in Selb auch die Staatliche Fachschule für Steintechnik und Gestaltung in Wunsiedel (siehe Seite 138) Teil des Staatlichen Beruflichen Schulzentrums für Produktdesign und Prüftechnik.
In Wunsiedel ist eine zweijährige Vollzeitausbildung zum Staatlich geprüften Gestalter mit dem Schwerpunkt „Interdisziplinäre Gestaltung" oder zum Staatlich geprüften Steintechniker möglich. Der bundesweit bisher einmalig angebotene Gestalter mit dem Schwerpunkt „Interdisziplinäre Gestaltung", trägt den modernen Gestaltungsströmungen Rechnung, mit der Verbindung verschiedener Materialien wie Stein, Holz, Metall, Glas, Keramik, Kunststoff, Gewebe und Farbe, ähnlich dem ursprünglichen Bauhaus-Modell.

Der Schulleiter, Dr. Bernhard Nitsche, knüpft zudem an die Tradition der Schule aus den 1950er und 60er Jahren an: Für die keramische Industrie können in Selb mit modernsten Geräten unabhängige Analysen erstellt werden, darunter auch Korngrößenbestimmungen mit der Lasermethode und thermophysikalische Untersuchungen an Rohstoffen und Massen.

Inspirierendes Design

Schönes für das Zuhause hat wie ein gutes Essen auch einen Eigenwert, der über die reine Nützlichkeit hinausgeht. Schon beim Einkauf können wir darauf eingestimmt werden: durch ein besonderes Flair und eine feine Auswahl von Gegenständen, die unsere Sinne ansprechen. Das Selber Rosenthal Outlet Center hat sich genau hierfür auch über das Fichtelgebirge als erste Adresse etabliert.

Rosenthal GmbH und Rosenthal Outlet Center
Philip-Rosenthal-Platz 1
95100 Selb
Tel. 09287 / 72490
www.rosenthal.de
rosenthal.outlet@rosenthal.de

Öffnungszeiten
Montag – Samstag
10 – 18 Uhr

Arzberg Werksverauf
Jakobsburg 2
95659 Arzberg
Tel. 09233 / 7193921
www.arzberg-porzellan.com

Öffnungszeiten
Montag bis Freitag
10 – 18 Uhr
Samstag 10 – 13 Uhr

Die Produkte der Rosenthal GmbH stehen seit jeher für Ästhetik und guten Geschmack. Auch heute, wo Haushaltsartikel zu einer Massenware geworden sind, hebt sich das Design durch abwechslungsreiche und innovative Formensprache ab. Das hat bei Rosenthal Geschichte: Seit der Gründung im Jahr 1879 ist das Unternehmen mit Formen und Dekoren richtungsweisend. Weit über 150 Künstler, Designer und Architekten, unter ihnen große Namen wie Walter Gropius, Bjørn Wiinblad, Jasper Morrison und Patricia Urquiola haben bis heute innovative Kollektionen für Rosenthal entworfen und damit den Ruf des Unternehmens als Vorreiter im Design gefestigt.
Das Markenportfolio ist im Lauf der Zeit gewachsen: Rosenthal entwirft seit 1992 mit dem Mailänder Modeatelier Versace einzigartige Lifestyle-Kollektionen und erwarb im Millenniumsjahr die traditionsreiche Marke Hutschenreuther. Auch die Marke „Thomas“ mit ihren farbenfrohen wie praktischen Geschirrserien gehört seit vielen Jahren zum Unternehmen. Seit August 2009 ist Rosenthal Teil der Sambonet Paderno Gruppe, italienischer Marktführer in der Produktion hochwertiger Designartikel für Tisch und Küche, sowohl für Privathaushalte als auch Hotellerie. 2014 übernahm der Geschäftsführer der Rosenthal GmbH, Pierluigi Coppo, die Marke Arzberg.

Wohnen und Leben unter einem Dach

Während sich der Werksverkauf in Arzberg auf die renommierte Hausmarke konzentriert, vereint das Rosenthal Outlet Center in Selb eine Vielzahl an Marken aus dem Premiumsegment Wohnen und Leben unter einem Dach, neben den Eigenmarken der Gruppe unter anderem auch Bettwäsche von Bassetti, Sport- und Freizeitbekleidung von Trigema, exklusive Damenmode von FABIO, Jeans und Ho-

sen des Modeunternehmens MAC, Frottierware von Vossen, Accessoires von Lambert, Metallwaren von WMF und vieles mehr. Ob zeitloses Porzellanservice, edles Besteck oder elegantes Wohnaccessoire – die Auswahl an hochwertigen Produkten ist groß.
Das Rosenthal Outlet Center ist dabei auch ein Glücksfall architektonischer Umnutzung. Die Werkshallen des ehemaligen Rosenthal-Fabrikgebäudes wurden hierfür nach 2009 für eine gute Million Euro renoviert. Der Aufenthalt lässt sich im „Fabrik-Café" zum Mittagstisch, bei kleinen Speisen und mit einem Kaffee verlängern. Das Ambiente macht Appetit.

Spezial-Tipp: Events

- Late-Night-Shopping: zweites Wochenende im Mai
- Fest der Porzelliner: erstes Wochenende im August
- Künstler-Talk: immer im Oktober.
  Jedes Jahr stellt ein anderer Künstler seine Werke und die Zusammenarbeit mit Rosenthal vor. Highlight ist das Dinner mit Künstler-Talk.
- Wintermarkt: erstes Wochenende im November

Erleben, einkaufen, genießen – Für alle Dinge rund um den gedeckten Tisch ist das Rosenthal Outlet Center eine erstklassige Adresse.

Traditionelle Handwerkskunst, zeitloses Design

Porzellan ist ein faszinierendes Material. Wenn es mehr als nur eine Unterlage für Essen oder eine Halte-Vorrichtung für Flüssigkeiten sein soll, kann es uns optisch auf den Genuss einstimmen und ihn unterstützen. So wie besonderes Porzellan der Qualitätsstufe „Bone China". Elegantes und stabiles Geschirr, das diesen Namen verdient, ist selten geworden. Liebhaber werden bei der Porzellanmanufaktur Dibbern, die ihr Sortiment zu 100 Prozent in Hohenberg herstellt, fündig.

Dibbern Porzellanmanufaktur
Freundschaft 1
95691 Hohenberg
Tel. 09233 / 4070
www.dibbern.de
info@dibbern.de

Öffnungszeiten Werksverkauf:
Montag bis Freitag
10 – 18 Uhr
Samstag
10 – 15 Uhr

Dibberns Porzellan zeichnet sich durch hervorragende Eigenschaften aus: Es hat einen feinen, warmweißen bzw. leicht cremigen Farbton, ist dünn und daher 30 Prozent leichter als herkömmliche Ware. Dennoch hat es eine hohe Stabilität. „Kantenschlagfestigkeit" nennt Werksleiter Peter Fischer diese Eigenschaft und demonstriert sie, indem er einen Teller mit der Kante aus etwa 20 cm Höhe auf den Tisch fallen lässt und unversehrt wieder aufhebt. Hinter der Qualität steckt eine Philosophie, die inzwischen einzigartig ist. „Wir fertigen hier in Hohenberg wie vor 50 bis 60 Jahren, mit Prozessen, die zu 70 bis 75 Prozent in Handarbeit geschehen. Es wird keine Ware zugekauft, sondern alle Artikel werden in Hohenberg hergestellt. Wir produzieren in den Hallen der ehemaligen Hutschenreuther-Fabrik, vor dem Hintergrund, dass Hutschenreuther hier ebenfalls Porzellan in der Fine-Bone-China-Tradition herstellte." Anfang der 90er Jahre, als die hiesige Porzellanbranche ins Taumeln geriet, ließ Dibbern erstmals das edle Porzellan für sich produzieren, damals noch von Hutschenreuther. Nachdem Hutschenreuther

Die Porzellanmanufaktur Dibbern produziert ihr Sortiment zu 100 Prozent im Fichtelgebirge, in den historischen Hallen der Hutschenreuther-Fabrik, Hohenberg a.d. Eger (Bild unten). Die Produkte auf dieser Seite heißen Simplicity und PURE. Rechte Seite: Forest (oben) und PURE (unten).

Die Porzellanmanufaktur Dibbern ist vergleichsweise jung, kann sich mit traditioneller Handwerkskunst und zeitlosem Design aber erfolgreich auf dem globalen Markt behaupten.

das Werk 1995 schließen ließ, hat Dibbern 1996 die Produktion übernommen und wiedereröffnet.

Qualität hat viele Facetten

Sowohl das Ausgangsmaterial als auch die Fertigungsweise machen den Unterschied: Dibbern verwendet besonders feines und helles Kaolin. Es setzt keine isostatischen Pressen ein. Stattdessen wird die plastische Masse gedreht und vom Zentrum aus gleichmäßig verteilt. Auch die niedrigeren Brenntemperaturen und die Spritzglasur – statt Tauchglasur – tragen zum hochwertigen Ergebnis bei. Mit der konsequenten Designphilosophie kann sich Dibbern auch als vergleichsweise junges Unternehmen erfolgreich auf dem globalen Markt behaupten. Ben Dibbern, zusammen mit seinem Bruder Jan Geschäftsführer des Familienunternehmens, fasst den Qualitätsanspruch mit einem Slogan zusammen: „Traditionelle Handwerkskunst trifft zeitloses Design". „Unsere Produkte zeichnen sich durch hohe Qualität, Design, Funktionalität und Langlebigkeit aus und stimmen daher mit den Prinzipien eines nachhaltigen Konsums überein", führt Ben Dibbern aus. „Unsere Produkte sind von Beginn an so gestaltet, dass sie über ihr Design und ihre extrem hohe Kantenschlagfestigkeit besonders lange genutzt und modular kombiniert werden können. Damit grenzen sie sich deutlich von vielen kurzlebigen Trendprodukten ab."

Auch beim Vertrieb ist Dibbern anders als der Mainstream: Das Unternehmen verkauft seine Kollektion ausschließlich über den gehobenen Fachhandel und Premium-Warenhäuser. Die Liste renommierter Großkunden ist lang. Zu den Referenzen zählen die Lufthansa First Class, das Kanzleramt sowie hochklassige Hotels und die Spitzengastronomie. Am Produktionsstandort Hohenberg präsentiert und verkauft das Unternehmen sein Sortiment im Werksverkauf.

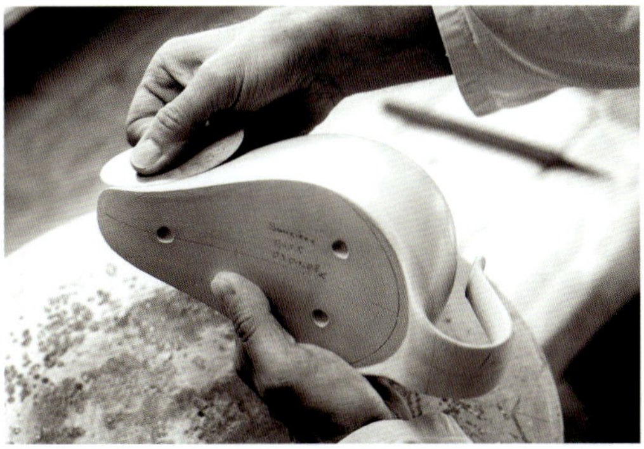

Von der Funktion zur guten Form

Design erleben

von
Laura Krainz-Leupoldt

Rosenthal-Teeservice,
Gestaltung:
Walter Gropius.

Mittelgebirge, Wehranlagen, Burgen und sehr viel Wald – das sind nicht gerade Bilder, mit denen man den Begriff Design assoziiert.
Doch im Fichtelgebirge schauen auch moderne Gestaltung, technische Architektur und internationale Trends um die Ecke und das nicht erst seit Kurzem.

Das Fichtelgebirge war immer schon reich an Bodenschätzen. So blühten Handwerk, später Industrie, Handel und Gewerbe auf. Es führten zahlreiche wichtige Handelswege vorbei. Porzellan, Textil, Glas sowie Holz und Stein wären als
Produkte auch heute allerdings nicht erfolgreich ohne die gestaltgebende, gute Form. Design, ein inzwischen inflationär benutzter Begriff für alles, was schick und „up to date“ ist, meint eigentlich, dass Dinge ihren Zweck und bestimmte Funktionen erfüllen müssen. Design orientiert sich am Menschen, gutes Design kann Werte steigern und ist ein unverzichtbarer Faktor wirtschaftlichen Erfolgs. Derart bodenständig erläutert, passt diese Thematik ganz hervorragend zur Region Fichtelgebirge.
Viele gute Gestalter hat der Landstrich zwischen Hof und Marktredwitz hervorgebracht und ebenso viele berühmte Besucher aus aller Welt haben hier ihre Spuren hinterlassen. Der Weißenstädter Granitwerksbesitzer Erhard Ackermann

(1813-1880) erfand das Schleifen und Polieren von Granit und machte damit seine Steinmetzwerkstatt zu einem Industriebetrieb von Weltrang. (siehe Seite 134)
Alexander von Humboldt lebte von 1792 an vier Jahre im Fichtelgebirge und erfand dort eine Grubenlampe, die der Förderung von Gold, Eisen, Zinn und Kupfer zugute kam. Dass bei diesem Entwurf das berühmte Design-Motto „Form follows function“ im Vordergrund stand, dürfte sicher sein. Ein wirtschaftlicher Erfolg war diese „Wetterlampe“ allemal, denn sie wurde vielfach exportiert und es darf angenommen werden, dass diese Erfindung aus dem Fichtelgebirge im gesamten mitteldeutschen Erzbergbau Verbreitung gefunden hat.

Textil, Glas und Porzellan

Als der Bergbau in der zweiten Hälfte des 19. Jahrhunderts im Fichtelgebirge und Frankenwald aufgrund der internationalen Konkurrenz seine Rentabilität verlor, entwickelte sich aus dem um Helmbrechts, Hof und Naila bereits stark vertretenen Textilhandwerk ein neuer Gewerbeschwerpunkt. So waren Handwerksbetriebe wie Weber, Schuhmacher, Strumpfwirker, Gewandschneider und verwandte Zweige wie Gerber und Färber auch schon vorher in der Region, nicht zuletzt als Ausrüster der Bergleute, stark vertreten. Was bereits im 14. Jahrhundert mit der Leinwand- und Barchent- und Wollweberei teilweise im Nebenerwerb begann, erreichte mit der Produktion modischer Baumwollstoffe im 19. Jahrhundert in industrieller Produktion einen ungeahnten Höhepunkt.
Als Heimstätte der Textilindustrie gilt die Stadt Münchberg im Landkreis Hof. Alles begann mit einer Hausweberei und zog später zahlreiche Textilbetriebe nach. Bis heute steht Münchberg für hohe Qualität an textilen Bildungseinrichtungen und ist außerdem Sitz des Prüfamtes für Textilgewerbe.
Bereits mit Beginn des 14. Jahrhunderts setzte die traditionsreiche Geschichte der Glasherstellung im Fichtelgebirge ein. Gebrauchsgegenstände und Schmuck, vornehmlich Perlen, Glasknöpfe und Gläser, später auch technisches Glas, wurden produziert und in viele Länder exportiert. Standorte der mittelalterlichen Produktionsstätten waren meist Waldglashütten im Gebiet rund um den Ochsenkopf und im Tal der Steinach. Hier gab es genug Holz zum Befeuern der Schmelzöfen und Wasser aus kleinen Bächen zum Kühlen der Schmelztiegel.

Erste Erwähnungen von Glasmachern im Fichtelgebirge finden sich 1340. Die Blütezeit der Glasfertigung liegt im 17. und frühen 18. Jahrhundert. Humpen und Pokale finden sich weltweit in allen führenden Museen für Kunstgewerbe. Das Fichtelgebirgsmuseum zeigt 10 Objekte, darunter auch das abgebildete Ochsenkopfglas von 1699. Charakteristisch ist die aufwendige Emaillebemalung.

Aber die Glasgeschichte in der Region ist noch nicht zu Ende. So entwickelte die Weltfirma SiLi (Sigmund Lindner) ein Verfahren zur Herstellung massiver Glas- und Keramikkugeln für Rühr- und Mahltechnik. Vom winzigen Kügelchen in der Nagellackflasche bis zum hoch belastbaren Kugellager wird der Werkstoff Glas zum technischen Gebrauch in über 50 Länder verschickt – ein unverwüstliches Material, dessen Zukunft noch nicht einmal angebrochen ist.
Durchhaltevermögen und vor allem innovative Ideen, hervorragende Qualität und gute Gestaltung tragen weiterhin zum Bestand der oberfränkischen Porzellanindustrie bei. Besonders junge Designer beschäftigen sich wieder intensiv mit dem Werkstoff Porzellan (zur Geschichte s. S. 98).

Zu den Schwerpunktthemen Glas, Porzellan und Textil gibt es vielfältige Informations- und Besichtigungsmöglichkeiten. Zu allen drei Gewerben besteht die Möglichkeit einer „Tour“ durch Orte im Fichtelgebirge, die in enger historischer Verbindung mit der Entwicklung dieser Industriekulturen stehen.
Der „Glaswanderweg“ bietet auf 42 km Regionalgeschichte für Fußgänger. Vorbei an ehemaligen Glashütten und Glasschleifereien leiten Tafeln und Wegmarkierungen mit dem Glasmacherzeichen. Der Themenwanderweg verläuft zwischen Weidenberg

Eingangsbereich des „Kleinen Museums“, Weißenstadt (li.), Spiegelfassade der Rosenthal-Verwaltung, Selb (Mitte), beides gestaltet von Marcello Morandini.

und Bischofsgrün und wird flankiert von drei Museen zum Thema Glasherstellung. Die „Porzellanstrasse“ führt durch eine Vielzahl von sehenswerten Städten der Region.
Die „Textil-Tour“ ist als etwa 32 Kilometer lange Radstrecke gestaltet und präsentiert auf einem Rundkurs mit Start und Ziel Helmbrechts eher die kleinen Orte des Fichtelgebirges. Das Textilmuseum in Helmbrechts und die Textilstadt Münchberg bieten Informatives.

Architektur und Design

„Kriecher“ und „Decker“ sind Markenzeichen der bäuerlichen Baukultur im Fichtelgebirge. Man bezeichnet so die Bretter, die Scheunen und alte Schuppen verkleiden. An wenigen Orten kann man diese ursprünglichen Zeichen der örtlichen Bauweise noch sehen.
Beispiele von architektonischem Weltrang finden sich in Selb, wo Philipp Rosenthal in den 60er Jahren des vergangenen Jahrhunderts den Bauhausbegründer Walter Gropius für eine Zusammenarbeit gewinnen konnte. Gropius entwarf für den Porzellanhersteller ein filigranes Ensemble, das Rosenthal-Werk am Rotbühl. Auch als Stadtplaner wirkte Gropius im oberfränkischen Selb und entwickelte das Konzept für eine „humane“ Kleinstadt. Aber Walter Gropius wäre nicht das interdisziplinäre Genie gewesen, wenn ihn nicht der Werkstoff Porzellan zu weiteren Gestaltungsthemen inspiriert hätte. Ganz nebenbei entwarf er 1969 das weltberühmte Teeservice TAC, das Rosenthal aufgrund des großen Erfolgs 2002 um ein Kaffee- und Speiseservice (TAC 02) ergänzte.
Auch der österreichische Maler und Architekt Friedensreich Hundertwasser gestaltete eine Fassade der Rosenthal-Fabrik und begrünte darüber hinaus das Dach als „Ökologie-Kunst-Schöpfung“. Für die italienischen Momente im Fichtelgebirge ist der aus Mantua stammende Designer und Architekt Marcello Morandini zuständig. Grundlage seiner Arbeit sind geometrische Strukturen, die er oft in Form von Bewegungsabläufen

darstellt. Bei seiner Spiegel-Glas-Fassade für den Erweiterungsbau der Rosenthal-Hauptverwaltung in Selb kamen 1200 m^2 Glas und emaillierte Fassadenplatten zum Einsatz.
Morandini entwarf auch Produktdesign für Rosenthal. Vasenobjekte, ein Schachspiel und die Möbel-Solitäre „Corner“ sind nur einige Beispiele aus seinem Wirken für die oberfränkische Porzellanmanufaktur.
Ein architektonisches Juwel von Marcello Morandini findet sich in Weißenstadt. Die Fassade des Kleinen Museums aus

In Siebdrucktechnik gestaltete Kleider auf der Designblick, einer Ausstellung der Studiengänge Textil- und Mediendesign am Campus Münchberg (Hochschule Hof).

Porzellanfabrik „Rosenthal am Rothbühl", Architektur: Walter Gropius.

schwarzem Granit und weißem Carrara-Marmor präsentiert sich als typisches Beispiel der Gestaltungssprache des Italieners: Quadrat, Kreis und Dreieck, die geometrischen Grundformen sind hier übergroß dargestellt (zum Museum siehe auch Seite 182).

Ausbildung und Veranstaltungen

Die Staatliche Fachschule für Produktdesign in Selb und die Hochschule in Hof bieten dem Nachwuchs interessante Studiengänge rund um das Thema Gestaltung. Für den Fortbestand textilen Know-hows in Münchberg sorgen die Textilfachschule, die Textilberufsschule und die Bekleidungsfachschule.
Die Hochschule Hof veranstaltet zweimal im Jahr am Campus Münchberg die sehenswerte Werkschau „Designblick". Studierende der Studiengänge Mediendesign und Textildesign zeigen hier Projekte und Bachelorarbeiten von beeindruckender Vielfalt und Innovation. Die Exponate beinhalten unter anderem Editorial Design, Interaction- und Interfacedesign, Service Design, Fotografie, Bekleidungs-, Heim- und Objekttextilien, Fashiondesign, Oberflächen- und Farbdesign sowie freie künstlerische und experimentelle Arbeiten. Im Bereich Textildesign finden Modenschauen statt. Beim jährlichen Informationstag „Design Sie mal selbst" in Selb stellt der Bund der Selbständigen (BDS) Design und Marketing in den Fokus. Ziel hierbei ist es, zu zeigen, welche Rolle beide Themen vor allem auch für kleine und mittelständische Unternehmen spielen.
Die Bayerische Architektenkammer bietet jedes Jahr an einem Wochenende die „Architektouren". In der Region Oberfranken öffnen dann Behörden, private Wohnhäuser und Unternehmenszentralen ihre Pforten für interessierte Besucher. Das 2002 entstandene Coburger Designforum Oberfranken vereinigt als Institution alle Designthemen der Region.

Design wird auch und vor allem im Fichtelgebirge genutzt, um Produkte und Dienstleistungen zu entwickeln, zu optimieren und zu differenzieren. Aber es macht auch Freude, gutes Design zu betrachten und anzufassen. Und dazu gibt es im Fichtelgebirge reichlich Gelegenheit.

Textildesign von Studierenden an der Hochschule Hof, Campus Münchberg, Studiengang Textildesign (v.l.): Lisa Baderschneider (Titel: Faltwerk), Caroline Selinger (Titel: Dreidimensionale Raumkonstrukte mit textiler Flächengestaltung), Jacqueline Satzinger (Titel: perspektiven_wechsel).

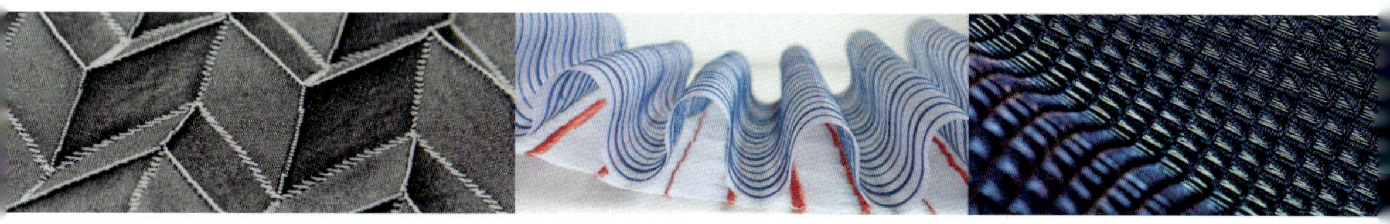

100% Herzblut, 100% fair

Unter den jungen Modemachern, die Wert auf Ökologie und Design legen, zählt Michael Spitzbarth zu den Pionieren. Als der gebürtige Hofer 2009 sein Unternehmen „bleed clothing" gründete, gab es deutschlandweit nur eine Handvoll Anbieter für zeitgemäße Mode aus fairer und ökologischer Produktion. Während seine Mitbewerber Läden in Metropolen betrieben, wählte er die kleine, aber traditionsreiche Textilstadt Helmbrechts als Standort, um hier seine Vision zu leben: als Textildesigner, Unternehmer, heimat- und naturverbundener Oberfranke und Outdoor-Begeisterter – Spitzbarth war vor seiner jetzigen Karriere Skateboard-Profi.

Ein Gewächs aus dem Fichtelgebirge. bleed produziert nachhaltige Mode, unter anderem auch Shirts mit regionalen Motiven (im Bild).

Das Label steht für „100 Prozent Unabhängigkeit", „100 Prozent Herzblut" und „100 Prozent fair". So lauten die Slogans. Missionarischer Eifer ist deswegen nicht angesagt. „Niemand kann bei allem, was er im Alltag tut, immer nachhaltig leben", weiß auch Michael Spitzbarth. Aber er selbst kann nachvollziehbar darlegen, dass „bleed" in Sachen Nachhaltigkeit sehr weit geht: „Wir stehen nicht nur für Ökologie, sondern auch für Langlebigkeit und Qualität. Daher haben die Artikel, die wir produzieren, wesentlich länger Bestand als kurzlebige Mode-Trends." So gibt es T-Shirts aus der Anfangszeit von „bleed", die heute noch aktuell sind.

Lässig von Kopf bis Fuß

Lässige Street- und Sportswear steht im Mittelpunkt. Man merkt, dass die Designer ein Faible für coole Outdoor-Sportarten wie Skaten, Surfen, Snowboarden, Klettern oder Laufen haben. „bleed" hat sich vom Ein-Mann-Unternehmen

bleed STORE
Gunterstr. 39
95233 Helmbrechts
www.
bleed-clothing.com
info@
bleed-clothing.com
Tel. 09252 / 263870

Öffnungszeiten
bleed STORE:
Donnerstag und
Freitag 12 – 18 Uhr
Samstag 10 – 14 Uhr

inzwischen zu einem kleinen Mittelständler mit mehr als einem Dutzend Mitarbeiter entwickelt, legt aber nach wie vor eine Transparenz an den Tag, die beachtlich ist. Michael Spitzbarth kennt seine Lieferanten persönlich. Der Nachweis „Bio-Baumwolle" allein reicht ihm nicht. Für ihn muss die komplette textile Kette, vom Feld – keine Herbizide, keine Pestizide – bis zu den Färbereien – Druckfarben auf Wasserbasis –, durchzertifiziert sein. Ob Funktionsjacken aus Sympatex, Slim-Jeans oder Badeshorts, Strickpullis oder Hemden, Gürtel oder Geldbeutel (aus Kork statt Leder!) – inzwischen kann man sich bei „bleed" von Kopf bis Fuß einkleiden, z.B. auch mit Schuhen aus recycelten Materialen. Die Kollektionen sprechen eine breite Zielgruppe von 16 bis 70 Jahren an, international und regional.

Im bleed Store (oben) steht Street- und Sportswear an erster Stelle. Das Sortiment umfasst jedoch auch Funktionskleidung sowie Lässiges für den Alltag und das Büro. Nicht weit vom Store entfernt hat der Gründer und Geschäftsführer Michael Spitzbarth zusammen mit der Stadt Helmbrechts und der Firma Blackriver einen legendären 1000 m²-Skatepark in Helmbrechts gebaut (Bild unten).

„Die Auswahl an Funktionskleidung soll in Zukunft noch stärkeres Gewicht erhalten, ebenso lässige Kleidung mit regionalen Motiven", führt Michael Spitzbarth aus. „T-Shirts mit Frankenwald- und Fichtelgebirgs-Motiven, die auch für Wanderer geeignet sind, haben bei uns voll eingeschlagen." Wer nicht online bestellen will, sondern lieber vor Ort alles ausprobieren möchte, dem bietet der neue, 2019 eröffnete Store in Helmbrechts reiche Auswahl. Mit Mode, die den Spielplatz der Natur schützt und einer Marke, die einen Beitrag zur Aufwertung der Region liefert.

Aus Liebe zum Schaf

Die Evolution hat viel Feinarbeit gleistet, um Wertstoffe in solcher Qualität hervorzubringen: „So viele positive Eigenschaften wie Textilien aus Schafwolle haben, können synthetisch hergestellte Fasern nicht erreichen", ist sich Familie Frank aus Schirnding sicher.

Schäferei Frank
Kirchberg 3
95706 Schirnding
0170 / 9890119
www.schaeferei-frank.net
schaeferei-frank@gmx.de

Öffnungszeiten Hofladen:
Nach telefonischer Vereinbarung oder per Mail

Wenn es draußen regnerisch und windig ist, schützt ein Pullover aus ihrem Bestand wie kaum eine andere Oberbekleidung vor Nässe und Kälte. Bei Wärme kühlt Schafwolle, da sich Luft und Feuchtigkeit nicht unter der Bekleidung stauen, sondern nach außen transportiert werden, bei Kälte hält sie angenehm warm. Diese und weitere Vorzüge ziehen sich durch das ganze Sortiment: von der Wollsocke bis zum Lodencape sowie vom Schaffell bis ins Detail von weiterverarbeiteten Produkten. Als etablierter Fachbetrieb führt die Schäferei Frank Produkte vom Schaf auf breitester Ebene. Veranstaltungen, Hofführungen und Seminare runden das Angebot ab.

Öko-zertifizierte Schäferei

Die Schäferei Frank entstand aus einer Hobby-Tierhaltung. 1994 erfolgte die Zulassung als bayerischer Herdbuch-Zuchtbetrieb für Coburger Fuchsschafe, einer heimischen Rasse, die auf der Roten Liste der Gesellschaft zur Erhaltung alter und gefährdeter Haustierrassen (GEH) steht. Der gesamte Betrieb ist ökozertifiziert und auf die Haltung und Nutzung der

Rohstoffe von Schafen ausgerichtet. Die eigene Grünlandbewirtschaftung mit Weidehaltung, Futtererwerb und Landschaftspflege sowie der Ackerbau bilden die Basis der nachhaltigen Kreislaufwirtschaft und Urproduktion der Schäferei.

Schäfereibesuche und Seminare

Mit einem attraktiven Programm rund um das Thema Schaf bietet der Betrieb Besichtigungen, Filzkurse, Spinnkurse und vieles mehr an. Kinder und Erwachsene aus Behinderten- und Pflegeeinrichtungen nutzen den Besuch für die tiergestützte Therapie und können hier Möglichkeiten der Wollverarbeitung kennenlernen. Die landschaftlich reizvolle Gegend nahe der tschechischen Grenze ist einen Besuch wert.

Regional Nachhaltig Natürlich

Das gesamte Sortiment von Fell- und Wollprodukten werden in Lohnarbeit mit höchster Anforderung an Qualität in Deutschland, Österreich, Dänemark und Schweden gefertigt. Als ökologisch wirtschaftender Betrieb ist der Schäferei Frank dieser Hintergrund sehr wichtig. Ganz besonders stolz ist die Schäferei dabei auf die Produkte der eigenen Wolle

des Coburger Fuchsschafes, die in einer kleinen Manufaktur hergestellt werden. Was Kunden besonders schätzen, ist die anschmiegsame, angenehme Oberfläche der Schafwolle, die dank ihrer Selbstreinigung durch Lanolin in Verbindung mit Feuchtigkeit und Wind beim Outdoor-Gebrauch immer hygienisch rein bleibt. Schaff-Felle haben zudem einen positiven Effekt bei Gelenk- und Gliederschmerzen sowie rheumatischen Beschwerden. Alle Produkte der Schäferei Frank stammen aus einem nachwachsenden Rohstoff und werden so auch ökologisch sinnvoll verwertet. Die Schäferei Frank ist mit Verkaufsständen bei Veranstaltungen anzutreffen (Termine auf der Webseite). Darüber hinaus können Kunden die Produkte im Hofladen und im Online-Shop erwerben, aber auch telefonisch oder per Mail bestellen.

Im Jahr 1996 gegründet von Hans und Christa Frank, geht die Schäferei nun in die Hände der zweiten Generation über.
Linke Seite: Katja Frank und Bram Kerschbaum mit den Coburger Fuchsschafen.

Mit der Schafzucht und dem Verkauf der eigenen Produkte trägt der Familienbetrieb zum Erhalt einer gefährdeten und vom Aussterben bedrohten Schafrasse bei.

Wohlfühlen mit einzigartigen Textilien

Unvergleichbar weich liegt der Stoff in der Hand. Egal, welchen Artikel man wählt: Die außergewöhnliche Beschaffenheit der FEILER-Textilien lässt sich mit Händen greifen. Ob es Stammkunden und Experten gibt, die die Marke aus Hohenberg blind erkennen?

Ernst Feiler GmbH
Greimweg 4
95691 Hohenberg a.d. Eger
Tel. 09233 / 7728-0
(Durchwahl Outlet -23)
www.feiler.de
info@feiler.de

Öffnungszeiten Outlet:
Montag bis Freitag 10 – 18 Uhr
Samstag 9 – 13 Uhr

Gut möglich, schließlich handelt es sich bei dem Traditionsunternehmen aus Hohenberg um die einzige Chenille-Weberei Europas, mithin den weltweit einzigen Hersteller echter, buntgewebter Chenille sowie feinstem Frottier mit Chenillebordüren. Die Artikel sind komplett „Made in Germany“. Alle Arbeitsprozesse, vom Garn bis zum fertigen Tuch, sind in Hohenberg an der Eger konzentriert.
Die Bezeichnung „Chenille“ ist vom französischen Wort für „Raupe“ abgeleitet, weil die verdrillten Fäden so aussehen wie eine haarige Raupe. Chenille weist wegen dieser Eigenschaft eine größere Oberfläche auf als herkömmlichen Textilien und übertrifft die ohnehin gute Saugfähigkeit der Baumwolle noch einmal deutlich.
Bei der Herstellung des Chenillegarns kommt eine Besonderheit hinzu, die FEILER einzigartig macht. „Im ersten Webprozess wird das Chenillegarn mit bis zu 18 Farben und allen Musterinformationen erzeugt. Aus diesem Garn entsteht im zweiten Webprozess das gewünschte Dessin“, erklärt Geschäftsführer Michael Hauspurg. „So wird jedes Tuch mit identischem Dessin auf Vorder- und Rückseite ein Meisterwerk – in unübertroffener Farbenvielfalt.“
Den Grundstein des Unternehmens und der anspruchsvollen Unternehmensphilosophie legte Ernst Feiler 1928 im Sudentenland, im Ort Liebenstein (heute: Liba). 1948 ließ er sich im fünf Kilometer entfernten Hohenberg nieder. Mit innovativer Technologie konnte sein Schwiegersohn Erhard Schwedt das Unternehmen sodann zu einem Vorreiter in Sachen Web-Chenille machen. Diese Spitzenposition hat Feiler Schritt für Schritt gefestigt und weiter ausgebaut.
Die Vielfalt ist groß: von klassischen Motiven, die sich nach wie vor großer Beliebtheit erfreuen, über extravagante Dessins bis zur modernen, eher minimalistischen Handschrift. Eine edle Optik ist FEILER genauso wichtig wie ein hochwertiges Grundprodukt. „Wir sind auf dem richtigen Weg, in allen Bereichen nachhaltig zu werden“, betont Marke-

Das Power-Marketing-team von FEILER (v.l.): Allegra Schneider und Isabella Fritsch.

Klassische Eleganz made in Germany.
Unten links: Chenille, der Zauberfaden.
Daneben: Die Magie entfaltet sich …

tingleiterin Isabella Fritsch. „Unsere Ware ist zertifiziert nach OEKO-TEX Standard 100, für Babys sogar in der noch höheren Produktklasse 1. Alle Artikel sind hygienisch, abriebfest und für Allergiker geeignet. Kurzum: exklusive Materialien für höchsten Qualitätsanspruch -für ein einzigartiges Lebensgefühl."
Vertrieben werden die Artikel im gehobenen Fachhandel weltweit und im hauseigenen Outlet, das auch mit einem Kinderkino und einer Kaffeeecke aufwartet. Hier finden die Besucher in erster Linie Badtextilien, Handtücher aus Chenille und Frottier, Kosmetiktäschchen und Bademäntel. Zusätzlich bereichern Accessoires wie Handtaschen, Geldbörsen und Schürzen das Angebot. Der Verkauf in Hohenberg bietet erste Wahl zu Outlet-Preisen sowie Produkte zweiter Wahl, bei denen man zwar keine Fehler erkennen kann, die aber die strenge Prüfung auf perfekte Verarbeitung nicht ganz bestanden haben. Jeder einzelne Artikel macht Lust auf Wohlfühlen. Dank des hochwertigen Materials halten die schönen Produkte jahrelang – für Generationen.

Druckdesign mit Stil und Haltung

So wie in der Ernährung und im Wohnen wollen immer mehr Menschen auch in der Mode und im Textildesign nicht dem globalen Trend des Billiger, Weiter, Mehr folgen. Besondere Bedeutung gewinnt die regionale, faire Produktion jedoch erst, wenn sie auch gestalterisch überzeugt.

hofmann
druck + design
Industriestraße 7
95126 Schwarzenbach a.d. Saale
Tel. 09284 / 6711

www.annablume.de
info@annablume.de

Öffnungszeiten:
Montag bis Freitag
12 – 17 Uhr
Telefonisch ab 8 Uhr erreichbar

Christine Hofmann (Bild unten) und ihre Tochter Lisa Breckner (oben) haben in der totgesagten Textilbranche eine sehr lebendige Nische gefunden.

Die Firma hofmann druck + design aus Schwarzenbach hat dank dieser Erfolgsfaktoren den Durchbruch geschafft. Die Druckproduktion befindet sich vor Ort, die Lieferwege sind kurz, das Design sieht flott aus. Ergänzt wird das Ganze um funktional hochwertige Materialien und eine innovative, selbstentwickelte Technik, die viele Gestaltungsmöglichkeiten seitens der Kunden zulässt.

Mit Druckdienstleistungen fing alles an: Das 1989 gegründete Unternehmen stellte zunächst Werbemittel im Auftrag von Kunden her und bedruckte unter anderem Baumwolltaschen. Die Geschäftsführerin Christine Hofmann kam als kreativ Tätige jedoch immer wieder auf eigene Ideen. Langsam, aber stetig reiften sie zur Vollendung. So entstand aus vielen kleinen Schritten die Marke „anna blume Textilmanufaktur". Inzwischen führt Christine Hofmanns Tochter Lisa Breckner die Geschäfte. Unter dem Label bietet die Schwarzenbacher Firma eine Kollektion hochwertig verarbeiteter Decken an. Der Oberstoff aus 100 Prozent reiner Baumwolle ist vorgewaschen und absolut frei von Schadstoffen sowie angenehm kühl im Sommer. Traumhaft weich wird die Decke durch ihr Innenleben aus Polyester-Watte. Die warme Unterseite besteht aus einem kuscheligen Polyester-Fleece. Das Material nimmt keine Feuchtigkeit auf und sorgt sofort für ein angenehmes Wärmeempfinden auf der Haut. Eine Luftschicht zwischen den drei Lagen dient der Isolation und dem Klimaaustausch. In der Pflege sind die Decken erfreulich unkompliziert, für Waschmaschinen und Trockner geeignet.

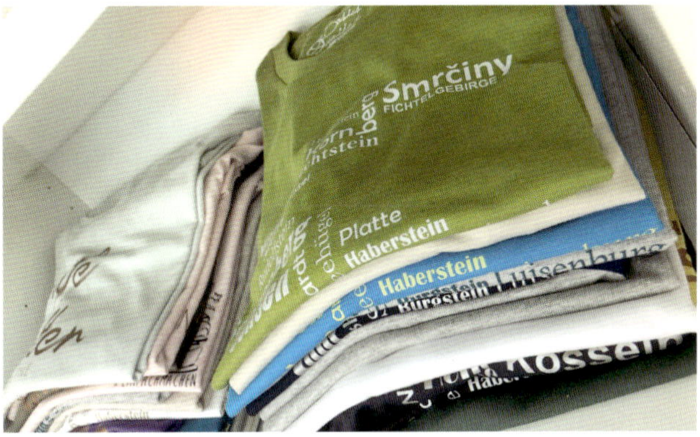

Kuschelige Wohnaccessoires und lässige Heimatshirts der Marke „shirteria".

Allround-Einsatz

„Wir fragen uns ja, wie man ohne anna blume Kuscheldecke leben kann…", schmunzelt die Inhaberin und ist immer ein wenig traurig, wenn die Prachtstücke als Tagesdecken abgetan werden. Denn eine Kuscheldecke von anna blume kann mehr. Die Lebensdecke schmückt Strandkörbe, Liegewiesen oder in der kälteren Jahreszeit das Wohnzimmer und spendet Kuschelwärme. Die Produkte können als Einzelstück oder in Großserie gefertigt und bestellt werden. Hochwertige Mitarbeiter-Präsente, Accessoires für Hotelbetriebe oder Kuschelstücke für den Gastronomiebereich fertigt das Textilunternehmen in Schwarzenbach auf Anfrage.

Regional bekannt und beliebt ist das Unternehmen hofmann druck + design mit der weiteren Marke "shirteria" – ein Synonym für Heimatshirts und Fichtelsachen. Hochwertige Bio- und GOTS-zertifizierte Textilien schmücken den Werksverkauf – ein breites Warensortiment zeugt von der Kompetenz, Komplettausstattungen für Vereine, Firmen, Gastronomiebetriebe zu liefern. Bedruckung oder Bestickung nach Wunsch bereits ab Kleinserien von 10 Stück werden bei kompetenter Beratung im Werkstattladen abgewickelt oder man bittet um einen Termin vor Ort. Dank Internet findet der Verkauf auch hier standortunabhängig statt und ermöglicht auch künftig das Agieren aus Schwarzenbach an der Saale.

Stets bemüht ist man, nicht nur den Produktionsprozess möglichst ressourcenschonend abzuwickeln. Auch beim Versand zieht sich diese Konsequenz durch: Die Ware geht nach Möglichkeit plastikfrei an den Kunden, Retourenkartons werden – sofern diese intakt sind – erneut verwendet, hochwertige Stülpschachteln oder bedruckte Kartons können nach Versand als Lagerbox dienen.

Schöner als makellos

Kunsthandwerk aus Holz findet im Fichtelgebirge gute Voraussetzungen. Sabine Schüller ist für die Umsetzung ihrer gestalterischen Leidenschaft jedoch nicht auf das übliche Schnittholz angewiesen.

Bine's Drechselstube und SCHÜLLER holz ART GbR
Hauptstr. 8
95709 Tröstau
Tel. 09232 / 917631
www.bines-drechselstube.de
info@bines-drechselstube.de

Öffnungszeiten:
Montag bis Freitag 14.30 – 18 Uhr
oder nach telefonischer Vereinbarung

Was sie verwendet, würden die meisten Schreiner links liegen lassen: besonderes Holz, Stammstücke mit Auswucherungen, Rissen und Spuren von Ästen. So entstehen in ihrer Werkstatt auch besondere Produkte.
Die gelernte Drechslerin kann ins Schwärmen geraten angesichts ihrer Arbeit an der Natur. Das Material kommt aus dem Fichtelgebirge, darunter Holz sämtlicher Obstbaumarten, von Nussbäumen oder auch einer Weide. Nach dem Trocknen, das bei großen Teilen mehrere Jahre dauert, folgt irgendwann die finale Auswahl. „Oft verbringe ich mehr Zeit mit der Suche nach dem Holz als mit der Gestaltung", verrät die Kunsthandwerkerin. Je nachdem, welche Ausstrahlung das Material hat, ob dezent, warm, angenehm, sinnlich oder temperamentvoll, ändert sich die Stimmung, die Sabine Schüller in die Formgebung einfließen lässt. Jedes Teil steht am Ende dabei auch für das große Ganze: Wie jede Einzelform können wir auch die Natur erleben: „als schön, aber eben nicht makellos".
Es sind Unikate in immer wieder neuen Formen, die auf diese Weise entstehen. Während Sabine Schüller sich ganz am Anfang mit kleinen Formen vorantastete, fertigt sie inzwischen auch lebensgroße Skulpturen. In Zusammenarbeit mit ihrem Mann Stefan entstand aus den Kunstobjekten, zu denen auch Wandbilder und Leuchtobjekte gehören, seit 2014 eine neue Linie: SCHÜLLER holz ART GbR. Weiterhin gibt es bei Sabine Schüller Utensilien, die gleich zum Gebrauch animieren: Schalen stehen im Mittelpunkt. Weit über 50 verschiedene Schalen bieten sich dem Besucher in „Bine's Drechselstube" in Tröstau dar. Schmuck ist ebenfalls in großer Auswahl vorhanden. Kunsthandwerk und Handwerkliches zum Verschenken, Dekorationsartikel, Figürliches und Weihnachtliches (zur Saison) sowie Produkte von Kollegen ergänzen das Angebot. Die Werke zeichnen sich durch eine gekonnte Formgebung aus. Unregelmäßigkeiten, die durch Äste, Verwachsungen und wilde Maserungen entstehen, machen sie noch interessanter.

In ihrer Werkstatt fertigt Sabine Schüller harmonische kunstvolle Produkte. Bild unten: eckige Schale, gedrechselt, Ahorn und Nussbaum in Kombination.

Eine führende Adresse für Landhausmoden – nicht nur im Fichtelgebirge. Accessoires für Mode, Wohnen und Leben ergänzen das Angebot bei Monte Pelle.

Werksverkauf mit Qualität und Vielfalt

Mode ist heute so vielfältig wie nie, auch Trachten- und Landhausmode, die nicht mehr nur volkstümlich und traditionell gehalten ist, sondern mit Kollektionen von pfiffig bis extravagant vielerlei Vorlieben und Altersgruppen anspricht.

Monte Pelle Handels AG
Bayreuther Str. 33
95686 Fichtelberg
Tel. 09272 / 97123 (Werksverkauf)
www.montepelle.de
info@montepelle.de

Öffnungszeiten:
Montag bis Freitag 9 – 18 Uhr
Samstag 9 – 13 Uhr

Das Unternehmen „Monte Pelle", mit Sitz in Fichtelberg bietet einen der größten Werksverkäufe für Landhausmoden in Bayern sowie ein buntes Sortiment an Lederwaren und Accessoires.
Die familiengeführte Firma kann auf Jahrzehnte lange Erfahrung in ihrer Branche zurückblicken. Der Vater des heutigen Vorstandes, Perry Eckert, baute eine Produktion für Modeaccessoires auf, in der große Mengen Rohleder verarbeitet wurden. In Spitzenzeiten stellte das Werk zigtausende Ledergürtel und Taschen pro Tag her. Mittlerweile hat sich das Hauptgeschäftsfeld von der Produktion zum weltweiten Handel verlagert. Erstklassige Lederwaren aller Art – jung, modisch oder klassisch-elegant – sind weiterhin eine Stärke im umfangreichen Sortiment der Fichtelberger. Den zweiten großen Schwerpunkt bildet Landhausmode und alles, was dazu gehört: vom Dirndl und dem Trachtenkleid, zum Janker und der Lederhose, dazu Armbänder, Colliers, Tuchhalter, Ketten, Ohrringe, edler Hirschhornschmuck, aufwendig gefertigte Gürtel und viele Extras zum Landhaus-Outfit.

Als besonderen Service bietet Monte Pelle die komplette Einkleidung für Hochzeitsgesellschaften, Trachtenvereine und Musikgruppen an. Eine eigene Änderungsschneiderei, die persönliche Änderungswünsche problemlos umsetzen kann, befindet sich im Haus.
Auf einer Fläche von fast 2000 Quadratmetern kann man sich aber nicht nur von Kopf bis Fuß einkleiden, sondern sich auch mit Accessoires, Geschenkartikeln und Porzellanerzeugnissen ausstatten.
Ein Besuch im Fabrikverkauf lohnt sich dabei nicht zuletzt wegen der günstigen Angebote. Viele Kunden verlängern den Besuch in Fichtelberg und schließen einen Besuch im Automobilmuseum und eine Einkehr im Restaurant „Museo" an.

Rollen mit Charakter

Von wegen eine Tapete ist eine Tapete! Viele Wandbeläge sind einheitlich unscheinbar. Aber die von Hohenberger sind anders. Die Tapeten fallen aus dem Rahmen, und das nicht nur optisch.

Hohenberger Manufaktur für Tapeten
Taubert GmbH & Co. KG
Greimweg 10
95691 Hohenberg a. d. Eger
Tel. 09233 / 71401-0
www.hohenberger-wallcoverings.com
info@hohenberger-wallcoverings.com

Werksverkauf:
Schirndinger Str. 10.
95691 Hohenberg.
Tel. 09233 / 7156444

Öffnungszeiten Werksverkauf:
Do. 11 – 18 Uhr
Fr. 10 – 18 Uhr
Sa. 10 – 13 Uhr

Entstehungsgeschichtlich ist die Tapete eigentlich ein Produkt des einfachen Mannes. Sie diente anfangs dazu, die nackten Wände vor Ruß zu schützen. Die Tapeten aus Papier konnten alle paar Jahre günstig ersetzt werden. Erst im bürgerlichen Wohnzimmer trat die Tapete ihren Siegeszug als Gestaltungselement an. Inzwischen geht ein Trend auch in Privatwohnungen dahin, eine Wand mit einer ausdrucksstarken Tapete zu belegen und für einen „Wow-Effekt“ zu sorgen. Das ist die Stärke der Hohenberger Manufaktur für Tapeten. Das Unternehmen kann kleine Mengen von 300 Rollen aufwärts produzieren, auf hochwertigem Vlies und vom Allerfeinsten.

Kunst, Handwerk, Industrie

In der Produktion des Spezialisten spielen Kunst, Handwerk und Industrie eine Rolle. Paul Taubert kam aus Liebenstein im heutigen Tschechien nach Hohenberg und meldete 1932 sein Gewerbe an. Er hatte für ein paar Semester die Akademie für Bildende Kunst in München besucht, sich von chemischer Seite mit Farben beschäftigt und eine Ausbildung zum Malermeister absolviert. Von der Raumkunst ausgehend entwickelte er den Betrieb mit viel Geschick technologisch weiter. Anfang der 1950er Jahre begann er mit der Tapetenproduktion.
Das damals wie schon seit Jahrhunderten gängige Leimdruck-Verfahren ist selten geworden. Ralf Taubert, der Enkel des Firmengründers, setzt das Verfahren als einer von wenigen in ganz Europa jedoch nach wie vor ein. Die Muster werden im Grunde ähnlich wie beim Kartoffeldruck mit Druckwalzen aufgetragen, der Leim dient als Bindemittel. Auf diese Weise entstehen Effekte wie von Hand gemalt, mit dickem, erhabenem Farbauftrag und den charakteristischen Quetsch-Rändern, an denen sich die Farbe zusammendrängt.

Die verwendete Maschine ist ein Oldie, genauso wie viele andere Maschinen in der Fabrik, die Ralf Taubert mit modernster Antriebstechnik ausgestattet hat. „Hier ist nichts von der Stange. Die Technologie ist wie die Farbzusammensetzung auch unser Geheimnis. Unsere Präzisionsmaschinen sind derart an die besonderen Bedürfnisse unserer Kunden angepasst, dass keine ein zweites Mal weltweit so existiert", klärt Ralf Taubert auf. Spannende Ergebnisse produziert das Unternehmen so auch mit Flexodruck, Tiefdruck und Siebdruck. Die Hohenberger Manufaktur veredelt Tapeten mit mineralischen Schäumen und Farben, einer Prägung oder Beflockung, spielt mit matten und glänzenden Flächen, groben und feinen Strukturen, erzeugt Fischhaut-Imitationen und beschichtet das Tapetenvlies mit Silber- oder Glasperlen. Neben Kollektionen, die im Auftrag renommierter internationaler Kunden erzeugt werden, ist mittlerweile ein eigenes Hohenberger Markensortiment entstanden, das im Werksverkauf ein paar Straßen weiter zu sehen und zu erwerben ist.

Vom Endkunden über den Hotelier bis zum Architekten reicht die Spanne der Menschen, die an den Kreationen optisch und haptisch Gefallen finden. Gesundheitlich ist der Kunde absolut auf der sicheren Seite. Denn die Tapeten sind frei von PVC und Weichmachern. Das mögen noch ein paar andere Unternehmen der Branche bieten. Wenn es um außergewöhnliche Designs und exklusive Kleinauflagen geht, ist die Hohenberger Manufaktur für Tapeten jedoch einzigartig.

Für Wände mit „Wow-Effekt" ist die Hohenberger Tapetenmanufaktur weltweit eine exklusive Adresse.

Vielseitige Liebhaberstücke

Schmuckstücke von bleibendem Wert zeichnen sich durch ihre Qualität aus. So trivial das zunächst klingen mag, so wichtig ist diese Erkenntnis als Ausgangspunkt für die Arbeit des Schmuckmachers.

Goldschmiede Brunat
Bernd Brunat
Goldschmiedemeister
Martin-Luther-Platz 9
95100 Selb
Tel. 09287 / 3560
www.brunat-schmuck.de
info@brunat-schmuck.de

Öffnungszeiten:
Montag bis Freitag
9 – 12.30 Uhr und
14 – 18 Uhr
Samstag
9 – 13 Uhr
und nach Vereinbarung

Für Bernd Brunat, den Goldschmiedemeister mit eigener Werkstatt in Selb, bedeutet sie nichts anderes, als dass sich die Qualität eines Schmuckstücks über die Idee, nicht über die Marke bestimmt, über Perfektion in der Verarbeitung sowie inspirierende Farben und Formen. Die Gestaltungstechniken und Angebote des Betriebs, der 2019 sein 55-jähriges Bestehen feierte, haben sich konsequent weiterentwickelt. Bernd Brunats Vater ließ sich 1964 in Selb nieder und eröffnete 1970 das zentral gelegene Geschäft am Martin-Luther-Platz. Schnell erwarb sich der Firmengründer einen Ruf als fleißiger, zuverlässiger Uhrmachermeister.

Kletterrosen am Altstadthaus der Goldschmiede Brunat.

Bernd Brunat lernte Goldschmied bei der Trauringfirma E.G. Fiedel, Marktredwitz, absolvierte zusätzlich eine Uhrmacherlehre, arbeitete in einem exklusiven Juwelenatelier in Hongkong und schließlich mehrere Jahre in der Werkstatt von Rudolf Joos, Pforzheim, hier sehr oft für japanische Kunden, darunter das japanische Kaiserhaus. Auf diese Erfahrung vor allem geht Bernd Brunats Begeisterung für akkurate Verarbeitung und spielerische Eleganz in der Formensprache zurück. 2001 übernahm er das Geschäft in Selb und erweiterte, seinen vielseitigen Talenten entsprechend, das Angebot.
Schmuckunikate und Sonderanfertigungen in Gold, Silber und Platin stehen inzwischen im Mittelpunkt. Der Uhren- und Schmuckspezialist setzt viele eigene Entwürfe um und stützt sich dabei auf ein starkes Team. Bernd Brunats Frau Bénédicte kümmert sich um Marketing, Dekoration, Organisation und Verkauf. Eine Goldschmiedin und ein Goldschmied unterstützen den kreativen Kopf und Designer. Bernd Brunat fertigt zudem Trauring-Modelle in großer Vielfalt.

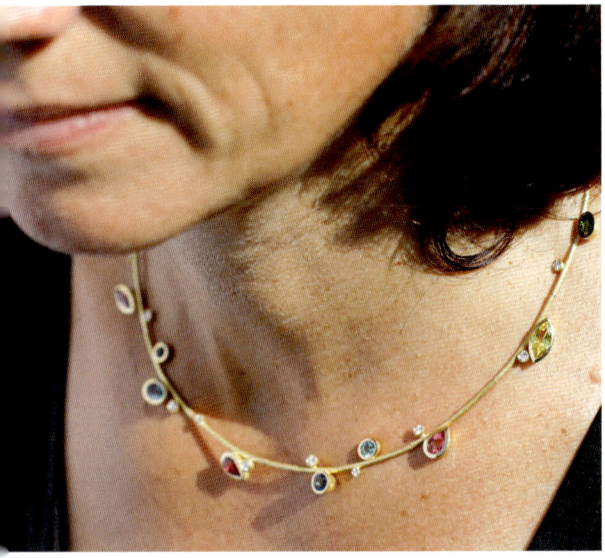

Ideenreichtum

Handwerkliche Vielseitigkeit und Ideenreichtum bilden zwei Seiten einer Medaille. Beides nutzt der Schmuckmacher, um beweglich zu bleiben, besteht sein Anspruch doch darin, stets aufs Neue Besonderes zu schaffen: meisterhaft mit aparten, selbst avantgardistischen Formen, wenn es gewünscht ist, vielfach mit tollen Steinen, so etwa leuchtende Turmaline und wunderschöne farbige Saphire.
Vergleichsweise klassische Blütenmotive kehren von Anfang an wieder. Bernd Brunat verwendet für die Formen keine Schablonen, sondern zeichnet sie mit ruhiger Hand auf, sägt sie einzeln aus und macht sich mit den Mitarbeiterinnen an die Feinarbeit.
Zu seinen und des Kunden Lieblingsstücken gehören nicht zuletzt auch Perlen in großer Auswahl, aus der Südsee, Tahiti und der Süßwasser-Zucht stammend. Die Kreationen verkauft der Schmuckhersteller auch im großen Umkreis von Selb. Für Ausgefallenes nehmen Kunden jedoch sogar die Anfahrt aus Städten wie München, Berlin und Frankfurt in Kauf. Für Dinge, an denen man hängt, ist manchmal kein Weg zu weit.

Schmuck aus Bernd Brunats Werkstatt (im Bild) zeichnet sich durch spielerische Eleganz aus. Oben: Äthiopischer Opal und Diamenten. Links: Goldcollier mit Turmalnen und Diamenten in spielerischer Anordnung.

Persönliches nach Maß

Für die einen ist es die Einzelanfertigung, die den Wunsch nach etwas Individuellem erfüllt. Für andere ein Stück aus einer Serie, das vielen gefällt.

Pretsch Schmuck
Martin-Luther-Platz 4
95100 Selb
Tel. 09287 / 76677
www.schmuck-nach-mass.de
www.bend-my-name.com
pretsch@schmuck-nach-mass.de

Öffnungszeiten:
Dienstag bis Freitag
9 – 13 Uhr und
14 – 18 Uhr
Samstag
10 – 13 Uhr

Ob ein Symbol, eine Figur, ein Sternzeichen, oder eine geometrische Form – die Beziehung zum Schmuck ist sehr oft eine persönliche, zumal dann, wenn Andrea und Peter Pretsch etwas fertigen.
Im Auftrag der Kunden und nach eigenen Ideen der Gestalter entsteht bei ihnen Schmuck in jedem Metall, jeder Legierung und beinahe jeder Preislage. Das Ladengeschäft im Stadtzentrum Selb ist die Adresse, wo die meist privaten Kunden eine kleine Auswahl in Augenschein nehmen und mit den Machern ins Gespräch kommen können. 1995 hat der Goldschmiedemeister das denkmalgeschützte Haus zusammen mit seiner Frau erworben, die als Diplom-Designerin in der Werkstatt mitarbeitet.

1997 eröffneten sie ihr Geschäft – zwei Jahre dauerte die komplette Renovierung des einst zur Kirche gehörenden Gebäudes.
Goldschmiedearbeiten sind das Haupt-Metier des 2-Personen-Betriebs. Darüber hinaus erarbeitet das Paar zusammen mit Schmuckherstellern Konzepte zur Verbesserung von Produktionsabläufen. Die Objekte der Werkstatt entstehen nicht abgeschottet von der Außenwelt, sondern im Dialog. Angeregt von einem Kundengespräch entwickelte Peter Pretsch so auch eine Serie von Ringen, die den Stein für weitere Formen ins Rollen brachte: Signets, visuelle Zeichen, die je nach Motiv und Ausführung als Logo, Namensring oder Siegelring dienen.
Unternehmen sowie Privatschulen und Universitäten zählen zu den Kunden, die die Schmuckstücke zum Beispiel als Incentives oder Verbindungszeichen in Auftrag geben. In Kleinauflagen fertigt Peter Pretsch weitere Serien wie Manschettenknöpfe, Schlüsselanhänger und Gürtelschließen.

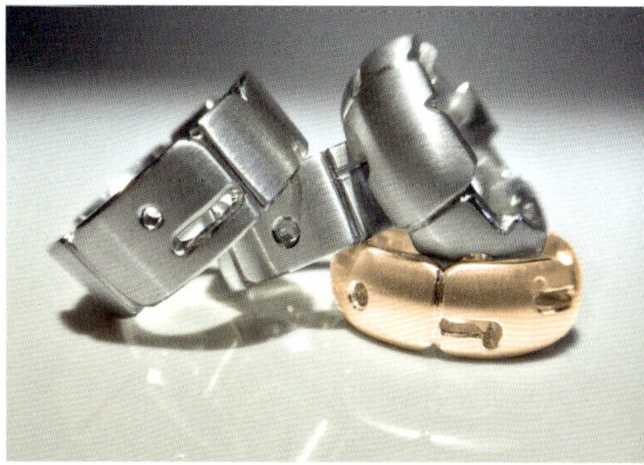

Prägnante Formen

Die Gestaltung offenbart eine gute Hand für Kalligraphie und prägnante Formen, die weder zu minimalistisch noch verschnörkelt ausgeführt werden. Der Stil sei manchmal, vor allem bei den Siegelringen schon traditionsgebunden, sagt Peter Pretsch, die Kunden seien jedoch keine ausgesprochenen Traditionalisten, sondern oft sehr zeitgenössisch orientiert.
Wenn Peter Pretsch frei, nach eigenen Vorstellungen arbeitet, achtet er auf spannendes, ungewöhnliches Design. Auf einen Stil lässt er sich nicht festlegen. Dennoch kann man typische, unverwechselbare Eigenheiten erkennen: zum einen schwere Ringe in unterschiedlichen, warmen Goldtönen, dazu neben den Ring gesetzte, hohe Steine und Fassungen mit ungleich langen Seiten, zum anderen zart geformte, filigrane Ketten. Schönheit entsteht hier nicht immer nur durch Ausgewogenheit und Ebenmaß, sondern kann umso reizvoller sein, je komplexer die Form wird. Vor langer Zeit hat der Schmuckhersteller begonnen, personalisierte Ringe zu entwerfen, da Kunden mit der Bitte kamen, Schriftzeichen auf Ringen aufzubringen. Siegelringe boten die Gelegenheit, auf den Flächen zu arbeiten. Und Siegelringe sind auch immer noch eine Passion für die beiden Schmuckdesigner aus Selb. So entstand die Marke „bend-my-name" – jeder Buchstabe ist hier ein Segment des Rings. Damit lässt sich ein Name oder Spruch nach Wunsch um den Finger wicklen.

Dienstleister rund um Schmuck und Grafik: Andrea und Peter Pretsch vor ihrem Werkstattgeschäft in Selb. Für private Kunden und Firmen entstehen unter anderem Verbindungszeichen, Manschettenknöpfe und Siegelringe.

Nachhaltigkeit in Holz und Stein

Die Nutzung zweier langlebiger Rohstoffe

von Ronald Ledermüller

„Noch fünfzig Jahre, und die Berge sind Erde und Stein, die Flüsse Wasser, die Wälder Holz, die Bergtrümmer gemeiner Schutt." So sah die Zukunft des Fichtelgebirges aus Sicht des Schriftstellers Karl Leberecht Immermann aus, als er 1837 auf seiner „Fränkischen Reise" von Bad Berneck her das Gebirge durchwanderte. Das industrielle Zeitalter war angebrochen, der Hunger nach Rohstoffen wuchs und hinterließ befeuert durch neue technische Möglichkeiten überall seine Spuren.

Holz war in den Mittelgebirgen traditionell der Rohstoff schlechthin. Relativ leicht zu gewinnen und scheinbar endlos vorhanden. Als Heizmaterial für Häuser und Hochöfen unverzichtbar. Kaum eine Gerätschaft auf dem Hof, im Haushalt oder in der Werkstatt, die nicht vorzugsweise aus Holz gefertigt worden wäre, da Eisen doch recht teuer war und Holz leicht zu reparieren. Selbst die Schuhe der einfachen Bevölkerung hatten mit Leder bespannte hölzerne Sohlen. Holzschuhmacher aus dem Fichtelgebirge hatten bis zu Beginn des 20. Jahrhunderts ebenso ein gutes Auskommen wie die Schwingelmacher, deren Kunst darin bestand, aus Fichtenwurzeln, Haselnussstecken und astfreiem Kiefernholz die typischen Korbwaren des Fichtelgebirges herzustellen. Diese wurden meist von geschäftstüchtigen und selbstständigen Frauen bis nach Leipzig und Dresden gehandelt.

Eine besondere Kunst entwickelte sich im Egerland zu höchster Blüte: Die Schreiner der Region verstanden es wie kaum anderswo, Möbel mit feinsten Intarsien zu verzieren. Beeindruckende Beispiele finden sich im Egerlandmuseum in Marktredwitz (Seite 147). Das Holz verlieh auch der Musik im Egerland und Fichtelgebirge einen besonderen Klang, der heute leider kaum noch zu hören ist. Denn auf den Kirchweihen tanzte man zu den Klängen der Bockpfeifen, einer Art Dudelsack, der durch Pumpbewegungen mit dem Arm mit Luft befüllt wurde.

Das Leitbild des nachhaltigen Wirtschaftens ist in der Forstwirtschaft entstanden und hat sich hier am stärksten durchgesetzt. Im Bild: ein Mitarbeiter der Bayerischen Staatsforsten, Fichtelberg.

Brände vernichten Holzbau

Traditionell baute man auf den Dörfern des Fichtelgebirges die Wohnhäuser entweder in Blockbauweise aus ganzen Stämmen oder als schmuckes Egerer Fachwerk (siehe auch Seite 143). Die Dächer wurden mit Holzschindeln gedeckt. In den eng bebauten mittelalterlichen Städten führte das zu verheerenden Feuersbrünsten, die nicht selten gleich mehrmals in Folge ganze Städte einäscherten. Darum wurde spätestens im 18. Jahrhundert die Holzbauweise von steinernen Häusern vollends verdrängt, feste Dacheindeckungen sowie der Einbau von Kaminen und geschlossenen Feuerstätten von höchster Stelle verordnet.

Während die Dorf- und Nebenstraßen meist matschige unbefestigte Erdwege waren, wurden die Hauptstraßen und Chausseen mit Pflastersteinen befestigt. So prägte der Stein, der unter oder um die Stadt zu finden war, das Gesicht der Städte und Dörfer. Im inneren Fichtelgebirge und an den ans Gebirge grenzenden Orten ist es meist der allgegenwärtige Granit. Bei Seußen und Arzberg finden sich Basaltbauten, im Westen, an der „Fränkischen Linie" um Goldkronach und Weidenberg wechseln die Häuser plötzlich in sandsteinerne Fassaden. Berühmt für sein steinernes Erscheinungsbild war Wunsiedel, als die „weiße" oder „marmelne Stadt". Stadtmauer, Straßen und Plätze bestanden aus dem weißen Wunsiedler Marmor, auf dem die Burg und die Stadt errichtet worden waren. Das Steinmetzhandwerk entwickelte sich wegen des edlen Gesteins zu einer weitbekannten Kunst. Davon zeugen noch heute die kunstvollen marmornen Grabplatten (Epitaphien), die im Wunsiedler Friedhof zu sehen sind.

Exportschlager Fichtelgebirgs-Granit

Die Vielfalt der vorhandenen Gesteine wurde abgebaut und weiterverarbeitet. Um 1900 gab es mehr als 130 Steinbrüche, in denen über 5000 Arbeiter in schwerster

Der Weißenstädter Erhard Ackermann entwickelte ein Verfahren, um Granit glänzend zu polieren. Damit kam er Mitte des 19. Jahrhunderts gerade recht, um die im deutschen Reich sprießenden Denkmäler mit glänzenden Sockeln und Fassaden zu verzieren. Sein erster Großauftrag: 72 Säulen für die Befreiungshalle bei Kehlheim. Später folgten prominente Bauwerke wie die Berliner Siegessäule oder Fassadenverkleidungen in New York.

Im Infozentrum Waldhaus Mehlmeisel und im angeschlossenen Wildpark wird der traditionsreiche Baustoff Holz in modernster Architektur eingesetzt.

Das sehenswerte Geopark-Informationszentrum „Granit im Fichtelgebirge" ist frei zugänglich in den Ruinen des einstigen Grasyma-Betriebes in Weißenstadt untergebracht.

und gefährlicher Arbeit die Steine aus dem Berg brachen. Erhard Ackermann erfand ein mechanisches Schleifverfahren, das dem Granit aus dem Fichtelgebirge so edlen Glanz verlieh, dass er weltweit zu einem gefragten Rohstoff wurde: Ob der Sockel des Friedensengels in Berlin oder die Fassaden der ersten Wolkenkratzer in Manhattan – überall findet sich Granit oder ein anderer Werkstein, der einst in den Tiefen des Fichtelgebirges entstanden war. Folgerichtig wurde hier auch eine Schule für Steinmetze gegründet, die sich bis heute stetig weiterentwickelte und als „Staatliche Fachschule für Steintechnik und Gestaltung" internationales Ansehen genießt (siehe Seite 138).

Mittlerweile erfahren Holz und Stein aus der Region wieder eine Renaissance. Nachhaltigkeit heißt das Leitbild. Es entstand im hölzernen Gewerbe, als im 18. Jahrhundert die Wälder so ausgeplündert waren, dass nicht mehr ausreichend Holz zur Verfügung stand. Heute wird nur so viel geerntet, wie in den Wäldern nachwächst. In der Region gewachsenes Holz prägt die Landschaft, wird nachhaltig geerntet, auf kurzen Wegen in heimischen Betrieben verarbeitet. Als Brennstoff, Werk- und Baustoff ist es somit in Sachen Nachhaltigkeit, Umwelt- und Klimaverträglichkeit kaum schlagbar. Und Bauen mit Holz ist wieder modern. Aktuelle Architektur versteht es, die heimischen Rohstoffe und traditionelle Bauformen ins Zeitgemäße zu übersetzen und heutigen Standards anzupassen, wie das beispielhaft beim Waldhaus Mehlmeisel (Seite 217) gelungen ist.

Stein gehört fest dazu. Jedoch: sein Abbau reißt immer auch Wunden in die Landschaft, die schwer heilen. Steinabbau ist heute im Vergleich zu früher deshalb mit gutem Grund stark reglementiert. Nach Jahrzehnten können die ehemaligen Steinbrüche wertvolle Lebensräume für Tiere und Pflanzen bieten. Und regional gewon-

Blauer Kösseinegranit ist einzigartig und in der modernen Architektur gefragt, wie hier an der Fassade von IBM in Zürich.

nener Stein erscheint aufgrund der kurzen Wege und Qualität besser als Werkstein, der unter fragwürdigen Arbeits- und Umweltbedingungen am anderen Ende der Welt gewonnen und energiefressend um die Erde geschippert wird. Dennoch muss heimischer Abbau Maß halten und den Schaden an der Natur in Grenzen halten. Landschaft ist nicht ersetzbar.
Die Befürchtung des Schriftstellers Immermann hat sich fürs Fichtelgebirge nicht bewahrheitet. Seit seiner Zeit begann sich die Erkenntnis durchzusetzen, dass wir im Umgang mit Rohstoffen nachhaltig handeln müssen. Am Ende ist dieser Erkenntnisprozess noch lange nicht, aber mit einer Rückbesinnung auf den Wert regional vorhandener Rohstoffe ein gutes Stück vorangekommen.

Wunsiedels Straßen und die Stadtmauer, wovon noch Reste erhalten sind, waren im Mittelalter überwiegend aus weißem Wunsiedler Marmor gebaut.

Meilensteine im Steinzentrum

Wenn man sich für Steine und Steinbearbeitung interessiert, lohnt sich nicht nur ein Gang zu den großen Sehenswürdigkeiten wie dem Felsenlabyrinth, sondern auch ein Blick auf den eher versteckt gelegenen „Luxus" der steinreichen Ecke Bayerns. Das Steinzentrum in Wunsiedel vereint unter einem Dach ein umfassendes Spektrum an Ausbildung, Dokumentation und Information. Werkschauen und Steinhauerkurse für Laien runden das Profil ab.

Meisterstück von Joy Schnellenbach, 2018
Naturstein, kombiniert mit Antikglas der Firma Lamberts, Waldsassen.

Staatliche Fachschule für Steintechnik und Gestaltung
Tannenreuth 1
95632 Wunsiedel
Tel. 09232 / 2187
info@fachschule-wunsiedel.de

Europäisches Fortbildungs-zentrum Kompetenzzentrum für das Steinmetz- und Steinbildhauer-handwerk
Marktredwitzer Straße 60
95632 Wunsiedel
09232/1038
info@efbz.de

Als Ende des 19. Jahrhunderts die Eisenbahn ins Fichtelgebirge vordrang, erlebte der Granitabbau in der Region seine Blütezeit. Hier liegen auch die Anfänge des Steinzentrums, das 1900 gegründet wurde und zu dem Zentrum für Hartgesteine in Deutschland aufstieg, schließlich wurden hier die Maschinen zum Schleifen und Polieren von Hartgestein erfunden und hergestellt. In der Fachwelt ist das Steinzentrum seit langem ein Begriff. Vier Einrichtungen haben sich an dem Standort, ausgestattet mit neuester Technik, niedergelassen.

Die Abteilung Steintechnik des Staatlichen Beruflichen Schulzentrums Selb setzt die lange Tradition der Ausbildung in Sachen Naturstein vom Anfang des 19. Jahrhunderts fort.
Die Fachschule für Steintechnik und Gestaltung Wunsiedel bildet Führungskräfte für die Steinindustrie aus und bereitet sie im Rahmen der Technikerausbildung auch auf die Meisterprüfung im Steinmetz- und Steinbildhauerhandwerk vor. Seit 2016 steht neben der Steintechnikerausbildung der neue und deutschlandweit einmalig angebotene Fortbildungszweig „Staatlich geprüfter Gestalter Fachrichtung Interdisziplinäre Gestaltung" allen Handwerksberufen offen.

Im Europäischen Fortbildungszentrum für das Steinmetz- und Steinbildhauerhandwerk (EFBZ) werden Lehrlinge überbetrieblich ausgebildet. Zahlreiche Fortbildungskurse erweitern das Angebot. Eine herausragende Stellung haben hierbei die Kurse zum „Geprüften Restaurator im Stein- und Steinbildhauerhandwerk" sowie die Denkmalpflegekurse für Gesellen, die zum Titel „Steinmetz und Steinbildhauer in der Denkmalpflege" führen. Im Steinzentrum befindet sich zudem das Deutsche Natursteinarchiv, eine beeindruckende Sammlung von gut 6000 Steinmustern aus aller Welt. Friedrich Müller, von dem die Bezeichnung des Fichtelgebirges als „steinreiche Ecke Bayerns" stammt, hat es in den 60er Jahren gegründet. Das Archiv wird ständig um aktuelle Werksteine ergänzt. Nicht nur Experten, sondern auch Privatpersonen können sich hier beraten lassen (nach Terminvereinbarung).
Das Steinzentrum ist auch darüber hinaus für die Öffentlichkeit zugänglich:
Jedes Jahr im Juli sind hier eine Woche lang die Meisterstücke der Fachschulabsolventen zu sehen. Mitunter lassen sich

Der Skulpturengarten vor der Staatlichen Fachschule ist frei zu besichtigen.

Links: Leuchtobjekt von Simon Dafner, 2013 Naturstein mit LED-Leuchten.

Unten links: Arbeit am Projekt „Kanzlerköpfe", 2018, Moritz Zahn.

Unten Mitte: Beistelltisch aus Naturstein, Seil und Epoxidharz, 2019, Arbeit von Hans Josef Stelzl.

Unten rechts: Modell für das Projekt „Ortseingang Waldsassen" in Zusammenarbeit mit der Firma Lamberts, Waldsassen, Entwurf von Enrique Saß, 2018.

die formschönen Exponate erwerben. Anfragen sind erlaubt. Großen Anklang findet auch das Bildhauersymposium des EFBZ, bei dem jedes Jahr im Juni Künstler aus aller Welt zusammentreffen. Die Werke bleiben mindestens ein Jahr lang in Wunsiedel stehen. Aus Verbundenheit mit der Stadt wird daraus oft eine „Dauerleihgabe". Nicht nur in Wunsiedel, sondern vor allem auch im sehenswerten Skulpturengarten des Steinzentrums haben viele Werke einen Platz gefunden. Wer als Laie in die Steinbearbeitung einsteigen will, kann bei einem dreitägigen Seminar im Fortbildungszentrum aktiv werden. Die Teilnehmer arbeiten unter fachkundiger Anleitung und gestalten Werkstücke nach eigenen Ideen.

Mit Holz die Welt erhalten

Bei den im Jahr 1898 gegründeten GELO Holzwerken ist man es gewohnt, nachhaltig zu denken und zu wirtschaften. Schon der Vater des heutigen Geschäftsführers Wolf-Christian Küspert hatte vor Jahrzehnten erste Anläufe zum Aufbau eines Nahwärmenetzes gestartet.

GELO Holzwerke GmbH
Sparnecker Str. 1
95163 Weißenstadt
Tel. 09253 / 9550
www.gelo.de
info@gelo.de

Öffnungszeiten GELO Werksverkauf:
Mittwoch 14 – 18 Uhr (in der Saison)
Freitag 11 – 17 Uhr
Samstag 9 – 13 Uhr (jeden 1. und 3. Samstag)
Sonderöffnungszeiten: Online unter holzkiste.gelo.de

WUN Bioenergie GmbH
Am Energiepark 1
95632 Wunsiedel
Tel. 09232 / 7007210
www.wun-bioenergie.de
info@wun-bioenergie.de

Werksverkauf im Pelletwerk
Freitag 13 – 16 Uhr

Das Konzept einer klimaneutralen Energieversorgung und der nachhaltigen Produktion ist zwar schon seit langem ausgereift, es brauchte jedoch offenbar erst die ökologischen und entsprechenden politischen Bewegungen, die das Thema Nachhaltigkeit zu Recht in den Fokus rückten, um den althergebrachten Rohstoff in eine neue Ära zu führen.

Die GELO Holzwerke leisten im Verbund mit regionalen Energieversorgern, allen voran der WUN Bioenergie GmbH, einen wichtigen Beitrag zum nachhaltigen Wirtschaften in der Region, der kaum groß genug eingeschätzt werden kann. So liefert der holzverarbeitende Betrieb aus Weißenstadt dem Energieversorger WUN Bioenergie GmbH das anfallende Restholz, das dort in einem hochmodernen Werk in Energie umgewandelt wird.

Die Vorteile liegen für Wolf-Christian Küspert auf der Hand: „Wir haben einen nachwachsenden Rohstoff aus der Region, der CO_2 bindet und eine tolle Wertschöpfung in Gang setzt. Die Verarbeitung sorgt in Kombination mit einem intelligenten Energiekonzept, also der zusätzlichen Nutzung von Wind und Sonne, dafür, dass am Ende für die Verbraucher warmes Wasser fließt und Strom aus der Dose kommt. Die Öko-Bilanz ist positiv. Die Holzverwendung schützt das Klima und die Welt. Deswegen bin ich überzeugt, dass wir am Anfang eines Megatrends stehen."

Wegweisendes Konzept

Das wegweisende Konzept, das im Fichtelgebirge bereits vorbildlich funktioniert, lässt sich übrigens weltweit exportieren. Da ist es im Prinzip egal, ob man in China

Nachhaltiges Wirtschaften steht bei GELO, im Bild links Geschäftsführer Wolf-Christian Küspert, seit über 120 Jahren auf der Tagesordnung. In Zusammenarbeit mit den Stadtwerken Wunsiedel und Weißenstadt liefert GELO u.a. Energieträger für viele Haushalte, vor allem in Form von Pellets. Die umweltzertifizierten Grill-und Ofenanzünder ZARELO (unten) entstanden ebenfalls aus einer regionalen Kooperation, und zwar mit der Marktredwitzer Firma ZARIAN, die zur Scherdel-Gruppe gehört. Kerngeschäft ist für GELO jedoch die Verarbeitung von Holz zu Konstruktionselementen (oben).

statt Fichtenholz Elefantengras verwendet, in Malaysia Kokosraspeln oder in Indien Reishülsen.

Gleichwohl ist das Fichtenholz aus dem Fichtelgebirge ein besonderer Rohstoff. Aufgrund des relativ konstanten Klimas in den Höhenlagen ist es außergewöhnlich stabil und wird vor allem als Konstruktionsvollholz, z.B. im Gerüstbau oder als Unterkonstruktion für energetische Fassadensanierung eingesetzt. Auch in der Architektur, vom Fenster über die Terrassendielen bis zum kompletten Hochhaus, wird Holz als Baustoff immer gefragter.

Pro Tag verlassen bis zu 1000 Kubikmeter fertige GELO-Ware das Werk, das 115 Mitarbeiter beschäftigt. Fach- und Großhändler bringen es dann weltweit auf den Markt. Ein großer Teil der GELO-Produkte ist auch in der „Holzkiste", dem Weißenstädter Werksverkauf, erhältlich. Nebenbei gibt es hier auch Zarelos zu erwerben, die patentierten und umweltzertifizierten Ofen- und Grillanzünder.

Seine über 120 Jahre währende Tradition hält GELO im Betriebsmuseum hoch. Auch wenn das Holzwerk mittlerweile ein großes Industrieunternehmen ist, hat die Arbeit mit dem Rohstoff etwas Sinnliches, dank des Holzgeruchs, der das Werk durchzieht. Das Prinzip der Nachhaltigkeit wird hier Tag für Tag gelebt. Nicht durch Reden, sondern durch Handeln.

Von Bauern und Burgherren

Egerländer Fachwerkbauten und Stauferburgen verbinden die Grenzregion – über Landkreis- und Landesgrenzen hinweg

von Oliver van Essenberg

Wenige Produkte haben das Fichtelgebirge und das angrenzende Karlsbader Land so sehr geprägt wie Glas, Porzellan und Textil. Der Aufschwung des Kulturtourismus im 19. Jahrhundert verdankte einen nicht unerheblichen Teil diesem Reichtum, der in der Industrialisierung eine Blüte erlebte.
Die Gemeinsamkeiten des nordöstlichen Bayerns mit Westböhmen reichen weit zurück und finden ihren Ausdruck darüber hinaus in bemalten Möbeln, Trachten, Zeugnissen der Volksfrömmigkeit und vielem mehr. Die Geschichte des Egerlandes erzählt davon. Die Baudenkmäler gehören dabei zu den schönsten, prachtvollsten Hinterlassenschaften. Enge Bande zum Egerland zeigen nicht allein die Egerländer Fachwerkbauten, sondern auch die einstigen Stauferburgen, die im Zusammenhang mit der Reichsburg Eger und der Geschichte des Egerlandes stehen. Wichtige Objekte wurden aufwendig für Besucher zurechtgemacht und lohnen einen Streifzug zwischen hüben und drüben, mit einem Schlenker in den Landkreis Tirschenreuth, Oberpfalz.

Zusätzliche Tipps für alle, die gerne noch mehr Sehenswertes zwischen dem Fichtelgebirge und dem Karlsbader Land entdecken möchten, liefert die Webseite www.boehmen-franken.de, auf die auch einige Anregungen dieses Beitrags zurückgehen.

Unter Dach und Fach

Egerländer Fachwerkhäuser zwischen Neualbenreuth und Doubrava

Häuser sind gebaute Gedanken. Baustile machen sichtbar, was Generationen erprobt und getestet haben. Fachwerkhäuser verraten ihre Konstruktionsprinzipien auf den ersten Blick. Als wollten sie dem Betrachter sagen: alles unter Dach und Fach. Hier gelten klare Ordnungsprinzipien, die Gesetze von Symmetrie und Zahl. Und doch sieht jedes Fachwerkhaus durch schlichte Verzierungen und unterschiedliche Proportionen anders aus. Die Egerländer Fachwerkhäuser gehören zu den schönsten ihrer Gattung und weisen ganze eigene Besonderheiten auf. Charakteristisch sind die rautenförmigen, kleinen Felder und die mehrfarbig gestalteten Holzelemente. Der Fachwerkgiebel ruht auf einem Erdgeschoss, das meist einfach gemauert und weiß gestrichen ist. Bei den aufwendig gebauten Egerländer Fachwerkhäusern finden sich an den Giebelwänden oft florale Hauszeichen und an den Fensterläden heraldische Symbole wie Sonnenstrahlen (Bedeutung: Freude, Leben) und Sechssterne (Glück). Das Fachwerk ist u.a. gekennzeichnet durch Hexenrauten (Abwehr von Hexen) und Andreaskreuze (vermehrter Besitz, Gesundheit, Wohlergehen). So wie die „Egerer Sonne“ am Eingangstor sollten die Zeichen das Ansehen des Gebäudes und der Besitzer heben, Glück bringen und Geister vertreiben.

Fachwerk-Idylle wie aus dem Bilderbuch – Neualbenreuth

Das oberpfälzische Neualbenreuth (Landkreis Tirschenreuth) ist auf bayerischer Seite der Ort mit den schönsten und bedeutendsten Egerländer Fachwerkhäusern. Es waren zumeist Zimmerleute aus der Nähe von Eger, die den Hochstil dieses Bautyps im 17. und 18. Jahrhundert entwickelten. Als Baumaterial verwendeten sie Fichtenholz. Nach der millimetergenauen Bearbeitung wurden die Balken oft mit Ochsenblut getränkt, um dem Holz eine kräftige Farbe zu verleihen und es wetterfest zu machen.
Zwei Vierseithöfe mit Egerländer Fachwerk wurden von Bauernhöfen in Gästehäuser umgewandelt: der am Ortsrand gelegene Kesslsimerhof, der mit vielen liebevollen Details aufwartet, und die Pension „Zum Egerländer Fachwerkhaus“ am Marktplatz. Das Haus am Marktplatz wurde von der Familie Rustler, die hier seit über 250 Jahren ansässig ist, nach einem Brand eines Nebengebäudes renoviert und präsentiert sich von außen seit 2011 wie einst in der Originalansicht.
Direkt daneben hat ein weiterer Bau im Egerländer Stil für Gäste geöffnet. Hier befinden sich die Tourist-Info sowie eine kleines Museum und ein Verkaufsraum mit regionalen Produkten. Neualbenreuths Alt-Bürgermeister Albert Köstler hat sich Mitte der 1990er Jahre dafür stark gemacht, den Hof zu sanieren und das Vorhaben gegen Widerstände im Gemeinderat und in der Bevölkerung durchgesetzt. „Da waren schon Bauernschläue und auch ein bisschen Schlitzohrigkeit gefragt“, erinnert er sich. Viele hätten „das alte Gelump“ damals lieber abreißen lassen und gegen einen Neubau ersetzt. Brände waren jedoch stets der größte Feind der Fachwerkhäuser.

Kultur- und Dokumentationszentrum Fraisch im Sengerhof
Turmstr. 5-7
95698 Neualbenreuth
Tel. 09638 / 933250
www.
neualbenreuth.de

Öffnungszeiten:
Freitag und Samstag, jeweils 14 – 16 Uhr in den Monaten April bis Oktober
Außerhalb dieser Zeiten Führungen nach Anmeldung

Oben: der Sengerhof, ein typischer Egerländer Vierseithof. Unten: die Tourist-Info Neualbenreuth.

1754 zerstörte ein Feuer 25 Wohnhäuser und 26 Scheunen in Neualbenreuth. Ein Bäcker hatte in dem Haus, in dem sich heute die Tourist-Info befindet, unvorsichtigerweise eine Kerze brennen lassen. Der heutige Sengerhof wurde ab 1755 neu aufgebaut. Das zur Straße gelegene Wohnstallhaus und der Stadel machten den Anfang. Die Remise entstand 130 Jahre später. Zusammen bildet das Ensemble einen ringsum geschlossenen Komplex, der nur durch das Hoftor betreten werden konnte – typisch für den Egerländer Vierseithof. Im Innenhof befanden sich der Misthaufen und ein Taubenhaus als Wohlstandsymbol. Als die letzte Bewohnerin, Anna Schöner, 1989 verstarb, vererbte sie Haus, Hof und Ausstattung an die Gemeinde. Nach umfangreicher Bestandsaufnahme, Inventarisierung und Dokumentation sanierte Neualbenreuth die Hofstelle. Alt-Bürgermeister Albert Köstler war hier ebenfals federführend beteiligt und konnte den Sengerhof 2007 als „Kultur- und Dokumentationszentrum Fraisch" eröffnen. Diesmal gab es keinerlei Widerstände gegen das Sanierungsprojekt. Überhaupt stößt man auch außerhalb von Neualbenreuth entlang der Grenze auf viele, liebevoll renovierte Egerländer Fachwerkhäuser. Die Zeichen stehen nun eher auf Würdigung des Alten, weil man einerseits das touristische Potenzial erkannt hat und anderseits die heimelige Atmosphäre schätzt.

Von Neualbenreuth führt ein ca. 7 km langer Wander- und Radweg nach Doubrava, Tschechien. Der Ausflug lässt sich somit zu einer Halbtagestour auf den Spuren des Egerländer Fachwerks verbinden.

Wie ein Museumsdorf – Doubrava

Doubrava, das frühere Taubrath, bestand früher ausschließlich aus Fachwerkhäusern. Fünf Vierseithöfe im Egerländer Fachwerkstil existieren heute noch in vollständig erhaltener Form. Der vorbildlich sanierte Rustler-Hof ist für Besucher zugänglich. Entstanden ist das Ensemble 1751, wobei die Kellergewölbe älteren Datums sind, wie Karel Schmied, Betreiber des Museums, erklärt.
Nach dem Zweiten Weltkrieg und der Vertreibung der deutschen Bevölkerung verfiel das bereits verödete Dorf zusehends. Einst wurden hier Hopfen, Honigwein und Taubenfleisch produziert. Belegt sind auch eine Schäferei, das Schusterhandwerk und eine Schmiede.
1975 erwarb die Familie Schmied den verwahrlosten Hof und steckte ihre ganze Energie in die Renovierung. Auf den Schüttböden der drei Wirtschaftstrakte des Gehöfts präsentiert Schmied eine Sammlung von Egerländer Arbeitsgerät, Hausrat und Möbeln. Seit 1995 steht Doubrava unter Denkmalschutz. Auch andere Fachwerkhäuser wurden hier von engagierten Eigentümern renoviert.

Skanzen Doubrava
Doubrava 3
350 02 Lipová
Tschechien
Tel. 00420 /
354593302
skanzen.doubrava@
cbox.cz

Öffnungszeiten:
April bis Oktober:
10 Uhr bis Einbruch der Dunkelheit
November bis März:
nach Vereinbarung

Burgen öffnen ihre Tore

Ehemalige Stauferburgen zwischen Eger und Hohenberg a.d. Eger

Dies- und jenseits der Grenze wachten einst adlige Dienstherren weit über das Land. Eine Schlüsselrolle bei der Entstehung vieler Herrschersitze spielte die an der „Goldenen Straße" zwischen Nürnberg und Prag gelegene Reichsstadt Eger. Es waren zunächst Markgrafen des bayerischen Nordgaus, die Grafen von Vohburg, die hier im Jahr 1125 eine Schutzburg auf einem Felssporn, an der Stelle einer älteren slawischen Anlage, errichteten. Nachdem die Staufer die Burg im Jahr 1167 geerbt hatten, ließ Kaiser Barbarossa sie 1179 zur Pfalz ausbauen. Auf der Durchreise von Nürnberg nach Prag konnte der Kaiser hier residieren.

Nach dem Aussterben der Staufer kam die Reichsstadt Eger 1268 unter böhmische Hoheit. Bis heute ist sie die einzige Kaiserpfalz auf dem Gebiet der tschechischen Republik.

Um den Herrschaftsbereich besser kontrollieren und verwalten zu können, errichten die Staufer Festungen in Seeberg, Wildstein (Vildštejn) und Hohenberg a.d. Eger. Die Burgen wechselten seit ihrer Erbauung vor 800 Jahren wiederholt die Besitzer. Inzwischen stehen sie jedoch allen Bürgern offen. So wie die Burg in Eger auch, deren Doppelkappelle noch original aus staufischer Zeit stammt.

Die Burg Eger mit dem markanten Schwarzen Turm und der äußerlich schlichten Kapelle (links).

Die Burg Eger und die staufische Doppelkapelle

Schon vom weitem grüßt der Schwarze Turm der Egerer Burg den Besucher. Er hat die zahlreichen Zerstörungen der 800 Jahre alten Burg überstanden. Wie durch ein Wunder blieb zudem die 1188 vollendete Doppelkappelle St. Erhard jedoch komplett erhalten. Von außen gesehen handelt es sich um einen schlichten Bruchsteinbau. Das Innere ist ein Meisterwerk kunstvoller Formgebung. Das monumentale Erdgeschoss und das filigrane Obergeschoss bilden eine komplexe Einheit wie aus einem Guss.
Der Burghof kann ganzjährig besichtigt werden, die Kapelle nur von Anfang April bis Ende Oktober.

Ritterliches Arrangement – Burg Vildštejn (Wildstein), bei Skalná

1999 kaufte der Unternehmer Miroslav Pumr die einer Ruine gleichende Burg Vildštejn der Stadt Skalná ab, um die Anlage aus dem Dornröschenschlaf zu wecken. Seine Motivation war dabei eher ideeller Art. Zum Lohn für die überaus aufwendige Renovierung erhob ihn eine Nachfahrin der Adelsfamilie Notthafft, die Vildštejn vor ca. 800 Jahren errichtet hatte, in den Ritterstand. Der Besucher kann das Burgleben dank authentischer Atmosphäre und kulinarischer Spezialitäten (Rittermenüs) genießen.

Geschichte des Egerlandes – Burg Seeberg

Das Franzensbader Stadtmuseum unterstützte schon Ende der 1970er Jahre die Renovierung der Burg Seeberg, die zunächst von Ehrenamtlichen angeführt wurde, und kam nach 1989 in den Besitz der Anlage. Eine Ausstellung führt anhand gut erhaltener Exponate die Geschichte des Egerlandes von der Herrschaft der Staufer bis ins 20. Jahrhundert vor Augen. Sämtliche Veranstaltungen und Angebote sind zweisprachig, für tschechische und deutsche Gäste.

Fernblick ins Egerland – Burg Hohenberg a.d. Eger

Die öffentliche Nutzung der Burg Hohenberg a.d. Eger geht auf das Jahr 1955 zurück. Das Sudetendeutsche Sozial- und Bildungswerk eröffnete hier eine Jugendherberge und richtete später eine Grenzlandbildungsstätte ein, die bis 2014 betrieben wurde. Anschließend kam die renovierungsbedürfte Anlage in den Besitz des Freistaates Bayern. Seit 2016 wird die Burg weiterentwickelt. Das Ziel ist es, den Burgcharakter beizubehalten und gegebenenfalls auch wiederherzustellen. Auf diese Weise soll hier eine Top-Adresse unter Bayerns Jugendherbergen entstehen. Der Burginnenhof und der Aussichtsturm sind tagsüber jederzeit zugänglich. Von hier aus genießt man einen wunderbaren Fernblick in das Egerland.

Sprechende Löwen und sprudelnde Steine

Das Egerland-Museum Marktredwitz

Wer weiß, was ein Sprudelstein ist? Eine Kochkiste? Und was bitte ist ein Gnawrick? Um das und mehr herauszufinden, lohnt ein Besuch des Egerland-Museums in Marktredwitz. Hier erhalten Besucher einen lebendigen Eindruck von der Erinnerung der Egerländer an ihre verlorene Heimat. Das modern gestaltete Museum überzeugt mit seinem Konzept: die Emotion, die Erinnerung ist ebenso wichtig wie die kulturhistorische Bedeutung wertvoller Ausstellungsstücke. Das Museum wird zum „musée sentimentale". Ein goldener Rahmen kennzeichnet Objekte von hoher emotionaler Bedeutung. Smartphones und Tablets kommen im Egerland-Museum als „Zeitmaschinen" zum Einsatz: Hautnah wird Geschichte „erlebt". Beim Rundgang mittels App inspirieren spannende Kurzfilme und Dokus die Phantasie. Ein Brunnenlöwe aus Karlsbad erzählt von den Sprudelsteinen, zwei von der Landkarte verschwundene Dörfer des Egerlands erwachen mittels GPS-Navigation zum Leben. In Workshops können tschechische und deutsche Schüler gemeinsam alte Handwerkskunst erlernen oder eine Kochkiste bauen.
In der Dauerausstellung finden sich Trachten, Porzellan, Gläser, Zeugnisse der religiösen Volkskultur, Musikinstrumente, eine böhmische Kirchenkrippe und vieles mehr. Sonderausstellungen beleuchten spannende Themen wie Egerländer Fachwerkhöfe, ein Reliefintarsienkabinett, Wanderharfinistinnen aus Böhmen, das Kurleben im böhmischen Bäderdreieck oder Goethe in Marktredwitz.
Neben dem Museum selbst sind im Egerland-Kulturhaus untergebracht: die Egerländer Studienbibliothek mit einem einzigartigen Buchbestand zur Kulturgeschichte des Egerlandes und die Egerländer Kunstgalerie. Sie zeigt einen Querschnitt durch das Kunstschaffen von Egerländer Künstlern im 20. Jahrhundert.

Ein Zeugnis hochstehender Tischlerkunst in der einstigen Reichsstadt Eger: Der Kabinettschrank aus der ersten Hälfte des 17. Jahrhunderts ist mit Reliefintarsien reich verziert. Die mythologischen Szenen beschäftigen sich mit dem Thema Liebe.

Egerland-Museum
Fikentscherstr. 24
95615 Marktredwitz
Egerländer Kunstgalerie, Egerländer Studienbibliothek
Tel. 0 92 31 / 39 07
www.egerlandmuseum.de
info@egerlandmuseum.de

Kunst
Kultur
Natur

Das Fichtelgebirge bietet zahlreiche Beispiele für eine gelungene Umnutzung ehemals leer stehender Fabrikhallen. Das bislang größte Projekt dieser Art schultert die gemeinnützige Gesellschaft gKU Winterling Immobilien, bei der sich vier Gemeinden zusammengetan haben, um die Flächen für Dienstleistung, Handel und Produktion zu vermarkten. In das Kirchenlamitzer Werk ist u.a. das Radquartier mit Rampen für spektakuläre Sprünge eingezogen (im Bild)

Das gute Leben ist nebenan

Lebendige Erfahrung statt Vorurteile und Klischees: das Fichtelgebirge als Freiraum für Macher

von
Oliver van Essenberg

Gleichwertige Lebensverhältnisse: Wer die Zeitungen aufschlägt, hat nicht den Eindruck, dass sich die Gesellschaft diesem Ziel jemals annahern wird. Eher scheint das Gegenteil der Fall zu sein, die Ungleichheiten wachsen offenbar unaufhörlich weiter: zwischen Ost und West, Nord und Süd, Arm und Reich, Stadt und Land. Natürlich sind solche Einteilungen zu grob, um die tatsächlichen Lebensverhältnisse auch nur ansatzweise erfassen zu können. Aus eigener Erfahrung weiß das irgendwie jeder – und hält dennoch an mehr oder weniger stereotypen Vorstellungen und Vorurteilen fest.

Es lohnt sich genauer hinzuschauen, gerade bei einer Region wie dem Fichtelgebirge. Denn hier werden die Vorurteile über das vermeintlich rückständige Land in mehrfacher Hinsicht und aus ganz verschiedenen Gründen widerlegt. Das zeigen die Erfahrungsberichte der Zuzügler, die auf den Seiten dieses Beitrags zu Wort kommen. Diese stehen für einmalige, persönliche Entwicklungen, können aber auch als Fallbeispiele für typische Erfahrungen vieler anderer Zuzügler und Gäste gelesen werden, denen ich in den vergangenen fünf Jahren, als Publizist vor Ort, begegnet bin. Es handelt sich keineswegs nur um subjektive Einschätzungen. Objektive Faktoren stützen die Erfahrung, dass es sich im Fichtelgebirge gut leben, wohnen und arbeiten lässt. Um Werbung für die Region zu machen, kann die Entwicklungsagentur Fichtelgebirge in einer Imagebroschüre daher ganz einfach Fakten für sich sprechen lassen:

- Das Fichtelgebirge besitzt die zweithöchste Industriedichte Europas. Viele familiengeführte Hidden Champions sind hier zu Hause.
- Der durchschnittliche Preis für ein voll erschlossenes Baugrundstück liegt bei 25 Euro pro m^2.
- Der durchschnittliche Weg zur Arbeit dauert mit dem Auto 13 Minuten. Fahrrad geht aber auch, da es viele gut ausgebaute Radwege gibt.
- Wer hier wohnt oder Urlaub macht, genießt jeden Tag klare Mittelgebirgsluft. Hohe Feinstaubbelastung? Fehlanzeige!

Wer einwendet, dass Arbeitsplätze, Freiraum, schöne Natur und klare Luft allein nicht ausreichen, um im Wettbewerb mit Städten und Kultur-Metropolen attraktiv zu sein, mag theoretisch Recht haben. Im Fichtelgebirge greift dieses Argument jedoch zu kurz, und zwar schon deshalb, weil Stadt und Land hier keine fundamentalen Gegensätze sind. Als eine ländliche Region mit vielen kleinen Städten und Gemeinden sowie zahlreichen Vereinen und freien Initiativen wartet das Fichtelgebirge mit einem umfangreichen Kulturprogramm auf. Einschlägige Empfehlungen lassen sich in der Rubrik „Kunst Kultur Natur" aus diesem Buch entnehmen. Das Angebot reicht von der etablierten Bühne der Luisenburg bis zur Kleinkunst-Szene und lässt nur wenige Wünsche offen. Wer Kunst und Kultur auf Weltniveau erleben möchte,

Die Kampagne „Freiraum für Macher" der Entwicklungsagentur Fichtelgebirge sorgt in Ballungszentren für Aufsehen. Im Bild: ein Wohnkubus mit Fichtelgebirgs-Werbung. Die Botschaft lautet: Das Fichtelgebirge bietet Lebensqualität und Raumwohlstand, insbesondere auch für Kreative.

wird hier auch auf ganz spezielle Weise fündig, zum Beispiel im Kunsthaus Rehau (Seite 174) oder im Porzellanikon (Seite 106).

Eine verrückte Situation: Während Boom-Metropolen wie Berlin, München oder Hamburg angesichts zu vieler Menschen auf engem Raum unter Überhitzung leiden und gerne ländlicher wären, fühlen sich viele Kommunen abgehängt und fordern gleichwertige Lebensverhältnisse zwischen und Stadt und Land. Dabei gibt es diese gleichwertigen, nicht jedoch gleichartigen Lebensverhältnisse prinzipiell bereits. Denn wie verschiedene Untersuchungen gezeigt haben, werden Menschen ab einem gewissen Reichtum – finanzieller Art und an Erfahrungen – nicht mehr glücklicher. Und bei beruflichen Zukunftsperspektiven, ein wichtiger Faktor für das Wohlbefinden, bietet das Fichtelgebirge allemal gute Bedingungen – eine intakte Infrastruktur, schnelles Internet, Bildungseinrichtungen vom Kindergarten bis zum Gymnasium und Hochschulen in Reichweite. Es weist diese Faktoren sogar in einer unschlagbaren Kombination auf: mit kurzen Wegen zwischen Arbeit, Wohnung und verschiedenen Dienstleistern, mit einer stressfreien Atmosphäre, mit Raum zur Entfaltung für jedermann... Oder um es mit dem aktuellen Slogan der Entwicklungsagentur Fichtelgebirge zu sagen: „Freiraum für Macher".

Mit Skiern bergab, mit Kunststoff bergauf

Franz Poschenrieder, Jahrgang 1983, übernahm 2006 zusammen mit seinem Geschäftspartner einen stillstehenden Betrieb und gründete in Selb die BKW Kunststoff GmbH. „In den ersten sieben Jahren bin ich zwischen meiner Heimatstadt Abensberg in Niederbayern, wo meine damalige Lebensgefährtin wohnte, und dem Firmensitz in Selb gependelt. Das hat die Beziehung auf Dauer nicht ausgehalten und daher habe auch ich meinen Lebensmittelpunkt nach Selb verlegt. Das Fichtelgebirge habe ich von seinen schönen Seiten zunächst als leidenschaftlicher Skifahrer kennenglernt. Es ist ideal, um unter der Woche mal für zwei Stunden oder auch am Wochenende auf die Piste zu gehen. Da hat man keine lange Anfahrtszeit. Meine Freundin Stefanie (im Bild mit dem gemeinsamen Sohn Julian) stammt aus dem Fichtelgebirge und reitet hobbymäßig. So habe ich auch gigantisch schöne Wege für Ausritte entdeckt. Man hat hier unwahrscheinlich viel Freizeitwert. Natürlich trifft man noch Menschen vom alten Schlag, die meinen, dass früher alles besser war, als die Porzellan- und Textilindustrie in voller Blüte stand. Aber so ist das: Arbeitsplätze fallen weg und neue tun sich auf. Heute ist die Region sehr viel breiter und daher wohl auch stabiler aufgestellt. Dabei hat sich gerade die Kunststoffbranche sehr positiv entwickelt. Allein wir haben über 90 neue Arbeitsplätze geschaffen.

(Un-)Ruhesitz und berufliche Zukunft

Hartmut Strasse, Jahrgang 1955, Pfarrer im Schuldienst aus Berlin, war mit einer Schulklasse kurz nach der Wiedervereinigung in der Jugendherberge auf der Burg Hohenberg zu Gast und hat im benachbarten Grenzort Schirnding 2015 seinen (Un-)Ruhesitz für die anstehende Pensionierung gefunden: „Als ich zum ersten Mal aus Berlin hierher kam, stellte ich fest: Es ist einfach schön hier, die Leute sind nett und auch das Bier ist gut. In schöner Regelmäßigkeit bin ich dann sowohl mit Schulklassen als auch mit meiner Frau wiedergekommen, bis wir uns gedacht haben, da könnten wir eigentlich bleiben. Inzwischen sind wir hier öfter auf der Luisenburg gewesen als in Berlin im Theater. Und es gibt immer noch eine ganze Menge, bei dem wir uns denken: Da waren wir noch nicht, da müssen wir auch mal hinfahren."

Anne Strasse, Jahrgang 1985, studierte in Berlin Maschinenbau, schreibt momentan im Bereich der Schweißtechnik an ihrer Doktorarbeit und baut mit ihrem Mann Hartmut das ehemalige ev. Pfarrhaus in Schirnding zum künftigen Wohnsitz um. Die Idee von der Stadt aufs Land zu ziehen, fand sie von Anfang an großartig. Das Fichtelgebirge bietet ihr beruflich sehr gute Perspektiven, ist sie überzeugt: „Vor allem unser Freundeskreis im Fichtelgebirge, aber auch das Internet haben mir unwahrscheinlich geholfen, als ich mich über Jobs und Arbeitgeber informieren wollte. Hier gibt es vielfältige Industrieunternehmen, die auch weltweit agieren und mir gute Chancen bieten könnten, einen spannenden Arbeitsplatz zu finden, mich weiterzuentwickeln und Arbeit und Familie zu vereinen."

Eine Region zum Verlieben

Dr. Felipe Wolff-Fabris, Jahrgang 1981, wuchs in der brasilianischen Millionenstadt Porto Alegre auf und wechselte von einer festen Stelle als akademischer Rat an der Universität Bayreuth 2012 zum Kunststoff-Zentrum SKZ. Der promovierte Materialwissenschaftler leitet das Europäische Zentrum für Dispersionstechnologien (EZD) in Selb. „Die Idee, eine industrienahe Forschungseinrichtung im Fichtelgebirge aufzubauen, ist in der Region entstanden. Das SKZ, als Betreiber dieser Forschungseinrichtung, wurde daher mit offenen Armen aufgenommen und von den politischen Verantwortungsträgern bestmöglich unterstützt. Das war nicht selbstverständlich. Meine anfängliche Sorge, dass wir uns bei der Mitarbeitersuche schwer tun könnten, hat sich als unbegründet erwiesen. Wir bekommen immer hochwertige Bewerbungen, auch von Rückkehrern oder Zuzüglern, die aus einer großen Stadt ganz bewusst hierher wollen. Mich hat hier vieles positiv überrascht: die Möglichkeiten, Kontakte zu knüpfen, was über Vereine ganz hervorragend geht, die Wirtschaftskraft und das soziale Engagement vieler Unternehmen für ihre Region, aber auch die Tatsache, wie vielfältig die Natur hier ist. Ich muss oft an einen Slogan des Landkreises Wunsiedel zurückdenken, der lautete: Eine Region zum Verlieben. Das ist tatsächlich so. Die Region bietet viel an, aber man muss offen dafür sein, es anzunehmen."

April

● **Kunstnacht, Selb, flexibel, an einem Wochenende im April**
Malerei, Skulpturen und Gestaltung stehen im Mittelpunkt des bunten Festes, das sich über verschiedene, auch ungewöhnliche Locations der Innenstadt verteilt. Bei Musik und Partys können die Besucher die Nacht zum Tag machen. www.kunstnacht-selb.de

Mai

● **Maibaumaufstellen, Weißenstadt, 1. Mai**
Unter den zahlreichen Festen mit dieser Tradition das vielleicht schönste im Fichtelgebirge. Höhepunkte: der farbenfrohe Bändertanz und das Baumaufstellen am Marktplatz.

● **Kultnacht, Wunsiedel, erstes oder zweites Wochenende**
An rund 40 Standorten in der Innenstadt ist Kunst und anspruchsvolle Unterhaltung geboten. www.buergerforum-wunsiedel.de

● **Burgenfest, Bad Berneck, in allen ungeraden Jahren, am Wochenende nach Maria Himmelfahrt**
Umgeben von drei Burgen erlebt man Mittelalter-Flair auf Schritt und Tritt. Höhepunkt: der nachgespielte „Sturm auf die Hohenberneck“. www.badberneck-historisch.de

Juni

● **Thusfest, bei Röslau, Pfingstsonntag (Mai bzw. Juni)**
Traditionsreiches und idyllisches Fest im Thuswald, nordwestlich der Gemeinde Röslau. Die Attraktion ist der Wasserfall, der aus 28 Metern Höhe tosend in das Flussbett der Eger stürzt.

● **Kräuterfest, Nagel, am ersten Sonntag – immer in geraden Jahren**
Wildkräuter sehen, riechen, schmecken, genießen – nirgendwo gibt es hierfür mehr Möglichkeiten als hier.

● **Brunnenfest, Wunsiedel, am Wochenende vor Johanni (24. Juni)**
Das seit 1833 belegte Fest beruht auf einer Legende, nach der die Wunsiedler einst die ausgetrockneten Brunnen der Stadt mit Arnikakränzen und Blumen

Maibaumaufstellen, Weißenstadt

Das Leben muss gefeiert werden

Events – Lieblingsfeste und Spezialtipps

von
Oliver van Essenberg

Mit unzähligen Veranstaltungen ist im Fichtelgebirge das ganze Jahr über viel geboten, und das in allen Sparten – Musik, Kunst, Bühne, Sport, Feste und Freizeit. Wohin soll man sich nur wenden? Wir präsentieren eine bunte Mischung mit Lieblingsfesten und Spezialtipps. Es muss nicht extra erwähnt werden, dass Essen und Trinken hier kaum zu kurz kommen.

schmückten. Daraufhin begannen diese wieder zu sprudeln. Für das Schmücken sind heute 35 Brunnengemeinschaften zuständig. Die UNESCO hat das Fest in das bundesweite Verzeichnis des immateriellen Kulturerbes aufgenommen.

● Meilerfest, Häusellohe bei Selb, immer in der Fronleichnamswoche (meistens Juni)
Das Fest wurde in das Verzeichnis des immateriellen Kulturerbes der UNESCO aufgenommen und macht die lange Tradition der Meilerei an dem Ort deutlich – mit Kohlenausstoß vom Meiler, Betrieb von Pechsteinen, alten Handwerkstechniken und Waldberufen, Köhlerspezialitäten. Der Festplatz liegt in unmittelbarer Nähe zum Schausteinbruch Häusellohe und dem Häuselloher Moor, was alleine einen Ausflug wert ist. www.enklselb.com

● Seezauber, Weißenstadt, am letzten Sonntag
Großer Kurpark-Event mit Handwerks- und Genuss-Ständen

● Tanz im Schloss, Arzberg, am letzten Samstag
Das in Privatbesitz befindliche Schloss öffnet seine Türen für einen stilvollen Abend mit Tanz und angeregten Gesprächen, im und um Schloss Röthenbach. www.akademie-steinwald-fichtelgebirge.de

Juli

● Wiesenfest, Selb, zweites Wochenende (Stichtag zweiter Sonntag)
Traditionsreiches Volksfest auf dem Goldberg, einem der schönsten Festplätze weit und breit. Nach Meinung vieler das Volksfest der Region.

● Lichterfest, Bad Alexandersbad, letztes Wochenende vor den bayerischen Sommerferien
Das Fest setzt den Ort mit einer

Brunnenfest, Wunsiedel

Meilerfest, Häusellohe

Lichterfest, Bad Alexandersbad

Sommerlounge des Fördervereins Fichtelgebirge, wechselnde Orte (im Bild: Rehau)

faszinierenden Licht-Show, Feuerwerk und Musik sehr gelungen in Szene.

Altstadtfest, Marktredwitz, drittes Wochenende
Das Highlight im Veranstaltungskalender der Stadt. Mit Tanz- und Sportvorführungen, DJs und Live-Bands.

Natur Raum Open Air, Fichtelsee, vorauss. immer im Juli, ohne festen Termin
Schönes Strandfest in bester Lage, mit Markt, Kunst und Musik. Angebote wie Wasserjoga und Massagen sorgen für Entspannung pur. DJs legen ab nachmittags Musik zum Chillen, später vor allem auch zum Tanzen auf. Über den genauen Termin des Wochenend-Events informiert die fb-Seite des Veranstalters.

August

Sommerlounge, immer an wechselnden Orten, erster Donnerstag
Die größte Afterwork-Party im Fichtelgebirge: mit umfangreichem Rahmenprogramm (u.a. großer Tombola), einer Regionalmesse, Ortsführungen, Diskussionsrunden zu aktuellen Themen und Meilenstein-Projekten des Fichtelgebirges. www.foerderverein-fichtelgebirge.de

Porzellanflohmarkt, Selb, erstes Wochenende
Über 300 Anbieter bieten in der Selber Innenstadt historisches Porzellan an. Der größte Flohmarkt dieser Art in Europa.

PEMAKULTUR-Festival, Weißenstadt, ab dem ersten Wochenende
Klassische und Neue Musik, volkstümlicher und moderner Tanz, Literatur und Bildende Kunst, Brauchtum und Technologie sind über eine Woche lang an unterschiedlichen Orten auf hohem Niveau zu erleben. www.pemakultur.de

Collis Clamat, Wunsiedel, Donnerstag bis zum Sonntag, Mitte August
Großes Mittelalterfest am Bürgerpark. Umfangreiches Rahmenprogramm mit Reitershow, Fechten, Bogenschießen, Artisten und viel Musik. www.collis-clamat.de

Sommerparkfest, Bad Berneck, zweites Wochenende
Im herrlichen Ambiente des Kurparks gibt es Live-Musik am Samstag und einen Gartenkunstmarkt am Sonntag.

Handwerkerfest, Hallerstein bei Schwarzenbach a.d Saale, dritter Sonntag – an allen ungeraden Jahren
Attraktiver Markt ohne kommerziellen Schnickschnack. www.hallerstein.de

September

Mediaval, Selb, letztes Ferienwochenende der bayerischen Sommerferien
Europas größtes Mittelalter-Festival. Rockige und folkige Musik mit sattem Rahmenprogramm, u.a. Handwerkermarkt und Kleinkunst, an der Goldbergbucht. www.festival-mediaval.com

November

my Heimat Fichtelgebirge, Wunsiedel, am ersten Sonntag
Markt für Handwerk, Genuss und Design, alles made im Fichtelgebirge, im altehrwürdigen Spitalhof des Fichtelgebirgsmuseums.

Mediaval, Selb

Weihnachtsmarkt, Hohenberg a. d. Eger

● **Weihnachtsmarkt, Weißenstadt, in der Regel ab Ende November, an drei Adventswochenenden**
Markt mit viel Flair im Weißenstädter Kurpark

November/ Dezember

● **Lebkuchenmarkt, Rehau, erstes Adventswochenende**
Mit über einem Dutzend Lebküchnern aus drei verschiedenen Ländern und anderen weihnachtlichen Genüssen, einzigartig in Deutschland, am zentralen Maxplatz

● **Weihnachtsmarkt, Hohenberg a.d. Eger, zweites Adventswochenende**
Schön gestalteter Markt vor dem illuminierten Burgplatz

● **Hofweihnacht, Schirnding, viertes Adventswochenende**
Stimmungsvoller Markt im Hof der Schäferei Frank. Mit Live-Musik, Feuerkünstlern und Spezialitäten (Schafsbratwürste). www.schaeferei-frank.net

● **Waldweihnacht, Fichtelberg, 26. Dezember**
Besonders stimmungsvolle Weihnachtsfeier, mit Spaziergang zum Fichtelsee, besinnlicher Musik und weihnachtlicher Begleitung (Engel, Nikolaus, Christkind). Start am Fichtelsee-Parkplatz, 17 Uhr.

Der besondere Event:

Fingerboarding-WM, Termin flexibel, Schwarzenbach a.d. Saale
Fingerboarding ist auch für Laien ein Ereignis. Die Teilnehmer der WM konkurrieren auf dem Gelände der ehemaligen Winterling Porzellanfabrik (Kirchenlamitzer Straße 20) um den Titel des besten Mini-Skateboard-Fahrers. Alle Tricks des echten Skateboard-Fahrens werden eins zu eins mit den Fingern ausgeführt.

Warum das Ganze in Schwarzenbach läuft? Das Unternehmen „blackriver" produziert vor Ort Mini-Boards und Zubehör und organisiert den Event. Infos und Termine unter: www.blackriver-shop.com

Die Perle im Stiftland

Das Kloster Waldsassen im Stiftland hat eine weit über die Region reichende Ausstrahlung, zum einen durch die Gegebenheiten des Gebäudes, das ab 1995 völlig restauriert und zuletzt um das Gästehaus St. Joseph erweitert wurde.

Abtei Waldsassen
Basilikaplatz 2
95652 Waldsassen
Tel. 09632 / 92000
www.abtei-waldsassen.de
info@abtei-waldsassen.de

Gästehaus St. Joseph
Tel. 09632 / 923880
www.haus-sankt-jospeh.de

Öffnungszeiten Bibliothek
Palmsonntag bis 31. Oktober:
Dienstag bis Freitag: 11 Uhr – 16 Uhr
Samstag 10 Uhr – 16 Uhr
Sonntag 11 Uhr – 16 Uhr
Geschlossen: Karfreitag

1. November bis Palmsonntag
Mittwoch bis Sonntag 13 – 16 Uhr
Vom 2. Advent bis einschl. 25.12. geschlossen

24./25.12 geschlossen

Öffnungszeiten Klosterladen
Palmsonntag bis 31. Oktober:
Dienstag bis Freitag 10.30 – 16.30 Uhr
Samstag 9.30 – 16.30 Uhr
Sonntag 10.30 – 16.30 Uhr
Geschlossen: Karfreitag

1. November bis Palmsonntag:
Dienstag bis Sonntag 13 – 16 Uhr

Ein Glanzstück neben der Basilika – das Gästehaus St. Joseph mit Klosterladen, Hotel und Restaurant steht für alle Besucher offen. Unten: die prächtige Klosterbibliothek.

Zum anderen durch die Spiritualität der Zisterzienserinnen, die durch einen kleinen, auch vom Altersdurchschnitt her jungen Konvent lebendig gehalten wird. Das Erbe und die Gegenwart vereinen sich zu einem Gesamtkunstwerk, das jeden in den Bann zieht.
Das Kloster wurde 1133 als erste der fünf bayerischen Zisterzienserabteien gegründet. Während die Benediktiner sich auf Bergen niederließen, nahmen die Zisterzienser als Reform-Orden ihren Sitz in Tälern ein, um die Wasserversorgung für andere Klöster zu erschließen. Darauf gehen wegweisende Errungenschaften zurück: der Bau von Mühlen, das waagrechte Wasserrad und hydraulische Erfindungen, im Stiftland (dem gestifteten Land) zudem markante Spezialitäten der oberpfälzischen Genusskultur, denn die Teichwirtschaft in der nördlichen Oberpfalz und das Zoigl-Bier nahmen im Kloster ihren Anfang.
Der Dreißigjährige Krieg und die Säkularisation brachten das Klosterleben zum Erliegen. 1864 jedoch zog eine Gruppe von Pionierschwestern in das barocke Gemäuer ein, um die Mädchenbildung voran zu bringen – und blieb. 2014 feierte

Wasser und Heilkräuter begegnen dem Besucher auf Schritt und Tritt – im Kräutergarten (links), auf dem Wasser-Erlebnispfad und auf der alten Brücke im Park (im Bild mit den Schwestern).

das Frauenkloster 150-jähriges Bestehen.
Wasser ist das Element alles Lebendigen, ein wesentlicher Bestandteil der Schöpfung und somit auch als spirituelles Thema im Kloster von großer Bedeutung. Im Mittelpunkt steht der Mensch im Einklang mit Gott und seiner natürlichen Umwelt. Wie relevant diese Zielsetzung in lebenspraktischer Hinsicht ist, offenbart die „staatlich anerkannte Umweltstation". Hier dreht sich alles um Kräuter, Hildegard von Bingen, Kneipp, Bienen, Wetter, einen Bauerngarten und natürlich Wasser.

Die Zimmer des Gästehauses St. Joseph sind angenehm klar und sauber, mit hochwertigen Materialien und liebevollen architektonischen Details ausgestattet.

Angeschoben wurde dieses Pionierunternehmen der jüngsten Geschichte von Sr. M. Laetitia Fech OCist., die 1995, mit damals 37 Jahren, zur Äbtissin gewählt wurde. Es bildete den Keim für das Kultur- und Begegnungszentrum, das mit einem umfangreichen Angebot an Führungen, Diskussionen, Gebets- und Besinnungswegen jedem offen steht (Programm s. Webseite). Im prächtigen Barocksaal finden in Zusammenarbeit mit dem Waldsassener Kammermusikkreis hochkarätige Veranstaltungen statt, so auch in der wunderschönen Basilika, die allein einen Besuch lohnt, wie auch die überaus prachtvolle Bibliothek. Die Räumlichkeiten stehen auch für Tagungen, Hochzeiten und Ausstellungen zur Verfügung.
Zum Kloster gehört eine Mädchenrealschule, die seit 2002 als sechsstufige Realschule geführt wird und seit jeher einen guten Ruf genießt. Die unter Federführung von Mt. M. Laetitia umgesetzte Generalsanierung (1995-2011), der Umstieg auf eine nachhaltige Energieversorgung mittels topmoderner Hackschnitzelanlage und das 2008 eröffnete Gästehaus setzten die erfolgreiche Entwicklung fort.
Beten, arbeiten und lesen bestimmen getreu den Regeln des heiligen Benedikts das Leben der elf Schwestern (Stand: 2014). Die Gäste können unabhängig von ihrer Konfession am Stundengebet – 7 mal pro Tag – teilnehmen, zuhören, den Wellenschlag spüren, aber auch wie ein normaler Hotelgast, umgeben von der speziellen Kloster-Atmosphäre, dem Alltagsstress entfliehen und Ruhe finden. Das Restaurant verwöhnt mit Zutaten aus dem Klostergarten und tschechisch inspirierter Küche – das Egerland liegt ja praktisch vor der Haustür. An Leib und Seele gleichermaßen wendet sich der Klosterladen mit Spezialitäten, Devotionalien und Literatur. Die Magie des Ortes setzt sich auch im Kleinen fort.

Szegediner Gulasch

von Benjamin Standfest,
Gästehaus St. Joseph, Waldsassen

Zubereitung Knödel
Die ganzen Zutaten in eine Schüssel geben und zu einem lockeren Hefeteig verrühren. 20 Minuten gehen lassen, aus dem Teig zwei gleich große Laibe formen und nochmals 20 Minuten gehen lassen
Die Laibe in ein Geschirrtuch wickeln und 20 Minuten in Salzwasser ziehen lassen.
Danach aus dem Wasser nehmen. Die Knödel mit der Gabel einstechen, damit die Luft entweicht, den Laib in Scheiben schneiden.

Zubereitung Gulasch
Die gewürfelten Zwiebeln in Butterschmalz anbraten, danach die 1 cm großen Schulterstücke dazugeben und anbraten. Das Tomatenmark dazugeben und kurz mitrösten, danach das Mehl, Knoblauch und die Gewürze dazugeben und mit 1 l Rinderbrühe aufgießen.
Eine ¾ Stunde zugedeckt schmoren lassen.
Das Sauerkraut dazugeben und noch mal 10 Minuten weiterkochen lassen. Das Gulasch abschmecken, mit Sauerrahm verfeinern und mit den Knödeln servieren.

Zutaten für 10 Personen
1 kg Schweineschulter
300 g Zwiebeln
300 g Sauerkraut
1 EL Tomantenmark
1 EL Mehl
80 g Butterschmalz
2 Knoblauchzehen
2 EL Sauerrahm
1 l Rinderbrühe
Salz, Pfeffer, Paprika edelsüß, Majoran, Lorbeer, Wachholder, Nelken

Zutaten Böhmische Knödel:
850 g Spätzlemehl
650 ml Milch
20 g Eigelb
20 g Hefe
20 g Salz
20 g frische Hefe
180 g gewürfelte altbackene Semmeln

Farbiger Ton, weihnachtlicher Klang

Die Marktredwitzer Krippenkultur

Krippen gehören unabdingbar zur Weihnachtszeit. Seit Jahrhunderten zieren sie Kirchen, Privathäuser und öffentliche Plätze. Auch die Stadt Marktredwitz verfügt über eine eigene Krippenkultur.

Dabei stellt die Marktredwitzer Krippentradition eine für die Region einzigartige Besonderheit dar. Der jährliche Krippenweg setzt diese fort. Marktredwitzer Krippen sind aus feinem Hafenton gefertigt. Die ersten Figuren entstanden Mitte des 19. Jahrhunderts, als das heimische Töpferhandwerk starker Konkurrenz durch das neue Emaille- und Porzellangeschirr ausgesetzt war. Industriell gefertigtes Gebrauchsporzellan war auch für den kleinen Geldbeutel erschwinglich, irdene Töpferwaren wenig gefragt. Die Töpfer schauten sich nach neuen Erwerbsquellen um und fanden sie in der Herstellung von Krippenfiguren. Sie begannen, Figürchen aus Ton zu formen, zu brennen und bunt zu bemalen. Damit war die Marktredwitzer Landschaftskrippe geboren.

Szenerien aus Marktredwitzer Landschaftskrippen – Oben: Krippe der Familie Dick. Unten: Krippe von Albin Artmann

Noch heute erinnert man sich an einzelne Hafnerfamilien, die durch die Vielfalt und Qualität ihrer Krippenfiguren berühmt geworden sind. Dazu gehört insbesondere die Hafnerfamilie Meyer, genannt die „Dammhafner". Der Hausname geht zurück auf Kaspar Meyer (1820-1886), der aus der Innenstadt an den Stadtrand zog. Seine Nachfahren folgten dem Beispiel des Vaters, so dass hier über Generationen Krippenfiguren hergestellt wurden. Daneben gab es noch andere Hersteller, wie die Familie Patz oder Max Völkel aus Brand.

Die Bezeichnung „Landschaftskrippe" kommt nicht von ungefähr. Die Marktredwitzer Krippen nehmen mehrere Quadratmeter große Flächen ein, oft ganze Zimmer. Das eigentliche Krippengeschehen tritt dabei optisch eher in den Hintergrund. Die Krippen

Nicht nur die Figuren, sondern auch die Maße der Marktredwitzer Landschaftskrippen sind besonders. Manchmal nehmen sie ganze Zimmer ein. Im Bild: Krippe der Familie Dick. Unten: Krippe der Familie Kolb.

werden vielmehr bestimmt von Szenen bürgerlichen und bäuerlichen Lebens. Oft ist die eigentliche Geburtsszene Christi nicht gleich zu entdecken. Sie ist nur ein Teil in einer kunstvoll gestalteten Alpenkulisse, die unverkennbar mit der einstigen Zugehörigkeit zu Österreich (Böhmen) und der Lage im Egerland zusammenhängt.

Insbesondere die Vielfalt der Marktredwitzer Krippenfiguren trug zu ihrem Erfolg bei. Schufen die Töpfer zunächst die heilige Familie, Engel, Hirten und Schafe, wurden die Szenen rasch erweitert um zahlreiche Figuren und Tiere aus der alpenländischen Lebenswelt. Die Marktredwitzer Krippen sind bevölkert von Bauern, Jägern, Hirten, Männern und Frauen in oberbayerischen Trachten sowie heimischer Kleidung z.B. Egerländer Tracht. Oft stehen die Figuren in Szenen zusammen, in Marktredwitzer Mundart „Stickla" genannt. Hier werden kleine Geschichten aus dem Alltag erzählt: Jäger stellen einen Wilderer, der Dorfschmied repariert eine gebrochene Radachse, ein Schwein wird geschlachtet, die Musik spielt zum Tanz auf. Auch Szenen aus dem Jahres- und Lebenskreis wie Fronleichnamsprozessionen und Hochzeitsbäuche sind in den Krippen dargestellt.

Vorbild Münchener Schule

Als Vorbilder für die Figuren und Szenen dienten dabei Zeichnungen und Gemälde der Münchener Schule – Defregger, Leibl, Gritzner und andere – ebenso wie Motive aus Zeitschriften und Büchern. Dabei fertigten die Töpfer ihre Figuren durchaus auch nach Wünschen der Kundschaft an. Davon zeugen zahlreiche Marktredwitzer Originale, die die Marktredwitzer Krippen bereichern. Dazu gehören der Klempnermeister Georg Meyer, genannt „Hemmärml-Schorsch", der Polizeidiener Küspert, der Förster Grießhammer, der Baumeister Mühlhöfer und der Töpfermeister Karl Meyer. Auch Personen der Zeitgeschichte fanden Eingang in die Krippen, so der deutsche Kaiser Wilhelm II., der österreichische Kaiser Franz Joseph II. oder

der populäre Prinzregent Luitpold von Bayern. Selbst Marktredwitzer Oberbürgermeister sollen schon als Krippenfiguren gesehen worden sein.
Ihre große Zeit hatten die Marktredwitzer Krippen um die Jahrhundertwende. Die Industrialisierung hatte gerade in den bürgerlichen Kreisen die Sehnsucht nach einem einfachen, ruhigen Leben in überlieferter Ordnung geweckt. Das Leben auf dem Land, bestimmt durch die Gesetzmäßigkeit der Natur, schien diesem Bild zu entsprechen. Damit trugen die Szenen der Marktredwitzer Landschaftskrippen gleichermaßen einem romantisch verklärten Blick wie der allgemeinen Alpensehnsucht Rechnung.

Auch heute sind die „Kripperer" vor Weihnachten wochenlang mit dem Krippenaufstellen beschäftigt. Schon im Herbst wird Material gesammelt für die Landschaften, die aus Steinen, Wurzeln, Holzkisten, Baumrinde und Polstern aus Moos gestaltet werden. Zum Ehrgeiz des engagierten „Kripperers" gehört es, seiner Krippe jedes Jahr ein neues Thema und ein anderes Aussehen zu geben.
Aus dem fast vergessenen Brauch des gegenseitigen Besuchens und „Krippenschauens" entstand 1989 der „Marktredwitzer Krippenweg", der inzwischen 25 Stationen umfasst und neben den Kirchen auch in zahlreiche Privathäuser führt. Er findet alljährlich zwischen dem zweiten Weihnachtsfeiertag und

Typische Marktredwitzer Tonfigur, bemalt von Albin Artmann.

dem Dreikönigstag statt. Der Besucher wird dort gastfreundlich empfangen, über Geschichte, Umfang und Motive der einzelnen Krippen aufgeklärt und bekommt hin und wieder sogar ein Schnäpschen angeboten.

Edith Kalbskopf

Als Info-Stelle ist die Tourist-Information ein guter Anlaufpunkt: Tourist Information · Markt 29
95615 Marktredwitz · Tel. 09231 / 501128
www.tourismus-marktredwitz.de

Begegnung in der Werkstatt

Das private Wohnhaus der Familie Artmann liegt nicht an der Hauptroute des Marktredwitzer Krippenwegs, ist für Neugierige, Sammler und Experten jedoch umso interessanter. Albin Artmann ist wie Alfred Geyer aus Brandt einer der wenigen Krippenfreunde, der noch eigene Figuren aus Ton und Keramik herstellt. Die Besucher können bei ihm nicht nur eine gut 12 qm große Krippe, sondern auch die Werkstatt und das umfangreiche Figurenkabinett bestaunen.
Zu Artmanns Sammlung gehören auch alte Figuren, die zwischen 1850 und 1890 von Kaspar und Wilhelm Meyer geschaffen wurden. Während manche Plastiken früher noch direkt aus dem Ton gestochen wurden, gießt Albin Artmann seine Figuren in der Regel aus Gipsmodeln, wobei das Ergebnis zuvor mit einer Silikon-Model getestet wurde. Manchmal verwendet er auch Schnitzrohlinge, die er zurechtfeilt und dann in eine Gussform überführt. Der Marktredwitzer Kunsthandwerker bietet einige seiner Eigenkreationen zum Verkauf an.

Kontakt Krippenfreunde Marktredwitz
Albin Artmann · Wegenerstr. 2j · 95615 Marktredwitz
Tel. 09231 / 8363 · E-Mail: Albin.Artmann@t-online.de

In seiner Werkstatt gibt Krippenbauer Albin Artmann den Tonfiguren eine Gestalt.

Faszination Mittelalter

In Bad Berneck lässt sich die Geschichte des mittelalterlichen Burgenbaus auf schattigen Waldpfaden mit romantischen Aussichtspunkten erleben

von Sandra Schiffel und Claus Rabsahl

Es klingt fast wie im Märchen: Sieben Hügel umgeben das Städtchen Bad Berneck im Fichtelgebirge, sieben Flüsse und Bäche durchfließen den Ort – und sieben Burgen auf den Höhen um die Stadt zeugen nicht nur von einer bewegten Vergangenheit, sondern geben auch noch einen tiefen Einblick in die Geschichte des Burgenbaus Deutschlands. Zwar finden sich entlang des Weges mit einer Ausnahme, der Burg Stein, „nur" noch Ruinen. Diese sind jedoch hervorragende Zeugen der Geschichte des Burgenbaus, da sie alle nur relativ kurze Zeit genutzt wurden und deshalb ihre bauzeittypischen Merkmale behalten haben. So lässt sich die Entwicklung der Burgenkultur anhand von sieben Wehrbauten auf einer großen Wanderung oder mehreren kleinen Wanderungen über die Höhen um Bad Berneck wunderbar nachvollziehen.

Hohe Warte – eine frühmittelalterliche Wallburg

Begeben wir uns zurück in die sogenannten „dark ages", als noch kaum schriftliche Urkunden den Lauf der Geschichte erhellen. Das fränkische Reich der Karolinger und Ottonen war noch lange nicht gefestigt. Im 10. Jahrhundert bedrohen vor allem die Ungarn oder Hunnen, wie sie damals fälschlicherweise genannt wurden, das junge Reich. Ein vorausschauender Kaiser, Heinrich I., verschaffte damals seinem Volk eine Atempause. Er vereinbarte einen Waffenstillstand und Tributzahlungen mit den Ungarn und nutzte die so gewonnene Zeit klug: Er forderte die Bevölkerung auf, überall in seinem Reich Burgen zum Schutz von Mensch und Tier zu errichten. Aus dieser Zeit dürfte auch die älteste Burg auf dem Hausberg Bad Bernecks, der Hohen Warte, stammen. Diese Wehrbauten hatten jedoch noch keinerlei Ähnlichkeit mit dem Bild, das wir heute von Burgen haben. So fehlten in der Regel Türme wie auch größere Bauten innerhalb der Burg. Die Hauptverteidigungsanlagen bestanden aus einem Hauptwall und einer Reihe vorgelagerter Wälle; deshalb auch der Name Wallburg. Diese Burgen waren ungleich größer als die späteren Adelsburgen und besaßen oft eine Grundfläche von mehreren Hektar. Sie dienten der Grenzbefestigung, aber auch als Truppensammelstelle für den Heerbann des Königs oder als Fluchtburgen für die nahegelegenen Dörfer. Der Standort auf der Hohen Warte war durchaus strategisch gewählt. Eine der wichtigsten Handelsstraßen zwischen Mittelmeer und Ostsee, die später so genannte via imperii, querte unterhalb der Hohen Warte über eine Furt den Main und erklomm von dort durch das Rimlastal die Höhen des damals noch unbesiedelten Fichtelgebirges.

Vor allem im Winter sind die gestaffelten Wälle, die den Bergsporn auf der Angriffsseite schützten, noch heute gut erkennbar. Der oberste, innere Hauptwall weist immer noch eine Höhe von bis zu 5 Metern auf.
In Richtung des Steilabfalls zum Maintal fehlen dagegen jegliche Verteidigungsanlagen. Dies sowie die tiefe Staffelung der Wälle könnten ein Hinweis auf die Nutzung als Ungarnburg sein, die ja vornehmlich dem Schutz vor berittenen Reitern dienen sollte.

Alt-Berneck – eine hochmittelalterliche Turmburg des Hochadels

Während der nächsten Jahrzehnte bzw. Jahrhunderte wuchs die Bevölkerung. Dieser Bevölkerungsdruck führte dazu, dass auch das Fichtelgebirge allmählich aufgesiedelt wurde. Durch Rodungen entstanden neue Wirtschaftsflächen. Zahlreiche Orte in Oberfranken, deren Namen auf „-reuth" enden, zeugen davon. In diese Zeit und in die Gegend um das Dörfchen Bärnreuth dürften die Ursprünge Bad Bernecks fallen. Der dort erhaltene Flurname Alt-Berneck und eine frühe Turmburg hoch über dem Ölschnitztal verweisen darauf. Errichtet wurde die Burg von dem Adelsgeschlecht der Walpoten („Gewaltboten", Träger der Staatsgewalt).

Heute wie damals betritt der Besucher das Burgareal über einen schmalen Felsgrat, der den Halsgraben quert. Im Spätmittelalter hätte man hier sicherlich eine Zugbrücke errichtet. Wenn wir uns nach dem Halsgraben links auf gleicher Höhe halten, erreichen wir den Bereich der Vorburg. Von dieser führte eine noch erkennbare Rampe – vermutlich durch einen Torturm – in die Hauptburg. Innerhalb der wohl von Palisaden geschützten Vorburg standen lediglich höl-

Alt-Berneck: Die Grundanlage dieser für ihre Zeit hochmodernen Burg ist heute noch gut erkennbar: Auf einem Bergsporn erhob sich über dem kreisrunden Fundament ein steinerner Wohnturm. Mit seinem Durchmesser von 11 Metern ergaben sich bei einer Mauerstärke von rund 2,5 Metern Wohnräume von knapp 30 Quadratmetern auf mehreren Stockwerken. Der Eingang befand sich vermutlich hoch über der Erde. Aus Grabungsfunden wissen wir, dass es sich um einen repräsentativen Bau mit Tür- bzw. Fenstergewänden, geschmückt mit profiliertem Sandstein, gehandelt hat. Ob das oberste Stockwerk in Fachwerk ausgeführt war, darüber haben wir ebenso wenig Kenntnis wie über die Höhe des Turms. Er dürfte jedoch in etwa die Höhe des doppelten Durchmessers – also beachtliche 22 Meter – besessen haben. Der Wohnturm war neben der zeittypisch sehr eng um den Turm gebauten Ringmauer und einem etwaigen Torbau oftmals das einzige steinerne Bauteil der frühen Adelsburg.

Altes Schloss: Bestimmend ist der noch heute erhaltene Bergfried des alten Schlosses, der die Wehrfunktion des außer Mode gekommenen Wohnturms übernahm. Die Wohnfunktion übernahm dagegen ein eigenes Gebäude, der Palas. Den gesamten Komplex umgab eine Ringmauer.

zerne Bauten. Etwas weiter finden wir zwei Vorwälle, die vor Angriffen aus dem Ölschnitztal schützten. Die kurz nach der Jahrtausendwende errichtete Alt-Berneck gehört als Steinburg mit den selten nachgewiesenen profilierten Fenstergewänden zu den frühesten und hochrangigsten Vertretern dieses Bautyps, von dem in Deutschland nur noch etwa 60 bis 70 Anlagen zu finden sind. Selbst die Gaugrafen des Gebiets, die Grafen von Abenberg, bewohnten zu dieser Zeit noch eine hölzerne Burg. Und selbst im burgenreichen England wurde erst 1077 die steinerne Burg des Königs, der Tower of London, errichtet. Natürlich war der durchschnittliche Adlige keineswegs so steinreich, dass er sich auch eine steinerne Burg auf den Bergeshöhen leisten konnte. Der niedere Adel lebte noch lange im Dorfverbund und errichtete dort hölzerne, von Palisaden geschützte Wohntürme. Ein solcher befand sich im Weiler Hermersreuth auf der heute als Bodendenkmal geschützten Insel im dortigen Dorfteich.

Die Walpotenburg – Umzug in eine verkehrsgünstige Lage

Wenden wir uns aber wieder den Geschicken der Walpoten zu. Mitte des 12. Jahrhunderts wurde immer deutlicher, dass die Lage der Burg Alt-Berneck den modernen Erfordernissen, insbesondere auch der Zunahme des Handelsverkehrs, nicht mehr gewachsen war. Auf der Straße steppte der Bär, und im stillen Winkel des Ölschnitztals konnte man kaum davon profitieren. Eine neue Burg mußte her, und zwar direkt an der Straße! Damals wurde die Trasse der via imperii auf den Schloßberg verlegt. Und genau dort – nämlich an der Stelle der heutigen Hohenberneck – errichtete das Adelsgeschlecht der Walpoten seine neue Burg, die sogenannte Walpotenburg.

Das Alte Schloss – die klassische Adelsburg

Im frühen 13. Jahrhundert verloren die Walpoten Berneck an die aufstrebenden Grafen von Andechs-Meranien. Man kann sich leicht vorstellen, dass die

Die älteste Abbildung des Schlossberg von 1767.

Den Zugang zur Hohenberneck prägt die spätgotische Zugbrücke. Das wallenrodische Wappen des Burgherrn über dem Eingang nimmt bereits das stilistische Empfinden der Renaissance vorweg.

mittlerweile in den Besitz des Bamberger Bistums gelangte Walpotenburg nicht gerade nach dem Geschmack der Grafen war. Daher errichteten sie bereits im zweiten Viertel des 13. Jahrhunderts das Alte Schloss – sozusagen als „Gegenburg", provokanterweise gleich unterhalb der bischöflichen Walpotenburg.
Wir befinden uns zur Bauzeit des Alten Schlosses in der hohen Zeit des Rittertums, der mittelalterlichen Dichtung und der Minnesänger. Walther von der Vogelweide hätte die Grundsteinlegung dieser Burg besingen können. Das Alte Schloss zeigt die Bauform der klassischen, stauferzeitlichen Burg mit Bergfried und Palas.

Sehen wir uns etwas auf der Burg um. An der westlichen Wand des Bergfrieds entdecken wir den alten Hocheingang. Einen derart hoch gelegenen, über eine schnell zerstörbare Holzkonstruktion oder Leiter erreichbaren Zugang finden wir bei fast allen Bergfrieden dieser Zeit. Rechts, etwas unterhalb dieses Eingangs, zeigt sich als Loch im Mauerwerk ein „Balkenschuh", der uns die beachtliche Höhe der ehemaligen inneren Ringmauer zeigt. An derselben Seite, zwischen Ecke und heutigem Eingang, sehen wir Wetzrillen. Die Bedeutung dieser Rillen ist unklar, doch dürfte das Schärfen von Waffen oder Werkzeugen die wahrscheinlichste Erklärung dieser Struktur sein.
Die Schießkammer im nördlichen Teil der Burg Richtung Freilichtbühne ist noch gut erhalten. Wer dort kurz Platz nimmt, sieht, dass der alte, hoch über der via imperii gelegene Zugang zur Burg ebenso gut im Schußfeld lag wie die Reichsstraße.

Zwei bedeutende Änderungen entstammen jedoch dem historisierenden 19. Jahrhundert, in dem auch die touristische Erschließung Bernecks begann: Das verteidigungstechnisch unsinnige, gotische Fenster, das auf den ehemaligen Zwinger schaut. Es entstammt eventuell dem Vorgängerbau der heutigen Pfarrkirche der Stadt. Der ehemalige Burggraben Richtung Stadt wurde verfüllt, um dort Spazierwege anlegen zu können. Erhalten ist jedoch der Halsgraben, in dem sich heute der Unterbau der kurz nach 1900 angelegten Freilichtbühne befindet.

Die Hohenberneck – eine Burg im Spannungsfeld zwischen Festung und Schloss

Offensichtlich empfanden die von Wallenrode, die mittlerweile als Amtmänner (markgräfliche Verwalter) das Alte Schloß bewohnten, dieses als veraltet, denn im Jahre 1478 erhielt Veit von Wallenrode von dem Markgraf die Erlaubnis, auf dem Burgstall der Walpotenburg eine neue Burg zu bauen. Er nannte diese Neuwallenrode, die Markgrafen nannten sie später Hohenberneck. Die Zeit der Minnesänger war längst vergessen, die aufstrebenden Städte und der Handel prägten das Reich, das an der Schwelle zur Neuzeit stand. Albrecht Dürer hätte die Fertigstellung der Burg porträtieren können.
Im ausgehenden Mittelalter waren Feuerwaffen längst Standard. Der ehemals dominierende Bergfried – einst weit sichtbares Machtsymbol, jetzt ein reizvolles Ziel für Kanonen – hatte ausgedient. Er wurde durch niedrigere, in die Burgmauer integrierte Kanonentürme ersetzt. Verteidigungstechnisch relevante Burgen wurden zu Festungen ausgebaut, der Adel realisierte seine Vorstellungen von Wohnkultur dagegen in Schlössern.
So ist die Hohenberneck – die wohl von allen Bernecker Burgen am meisten dem Klischee einer „Ritterburg" entspricht – eine der letzten ihrer Art in Deutschland.
Die Hohenberneck weist eine Reihe von Merkmalen sowohl des Festungs- als auch des Schlossbaus auf:

Der ehemalige spätgotische Palas der Hohenberneck steht noch heute zwei Stockwerke hoch an. Die unregelmäßige Anordnung der zahlreichen Maueröffnungen entspricht noch dem mittelalterlichen Stilempfinden, der Wohnkomfort ist jedoch bereits neuzeitlich.

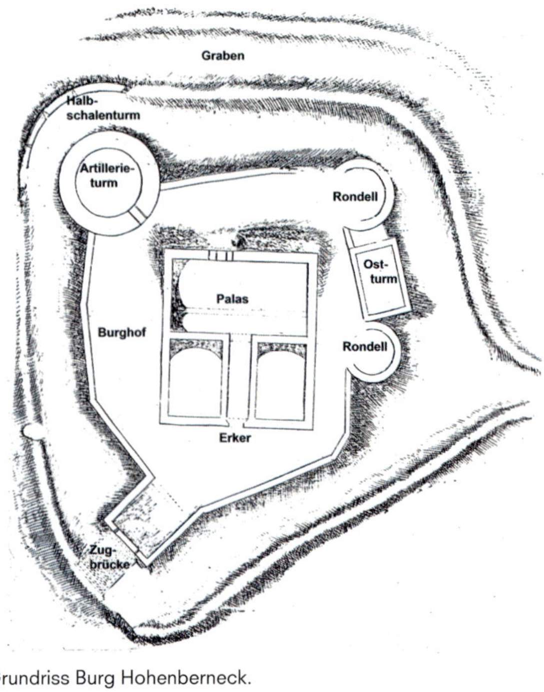

Grundriss Burg Hohenberneck.

Die mit modernen Senkscharten ausgestattete Burgmauer ergänzt im Nordwesten Richtung via imperii ein mächtiger Kanonenturm. Vorgelagert sind der Burg drei mächtige Wallanlagen, hinter denen die Burg von Norden fast verschwindet. Dies war auch so gewollt, denn um dem Beschuss von Feuerwaffen zu entgehen, war es am sinnvollsten, den Kanonen Erdwälle entgegenzusetzen, die dem Beschuss sehr gut widerstehen konnten. Die nach außen gezeigte Wehrhaftigkeit muss aber etwas relativiert werden. Zur Verteidigung war die Burg lediglich mit sechs Doppelhaken (Mittelding zwischen Gewehr und Kanone), vier einfechtigen Hakenbüchsen, 20 Bleikugeln und etwas Pulver ausgestattet. Damit war man vergleichsweise sogar gut aufgestellt, denn es konnten zumindest einige Schüsse abgegeben werden. Dies war auf anderen Burgen nicht immer der Fall – auch damals verstand man schon etwas von psychologischer Kriegsführung.

Das dominierende Bauwerk innerhalb der Burg ist der Wohnbau. Er besitzt noch zwei Stockwerke, Kragsteine weisen auf ein mögliches drittes Stockwerk hin. Dieses Gebäude könnte durchaus als Schloss gelten. Ein gotischer Prunkerker und Sitzbänke in den Fensternischen des großen Saales boten einen herrlichen Ausblick auf die Stadt und das Ölschnitztal. Auffällig sind die vielen Aussparungen in den Wänden. Dies waren die Wandschränke und die Regale des späten Mittelalters. Ein Ausgussstein im ersten Stock deutet die Lage der ehemaligen Burgküche an. Der Ausguss entwässerte direkt in den Burghof. Funde von Ofenkacheln deuten darauf, dass die Räume mit Kachelöfen geheizt wurden. Ein 1506 nachträglich eingebauter Röhrenbrunnen sorgte für fließendes Wasser.

Die Marienkapelle – eine der wehrhaftesten Burgkapellen Bayerns

Zwischen Altem Schloss und der Hohenberneck liegt die Ruine der Marienkapelle, der ehemaligen Burgkapelle. Sie ist eine der wehrhaftesten Kapellen Bayerns. Maulscharten unterstreichen diese Wehrhaftigkeit gegenüber der hier vorbeiführenden via imperii. Veit von Wallenrode legte 1480 den Grundstein

Hoch über der via imperii liegt der Eingang zur spätgotischen Burgkapelle der Hohenberneck, der Marienkapelle.

zur Burgkapelle, und zwar angeblich aufgrund eines Gelöbnisses: Bei einer seiner zwei Jerusalemreisen gelobte Veit von Wallenrode, einen Kreuzweg zu errichten, den er an der Marienkapelle enden ließ.

Burgkapelle Stein – von der Steinburg zum Sakralbau

Die einzige der vorgestellten Burgen, die sich noch unter Dach befindet, wird heute als Kapelle genutzt. Der heute sichtbare Bau wurde ab dem Jahr 1342 als Amtsburg in bischöflichem Lehnsbesitz an der Stelle eines älteren Baus errichtet. Diese Burg sollte wohl den Expansionsbestrebungen der Burg- und späteren Markgrafen einen Riegel vorschieben. Sehr deutlich wird an dieser bis heute genutzten Burg, wie die Bausubstanz sich im Laufe der Jahrhunderte veränderte. So sieht man auch als Laie zahlreiche Änderungen in der Fassade, wie vermauerte Fenster bzw. Türen. Das einzige Schlitzfenster dürfte noch bauzeitlich sein.
Die wunderschöne, in der Barockzeit geweihte Kapelle in der ehemaligen Burgkemenate gehört heute zur Kirchengemeinde Bad Berneck und ist nicht nur eine beliebte Hochzeitskapelle, sondern wird auch für kulturelle Veranstaltungen genutzt.

Die einsam gelegene Halbruine Stein liegt auf einem verwunschenen Bergsporn im Ölschnitztal. Sie ist ein schönes Beispiel für die im 14. Jahrhundert oftmals wieder aufgenommene Tradition der Wohntürme.

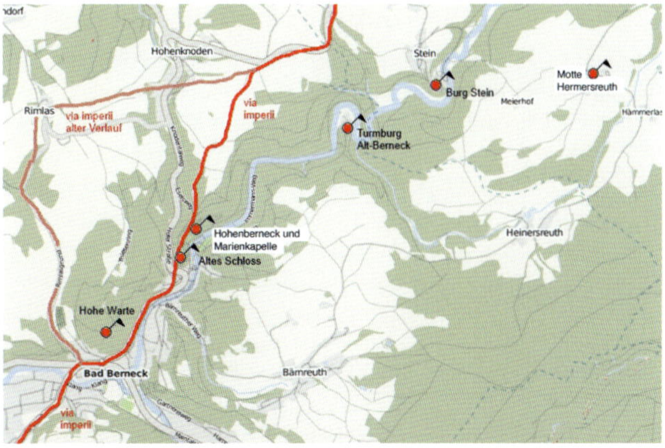

Die Übersichtskarte zeigt die beschriebenen Wehranlagen und die beiden Trassenverläufe der via imperii.

Museen einer sagenhaft sehenswerten Kulturregion

Das Fichtelgebirge war im Mittelalter das „Ruhrgebiet“ Deutschlands. Man förderte über- und untertage Eisenerz, Zinn, Gold, Silber und zahllose Gesteine und Mineralien.

Fichtelgebirgsmuseum Wunsiedel
Spitalhof
95632 Wunsiedel
Tel. 09232 / 2032
www.fichtelgebirgsmuseum.de
info@fichtelgebirgmuseum.de

Volkskundliches Gerätemuseum
Wunsiedler Str. 12-14
95659 Arzberg-Bergnersreuth
Tel. 09233 / 5225
www.bergnersreuth.de
museum@bergnersreuth.de

Öffnungszeiten:
Dienstag bis Sonntag 10 – 17 Uhr

Verschiedenste Grund- und Landesherren rissen sich verständlicherweise um die Regentschaft über die Region. Eine wechselvolle Regionalgeschichte war die Folge. Diese ist in Wunsiedel im Fichtelgebirgsmuseum, dem größten bayerischen Regionalmuseum auf 3100 Quadratmetern Ausstellungsfläche umfassend erlebbar.

Fichtelgebirgsmuseum

Das Bauensemble besteht aus insgesamt neun Gebäuden, gruppiert um einen romantischen Innenhof. Den Kern bildet das Sigmund Wann-Spital mit zugehöriger Spitalkirche, das 1456 errichtet wurde. Initiiert hat es der „Fugger“ Oberfrankens, Sigmund Wann. Er erwarb mit einem damals als „High-Tech“ geltenden Verfahren, der Blechverzinnung, enormen Reichtum. Das Spital existierte als Altersheim für verarmte Handwerksmeister bis 1961. Im Anschluss begann der Umbau zum Regionalmuseum, das zuvor seit 1908 im Lyzeum in Wunsiedel untergebracht war. Heute erwartet den Besucher ein Streifzug durch die Kultur- und Regionalgeschichte der Region. Mineralien und Bodenschätze, kunstgewerbliche Objekte, historische Kleidung, Fotografie, Handwerk, Spielzeug, Industrie und Bergbau, aber auch regionale Künstler sind Themen der Präsentation. Im Innenhof finden sich Schauwerkstätten, in denen Meister ihres Könnens die Verarbeitung regionaltypischer Werkstoffe zeigen. Zahlreiche Veranstaltungen, Feste und Märkte begeistern jedes Jahr die Besucher. Ein Highlight sind die Luisenburg-Festspiele, die den Innenhof als Spielort nutzen. Das Café im Spital ist nicht nur im Sommer eine Oase der Ruhe, die zum Entspannen und Genießen einlädt.

Volkskundliches Gerätemuseum

Das Volkskundliche Gerätemuseum in Arzberg-Bergnersreuth ergänzt die Präsentation in Wunsiedel um den bäuerlich-landwirtschaftlichen Aspekt. Es ist in einem ehemaligen Bauernhof aus den 1920er Jahren untergebracht. Zu sehen

sind das Wohnhaus, eine große Scheune und ein Stall. Von besonderem Interesse sind auch die Freiflächen mit bestelltem Acker, Gemüse-, Obst- und Ziergarten. In einem modernen Verwaltungsbau sind Veranstaltungsräume und eine Lehrküche untergebracht. Das Wohnhaus und der Stall verdeutlichen beispielhaft den Wandel der Landwirtschaft zu Beginn des 20. Jahrhunderts. Ein Alleinstellungsmerkmal des Museums sind die aufwendigen Schablonenmalereien an Wänden und auf den Böden. In der Dauerausstellung werden der Wandel der Landwirtschaft in der Region, das Transportwesen und die Konservierung von Lebensmitteln in Inszenierungen dargestellt.
Seit 2005 wird in der obersten Etage die Weißsche Krippe mit orientalischem und abendländischem Teil gezeigt. Sie umfasst 1800 Figuren und gehört zu den größten Marktredwitzer Landschaftskrippen, die ganzjährig gezeigt werden. Auch das Volkskundliche Gerätemuseum feiert gerne mit Gästen, insbesondere die Haus- und Hofmesse und das Volksmusikfest treffen auf ein begeistertes Publikum. Frisch gebackenes Holzofenbrot aus dem eigenen Ofen gibt es zu festen Terminen. Kurse zu altem Handwerk, Ernährung und Gartenpflege treffen stets auf großes Interesse.
In den Fichtelgebirgsmuseen werden regelmäßig überregional interessante Sonderausstellungen gezeigt. Das Themenspektrum ist hier schier unendlich. Auf Wunsch werden auch Führungen angeboten oder Themenpakete für Gruppenreisende für einen Tag mit Begleitung vermittelt.

Kultur erleben – lebendig, aktiv und zeitgemäß, dafür stehen die Fichtelgebirgsmuseen. In Ausstellungen oder bei Veranstaltungen wird die Lebensart im Fichtelgebirge in Vergangenheit und Gegenwart greifbar.

Bauernhofmuseum mit lebendiger Tradition

Ein Kleinod an den Ausläufern des nördlichen Fichtelgebirges: Seit 1983 ermöglicht das Oberfränkische Bauernhofmuseum mit seinen am ursprünglichen Ort erhaltenen Höfen einen aufschlussreichen Blick in die Vergangenheit.

Bei den traditionellen Veranstaltungen gibt es neben Vorführungen und Kinderaktionen immer gute Musikanten im Wirtschaftshof.

Der strohgedeckte Dietelhof wurde ebenso wie der Wirtschafthof an Ort und Stelle erhalten.

Oberfränkisches Bauernhofmuseum
Kleinlosnitz 5
95239 Zell i. Fichtelgebirge
Tel. 09251 / 3525
www.kleinlosnitz.de
museum@kleinlosnitz.de

Öffnungszeiten
2. Februar bis 30. April und 1. Oktober bis 15. November
Dienstag bis Freitag 13 –16 Uhr
Samstag und Sonntag 13 –17 Uhr

1. Mai bis 30. September
Dienstag bis Freitag 10 – 16 Uhr
Samstag und Sonntag 10 – 17 Uhr

Der Dietelhof, ein strohgedeckter Vierseithof des späten 18. Jahrhunderts, stellt mit der originalen Einrichtung eines der wertvollsten ländlichen Baudokumente Oberfrankens dar. Vom Keller bis zum Spitzboden, von der Schwarzen Küche bis zum Bienenhaus ist der Hof ungestört erhalten.

Das Handwerkerhaus aus Saalenstein wurde 1785 von einem Handweber gebaut. Zu diesem Trüpfhaus gehörte nicht viel mehr Grund als der, der durch das vom Dach tropfende Wasser markiert wurde. Kleine Nebengebäude wie Flachsbrechhaus, Bienen- und Taubenhaus, Viehwaage und ein historisches Windrad runden das außergewöhnliche Ensemble ab. Das Windrad ist ein Erkennungszeichen für das Museum, das schon von weitem auffällt.
Am Flachsbrechhaus finden museumspädagogische Aktionen statt. Der Museumsimker betreut die Bienen im Gelände und beaufsichtigt das Bienenhaus. Auf der Viehwaage können sich Gästegruppen wiegen lassen.
Der Wirtschaftshof wurde im frühen 20. Jahrhundert schrittweise erneuert. Die Scheune, die Gaststube mit den knarrenden Dielenbrettern und der Hofraum dienen als Veranstaltungsorte. Heute können Gäste hier Feste feiern. In dem Schuppen zeigt eine Ausstellung des Naturparks Fichtelgebirge den Wandel der Kulturlandschaft um den Waldstein in den letzten 400 Jahren.
Die Gaststube im Oberen Hof ist von Donnerstag bis Sonntag während der Öffnungszeiten des Museums oder nach Anmeldung geöffnet. Die Pächterin Ina Döge serviert hausgemachte Kuchen und regionale Schmankerl in der Gaststube und im Biergarten. Für Firmen- oder Privatveranstaltungen bieten auch die Nebengebäude einen besonderen Rahmen.

Spannende Geschichte der Mobilität

Während Jahr für Jahr unzählige Autos und Motorräder verschrottet werden, hat es sich die Unternehmerfamilie Eckert zur Aufgabe gemacht, motorisierte Schätze und Erinnerungsstücke zu sammeln, zu restaurieren, zu pflegen und auszustellen.

Exoten der Autowelt, wie hier ein Mercedes 300 SLR und ein Iso Grifo, reihen sich im Deutschen Fahrzeugmuseum unter Brot- und Butter-Autos ein, die schon zu Omas Zeiten durch das Fichtelgebirge fuhren. Wechselnde Ausstellungen lohnen auch sonst immer einen Besuch.

Die groß angelegte Schau des Deutschen Fahrzeugmuseums Fichtelberg umfasst auch Motorräder, Flugzeuge, Feuerwehrfahrzeuge, Traktoren und einige Exoten der Autowelt – Fahrzeuge aus jeder Epoche der Automobilgeschichte.
Der Hauptstandort des 1992 eröffneten Museum befindet sich im Nagler Weg 9-10. Auf drei Etagen, in zwei Ausstellungshallen und einem überdachten Freigelände wird hier die Automobilgeschichte hervorragend in Szene gesetzt. Aufgrund der guten Besucherentwicklung hat die Familie Eckert das privat betriebene Museum 2018 erweitert. Der zweite, ähnlich große Standort befindet sich in der Bayreuther Straße 33. Die Erweiterung wird im Besonderen für wechselnde Sonderausstellungen genutzt, um immer wieder attraktive und abwechslungsreiche Modelle aus der Geschichte der motorisierten Fortbewegung zeigen zu können.

PS-Begeisterte können sich auf viele Highlights freuen. So gibt es in den neuen Museumshallen z.B. die größte 2-Takt-Motorrad-Ausstellung Deutschlands zu sehen, aber auch rassige italienische Sportwagen der exotischen Marken Iso Rivolta und Bizzarrini. Weitere Schwerpunkte sind z.B. eine Zündapp-Ausstellung und eine Kleinwagenabteilung, die die Mobilität zu Zeiten des Wirtschaftswunders zeigt.

Das Fahrzeugmuseum hat bei der Erweiterung auch den Aspekt der Barrierefreiheit berücksichtigt, um Behindertengruppen einen angenehmen Aufenthalt zu gewährleisten und ist im Rahmen des Programms „Reisen für Alle“ zertifiziert. Die Eintrittsmünzen zu der Sonderausstellung Halle III erhalten die Besucher im Hauptgebäude des Museums im Nagler Weg. Der Museumsshop wartet mit kleinen Sammlerstücken, Souvenirs, einem Ausstellungskatalog und Fachliteratur auf. Zum empfehlenswerten Restaurant Museo sind es nur ein paar Schritte.

Deutsches Fahrzeugmuseum Fichtelberg
Nagler Weg 9-10
und Bayreuther Str. 33
95686 Fichtelberg
Tel. (Kasse)
09272 / 6066
Tel. (Zentrale)
09272 / 9710
www.amf-museum.de
info@amf-museum.de

Öffnungszeiten:
Täglich 10 – 17 Uhr
Außerhalb der Ferienzeiten montags geschlossen

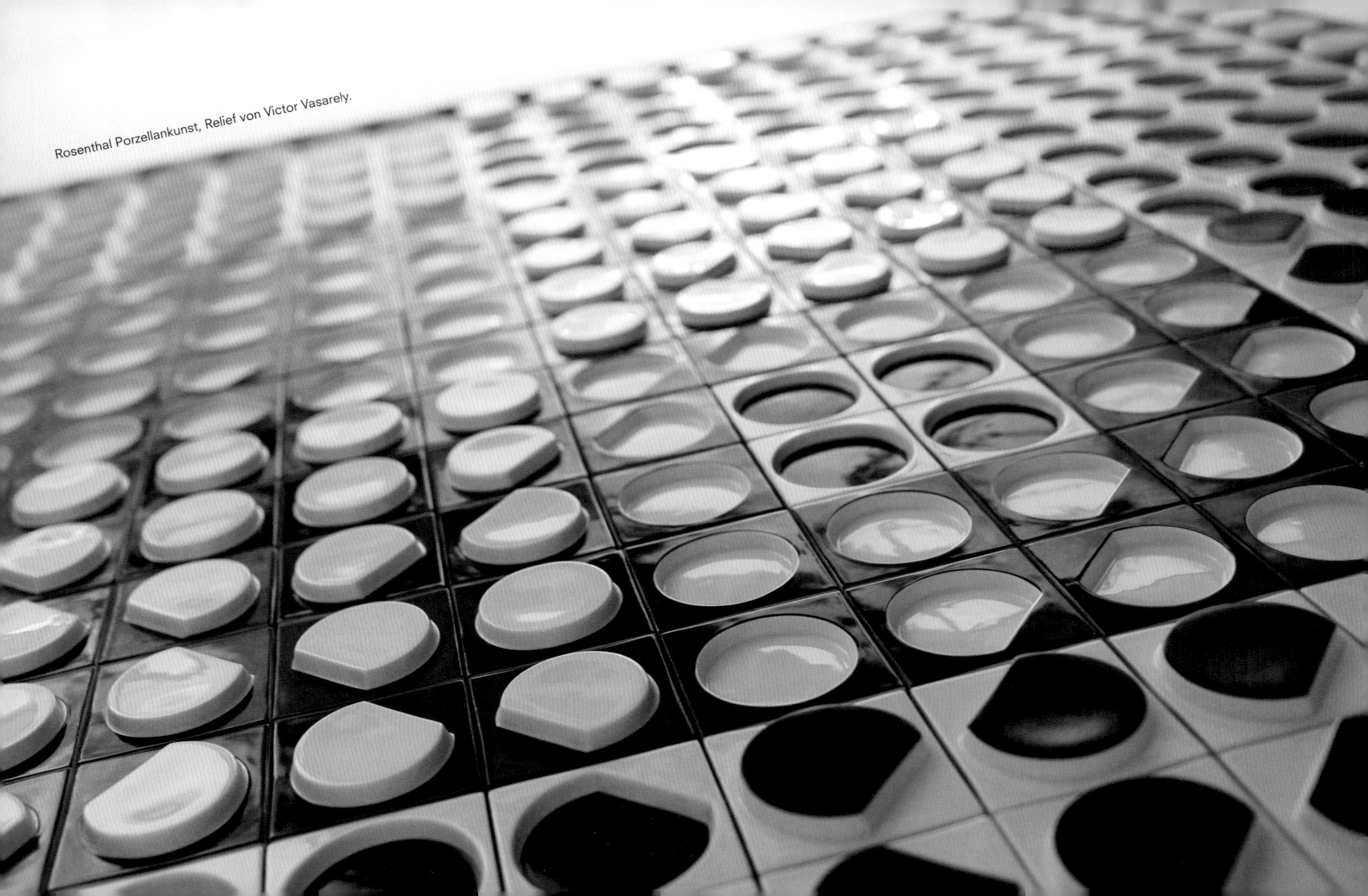

Rosenthal Porzellankunst, Relief von Victor Vasarely.

Weltkunst in der Provinz

Philip Rosenthal, die Kunst und das Kunsthaus Rehau

von Eugen Gomringer

Eugen Gomringer im Skulpturengarten Rehau.

Im Jahr 1967 trat Philip Rosenthal in mein Leben. Es schien vieles darauf hin zu weisen, dass ich mich als Geschäftsführer des Rates für Formgebung bei Rosenthal ausgesprochen eignen würde. Ich war nach Darmstadt eingeladen zu einer Vorstellung und gab einige Einsichten in meine Vergangenheit: Bolivien, Mehrsprachigkeit, Studium in Bern und Rom, Ludwig Curtius, Leo Bruhns, die Konkrete Poesie, Max Bill und Ulm,

Unternehmer mit Kunstsinn, Philip Rosenthal.

Anthony van Hoboken in Ascona und die Schweizer Schmirgel- und Schleifindustrie sowie den Werkbund. Und dann kam mit einem Glas Rotwein ein langer Mann auf mich zu und sagte, so einen wie mich könne er gut für seinen Konzern gebrauchen.
Schon lange wusste ich, dass in einem fernen Winkel des Landes Porzellan hergestellt wurde. Fragte man nach, wo dieser ferne Teil denn eigentlich sei, hieß es ziemlich ungenau, er läge hoch im Norden und weit im Osten und ein Gebirge läge gleichsam schützend davor. Es sei das Fichtelgebirge. Dieser Name löste bei mir den Eindruck von märchenhaft verträumter Abgelegenheit aus, von Waldschraten, moosbehangenen Bäumen, Nebelwetter und Einsamkeit sowie Erfindung der Mondschein-Romantik. Mein Interesse war geweckt und ich fuhr mit einem alten Gefährt viele Stunden, bis ich die ersten

Oben: Philip Rosenthal und Andy Warhol – Der New Yorker Pop Art Künstler kam am Flughafen Hof an und wurde statusgerecht wie ein Popstar empfangen. Mit dem Jaguar ging es nach Selb.

Höhen des Gebirges sah. Eine Mischung aus Monotonie und Feierlichkeit lagerte über der Landschaft und weit und breit war keine Menschenseele zu sehen. Schließlich kam ich nach Selb, hart an die Grenze des Eisernen Vorhangs und auch an die der Tschechoslowakei.

Zu Rosenthal hatte der Werkbund eher eine kritische Einstellung. Designförderung war zwar lobenswert, aber die Produkte der Nachkriegszeit konnten noch nicht recht überzeugen. Der Werkbund war für Arzberg und Philip Rosenthal noch ein unbeschriebenes Blatt, nur Eingeweihten ein Begriff. Er überraschte mich. Er wollte seine kulturellen Interessen erweitern, die für das Leben in der Abgeschiedenheit im Osten wichtig waren, um neue Mitarbeiter zu gewinnen und zu halten. Er hatte schon mit einem Kulturprogramm begonnen, aber es sollte noch mehr getan werden – konzernweit. Die Aufgabe reizte mich und ich sagte meine Mitarbeit zu.

Dalí-Teller für Rosenthal.

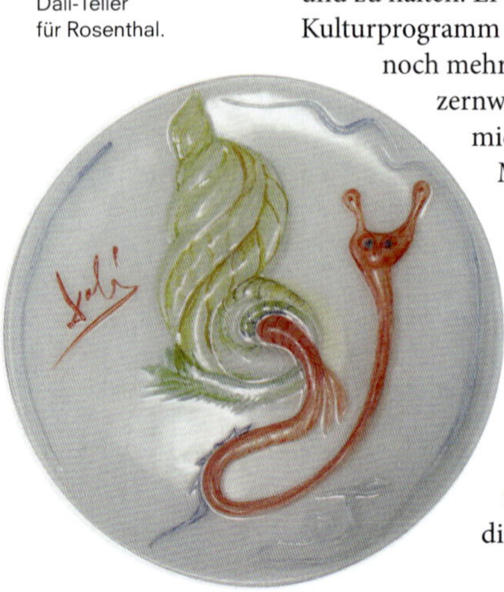

Leitbild „Kultur für alle"

Es waren im Prinzip zwei Bereiche, denen ich vorstand. Der erste war der Heimatbereich: Es sollte in Selb für die Arbeitnehmer die Möglichkeit geschaffen werden, Theatererlebnisse zu haben, wozu das bestehende Grenzlandtheater zur Verfügung stand. Wiederholt trug Philip Rosenthal mir und anderen leitenden Personen vor, wie wichtig es sei, dass Mitarbeiter mit ihren jungen Frauen sich alle paar Wochen in eine andere Garderobe kleiden könnten und in den Genuss von Konzerten, Theaterstücken und vor allem von so genannten „Weltereignissen" kämen. Alles sollte Niveau haben und dennoch gut verständlich sein, eben „Kultur für alle".

Ein besonderes Kapitel bei Rosenthal war für mich die Aufgabe, auch Salvador Dalí für die Mitarbeit zu gewinnen. Ich folgte Dalí von Cadaques ins Hotel Ritz in Barcelona, ins Hotel Meurice in Paris und ins St. Regis nach New York. Oft bedeutete dies einige Tage des Wartens, aber bei jeder Begegnung, meist in Gegenwart seiner sehr ironischen Ehefrau Gala, war Dalí die vollendete Höflichkeit, stets besorgt um meine Wünsche nach Tee oder sonst einem Getränk. Vom aufgeplusterten Surrealisten war da keine Spur. Spannend war der erste Kontakt in Barcelona, vor der spontanen Fertigstellung eines Vertrags im Hotel. Es war mir von seinem Sekretär schon bedeutet worden, dass unter einer Anzahlung von 100.000 Dollar nichts ginge. Die Summe wurde vom Finanzchef von Rosenthal in wenigen Tagen zusammen gesammelt, so dass ich mit einem Köfferchen voller Dollarnoten und einem Köfferchen mit meinen persönlichen Utensilien über die Grenzen reiste, unbehelligt, und Gala den Inhalt des ersten Koffers mit mir zählen konnte. Dalí selbst, im dunkelgrauen Flanellanzug, versorgte mich – wie auch später – immer mit Tee. Ein Künstlerteller und ein Service waren die Ausbeute. Der Name Salvador Dalí aber war seither bei den Rosenthal-Mitarbeitern in aller Munde.

Kunstwerke in Porzellan

Der zweite Bereich meiner Tätigkeit betraf also die Kunst. Was Arnold Bode in den 1960er Jahren schon eingeleitet hatte, nämlich mit Rosenthal-Porzellan Kunstwerke in Auflagen herzustellen, weitete sich nach der ersten großen Präsentation einer Reliefreihe in Porzellan schließlich zur Proklamation „Hundert Künstler für

Künstlerportraits im IKKP, Rehau. Mitte: Schloss Erkersreuth, ehemaliger privater Wohnsitz von Philip Rosenthal.

Rosenthal“ aus. Es sind nicht 100 Künstler gewonnen worden, aber vorerst zählten die gewichtigen Namen, denn nur mit solchen ließ sich in den Studiohäusern Kunst in Porzellan, das neue Thema, überhaupt einführen. Philip Rosenthal ließ sich die neu gewonnenen Künstler gerne vorstellen. Uecker hatte ihm schon immer gefallen, solange er mit dem Nagel arbeitete, und das tat er denn auch ausgiebig für die Rosenthal-Kunst. Otto Piene passte nur deshalb gut ins Konzept, weil er, als er gerade seine Regenbogen-Aktionen in Verbindung mit der Olympiade in München zum Erfolg führte, auch

Regenbogenhaus der Firma Rosenthal in Selb.

einen Regenbogen für die Fassade des alten Verwaltungsgebäudes der Rosenthal AG entwarf. Der leuchtende, 200 m lange Regenbogen bewährte sich auf manche Weise, nicht zuletzt wurde dem weithin sichtbaren Motiv nachgesagt, dass es auch drüben in der Tschechoslowakei noch sichtbar sei.
Weil der Kulturbeauftragte des Konzerns mit Philip Rosenthal im Schloss Erkersreuth wohnen sollte, zogen wir dort ein. Eigentlich war es weniger ein Schloss als ein kräftiger Gutsherrensitz aus dem 18. Jahrhundert, im Landbarock Oberfrankens. Philip Rosenthal und seine schottische Frau Lavinia hatten es nach dem Krieg fast von Grund auf neu einrichten müssen. Vor allem war der Ausbau des Kellergewölbes mit Schwimmbad mit Unterwasserbeleuchtung eine echte Attraktion, die selbst einen so kühlen Mann wie den alten Gropius den Wunsch ausdrücken ließ, hier einmal eine Orgie erleben zu dürfen.
Im ersten Stock waren drei Räume, die Philip Rosenthal für sich beanspruchte und die er auch erworben hatte. Der ganze restliche Bau gehörte der Firma und wer darin wohnte, hatte eine Dienstwohnung.

Ein sinnenfreudiger Konzernchef

Philip liebte es, gemütlich bei einem Wein, den er gerade wieder auf einer Reise entdeckt hatte und der dann einige Monate gehorsamst vom Management gekostet wurde, rustikal zu essen. Von seinen Kindern war mehr die Rede als dass man sie zu Gesicht bekam, aber die ganze Familie war auf eine unkomplizierte Weise nett.
Auf unseren Reisen trafen wir oft zusammen, so zum Beispiel in Paris, wo ich an der Rue Papillon das billigste Hotelzimmer ausgemacht hatte. Die Firma war immer darauf aus, die billigsten Zimmer zu entdecken. Ich landete einen Treffer mit meiner Entdeckung an der Rue Papillon und beide Rosenthals logierten ebenfalls dort in einem absolut hellhörigen Zimmer, das später aber nicht mehr auf der Liste stand. Sie luden mich in das kleine gute Restaurant gegenüber vom Hotel ein. Als es ans Zahlen ging, lachte Philip laut, weil ihm aufgefallen war: „Sie sind Schweizer, Lavinia ist Schottin und ich bin

Oben: Oktagon von Prof. Wolfgang Körber.

Links: Skulpturen von Jörg Sander.

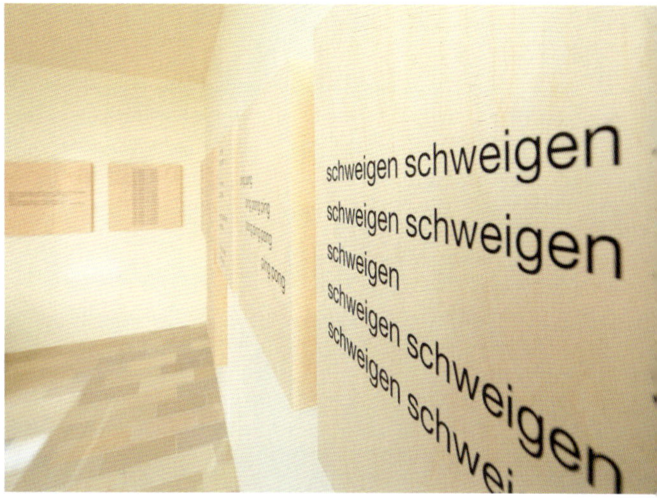

Links:
Otto Herbert Hajek
„Wegzeichen".
Unten:
Blick ins „poema",
Rehau.

Halbjude. Wer zahlt denn nun?“ Natürlich zahlte er, aber der Scherz war typisch für Philip und sicher ungewöhnlich für einen Konzernchef.

Das Kunsthaus Rehau – Eine „Insel des Konkreten"

Schon immer hatte ich Kunst gesammelt und sowohl in Erkersreuth als auch in meinem Landhaus in Wurlitz waren wir von Kunst umgeben. Meine Sammlung von Bildern Konkreter Kunst bot einen qualitativen Querschnitt dieser Kunst und trat erstmals an die Kunstöffentlichkeit, als die Stadt Ingolstadt sie zum Fundament des ersten Museums für Konkrete Kunst in Deutschland machte.
Zur Sammlung gehörten auch Skulpturen, z.B. von Max Bill, Artur Trantenroth und Heinz Günter Prager, die im großen Gelände am Wohnhaus in Wurlitz standen. Zudem hatten sich im Lauf der Jahre Gegenstände vielerlei Beziehungen angesammelt, von einer Bibliothek experimenteller Konkreter Poesie aller Kontinente bis zu den Künstlermappen mit meinen Beiträgen. Es stand eine bauliche Veränderung an und wir suchten das Gespräch mit Edgar Pöpel, dem damaligen verdienten Bürgermeister der Stadt Rehau. Er schlug vor, die Sammlung aus dem Ortsteil Wurlitz nach Rehau umzusiedeln in ein altes würdiges Schulhaus von 1868.
Der Umzug vom großzügigen ehemaligen Landgasthof „Zum grünen Baum“ in Wurlitz in das renovierte Schulhaus in Rehau an der Kirchgasse ließ eine neue Perspektive entstehen. Die zahlreichen Sammlerstücke und die Bibliothek sollten der Öffentlichkeit zugänglich gemacht werden, zusammen mit den jahrzehntelangen Erfahrungen in der Lehre an Kunstakademien und Einladungen zu Gastprofessuren in Nord- und Südamerika. Im Jahr 2000 gründeten wir das IKKP, Institut für konstruktive Kunst und Konkrete Poesie. „Wir“ – das sind meine Frau Nortrud, eine promovierte Germanistin, der Sohn Stefan als Kurator und ich. Durch unsere regelmäßigen Ausstellungen und die Besucher aus dem In- und Ausland ist das IKKP mittlerweile über die Grenzen hinaus zum Stützpunkt konstruktiver Kunst geworden und die

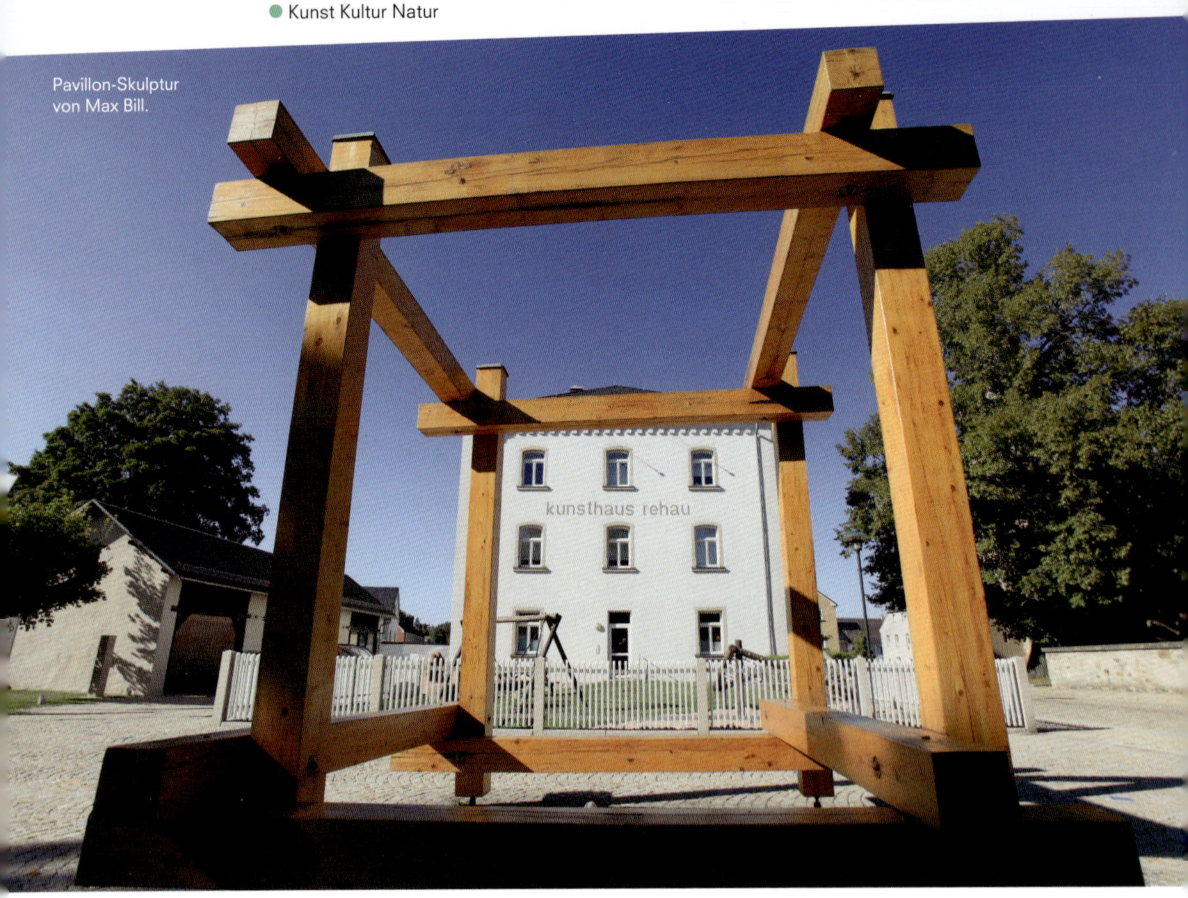

Pavillon-Skulptur von Max Bill.

Kunsthaus Rehau / IKKP
Kirchgasse 4
95111 Rehau
Tel. 09283 / 899485
www.kunsthaus-rehau.de
info@kunsthaus-rehau.de

Öffnungszeiten Galerie:
Mittwoch bis Samstag
14 – 18 Uhr

Bibliothek wurde eine Fundgrube für nicht wenige Literaturstudenten und Doktoranden.

Die Stadt Rehau schenkte mir zum 80. Geburtstag einen Raum, in dem speziell die klassischen Werke der Konkreten Poesie an den Wänden zu sehen sind. Wir nennen ihn „poema". Er vervollständigt mit den Skulpturen und den Ausstellungsräumen das Gesamtbild einer „Insel des Konkreten" in der Region.

Werfen wir einen Blick in die zweite Etage mit den drei ansprechenden Räumen für wechselnde Kunstausstellungen, so wird bereits im Treppenhaus mit der Besichtigung begonnen. Begrüßt wird der Besucher eingangs mit signierten Plänen der Pavillon-Skulptur von Max Bill, die vor dem Kunsthaus als sichtbares Zeichen eine Symbolfunktion für Sinn und Zweck des IKKP Rehau ausübt. Es gibt wenige Orte in Deutschland, die diese wichtige Skulptur besitzen und sie mit Erlaubnis des Künstlers präsentieren dürfen.
Im Treppenhaus begegnen wir drei Schrifttafeln, die kurz und eindringlich an den Wert von Kultur und Konkreter Kunst erinnern bzw. zu ihrer Beachtung auffordern. Dies leistet hier vor allem auch die 2 mal 2 Meter große Porzellanwand von Victor Vasarely, bestehend aus 400 schwarzen und weißen Porzellanplättchen, die wohl das größte künstlerische Porzellankunstwerk sein dürfte. Beim Eintritt in die eigentliche Galerie, d.h. in die drei Räume für Ausstellungen, Büro und Magazin, fällt dem Besucher eine ansehnliche Fotowand auf. Auf ihr sind über 100 Portraitaufnahmen von Künstlerinnen und Künstlern der Konkreten und Konstruktiven Kunst in alphabetischer, doch loser Hängung vereinigt. Dabei wird man auch Salvador Dalí entdecken mit einem Teller von Rosenthal in der Hand und seinem berühmt-berüchtigten Sekretär. Jedermann staunt vor dieser Wand, weil einige Künstler sowohl in ihren jungen als auch in ihren älteren Jahren verewigt sind.

Zum festen Bestand der Einrichtung gehören einige besondere „Leckerbissen", auf die aufmerksam zu machen ist. Sie werden von Kennern auch ohne weiteres selbst entdeckt. Ein Beispiel sind die in einem Großplakat versammelten sämtlichen Werke des Schweizer Konkreten Camille Graeser. Das Plakat existiert nur in zwei Exemplaren und ist ein Schulbeispiel der chronologischen Entwicklung eines bekannten Werks. Auch ein kleiner, aber intensiver Shop ist angegliedert. Er beinhaltet das eigene Schrifttum sowie Kunstmappen und Grafiken. Einiges im Angebot ist nur noch an dieser Geburtsstätte des Konkreten erhältlich.

Führungen

Zu den festen Einrichtungen gehört auch ein Bild von Marcel Wyss, Bern. Es stammt aus dem Jahr 1953/54 und ist ein Schlüsselwerk der jungen Generation der Konkreten Kunst nach dem Zweiten Weltkrieg. Das Bild, das wir alle stets mit Genuss erklären, ist so gut ein Symbol wie die Pavillonskulptur von Max Bill vor dem Haus und das große Porzellankunstwerk von Victor Vasarely im Treppenhaus. Wenn Stefan Gomringer, unser Kurator und Medienversorger, anderweitig beansprucht ist durch Besuchergespräche oder die Organisation einer Ausstellung, stehen auch Dr. Nortrud und Prof. Eugen Gomringer für kürzere Führungen bereit.

Skulptur von Hardy Rensch.

Poesie um den Weißenstädter See

Wer sich für die Konkrete Poesie besonders interessiert und sich mit ihr näher vertraut machen möchte, empfehlen wir den Meditationsweg rund um den Weißenstädter See. Er zeigt auf 14 Granitstelen den vollständigen Text von Eugen Gomringers „stundenbuch", einem opus magnum der Konkreten Poesie. An diesem einmaligen Werk von einem einzigen Gedicht auf 14 Stelen rund um einen See lernt man nebenbei auch etwas über den Reichtum an Granit des Fichtelgebirges und die Sorgfalt, mit Poesie umzugehen.

Von einer ehemaligen Poststelle zum Museum – Marcello Morandini schuf die Fassade für das Haus, das konkrete Kunst mit internationaler Ausstrahlung zeigt.

Reine Abstraktion

Kunst braucht guten Boden – Von diesem Gedanken ließ sich Dr. Laura Krainz-Leupoldt bei der Namenswahl für „Das Kleine Museum" leiten, das sie 2007 in Weißenstadt eröffnete.

Das Kleine Museum
Kultur auf der Peunt
Museum für zeitgenössische Kunst

Goethestr. 15
95163 Weißenstadt
Tel. 09253 / 954672
www.kulturaufderpeunt.de
info@kulturaufderpeunt.de

Denn der Beiname des Museums „Kultur auf der Peunt" greift den alten Flurnamen des Standortes auf. Wo heute ein überregional angesehenes Museum für zeitgenössische Kunst die Besucher empfängt, befand sich zur Vorzeit eine blühende und ertragreiche Wiese, die Milchkühen aromatisches Heu lieferte. Solche idyllische Szenerien sind indes nicht Gegenstand der Bilder und Objekte, die in den Räumen zu sehen sind. Für „Das Kleine Museum" muss sich der Betrachter mit anderen Blickwinkeln befassen.

Programmatisch steht die konsequent nicht figurative Kunst im Mittelpunkt, die je nach Zusammenhang „abstrakt" bzw. auch „konkret" genannt wird – konkret im Sinne der streng geometrischen Grundformen, auf die die Darstellung oft reduziert wird. Diese wirft ganz andere Fragen auf, als die nach dem eigentlichen Gegenstand des Bildes: Was sagt mir diese Form? Was empfinde ich bei dieser Farbe? Wie ist das Verhältnis zwischen Formen und Farben? Dahinter steckt mitunter eine mathematische Spielerei, oft auch ein

Ausstellung Marcello Morandini.

eleganter oder witziger Konstruktionsgedanke, immer jedoch etwas, über das sich meditieren lässt. Und nicht selten kippt irgendwann die nüchterne Sachlichkeit in reine Sinnlichkeit. Die Museumsgründerin Dr. Laura Krainz-Leupoldt konnte für den Umbau des Hauses den italienischen Architekten Prof. Marcello Morandini gewinnen. Die Grundsätze der „Konkreten Kunst" wurden in die Fassadengestaltung einbezogen und setzen sich innen fort. In einem Tagungsraum begegnet man Entwicklungsstadien aus Morandinis eigenem Werk, für den Kunst, Design und Architektur stets ineinander greifen. Der Ausstellungsraum präsentiert jährlich drei Ausstellungen mit Werken international renommierter Künstler. Der Großteil wird ergänzt um Leihgaben aus Galerien, die hier ihre Werke in einem ungewöhnlichen Kontext, in Verbindung mit anderen Künstlern,

Skulptur von Marcello Morandini vor dem Kleinen Museum.

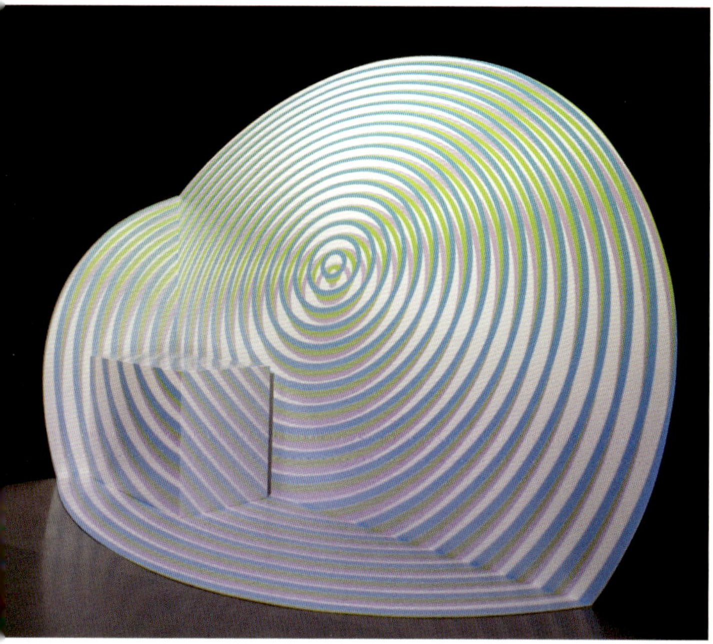

Ausstellung Carlos Cruz-Diez.

Eingang des Kleinen Museums.

die sie nicht vertreten, ausstellen können. Daraus entstehen Beziehungen zwischen verschiedenen Standpunkten, ein „permanentes Suchen und Entdecken", wie es die Initiatorin formuliert. Die auf hohem Niveau angesiedelten Ausstellungen bringen viele prominente Vertreter der Kunst nach Weißenstadt. Führungen, Versammlungen und Lesungen begleiten die Präsentationen. Das Museum dokumentiert daneben auch das Lebenswerk der Familie Leupoldt, der das Unternehmen PEMA Vollkorn-Spezialitäten und die Leupoldt Lebkuchenmanufaktur gehört. Die Frage, was PEMA und moderne Kunst verbindet, lässt sich auf zweifache Weise beantworten. Zum einen personenbezogenen: Dr. Laura Krainz-Leupoldt teilt sich die Leitung des Unternehmens mit ihrem Mann Franz H. Leupoldt. Zum anderen, und das ist der wesentliche Grund, gibt es eine sachliche Verbindung. Präzision, Reinheit und Einfachheit ist für die Produkte hier wie dort von größter Bedeutung. „Das Kleine Museum" ermöglicht viele Blickwinkel – auf die Kunst und von der Kunst aus in die Welt.

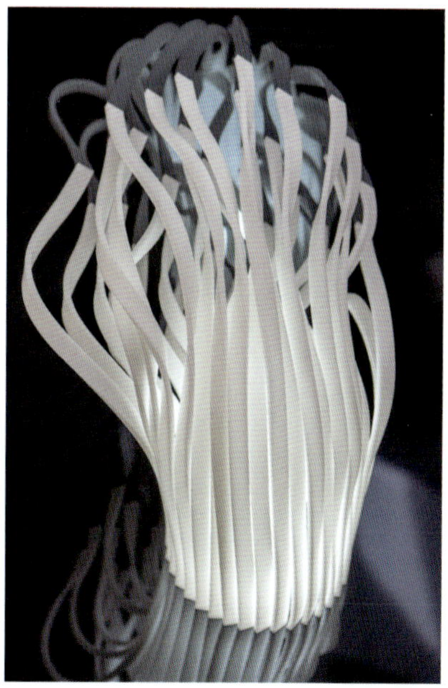

Bildende Kunst im Gegenlicht

1989 – Schon das ganze Jahr über prickelte aufgrund der weltpolitischen Entwicklung eine Aufbruchstimmung in Teilen der Bevölkerung, auch in Selb an der deutsch-tschechischen Grenze.

Kunstverein Hochfranken
Vorsitzender Dr. Claus Triebel
Bei der Linde 22
95100 Selb
Tel. 09287 / 68201
www.kunstverein-hochfrankenselb.de

Galerie Goller
Ringstraße 52
95100 Selb
Tel. 09287 / 4347

Der Besuch der Galerie ist nur nach Anmeldung möglich

Die Bildende Kunst spielte im Bewusstsein der Menschen allerdings nur eine zurückgesetzte Rolle. Eine Gruppe Gleichgesinnter beschloss, daran etwas zu ändern. Denn der Wert der Kunst für die Entwicklung der Kreativität und die Förderung ästhetischer Erfahrungen stand außer Zweifel.

Im März 1990 kamen auf Einladung des damaligen ehrenamtlichen Kulturdezernenten der Stadt Selb, Hans-Joachim Goller, 40 Interessierte zusammen und gründeten den Kunstverein Selb e.V., der sich fünf Jahre später in Kunstverein Hochfranken Selb e.V. umbenannte. Bereits in der Gründungsversammlung legten die Mitglieder fest, dass aufgrund der Lage Selbs und Hochfrankens die Zusammenarbeit und der Austausch mit tschechischen Künstlern und Kunsteinrichtungen eine herausgehobene Rolle einnehmen solle. Dies äußert sich seitdem in Ausstellungen, Exkursionen, Vorträgen und Workshops, letztere auch mit Kindern.

Als sehr brauchbarer Ausstellungsort dient das Foyer des Rosenthal-Theaters Selb, das die Stadt dem Kunstverein jährlich einmal im Frühjahr und einmal im Herbst überlässt. Zusätzlich entstand eine Kooperation mit der Galerie Goller, Selb, die üblicherweise vier Ausstellungen im Jahr präsentiert. Im konsequenten Wechsel folgt ein deutscher auf einen tschechischen Künstler. Außerdem finden alle eineinhalb Jahre Ausstellungen der Mitgliedskünstler statt, abwechselnd in Selb, Wunsiedel und Marktredwitz.

Deutsch-tschechische Kunstprojekte

Einen besonderen Stellenwert nehmen die zum Teil recht umfangreichen deutsch-tschechischen Kunstprojekte ein. Die bisher meist im Zweijahresrhythmus durchgeführten Veranstaltungen sind willkommene Anlässe, um Menschen

Zwei Besucherinnen sind in der Galerie Goller vor einer Stellwand mit Arbeiten aus dem Workshop „Glas – Gläser – Amgläsersten" ins Gespräch gekommen.

Eine Stahlskulptur im Entstehungsprozess beim Symposium des Kunstprojektes „Wir 2" – Räder aus Stahl markieren den Weg über die Grenze und wurden nach dem Motto „das Getrennte zusammenfügen" gestaltet (Skulptur auf dem Bild von Philipp Eyrich).

beidseits der Grenze zusammenzuführen. Ausstellungen, Symposien und Gesprächsforen, üblicherweise paritätisch deutsch und tschechisch besetzt, bestimmen die Programme. Die Reihe begann 1999/2000 mit dem Millenniumsprojekt „Grenzüberschreitungen". Vier namhafte Künstler und vier Nachwuchskräfte aus den Großstädten Prag, Berlin, Frankfurt, München, die von Selb aus gesehen in vier Himmelsrichtungen liegen, erlebten gemeinsam eine Woche lang die Region, zusammen mit einer Literatin und einem Komponisten. Die Ergebnisse wurden im Jahr darauf präsentiert. In 2004, dem Jahr des Beitritts der Tschechischen Republik zur EU, fand das Projekt „Annäherungen" statt, außerdem „Technik – Kunst – Kirche", eine Aktion, bei der „Konkrete Kunst" in einem Großlabor und in einem Gotteshaus einander gegenübergestellt wurden.

Zwei junge Teilnehmerinnen des Kinder-Kunst-Workshops „Raumschiff Oreupe" (der innerhalb des Kunstprojektes „Wir 2" stattfand) basteln mit verschiedenen Materialien und kreieren einen Sprachmodulator, der nicht nur ins Deutsche und Tschechische übersetzen soll.

„Grenzenlos?" war das Thema des Jahres 2006. Das Projekt 2008 trug den Titel „Annäherungen" und 2010 „Verknüpfungen". Mit „Kultur – Stadt – Nachhaltigkeit" wurde 2014 die zukunftsfähige Entwicklung und gegenseitige Wirkung von Kultur in einer Stadt beleuchtet.
Das Zusammenwachsen der beiden Städte Selb und Aš zu einer gemeinsamen Europastadt wurde in dem Projekt „Wir 2 – Selb + Aš, hüben und drüben" 2017 thematisiert. Das grenzüberschreitende Projekt „Europa – ganz nah" sollte diesen Prozess im Jahr 2020 vertiefen und viele junger Bürger intensiv einbeziehen.
Finanzielle Förderung erfahren der Kunstverein bzw. seine Projekte durch die Europäische Union, Ziel 3, INTERREG IV, den Deutsch-Tschechischen Zukunftsfonds, den Kulturfonds Bayern und die Oberfrankenstiftung sowie Firmen aus der Region.
Der Kunstverein Hochfranken Selb bleibt auch in Zukunft seinen Leitbildern verpflichtet, Kreativität, ein breit angelegtes ästhetisches Empfinden und Toleranz zu fördern.

Eine Imkerei und die Kleinkunst blühen auf

Das alternative Leben auf dem Land – Diese Zukunftsvision schwebte Juliane Tietz und ihrem Mann Helmut, die über die Bienen zueinander fanden, einst vor.

Kulturhammer e.V. und Bienenschwarm
Schulweg 2
95199 Thierstein
Kaiserhammer
Tel. 09235 / 1532
www.kulturhammer.de
info@kulturhammer.de
Saison von September bis November und Januar bis Mai
www.tanzsaal.de
www.bienenschwarm.de
info@bienenschwarm.de

Öffnungszeiten Laden:
Montag bis Freitag
14 – 18 Uhr

Café und Biergarten Egertal
Schloßstr. 3
95199 Thierstein
Kaiserhammer
Tel. 09235 / 981521
www.cafe-egertal.de
Öffnungszeiten:
Samstag und Sonntag

In den 1970er Jahren träumte das Paar wie so viele „Aussteiger" dieser Generation von einem Leben im Grünen mit Gärten, guten Freunden, harmonischer Atmosphäre und selbstbestimmten Tätigkeiten. 1983 konnte diese Idee wahr werden, als ein Freund das leer stehende Schloss im 150-Einwohner-Dorf Kaiserhammer erbte und Gleichgesinnte fand. Der aussterbende Ort wurde, unter anderem mit Festen und viel Musik, belebt.

1994 erwarb die Familie Tietz den gegenüber liegenden Tanzsaal, alles Weitere ergab sich wie von selbst. Denn der Geist des Ortes riss nicht nur die neuen Hausbesitzer, sondern auch viele Freunde und Bekannte mit. Ins Erdgeschoss zog der „Bienenschwarm" ein, ein Verkaufsraum für Honig und Imkereibedarf, während der alte Tanzsaal im ersten Stock Strom, Wasser, Heizung, neue Fenster und frische

Farben erhielt. Jetzt durfte er wieder als Veranstaltungssaal dienen, so wie einst in den 1920ern bis in die 60er Jahre.

1996 wurde „Kulturhammer e.V." geboren. „Der Verein ist ebenfalls eine

Die Eleganz des frühen 20. Jahrhunderts strahlt der Veranstaltungssaal des Kulturhammers aus (linke Seite), in dem schon Harry Rowohlt von Pu, dem Bären, las und viele Hochzeitspaare den Weg in ein gemeinsames Leben feierten. Im Café Egertal gegenüber genießen Gäste selbstgebackenen Kuchen im idyllischen Garten. (Bild oben). Duftendes und Leckeres rund um Honig bietet der Bienenschwarm-Laden. Bienenwachskerzen aus Kaiserhammer gehen in die ganze Welt.

Gemeinschaft, mit sehr viel Lebensqualität und gemeinsamen Unternehmungen", erzählt Helmut Tietz. In den folgenden 20 Jahren gingen fast 400 Veranstaltungen über die Bühne. Der gemütliche Saal, der über 100 Personen Platz bietet, erlebte namhafte Kabarettisten, Musiker, Theatergruppen, einheimische Größen und internationale Preisträger, sogar ein 50-köpfiges Sinfonieorchester: TBC, Harry Rowohlt, Maartin Allcock von Jethro Tull, um nur einige Beispiele zu nennen – dazu wunderbare Konzerte wie die von den Stars der Tango-Formation Quadro Nuevo. Und immer wieder Tanz. Legendär ist der „Tanz in den Mai", von Anfang an fester Bestandteil im Sommerprogramm.

Zum Zauber des Veranstaltungsortes trägt das Ambiente bei. Zu jeder Vorstellung kocht Juliane Tietz mit ihrem Team passende Speisen für die Gäste. Inzwischen ist der Tanzsaal auch für Geburtstagsfeiern und Hochzeiten eine gute Adresse. Frisch vermählte Paare können die Nacht in einem renovierten Zirkuswagen verbringen.

Eine weitere wirtschaftliche Basis des Familienbetriebs ist das Geschäft mit Honig, Kerzen und Imkereibedarf. Besonders die Bienenwachskerzen aus der eigenen Werkstatt gehen in die ganze Welt. Im Laden lässt sich alles rund um die Naturprodukte der Bienen entdecken und einkaufen: Kerzen, Met, Honigartikel für das Genießen, Artikel für Kosmetik und Wohlbefinden.

Helmut, Juliane und Christoph Tietz (v.l.) im Bienenschwarm-Laden. Im Saal servieren sie zu Kabarett und Tanz kulinarische Spezialitäten.

Mit Café am Radweg

Dank der 2006 eingeläuteten Dorferneuerung wird die Historie des Ortes mit Schildern noch besser als bislang sichtbar. Markgraf Friedrich ging in Kaiserhammer einst auf Parforcejagd und ließ 1755 eigens dafür ein Schloss erbauen. Das Haupthaus wurde abgerissen, Fundament und die Flügel stehen noch. In jüngster Zeit wurden die Wege und Plätze des Dorfes verschönert. Der Radweg auf der alten Bahnstrecke zwischen Wunsiedel und Asch ist fertiggestellt. Und auch das charmante Café Egertal schräg gegenüber, im Nordflügel des ehemaligen Jagdschlosses präsentiert sich mit einer frischen Ausrichtung. Die selbstgebackenen Kuchen sind weithin bekannt. Im Garten genießt man, zusammen mit Radlern oder auch bei einem Radler, die Ruhe. Kaiserhammer entpuppt sich als echter Geheimtipp, und die Entwicklung geht weiter.

Himbeertraum

von Juliane Tietz, Café Egertal, Kaiserhammer

Zutaten für 10 Personen
300 g Himbeeren
2 EL Cointreau
3 EL Zucker
½ TL gemahlene Vanille
3 EL Haferflocken
3 EL gehackte Haselnüsse
250 g Sahne
250 g Mascarpone
500 g Joghurt

Zubereitung

Die Himbeeren in einen Kochtopf geben, mit Cointreau und Zucker aufkochen, durch ein feines Sieb passieren und abkühlen lassen.

Die Haferflocken in der Pfanne ohne Fett rösten und in eine Schüssel geben. Die gehackten Haselnüsse ebenfalls ohne Fett rösten. Wenn diese duften, mit einem gestrichenem EL Zucker karamellisieren, die Haferflocken und Nüsse mischen.

Mischung aus Mascarpone, Zucker, Vanille und Joghurt herstellen, Sahne steif schlagen und unter die Mischung geben, verrühren und auf 10 Gläser verteilen. Darauf die Himbeeren füllen.

Kurz vor dem Servieren die Crunchies verteilen und auf Wunsch mit einem Sahnetupfer und einer Himbeere verzieren.

Hotspot auf der vierten Etage

Anders als ein elitärer Musentempel ist eine Fabrikhalle ein Ort mit kompromisslos nüchterner Wirkung. Als Ausstellungsraum ist eine ehemalige Fabrikhalle jedoch gerne gesehen, vor allem dann, wenn die Halle großzügig geschnitten ist und die Werke in einem spannenden Verhältnis zur Umgebung stehen.

ET4GE
Bahnhofstr. 6a
95195 Röslau
Tel. 0172 / 8622011

Informationen zu Veranstaltungen finden sich auf facebook und bei instagram

Nicht selten dienen solche Hallen auch als cooler Treffpunkt. Stilprägend für eine ganze Generation war Andy Warhols berüchtigte „Factory“ in New York, Mitte der 1960er Jahre.
Der Ausstellungs- und Veranstaltungsraum „ET4GE“ hat ebenfalls das Zeug, zu einem „Hot Spot“ zu werden. 2019 gründete sich der gleichnamige Verein um die Initiatoren Wolfgang Purucker, Lehrer an der Produktfachschule für Design in Selb, und Stefan Rettinger, dessen Domäne Multimedia-Design, Drohnen-Fotografie und 3-D-Scans sind. Geboren wurde die Idee zu einem Kunst-Projekt in Wolfgang Puruckers Atelier in Tröstau. Den perfekten Raum fand Stefan Rettinger per Zufall. Als er sich beruflich in Röslau aufhielt, warf er spontan einen Blick in ein offen stehendes Gebäude der ehemaligen Winterling-Fabrik. Ganz oben, in der vierten Etage sah er sich am Ziel seiner Träume.
Nach der Anmietung machten die Mitglieder des Vereins den Raum innerhalb von zwei Monaten startklar. Professionelle Licht- und Klangtechnik zogen ein. Eine Lounge-Ecke wurde vom Hauptraum abgetrennt und um eine Bühne ergänzt, auf der Kleinkunst stattfinden kann. Aus Altteilen des Winterling-Gebäudes wurden ein DJ-Pult und eine Bar gezimmert. In wochenlanger Handarbeit baute das ET4GE-Team große mobile Ausstellungswürfel, die innen und außen Hängeflächen bieten und damit die Möglichkeiten der Präsentation beträchtlich erweitern. Neu Wände bekamen einen weißen Anstrich. Alle anderen Flächen soll mehr oder weniger so bleiben, wie sie vorher waren. Großes hat der Verein allerdings noch mit der Dachterrasse vor, die einen spektakulären Blick bis zum Schneeberg eröffnet.
Das Nutzungskonzept ist multimedial und multioptional. Im Mittelpunkt steht dabei immer die Kunst, ob bei geschlossenen Veranstaltungen oder anspruchsvollen öffentlichen Ausstellungen. Installationen, Lichtshow und Musik, Jazzkonzerte, Kino, Theater, Kindermalkurse, Veranstaltungen von Firmenkunden... „Vieles ist denkbar und wird sich entwickeln“, verspricht Rettinger, „nur Halligalli wollen hier nicht.“

Freiraum für Lebenskunst

Kunst ist eine wunderbare Beschäftigung. Sie eröffnet eine Welt voller Möglichkeiten, die im Alltag oft ausgeschlossen bleiben und ermöglicht so eine befreiende Distanz zu den Routinen des Alltags. Damit sich das kreative Potenzial entfalten kann, braucht es einen Freiraum, ohne Druck und Verpflichtungen.

Diesen Freiraum bietet die Künstlerin und Kunsttherapeutin Annette Hähnlein in Bibersbach. Die Möglichkeiten, Kunst zu inszenieren und zu sich zu finden, fächern sich an diesem Ort dabei zu einer erstaunlichen Vielschichtigkeit auf. Ein Mittelpunkt des liebevoll gestalteten, ehemaligen Bauernhauses, zu dem ein weitläufiger Garten gehört, ist das „Atelier für Kunst & Gesundheit". Hier veranstaltete Annette Hähnlein Workshops, die die Teilnehmer dazu anregt, sich selbst zu reflektieren und ihre inneren und äußeren Wahrnehmungen gestalterisch auszudrücken. Dass sie hier auch Techniken, zum Beispiel zum Umgang mit Mosaik und Schnitzkunst, lernen, sieht Annette Hähnlein als willkommenen Nebeneffekt an. „Mein Augenmerk liegt darauf, den Menschen den Rücken frei zu halten, damit sie ihre Achtsamkeit und Wahrnehmung schulen können, in ihre Kraft kommen und ihr volles Potential entfalten können." Gezieltes Coaching zur Unterstützung in lebensverändernden Prozessen und für die eigene Weiterentwicklung bekommt man in Einzelsitzungen.

Annette Hähnlein
Atelier für Kunst & Gesundheit
Bibersbach 14
95195 Röslau
Tel. 09232 / 880781
www.annettehaehnlein.de
info@annettehaehnlein.de

Oben: Annette Hähnlein und Nepomuk Neidigk im Garten vor ihrem Haus in Bibersbach. Rechts: Einblick in das Praxisatelier Kunst & Gesundheit.

Das Handwerk selbst hat Annette Hähnlein an der Akademie der Bildenden Künste in München gelernt und nach ihrer Rückkehr ins Fichtelgebirge in zig Projekten ausgebaut. So hat sie in Gemeinschaftswerken mehrere Sitzmöbel und Spiel-Objekte, mit Mosaik im öffentlichen Raum gestaltet – etwa beim Selber Skatepark, vor der Förderschule in Marktredwitz, an einer Dirt-Bike-Anlage in Bayreuth sowie viele Projekte mit Kindern und Jugendlichen an Schulen realisiert.

Ihr Hauptanliegen besteht hier wie dort darin, Kreativität zu fördern und Hirnareale zu verknüpfen. „Kreativität bedeutet nicht nur malen und Kunstwerke hervor zu bringen, sondern Lösungen und Wege zu finden, wie man durch das Leben geht.“ Ihr Domizil in Bibersbach bietet hierfür einen sehr schönen Rahmen. Eine Insel, auf der der Alltagsstress abfällt. Gäste können auf Anfrage sogar Übernachtungen buchen und hierher kommen, um an Workshops teilzunehmen, um ganz abtauchen zu können und sich eine Auszeit vom Alltag zu gönnen. Ab und an gibt es auch Theater-, Musik- oder Kabarettveranstaltungen. Der hauseigene Veranstaltungsraum dient als Bühne und macht einem Geheimtipp alle Ehre (über das Programm informiert die Webseite).

Mit Esel auf Tour

Nur ein paar Schritte von ihrem Wohnhaus in Bibersbach entfernt beherbergen Annette Hähnlein und ihr Mann Nepomuk Neidigk eine Eselfamilie – Mutter, Vater und zwei Töchter. Das Paar bietet Wanderungen mit den sanftmütigen Tieren an. Termine und Dauer für einen Spaziergang in der Bibersbacher Flur und Wald lassen sich flexibel vereinbaren. Auf Wunsch kann man auch eine Wanderung mit dem Esel zum Beispiel auf einen der Gipfel des Fichtelgebirges unternehmen. Die Tiere werden dann zu einem vereinbarten Treffpunkt gefahren. Besonders beliebt sind Kindergeburtstage mit der Eselfamilie. Es wird geputzt, gestreichelt, gebürstet und gekuschelt. Anschließend geht´s zum gemeinsamen Spaziergang, wobei die Kinder führen und reiten dürfen.

Von Annette Hähnlein gestaltete Spielfigur Mosaiklöwe im Kirchpark, Marktredwitz.

Schwarzenbach ist Entenhausen

Die Übersetzerin Erika Fuchs, Micky Maus und die fantastische Welt des Fichtelgebirges

von Alexandra Hentschel

Kennen Sie Bobengrün, Schnarchenreuth oder Kleinschloppen? Dann haben Sie vermutlich als Kind intensiv das Micky Maus-Magazin gelesen. Umschreiben Sie einen lauten Knall mit „Krawumm!", kommentieren einen unangenehmen Auftrag mit „Seufz", oder beenden eine Kurznachricht mit „Knuddel"? Vor gut 60 Jahren kamen solche Sprachformen im Deutschen kaum vor. Dass sie heute Allgemeingut sind, ist einer außergewöhnlichen Frau zu verdanken. Dr. Erika Fuchs (1906-2005) übersetzte von 1951 bis 1988 als Chefredakteurin des Micky Maus-Magazins die Comics aus Entenhausen. Sie schuf damit eine neue Sprachwelt und verlegte Entenhausen konsequent von Amerika nach Oberfranken.

Die Grande Dame des deutschen Comics

Erika Fuchs wurde 1906 als Johanna Theodolinde Erika Petri in Rostock geboren. Sie wuchs in Belgard an der Persante in einem großbürgerlichen Haushalt auf, in dem großer Wert auf Bildung und Kultur gelegt wurde. Als Jugendliche besuchte sie als einziges Mädchen das städtische Knabengymnasium. Ihr Studium der Kunstgeschichte, Archäologie und mittelalterlichen Geschichte führte sie nach München, Lausanne und London. 1931 promovierte sie über den Barock-Bildhauer Johann Michael Feichtmayr. Nach der Heirat mit ihrem Studienfreund Günter Fuchs zog sie zu ihm nach Schwarzenbach.

Eine Arbeit als Kunsthistorikerin fand sie dort jedoch nicht. So begann sie zum eigenen Vergnügen zu übersetzen. Nach dem Krieg übernahm sie Übersetzungsaufträge für Reader's Digest. So fuhr sie eines Tages wieder einmal zum Verlag nach Stuttgart. Dort traf es sich, dass nebenan gerade ein neuer Verlag gegründet worden war, der noch eine Übersetzerin suchte. Und zwar für etwas in Deutschland bis dahin völlig Unbekanntes: Hefte voller Zeichnungen von Mäusen und Enten, die sich mittels Sprechblasen unterhielten. Die Bildungsbürgerin Erika Fuchs war entsetzt. Zum Glück nahm sie aber doch einige Exemplare mit nach Hause, wo ihr Mann sie von der künstlerischen Qualität der Zeichnungen und den Erfolgschancen dieser Hefte überzeugte.

So wurde Erika Fuchs beim ehapa-Verlag Übersetzerin und Chefredakteurin des Micky Maus-Magazins. 1951 erschien das erste Heft, zunächst monatlich, sehr bald wöchentlich und avancierte rasch zur erfolgreichsten Jugendzeitschrift Deutschlands. Dieser Erfolg verdankt sich nicht zuletzt der Sprachkunst von Erika Fuchs. Sie übersetzte nicht einfach

Dr. Erika Fuchs (1906–2005) gilt als die große Dame der deutschen Comicgeschichte. Als Chefredakteurin des Micky-Maus-Magazins übersetzte sie von 1951 bis 1988 die Geschichten aus Entenhausen ins Deutsche. Mit ihrem Wortwitz und Sprachspielereien prägte sie die deutsche Sprache und befreite Comics von ihrem Image als Schundliteratur. Von 1933 bis 1984 lebte sie in Schwarzenbach an der Saale am Nordrand des Fichtelgebirges. Im Alter von 98 Jahren ist Erika Fuchs in München gestorben und wurde in Schwarzenbach neben ihrem Mann beerdigt.

die vorgegebenen Texte, sondern schuf eine ganz eigene Sprachwelt. Mit ihrem Wortwitz, Sinn für Ironie, eigenen Wortschöpfungen sowie der Einbeziehung klassischer Zitate trug sie wesentlich dazu bei, dass die ehemals als ‚Schundliteratur' geschmähten Comics nun als eigenständige Kunstform anerkannt sind.

Kreative Sprachschöpfungen

Dabei prägte sie nachhaltig die deutsche Sprache. Erika Fuchs machte den Inflektiv populär, die Verkürzung von Verben auf ihren Stamm: „Grübel, grübel", „Ächz" und „Stöhn". Obwohl in der deutschen Grammatik eigentlich nicht vorgesehen, ist diese Form heute nicht mehr wegzudenken und wird zu Ehren ihrer Schöpferin auch „Erikativ" genannt. Berühmt auch ihre Lautmalereien: Mögen „Zack", „Bumm" und „Peng" noch Standard sein, so zeugen „Schnirrrch" (ein Boot knirscht über Kiesboden) oder „Grkztrrrschwrzkajaaaa!" (der Ruf des Ostsibirischen Korjakenknackers, eine nur in Entenhausen vorkommende Tierart, wie auch der Gurkenmurkser oder der Gemeine Duckmäuser) von ihrer großen sprachlichen Phantasie. „Klickeradoms" entlieh sie dagegen bei einem anderen deutschen Sprachvirtuosen: Wilhelm Busch.

Überhaupt hatte die promovierte Kunsthistorikerin keine Scheu von den Klassikern. So zitiert Donald Duck Goethe: „Über allen Wipfeln ist Ruh'". Daniel Düsentrieb kennt seinen Shakespeare, wenn er zu sagt: „Es gibt mehr Dinge im Himmel und auf Erden, als unsere Schulweisheit sich träumen lässt" (in Gedanken fügt er gleich hinzu: „Hamlet, 1. Akt").
Tick, Trick und Track schwören frei nach Schiller „Wir wollen sein ein einig Volk von Brüdern, in keiner Not uns waschen und Gefahr!". „Dem Ingeniör ist nichts zu schwör" (aus Heinrich Seidels „Ingenieurlied") ging dank Erika Fuchs gar in die Umgangssprache ein.

Dabei fällt der Schwur der Neffen deutlich aus deren üblichen Sprachstil heraus. Meist bedienen die drei sich einer flotten Jugendsprache. Erika Fuchs lauschte noch im hohen Alter aufmerksam in der Straßenbahn und notierte sich die Ausdrücke der Jugendlichen. Ganz anders Onkel Dagobert: der distinguierte alte Herr, immer korrekt mit Gehrock und Gamaschen gekleidet, setzt jeden Konjunktiv und beherrscht den Genitiv so perfekt wie Erika Fuchs selbst.
Die Panzerknacker verwenden einen Ganovenjargon mit Berliner Einschlag: „Werd' nicht poetisch, Ede, die Pinke kommt!" Der Sprachstil der einzelnen Figuren – die im Original alle das gleiche

Umgangsamerikanisch verwenden – diente Erika Fuchs zur präzisen Charakterzeichnung.
Ob die Nähe zu Bayreuth sie inspirierte? Erika Fuchs alliterierte, dass Richard Wagner vor Neid erblasst wäre. In einer Geschichte stellt sich eine geschmacklose Vase als wertvoller „Hallersteiner Henkelhumpen" heraus. Das Gefäß wird im Laufe der Geschichte auch als „mickrige Molle", „kümmerliche Kruke", „popliger Pott" und „prächtiger Pokal" bezeichnet. Und Donald schwärmt über Daisy: „Patente Puppe! Picobello! Wie sie mit dem Pürzel plänkelt! Echt pikant."

Für ihre Sprachkunst erhielt Erika Fuchs zahlreiche Auszeichnungen: die Morenhovener Lupe, den Heimito von Doderer-Literaturpreis und den Roswitha-Preis der Stadt Bad Gandersheim.

Entenhausen liegt im Fichtelgebirge

Dabei verlegte Erika Fuchs Entenhausen konsequent ins Fichtelgebirge. Onkel Dagobert besitzt einen Skilift am Ochsenkopf. Das Wiesenfest, wie es im Sommer in zahlreichen Orten im Fichtelgebirge gefeiert wird, findet selbstverständlich auch in Entenhausen statt. Eine vermeintliche Schatzkarte entpuppt sich als Wanderkarte rund um den Waldstein, über Quakenbrück (allerdings nicht im Fichtelgebirge), Kleinschloppen und das Felsenlabyrinth. Urlaub macht die Entenfamilie am Fichtelsee. Die Panzerknacker flüchten nach einem missglückten Einbruch nach Marktredwitz, um nicht gefasst zu werden. Per Eisenbahn

erreicht man Entenhausen über die „Schiefe Ebene" – wo im 19. Jahrhundert tatsächlich eine eisenbahntechnische Pionierleistung die Fränkische Linie überwand. Am Eisenbahnknotenpunkt Oberkotzau hält der Expresszug „Groschlattengrün – Schnarchenreuth".

Doch lässt sich Entenhausen noch genauer verorten. Tick, Trick und Track rodeln im Paulahölzchen und baden im Schiedateich. Donald führt Daisy nach Fletschenreuth aus, Gustav lädt sie nach Quellenreuth ein. Alles Ortsteile von Schwarzenbach, genau wie Hallerstein (wo der wertvolle Humpen herstammt). Und während durch viele Städte eine Marienstraße führt, sind Schübelsgässchen, Gollersberg oder Hühnergasse außerhalb Schwarzenbachs sicher seltener.

Erika Fuchs erfand Firmen wie die „Geflügelfarm Piepmeier" im benachbarten Rehau oder die „Kirchenlamitzer Kanonenkugel-Gießerei". Einen drohenden Absturz mit dem fliegenden Teppich mildert der Aufprall auf weichen Grund, „am besten auf die Wattefabrik Sandler". Die existiert tatsächlich in Schwarzenbach und zählt heute zu den Weltmarktführern in der Vliesstoffherstellung.

Auch Menschen und Geschäften ihrer Nachbarschaft setzte Erika Fuchs ein Denkmal: ihrem Zahnarzt Dr. Hermann, dem Schmied Strobel, dem Eisenwarenhändler Schaff, dem Café Rheingold oder der Metzgerei Fuchs (weder verwandt noch verschwägert). Die Bäckerei Köppel stellt heute noch die Anisplätzchen her, mit deren Hilfe der böse Wolf den drei kleinen Schweinchen eine Falle stellen wollte. Bei einem Rundgang durch Schwarzenbach kann man zahlreiche Hinweise in Schaufenstern oder auf Theken entdecken, die auf Entenhausen verweisen. Das alles lässt nur einen Schluss zu: Schwarzenbach ist Entenhausen.

Doch den Namen ihres Heimatorts zitierte Erika Fuchs nie. Warum? Zu banal! Allein im Landkreis Hof gibt es zwei Orte dieses Namens (durch die Zusätze „am Wald" und „an der Saale" unterschieden), mit gleichnamigen Gemeinden in Österreich und der Schweiz unterhält man Städtepartnerschaften. Erika Fuchs suchte das Besondere, das Ausgefallene.

Die Stadt trägt ihr diese Missachtung nicht nach. Vielmehr hat sie längst erkannt, welcher Schatz da jahrelang ungeahnt in ihrer Mitte schlummerte. Zu Ehren von Erika Fuchs errichtete Schwarzenbach das erste Comicmuseum Deutschlands. Seit Sommer 2015 erfährt man im Erika-Fuchs-Haus | Museum für Comic und Sprachkunst alles über Leben und Werk dieser bemerkenswerten Frau.

Denkmal für Emil Erpel, Gründervater von Entenhausen, gestaltet von Jochen Strobel

Dr. Erika Fuchs, Übersetzerin und Chefredakteurin des Micky Maus-Magazins, lebte 50 Jahre lang in Schwarzenbach an der Saale. Mit ihren Wortschöpfungen, Lautmalereien und Sprachspielen prägte sie nachhaltig die deutsche Sprache.

Ihr Werk bildet den Mittelpunkt einer mitreißend inszenierten Ausstellung über Comicgeschichte, die Welt von Entenhausen, Sprachkunst und heutiges Comicschaffen. Das Erika-Fuchs-Haus | Museum für Comic und Sprachkunst öffnete am 1. August 2015 als erstes Comicmuseum Deutschlands seine Pforten. Der Museumsrundgang beginnt mit einer Einführung in die allgemeine Comicgeschichte. Ein animierter Kurzfilm zeigt die Anfänge der Kunstform und weist auf die wichtigsten Werke hin.
Anschließend tauchen Besucher ein in die Welt von Entenhausen. Sie können ein Talerbad im Geldspeicher nehmen, wo Onkel Dagobert seinen unermesslichen Reichtum hütet, in Oma Ducks Scheune klettern oder Daniel Düsentrieb in seiner Erfinderwerkstatt über die Schulter schauen. Ein interaktiver Stadtplan erläutert spannende Details über Geografie und Architektur der Stadt.
Ein raumhoher Comic illustriert das Leben von Erika Fuchs. Der preisgekrönte Comiczeichner Simon Schwartz hat ihn exklusiv für das Museum gezeichnet. Weitere namhafte Comickünstler erweisen Frau Fuchs ihre Reverenz in eigens für das Museum gezeichneten Geschichten. Originale Manuskripte, Fotos und Hilfsmittel wie Zeilenzähler und Wörterbuch geben einen authentischen Einblick in die Arbeit der Übersetzerin. Zahlreiche Stationen laden dazu ein, die Sprachkunst von Frau

Wo Donald Duck und Erika Fuchs sich begegnen

Erika-Fuchs-Haus | Museum für Comic und Sprachkunst

Erika-Fuchs-Haus | Museum für Comic und Sprachkunst

Bahnhofstr. 12

95126 Schwarzenbach a.d. Saale

Tel. 09284 / 94 98 120

www.erika-fuchs.de

info@erika-fuchs.de

Öffnungszeiten:

Dienstag bis Sonntag

10 – 18 Uhr

Feiertage geöffnet außer 24.,25., 31.12. und Karfreitag

Eintritt 5 Euro, Ermäßigung für Kinder, Familien und Gruppen

Dr. Fuchs spielerisch zu erkunden. Hier kann man Sprechblasen übersetzen, um die Wette alliterieren, Zitate raten oder die schönsten Lautmalereien erfinden. In der umfangreichen Comicbibliothek wird kein Regentag zu lang.
Zwei Sonderausstellungsräume präsentieren weitere Facetten der Comickunst. Der Museumsshop bietet neben dem umfangreichsten Comicsortiment der ganzen Region eine Auswahl von Geschenkartikeln. Führungen, Workshops, Aktionstage, Kindergeburtstage und Lesungen ergänzen das Angebot und machen das Erika-Fuchs-Haus | Museum für Comic und Sprachkunst zu einem einladenden, lebendigen Treffpunkt für Jung und Alt.

Oh Wildnis, oh Kunst in ihr!

Das Felsenlabyrinth und die Naturbühne

von
Christof Kaldonek

Das berühmte Felsenlabyrinth im Fichtelgebirge ist ein Publikumsmagnet. Jährlich pilgern bis zu 50.000 Wander- und Schaulustige auf die Luisenburg, um sich auf eine gut beschilderte Entdeckertour durch einen der ältesten Felsengärten Deutschlands zu begeben.

Niemand, der mit Sportschuhen und Regenjacke – man weiß ja nie! – am Eingang des Labyrinths steht, fürchtet sich indes vor den gewaltigen Steinen und der bedrohlichen Anmutung der riesigen Granitfelsen, die absichtsvoll aufgeschichtet erscheinen, als hätte eine unbekannte Macht diese vor langer Zeit hier hingehauen.

Tatsächlich sind die Felsen geologisch sehr instabil und je steiler der Hang, desto bedrohlicher wirken die Überhänge und Felsspalten in der tiefen, schweren Erde. Wer die Wege verlässt, befindet sich sofort auf rutschigem, unsicherem Gelände und begreift, dass der Besuch des Labyrinths für jedermann nur möglich ist, weil es gesicherte Pfade, Treppen und Geländer gibt, die den gefahrlosen Gang durch eine dramatisch-schöne Natur erst möglich machen.

Man könnte diese Domestizierung im mittlerweile wieder modernen Rousseauschen Sinn bedauern, wäre das Felsenlabyrinth unberührte, reine Natur, vergleichbar einem urzeitlichen Gletscher oder einem unzugänglichen Urwald. Stattdessen ist das Felsenlabyrinth, vom gepflegten, sicheren Wegenetz ganz abgesehen, alles andere als jungfräuliche, reine Natur. Im Gegenteil, es ist eine in Stein gefasste Kulturgeschichte.

Durch die Felsen zum Licht

Schon auf den ersten Blick erkennt man die „Graffiti“ des bürgerlichen Zeitalters, die in den Stein gehauenen Sprüche und Widmungen, die der Nachwelt kundtun, wer, warum und mit welchen erhabenen Gefühlen sich hier vergnügt hat. Der Widerspruch zwischen dramatischer, wilder Natur und deren Bearbeitung, also der Aneignung und Einverleibung nach kulturellen Maßstäben, ist auf der Luisenburg der Witz der Sache, oder, um gleich im richtigen Bild zu bleiben, des Pudels Kern der Faszination des Felsenlabyrinths.

Seit der Romantik, einer Epoche, die auch im Fichtelgebirge ihre tiefen Spuren hinterlassen hat, sind Natur und Kultur zwei Seiten einer Medaille, ja, sie bedingen einander. Die Geschichte des Felsenlabyrinths erzählt in vielen Varianten von dem Verhältnis zwischen Menschen und Natur.

Auf der einen Seite der kultivierte Mensch auf der Suche nach Sinn und einem transzendenten Halt, auf der anderen eine interessenlose Natur, die eine perfekte Projektionsfläche für diese elementare Sinnsuche bietet.
Wo heute die Beherrschung der Natur rein sportlich gesehen wird – der Begriff „Outdoor“ sagt da alles – waren die Bürger und gebildeten Stände vergangener Zeiten auf der verzweifelten Suche nach ihrem besseren Selbst. Das bedeutete nichts weniger als den Versuch, sich mithilfe von gestalteter Natur neu zu erfinden. Der Mensch jener Epoche war noch unfertig, musste nach den Idealen der Zeit erst hergestellt und vervollkommnet werden.
Das klingt verrückt als Anforderung an einen Haufen Steine. Trotzdem sprechen die Zeichen und Geschichten auf der Luisenburg noch heute von genau diesem Modell des Menschen: unzufrieden mit seiner Stellung in der Welt, braucht er einen Ort, an dem Natur und Kunst ihn aufnehmen und eine Zuflucht bieten. Das markiert die Idee des Theaters im Felsenlabyrinth, die wahre Geburtsstunde der Luisenburg-Festspiele.

Kunst wird Natur wird Kunst

Die Bedrohung bleibt. Sie muss bleiben, wenn auch nur symbolisch, ohne Leib und Leben der Besucher zu gefährden. Das Felsenlabyrinth wird zum Garten, zum Landschaftsgarten, und damit wird aus abweisender Wildnis ein mystischer, aber begehbarer Ort.
Nicht nur die Wildnis wird so konsumierbar, auch deren Geheimnisse lassen sich auf gesicherten Wegen besser genießen. Denn neben der geistigen Okkupation, manifestiert in den eingeschlagenen Sinnsprüchen und Gedichten, fasziniert Betrachter die geheimnisvolle Aura der steinernen Landschaft und ihre archaische Anmutung bis heute: als eine dunkel lockende Welt.
Die deutsche Romantik wusste mit diesen beiden Polen der Naturverehrung perfekt umzugehen: gehobener Kunstanspruch, gespeist aus Mythen und Magie. Das Ergebnis findet sich in der Literatur, der bildenden Kunst und auf dem Theater.
War der Ursprung der Theateridee in Wunsiedel auch bildungsbeflissen – ein Lehrer leitete schon 1763 die Schüler zum Theaterspiel an –, trieben die Ausstrahlung der Steine und ihre magische Macht das Spiel mehr und mehr an.

Allerdings dauerte es ein paar Jahre, bis mit dem Umzug auf den heutigen Spielplatz eine Bühne gefunden war, deren Tiefe und Dimension dem Spiel erst jene Kraft verlieh, die das Theater auf der Luisenburg selbst zum Mythos werden ließ. Eine so einfache wie geniale Tatsache macht den Ort einzigartig: das Felsenlabyrinth ist die Bühne, in und mit ihr wird gespielt. Nicht davor, nicht daneben, sondern mitten in ihr. Mit diesem Trick wird das Felsenlabyrinth zum lebendigen, strahlenden Akteur und die Natur wird artifiziell nutzbar.
Eine anschaulichere Symbiose von Natur und Kunst lässt sich kaum denken.

Am Abgrund mit Abgründen spielen

Wildnis ist nicht einfach nur wild, vielmehr dramatisieren sich in ihr unsere Sehnsüchte und Hoffnungen, die Ängste und Gefahren. Anders gesagt ist sie die perfekte Projektionsfläche für die irrationale Seite in uns.
Theater wiederum ist kein schöner Schein, sondern sucht den Menschen in all seinen Facetten zur Sprache zu bringen. Wohlgesetzte Worte sind da das eine, etwas anderes ist es, das Unsagbare, das Unentdeckte anschaulich zu machen.
Beide Seiten der menschlichen Existenz – die helle, kühne und die dunkle, gefährliche – in ein gewaltige, lebendige Bilder zu überführen, ist das wahre Geheimnis des Theaters auf der Luisenburg. Es spielt keine Rolle, welches Stück oder welche Inszenierung gezeigt wird, entscheidend ist, dass die Naturbühne ihre geheimnisvolle Kraft entfalten und die Kunst das zulassen kann. Dieser Mythos der Luisenburg-Festspiele ist in Dekaden gewachsen und er gilt noch heute. Sogar mehr denn je, wenn man bedenkt, dass die gewöhnliche permanente Verfügbarkeit von allem und jedem alles beliebig und flach macht. Also so offensichtlich wie geheimnislos.

In der wilden Natur der Bühne bekommt das Geheimnis, das Unsagbare seinen alten, angestammten Platz zurück. Seit dem letzten Jahrhundert, seit den 1920er Jahren, ist in dieser Bühne in großem Format alles gespielt worden, was die dramatische Weltliteratur hervorgebracht hat: Sophokles, Shakespeare, Lessing, Schiller, Goethe, Kleist, Hebbel, Ibsen, Moliere, Nestroy, Brecht und noch viel mehr. Ihnen gab diese Bühne den tiefen, mehrdimensionalen Spielraum für die Erkundungen der menschlichen Existenz, die bis heute in den Stücken steckt.
Die dramatische Literatur braucht in den Felsen keine mühsam konstruierte Aktualisierung oder einen abstrus schrägen Interpretationsansatz.

Noch nicht einmal das klassische Drama ist notwendig, um die widersprüchlichen Wahrheiten über das Menschengeschlecht auszuloten und zur Ansicht zu stellen.
Brisante Stoffe, ob aus Büchern oder Filmen, bekommen in dieser Bühne neues theatralisches Leben, wenn sie archaische Tiefe und eine ursprüngliche Gewalt besitzen. Selbst Komödien sind abgrundtiefer, doppelbödiger in ihrem Humor, als sie das in einer Guckkastenbühne sein können. Und das Musiktheater wird in der Kuppel des Theaters zum multimedialen Ereignis, zum akustischen und optischen Gesamtkunstwerk, wie es nebenan in Bayreuth beschworen wird.
Seit 1890, seit der Entdeckung dieser Spielstätte für das Theater, ist die Symbiose von Geist und Geheimnis mit allem, was diese Begriffe tragen können, die Garantie für die Zukunft der Luisenburg-Festspiele.

Alte Felsen, neuer Geist

Natur und Kunst sind seit der Romantik wechselseitig aufeinander bezogen und bilden einen gemeinsamen geistesgeschichtlichen Raum, der seine Attraktion nicht zu verlieren scheint. Jedenfalls im Fichtelgebirge, in der besonderen Kombination von Theater und Labyrinth.
Und doch ist da auch Nostalgie im Spiel. Jede Vergangenheit wirft ihre langen Schatten voraus und das historische Gewicht wiegt doppelt schwer. Auf der Luisenburg haben die Nostalgiker gute Argumente und die Bewahrer sind in Stein verewigt.
Trotzdem gilt auch im harten, unverwüstlichen Felsen: Kunst ist immer anders und niemals bloß museal oder sentimental. Das heißt nicht, dass sie ohne Bezüge zur eigenen Geschichte ist, gar voraussetzungslos. Aber sie darf sich nicht wiederholen, sich nicht bequem einrichten und fett werden.
Die Luisenburg-Festspiele haben es immer geschafft, ihren Vorwärtsdrang so zu zügeln, dass er nicht ins Abseits führt und trotzdem seine Zugkraft behält, um das Publikum auf eine Reise ins neue Theater mitzunehmen. Das ist auch eine Tradition, wenn auch nicht in Stein gemeißelt.
Heute wachsen die Anforderungen an die Kultur täglich, auch in Wunsiedel. Neue Formen des Zusammenspiels von Kunst und Natur müssen erprobt werden und das Verhältnis des Publikums zu den Festspielen ändert sich mit jeder Generation immer schneller.
Was bleibt, sind die Granitfelsen und ihre geheimnisvolle Magie, die das Theater auf der Luisenburg nochmal 130 Jahre befeuern werden. Oh schöne Wildnis, oh Genuss in ihr!

Die beleuchtete große Felsenbühne der Luisenburg-Festspiele bei beginnender Dämmerung.

Inmitten der Felsen nah am Menschen

In einem der ersten Landschaftsgärten des 18. Jahrhunderts, den Johann Wolfgang von Goethe „das Felsenlabyrinth“ getauft hat, steht eines der schönsten und modernsten Theater des Landes: das Festspielhaus der Luisenburg-Festspiele in Wunsiedel.

Luisenburg-Festspiele
Luisenburg 2
95632 Wunsiedel
www.luisenburg-aktuell.de

Kartenverkauf:
Jean-Paul-Str. 5
95632 Wunsiedel
Tel. 09232 / 602162
touristinfo@wunsiedel.de

Der Klassiker GREASE war 2019 als Musikshow ein Publikumserfolg bei Jung und Alt.

Beides, der Landschaftsgarten und das Festspieltheater mit der gigantischen Felsenbühne, bilden seit je eine Einheit und ziehen auch nach 130 Jahren jeden Sommer bis zu 150.000 Besucher an.

Theater auf der Naturbühne unter einem freien, weiten Himmel ist heute weniger Traditionspflege als aktuelle Kunst für wache und neugierige Zeitgenossen. Mit Birgit Simmler, der künstlerischen Leiterin und der ersten Frau auf diesem Posten, rücken die exemplarischen Geschichten, die auf der Luisenburg nach allen Regeln der Kunst erzählt werden, sehr nah an die Menschen und ihre Lebenswelt.

Volksnah waren die Festspiele auch in der Vergangenheit, wenn man unter einem Theater für das Volk weniger Mundart und Klamauk versteht, als die Nähe zu den Bürgerinnen und Bürgern der Region. Das Programm der Festspiele richtet sich an die Vielen, an Menschen aller sozialen Schichten, ob jung oder alt, ob arm oder reich – ein wahrhaft demokratisches und egalitäres Theater. Demokratisch ja, aber hochemotional und bewegend: Das Programm der Festspiele will die Zuschauer bei ihren Gefühlen packen und sie intellektuell bewegen. Das persönliche, sinnliche Erleben ist das Geheimnis des Theaters und das findet sich in allen Genres, allen Sparten wieder, mal im Klassiker, mal in einer Komödie, mal in einem Musical.
Die emotionale Vielfalt des Menschen – sein Lachen und Weinen, sein Staunen und Leiden, seine Freude und seine Angst – spiegelt sich auf der Bühne und in den verschiedenen Stücken wider. Diese Dramaturgie der Festspiele erweitert die Grenzen der klassischen Sparten wie Drama, Komödie und Musiktheater. So kann zum Beispiel ein Musical mal eine fulminante Show, mal hochdramatisch sein und ein Schauspiel komisch oder ein spannender Krimi.

Das Musical ZUCKER ist klassisches, erzählendes Musiktheater mit einem starken regionalen Bezug.

Mit dem Historien- und Charakterdrama DIE PÄPSTIN haben die Festspiele 2019 gezeigt, was Theater in der Felsenbühne sein kann: ein großes, emotionales und dramatisches Erlebnis.

Vielfältig, anspruchsvoll, populär

In großer Vielfalt nah am Publikum ist das Ziel von gutem, unterhaltendem Theater. Aber nicht dessen alleiniger Grund. Der ist unverändert der künstlerische Anspruch, kompromisslos hochwertiges und ästhetisch wertvolles Theater auf die Bühne zu bringen. Neu ist, dass ein populäres Autorentheater Themen aus dem Leben der Menschen in der Region aufnimmt und in Theaterkunst verwandelt. Die kann in der Luisenburger Autorenwerkstatt ganz aktuell entstehen oder es kommt als existierendes, neues Stück in die Felsen. So oder so, das Autorentheater ist so gegenwärtig und aktuell wie lebendiges Theater heute sein muss.
Die Tradition ist keine Last, sie ist immerwährende Lust auf zeitgemäßes Theater. Auf der Luisenburg steht die Zeit niemals still. Die Ansprüche wachsen, die Kulturlandschaft verändert sich und das Publikum mit ihr. Die Festspiele stehen felsenfest in der Gegenwart und wollen Vorreiter der Kultur in der Region bleiben. Die lange Geschichte der Festspiele hat gezeigt, dass nur Veränderungen den künstlerischen Wert dieses einzigartigen Theaters erhalten. So wird es auch in Zukunft sein.

Das Festspieltheater bei Nacht.

Naturschätze für Tier und Mensch
Der Naturpark Fichtelgebirge
von
Ronald Ledermüller

Bevor die Frühlingssonne die letzten Schneereste dahingeschmolzen hat, beginnt im Fichtelgebirge ein urtümliches Schauspiel. Die Auerhähne haben sich wie auf ein geheimes Zeichen am versteckt gelegenen Balzplatz im Bergwald versammelt. In den Kronen wetterzerzauster Fichten sitzen sie und singen im frühen Morgengrauen ihre eigentümliche Arie: „Klack-Klack, Klack-Klack". Kaum hörbar ist sie für menschliche Ohren und doch lockt sie die Auerhennen aus weitem Umkreis zu der Arena auf den Berg. Jedes Jahr. Seit Jahrtausenden.

Die kleinste Eule der Welt, der Sperlingskauz, ist schon in der Dämmerung aktiv.

Rechts oben: Reste von Hochmooren wie das Zeitelmoos bei Wunsiedel oder die Häuselloh bei Selb verleihen der Landschaft einen mystischen Charme.

Im Fichtelgebirge, im Bayerischen Wald und in den Alpen leben die letzten Auerhühner Bayerns. Sie sind einer der großen Naturschätze, die das granitene Hufeisen bis heute bewahren konnte. Und wo die urigen Hühnervögel leben, fühlen sich auch andere Tiere wohl, die andernorts längst ausgestorben sind: Dreizehenspecht, Sperlingskauz und Ringdrossel sind nur einige weitere Stellvertreter einer Gesellschaft von Tieren, die sonst eher in den Hochgebirgen zu Hause sind. Im Fichtelgebirge haben sie eine Insel gefunden, die ihnen in der Mitte Europas eine Heimat bietet. Denn oben auf den höchsten Bergen Frankens ist das Klima rau. Immerhin knapp über 1000 Meter ragen Schneeberg und Ochsenkopf über Meereshöhe auf. Nusshardt und Kösseine, Waldstein, Epprechtstein und Kornberg bleiben nur knapp darunter. Wer durch diese Höhen wandert, fühlt sich oft unweigerlich, als hätte er einen Abstecher nach Norwegen oder Schweden unternommen. Allein die Weite der Wälder, die man an einem Stück durchwandern kann, oft stundenlang, ohne anderen Menschen zu begegnen, ist ein Erlebnis, für das man sonst weit reisen müsste.

Geschützte Landschaft

Für Besucher erschlossen ist die Landschaft des Fichtelgebirges schon lange. Seit 1888 baut und pflegt der Fichtelgebirgsverein Wanderwege und Aussichtstürme auf den Felsengipfeln. Damit wurden beste Voraussetzungen geschaffen, damit Menschen sich in dieser einzigartigen Landschaft erholen können. Seit 1990 ist das Fichtelgebirge ein Naturpark, eine offiziell wegen ihrer Schönheit und Einzigartigkeit gesetzlich geschützte Landschaft also. Ziel ist es, die über Jahrhunderte entstandene Kulturlandschaft zu erhalten und gleichzeitig eine sanfte, naturnahe Erholung für den Menschen zu ermöglichen. Mehrere moderne Infostellen bieten für Einheimische und Touristen

Wildkatzen lieben weite, alte und ruhige Wälder – und natürlich Mäuse. Als Kreuzungspunkt der Artenvielfalt erfüllt das Fichtelgebirge in der Mitte Europas eine zentrale Funktion, damit Wildtiere wandern und sich wieder neue Lebensräume erschließen können.

Gelegenheit, die Bergbaugeschichte zu erkunden, das Leben der Bergbauern nachzuempfinden oder die Wildtiere des Fichtelgebirges live zu erleben. Und gerade davon verbirgt sich nicht nur in den weiten Wäldern eine sagenhafte Vielfalt. Denn neben der bewaldeten Gebirgskette bieten die tiefer gelegenen Gebiete am Rand und im Inneren des „granitenen Hufeisens" unterschiedlichste Lebensräume. Wie eine Kreuzung verbindet das Fichtelgebirge außerdem die Mittelgebirgszüge Europas miteinander. Wer also auf vier Beinen Europa entlang der bewaldeten Gebirge durchqueren will, muss irgendwann auch das Fichtelgebirge passieren. Mit seinen rund 1000 Quadratkilometern ist es zwar vergleichsweise klein. Für die Natur in Deutschland und Europa ist das Fichtelgebirge aber von unschätzbarem Wert. Über 400 Tier- und Pflanzenarten sind nachgewiesen, die in Bayern und Europa sonst längst verschwunden oder vom Aussterben bedroht sind.

Besondere Tier- und Pflanzenwelt

Die Wälder sind Lebensraum des größten heimischen Wildtieres, des Rothirsches. In den Flussauen leben Fischotter, Wasseramsel und Eisvogel. Biber

Auf nährstoffarme Wiesen des Fichtelgebirges sind Orchideen wie das Breitblättrige Knabenkraut zu Hause. In moosreichen lichten Wäldern und am Rand der Moore blüht die Symbolpflanze des Fichtelgebirges: der Siebenstern.

bauen ihre Burgen und Dämme und gestalten sich so ihren Lebensraum nach ihren Wünschen. Verborgen am Grund der Bäche und Flüsse leben die seltenen Flussperlmuscheln. Über 200 Jahre können diese Tiere alt werden, vorausgesetzt, das Wasser ist von bester Qualität und der Lauf des Gewässers natürlich und unverbaut. In den satten Auwiesen finden Weiß- und Schwarzstörche reiche Beute an Fröschen und Insekten. Auf den Bergwiesen wachsen Wildkräuter wie die Arnika und die Bärwurz. Zahlreiche Orchideenarten wie das gefleckte Knabenkraut oder das Zweiblatt bilden dazwischen leuchtend bunte Farbtupfer.

Ureinwohner der Region

Die Blütenvielfalt ernährt eine reiche Insektenwelt. Viele Schmetterlinge brauchen ganz bestimmte Futterpflanzen in den Wiesen. Der Violette Feuerfalter zum Beispiel kann ohne den kleinen Sauerampfer nicht überleben. Und der wiederum braucht offene Bodenstellen, um wachsen zu können. Damit das Überleben seltener Tier- und Pflanzenarten gesichert wird, organisiert der Naturpark Fichtelgebirge gezielte Landschaftspflegemaßnahmen. Im Fall des Feuerfalters zum Beispiel eine Beweidung mit Pferden, die mit ihren Hufen die Grasnarbe öffnen und damit dem kleinen Ampfer ein Keimbett schaffen. Andernorts sind es Rinder, die die wertvollen Wiesen offen halten und gleichzeitig dem Landwirt ein Einkommen sichern. Ganz besondere Rindviecher kommen dabei teilweise zum Einsatz: Das Rote Höhenvieh war bis zu Beginn des 20. Jahrhunderts die typische Rinderrasse des Fichtelgebirges. Als „Sechsämtervieh“ – benannt nach der Landschaft der Sechsämter im heutigen Landkreis Wunsiedel – war es weithin bekannt. Neben Fleisch und Milch war es vor allem die Zugleistung der gutmütigen Ochsen, mit der die roten Rinder den Fichtelgebirgsbauern gleich dreifachen Nutzen brachten. Früher mussten die Bauern ihr Vieh in den Wald zur Weide treiben. Die Wiesen waren zu wertvoll. Damit trieben sie Schafe, Ziegen, Schweine und Rinder den einst im Fichtelgebirge häufigen Beutegreifern Luchs, Wolf und Braunbär direkt vor die Nase. Die bedienten sich nicht selten dieser leichten Beute. Das war der

Tiere in freier Wildbahn zu beobachten gehört für Kinder und Erwachsene zu den emotionalsten Naturerlebnissen. Rehe sind im Fichtelgebirge zwar sehr verbreitet, tagsüber in den dichten Wäldern jedoch fast unsichtbar. In der Dämmerung kann man sie häufig an Waldrändern und auf den Wiesen sehen. Der Feuersalamander lebt nur am Westrand des Fichtelgebirges in feuchten Mischwäldern. Dort bieten ihm alte Bergwerkstollen im Winter frostfreien Unterschlupf.

Freilandmuseum Grassemann

Seit über 300 Jahren trotzt der aus Holzbalken gebaute Hof im Warmensteinacher Ortsteil Grassemann Wind und Wetter. Bergleute waren es, die der Bayreuther Markgraf hier oben auf über 700 Meter Meereshöhe Mitte des 17. Jahrhunderts ansiedelte. Von einem ergiebigen Stollen, in der Sprache der Bergleute einem „großen Mann", rührt wohl der ungewöhnliche Ortsname her. Wie eine Insel im Wald liegt die Siedlung am Berghang. Kaum etwas hat sich an der Struktur dieses Dorfes geändert. Das Haus Grassemann Nr. 3, der so genannte Schwärzerhof, ist eines der letzten erhalten gebliebenen Blockbohlenhäuser des Fichtelgebirges. Es erzählt mit jedem Winkel die Geschichte seiner Bewohner, die hier am Westhang des Ochsenkopfes lebten. Ein Granitstein in der Tür, mit dem Namen des damaligen Hausherren und der Jahreszahl 1760 versehen, erinnert an den Einbau der original erhaltenen Schwarzen Küche mit Brotbackofen, Schürloch und Kellergewölbe. Bis dahin hatten die Bewohner auf einer offenen Feuerstelle in der Stube gekocht und sich an diesem kargen Feuer gewärmt. Ohne Kamin zog der Rauch durch das ganze Haus und färbte die hölzernen Balkenwände kohlrabenschwarz. Rund um das Haus können Besucher entdecken und erleben, wie die Menschen die Landschaft um ihre Höfe formten, um überleben zu können. Bäche wurden umgeleitet, Raine angelegt, Obstgärten gepflegt. Um das Haus liegen kräuterreiche Bergwiesen, auf denen Bärwurz, Meisterwurz und Glockenblumen blühen. Die beeindruckende Allee von Buchen, Ahornen und Eschen diente als Schutz vor Funkenflug. Ein Lehrpfad erklärt anschaulich diese „Stationen in der Kulturlandschaft". Ein Wiesenlabyrinth lädt Besucher auf eine Reise zu sich selbst ein.

Freilandmuseum Grassemann

Grassemann Nr. 3
95485 Warmensteinach
Tel. 09277 / 6105
www.warmensteinach.de

Öffnungszeiten
Mai bis Oktober:
Mittwoch bis Sonntag
11 – 16 Uhr
Januar bis April:
Samstag bis Sonntag
14 – 16 Uhr

Gruppen ab 15 Personen nach Vereinbarung auch außerhalb der regelmäßigen Öffnungszeiten

Hauptgrund dafür, dass diese Tiere stark bejagt und schließlich ausgerottet wurden. Auf dem Waldstein zeugt eine der letzten erhaltenen Bärenfallen Deutschlands von dieser Zeit. Luchs und Wolf kehren langsam ins Fichtelgebirge zurück. Einzelne Tiere wurden bereits nachgewiesen.

Granitgestein als Lebensraum

Ein kleinerer Jäger hat sich seine alte angestammte Heimat ebenfalls zurückerobert: Die Europäische Wildkatze, eines der seltensten Säugetiere Europas, lebt gerne in alten Mischwäldern, wo sie ihre Jungen in hohlen Baumstämmen oder Felsspalten großziehen kann. Vor ihr muss sich der Gartenschläfer in Acht nehmen. Der Verwandte des Siebenschläfers lebt in den Höhen des Fichtelgebirges, besonders gerne in den Blockhalden. Diese Überreste der in der Eiszeit zu Trümmern zersprengten Granitgipfel sind ein einzigartiger Lebensraum. Insekten, Moose und Flechten haben hier letzte Rückzugsgebiete, nachdem das Klima vor 12.000 Jahren wärmer wurde und ihre Verwandten sich bis in die Polarregion zurückziehen mussten. Seit dieser Zeit sind auch große Moore im Fichtelgebirge gewachsen, mit einer einzigartigen Pflanzenwelt. Um im nährstoffarmen Moor überleben zu können, hat sich der

Auf kräuterreichen Bergwiesen finden viele Schmetterlingsarten wie der Thymian Scheckenfalter ihre Nahrungspflanzen und ausreichend Nektar. Der Fichtenkreuzschnabel brütet bereits im Winter. Mit seinem speziell angepassten Schnabel fischt er die Samen aus den Fichtenzapfen. Drei Arten der so genannten Bilche oder Schlafmäuse sind im Fichtelgebirge heimisch: Neben der winzigen Haselmaus und dem Siebenschläfer ist der Gartenschläfer eine der seltenen Charakterarten, der vor allem die höheren Lagen besiedelt.

Wildpark Waldhaus Mehlmeisel

Wildpark Waldhaus Mehlmeisel

Waldhausstraße 100,
95694 Mehlmeisel
Tel. 09272 / 909812

www.waldhaus-mehlmeisel.de

Öffnungszeiten:
April bis Oktober
täglich 10 – 18 Uhr
November bis März
täglich 10 – 16 Uhr

Wildtiere des Fichtelgebirges kann man im Wildpark Waldhaus Mehlmeisel in natürlicher Umgebung und aus ungewöhnlicher Perspektive beobachten. Ein 250 Meter langer Besuchersteg führt mit sanfter, sogar rollstuhlgerechter Steigung bis in 3 Meter Höhe durch den Wald. Ohne durch störende Zäune blicken zu müssen, können Erwachsene und Kinder beobachten, wie die Luchse auf ihren Samtpfoten über Felsen klettern und durchs Gebüsch pirschen. Rothirsche, die größten heimischen Wildtiere, äsen auf der Wiese. Die Wildschweine nehmen gerne ein kühles Bad im Teich oder durchwühlen den Boden nach Fressbarem. Einer der seltensten Vögel Bayerns lebt in den Bergwäldern des Fichtelgebirges: das Auerhuhn. Im Frühjahr können Wildparkbesucher die urtümliche Balz dieser großen und prächtigen Vögel aus nächster Nähe beobachten. Wildkatzen und Füchse sind ebenfalls in Gehegen am Wegesrand zu entdecken. Im Streichelgehege können Kinder Ziegen und Schafe, Hasen und Meerschweinchen kennen lernen. Wer mehr über den Wald des Fichtelgebirges erfahren will, dem bietet die Dauerausstellung im Waldhaus ein Erlebnis für alle Sinne. Riechen, fühlen, hören und sehen kann man den Wald; seine Geschichte, die spannenden Zusammenhänge in der Natur erleben und entdecken. Um das Haus und den Wildpark bietet der rund einen Kilometer lange Entdeckerpfad ebenfalls erlebnisreiche Stationen: die Lauschhütte, das Heidelbeerquiz, der Pirschpfad und der über 40 Meter hohe Klausenturm bieten spannende Ein- und Ausblicke in die Waldlandschaft des Fichtelgebirges.

Sonnentau darauf verlegt unvorsichtige Insekten mit seinen klebrigen Blättern zu fangen und zu vertilgen. In den Teichen und Tümpeln quaken im Frühling die blau gefärbten Männchen der Moorfrösche und bunte Libellen zischen über das Wasser.
Auch im Winter hat der Naturpark Fichtelgebirge besondere Erlebnisse zu bieten. Die Natur aber macht nun Pause. Wer den Winter nicht verschläft wie der Gartenschläfer oder in wärmere Gebiete gezogen ist wie der Schwarzstorch, der muss sich gut einrichten, damit er die kalte Zeit übersteht. Die Wildtiere brauchen Ruhe vor den Menschen. Wege und Loipen sind im Naturpark Fichtelgebirge deshalb so angelegt, dass Wintersportler die Lebensräume der Wildtiere möglichst nicht stören. Sie müssen mit ihren Kräften haushalten und sich mit karger Kost begnügen. Nur die sperrigen Nadeln der Fichten und Kiefern bleiben zum Beispiel den Auerhühnern als Winterkost. Kein Problem für die Urhähne, sie sind das gewohnt. Seit Jahrtausenden. Bis die Frühlingssonne sie wieder zum Balzplatz ruft.

Die Teichbiotope des Bundes Naturschutz im Egertal sind wahre Perlen der Natur. Die Gelbe Teichrose (Mummel) bildet breite Pflanzenteppiche.

Beherzter Einsatz für die Fichtelgebirgsnatur

Sie mähen Orchideenwiesen, gestalten Feuchtgebiete und Tümpel, kümmern sich um Teichbiotope und betreuen liebevoll Nistkästen. Die Aktivisten des Bundes Naturschutz (BN) im Landkreis Wunsiedel leisten Jahr für Jahr ein großes Pensum, um die Artenvielfalt im Fichtelgebirge zu bewahren. Biotoppflege ist ihr Hobby, die Liebe zur Natur ihre Motivation. BN-Kreisvorsitzender Fred Terporten-Löhner ist stolz auf seine Naturschutztruppe. „Das ist wahrer Idealismus". Der Verband hat im Landkreis Wunsiedel 50 schutzwürdige Biotope in seiner Obhut. Dazu gehören „Perlen der Natur" wie die BN-Teichbiotope im Egertal bei Marktleuthen, geheimnisvolle Moore mit seltenen Libellen bei Großwendern und traumhafte Auen im Grünen Band des bayerisch-böhmischen Grenzstreifens bei Hohenberg. In den Feuchtwiesen des BN leuchten Wollgräser und rotviolette Knabenkräuter. Seltene Arten wie Fischotter, Eisvogel und Schwarzstorch finden Nahrungs- und Lebensraum. Der Bund Naturschutz hat im Fichtelgebirge zahlreiche Hotspots der Biodiversität geschaffen, der langjährige Brtreuer und Gestalter der schutzwürdigen Biotope Karl Paulus spricht gern von „Kristallisationspunkten" des Artenschutzes. „Wir weben beharrlich am ökologischen Netzwerk". Doch es geht um weit mehr, als um Artenschutz. Naturnahe Lebensräume steigern die Erlebnisvielfalt und Erholungsqualität der Naturparklandschaft. Das kommt auch dem Tourismus zugute. Feuchtgebiete speichern Wasser und stabilisieren den Naturhaushalt.
Und wenn schutzwürdige Landschaften in Gefahr sind, dann ist es der Bund Naturschutz, der den Finger öffentlich in die Wunde legt. Der BN ist die starke Stimme für die Natur. Die Liste der Erfolge ist lang.

Bund Naturschutz, Kreisgruppe Wunsiedel
Jakobsburg 2 · 95659 Arzberg
www.wunsiedel.bund-naturschutz.de
wunsiedel@bund-naturschutz.de

Nicht mehr nur die Fichte allein prägt das Fichtelgebirge. Vielerorts entwickeln sich artenreiche Mischwälder.

Namensspender „Vichtelberg"

Die Steine und die in ihnen ruhenden Bodenschätze waren es, die die Menschen schon früh in das waldreiche, bergige Fichtelgebirge zogen. Am Feuerberg bei Leupoldsdorf fand sogar einer der ältesten Abbaue von Gesteinen in Nordbayern überhaupt statt. Bereits vor mehr als 11.000 Jahren wurde hier ein besonderer Feuerstein, der Feuerberg-Jaspis, gewonnen und weit über das Gebiet des Fichtelgebirges hinaus verbreitet. Eine intensivere Suche nach Erzen begann jedoch erst vor rund 1000 Jahren. Es sollen aus Norditalien stammende Bergleute, die Venediger, gewesen sein, die als erste die Erzadern ausgebeutet haben. Diesen Fremden, geheimnisvolle Wichtel und Berggeister, wird einer These nach die Herkunft des Namens Fichtelgebirge zugeschrieben.

Vielerorts gehen die Ortsgründungen auf den frühen Bergbau zurück. Anfangs blieben die Bergleute in der unwirtlichen Umgebung des Fichtelgebirges nur während der Sommermonate, doch zwischen dem 11. und 13. Jahrhundert begann man, den Wald zu roden und sich dauerhaft anzusiedeln. Der über Jahrhunderte währende Bergbau mit seinem enormen Bedarf an Holz für die Verhüttung und Verarbeitung der Erze nahm einen großen Einfluss auf die einstigen Urwälder des Fichtelgebirges. Diese waren ursprünglich durch einen artenreichen Bergmischwald mit einer Vorherrschaft durch die Buche geprägt. Heute dominieren jedoch die Fichtenwälder, die häufig sinnbildlich für das Fichtelgebirge stehen. Sie sind jedoch das Ergebnis der Tätigkeit des Menschen und übrigens erst lange nach der Erstnennung des „Vichtelberges", dem heutigen Ochsenkopf, entstanden. Die Fichten sind daher auch nicht Namensgeber für das „Fichtel"gebirge.

Gegen Ende des Mittelalters war der Waldbestand im Fichtelgebirge so weit reduziert, dass gelegentlich in der Literatur schon über das „Ödland Fichtelgebirge" geschrieben wurde. Etwa ab 1800 begann man mit einer systematischen Aufforstung, setzte dabei allerdings auf rasch wachsende Fichtenbestände. Sie versprachen die höchsten durchschnittlichen Gelderträge in der Waldnutzung. Schon in der Mitte des 20. Jahrhunderts, vor allem seit den 1980er Jahren, begann man im Fichtelgebirge im Rahmen von Walderneuerungs- und Waldumbaumaßnahmen mit einer deutlichen Erhöhung des Laubholzanteils. In den Hoch- und Kammlagen wird der Fichtenanteil zugunsten von Vogelbeere, Bergahorn und Buche verringert. In Hochlagen bringt man als typischen Bestandteil des Bergmischwaldes wieder die Tanne ein. Gerade vor dem Hintergrund des Klimawandels kommt diesem Waldumbau große Bedeutung zu. Er ist vielerorts schon sichtbar. Die großen Waldgebiete sind heute ein wesentlicher Bestandteil der Erholungslandschaft Fichtelgebirge.

Bürgerpark Katharinenberg, Rotwildgehege und Umweltstation Lernort Natur-Kultur
WUN Infrastruktur KU Grün- und Forstbetrieb
Hubert Steinberger
Rot-Kreuz-Str. 6
95632 Wunsiedel
Tel. 09232 / 9199950
www.berg-erleben.de
kontakt@lernort-buergerpark.de

Termine und Führungen nach Vereinbarung

Greifvogelpark Katharinenberg
Katharinenberg 1
95632 Wunsiedel
Tel. 09232 / 8819999
www.falknerei-katharinenberg.de
info@falknerei-katharinenberg.de

Öffnungszeiten:
1. April bis 1. November
Täglich außer Montag 10 bis 18 Uhr
Am Feiertag (auch Montags) geöffnet
Flugvorführung 15 Uhr

Die Öffnungszeiten des Bistros und Biergartens sind identisch mit denen des Greifvogelparks

Zum Schauen bestellt

Hausberg der Wunsiedler, Bayerns erster und damit ältester Bürgerpark, ein Naturdenkmal im Fichtelgebirge – Der „Katharinenberg" ist reich an Geschichte. Anfang des 21. Jahrhunderts wurde mit einem neuen Konzept für den im Jahr 1811 eingeweihten Bürgerpark ein neues Kapitel aufgeschlagen: der Park als Ort der Begegnung, der Entdeckung und der Vielfalt.

Die Geologie des Parks ist charakteristisch für das Fichtelgebirge. Die Höhen bestehen aus Granit, in den tieferen Lagen aus 470 Millionen Jahre altem Glimmerschiefer. Aufgrund der geologischen und historischen Vielfalt ist der Park jedoch ein Unikat. 2005 hat die Landschaftsarchitektin Marion Dubler das Parkpflegewerk entwickelt. Wildwuchs hatte sich breit gemacht. Es galt, die in über 100 Jahren gewachsene Grundstruktur wieder erlebbar zu machen. Stadtförster Hubert Steinberger und dem Diplom-Biologen Andreas Schmiedinger war es ein wichtiges Anliegen, denkmalpflegerische sowie naturschutzfachliche Anforderungen in einem nachhaltigen Nutzungskonzept zu vereinen. Dass dies vorbildlich gelang, unterstreicht zum einen die Auszeichnung mit der Bayerischen Denkmalschutzmedaille, zum anderen auch die erfolgreiche Resonanz in der Öffentlichkeit.
Ein Herzstück ist der Pavillon „Lernort Natur-Kultur". Die Umweltstation dient

Bei der Umweltstation „Lernort Natur-Kultur" sind die Kleinsten oft mit größter Begeisterung bei der Sache. Rechts: Der alte Baumbestand wurde so weit wie möglich erhalten und beeindruckt noch heute.

als Schulungszentrum und Raum für Experimente, aber auch als Treffpunkt für Führungen und Exkursionen. Kinder und Erwachsene, Laien und wissenschaftlich Interessierte können hier mit der Spurensuche beginnen. Mitarbeiter der Umweltstation, unterstützt vom Stadtforstpersonal, leiten und begleiten sie altersgerecht. Die Entdeckungsreise führt durch die Natur und die Geschichte. Auf dem gut 600 Meter hohen Gipfel ragen die Überreste des einstigen Wahrzeichens auf: der Turm und die Mauerreste der um 1350 errichteten Wallfahrtskirche St. Katharina. Sie gilt als ältestes Bauwerk Wunsiedels, mit dessen Geschichte sich die Bürger noch heute identifizieren können. Zwei Mal schlugen Wunsiedler Bürger am Katharinenberg Feinde heldenhaft in die Flucht: 1430 zunächst die Hussiten, 1462 sodann die Böhmen.

Das verbindende Thema der Umweltstation ist das menschliche Wirken im Spannungsfeld zwischen Natur und Kultur. Der Bürgerpark ist selbst das beste Beispiel dafür, dass eine maßvolle menschliche Nutzung positive Auswirkungen auf das Ökosystem hat. Denn der Park ist nicht zuletzt dank der Pflege ein Schatzkästchen, das die wohl regional höchste Artenvielfalt an Laub- und Nadelhölzern, Sträuchern und Kleinstlebewesen bietet und bedrohten Arten ein Zuhause gibt. Ein Refugium der besonderen Art sind auch die einst als Lagerstätte genutzten Felsenkeller an der Auffahrt zum Berg. Denn hier befindet sich eines der bedeutendsten Fledermausquartiere Nordbayerns.

Attraktion Greifvogelpark. Oben im Bild: Falkner Eckhard Mikisch. Links: ein Kauz. Unten: während der Vorführung.

Greifvogelpark

Die Natur wird zur Bühne, so vor allem bei einer Flugschau im Greifvogelpark, für viele das Highlight des Parks. Das Panorama, das sich von der Naturbühne, mit Blick zur Luisenburg eröffnet, ist allein eine Schau. Über 50 verschiedene Vögel, die mehr als 20 Arten zugehören, zählt die Falknerei. Die Einrichtung wurde

Die ehemalige Wallfahrtskirche St. Katharina auf dem Gipfel des Bürgerparks, heute eine Ruine, erzählt viel Geschichte.

Es gibt begehbare Volieren und „Multi-Media-Präsentationen", mit denen die Besucher die Nachzucht am Bildschirm mitverfolgen können. Ein spezielles Angebot sogar für Sehbehinderte, bei dem alles um Fühlen, Tasten, Hören, Riechen geht, ist sogar für Sehbehinderte geeignet. Die Falkner bringen die in einem jahrelangen Prozess dressierten Tiere zum Anfassen nahe.

Veranstaltungshighlights

- Maifeuer
- Mitte August: Mittelalterfest „Collis clamat"
- Oktoberfest
- Vor dem ersten Adventswochenende: Adventsbastelaktion

2008 als einer der modernsten Greifvogelparks in Europa eröffnet. Mit Eckhard Mikisch konnte ein erfahrener Falkner als Hauptpächter gewonnen werden, der auch außergewöhnliche, exotisch anmutende Vögel mitbrachte. Der amerikanische Seeadler ist mit einer Spannweite von bis zu 240 Zentimetern das größte Exemplar, der Schopf-Karakara das seltenste – nachgezüchtet wird dieser Vogel in Europa auch nur hier.
Ebenfalls außergewöhnlich: der hohe technische Standard. Die Wohnhäuser der Vögel, die so genannten Volieren, sind zwei Mal so groß wie üblich. Die Bepflanzung im Inneren wurde liebevoll dem Heimatstandort der Tiere angepasst.

Zwei Mal täglich sind die Räuber der Lüfte in Aktion zu sehen. Wenn sie voller Anmut, Präzision und Kraft über den Köpfen der Zuschauer gleiten, ist das Staunen groß. Beim Jagdspiel kommen vielerlei Attrappen und selbst Modellflugzeuge zum Einsatz.
Schulen, Familien, Vereine und Busgruppen können hier einen ganzen Tag „Erlebnis- und Naturerfahrung" buchen oder nach Lust und Laune durch den Park wandeln. Verlängerung nach Belieben: Ein Landschaftslehrpfad und Wanderwege führen vom Park in die Umgebung und wieder zurück. Eine Gaststätte auf dem Berg bietet Erfrischung und Stärkung.

Treffpunkt Burgsteinhütte

Die Burgsteinhütte ist eine Außenstation der Umweltstation „Lernort Natur-Kultur" und wird nicht nur für forstliche und jagdliche Zwecke genutzt, sondern bietet Gruppen Gelegenheit für eine Veranstaltung oder Übernachtung. Die ehemalige alte Steinbruchhütte am Luisenburg-Areal hat schon oft den Teamgeist von Firmenabteilungen, Studierenden, Schulklassen oder Ferienkindern gefördert. Zu dem wohnlich ausgestatteten Haus (mit Außentoilette) gehört auch ein Grillplatz.
Es kann nur in Verbindung mit einer Umweltbildungsmaßnahme (z.B. Waldführung, Pilzexkursion etc...) gebucht werden. Ein Besuch lohnt sich.

Am Bürgerpark Wunsiedel sind Mufflons, Rotwild und Niederwild zu Hause.

Mehr Lebensraum für Wild

Die Jagd hat Tradition in und um Wunsiedel. Forstbetriebe und Jagdaufseher sind hier schon seit dem 16. Jahrhundert im Dienst, so lange wie nirgends sonst im Fichtelgebirge.

Heute obliegt diese Aufgabe allerdings nicht mehr adligen Markgrafen, sondern dem Freistaat und der Kommune. Am Wunsiedler Katharinenberg ist ab 2006, im Zuge der Neugestaltung des Bürgerparks, ein Lebensraum für Wild entstanden, der sowohl für Fachpublikum als auch für die Öffentlichkeit zugänglich ist. Rotwild ist die größte freilebende Wildart in Deutschland, wobei ihr Bestand in jüngster Zeit stark dezimiert wurde. Die Tiere im Gehege des Katharinenbergs sind mit den frei lebenden Artgenossen weitgehend identisch. Jäger können hier Erfahrungen für die freie Natur sammeln und in Verbindung mit der Landesjagdschule bzw. der Bayerischen Akademie für Jagd und Natur ihre Kenntnisse im Umgang mit dem Wild vertiefen. Die Einrichtungen gehören zu den renommiertesten ihrer Art in ganz Deutschland (zu Produkten aus Rotwild siehe auch Seite 47).

Pro Jahr kommen mehrere tausend Besucher zum Gehege, um Wild in Aktion zu erleben. Inzwischen haben nicht mehr nur Hirsche und Kälber hier ein Zuhause gefunden, sondern auch Niederwild. Da die Verbreitung von Hasen, Fasanen und Rebhühnern in der freien Natur unlängst einen historischen Tiefstand erreicht hatte, beschloss der Bayerische Jagdverband, mit einem beispielhaften Projekt zum Erhalt der Artenvielfalt gegenzusteuern. Die hier aufgezogenen Wildtiere werden in ausgewählte Reviere verbracht, die die Auswilderung positiv unterstützen. Darüber hinaus wurde das Gehege mit Mufflons um eine weitere Wildart bereichert. Beim Mufflon handelt es sich um ein Wildschaf, das in freier Wildbahn ebenfalls stark dezimiert wurde. Ein Kompetenzzentrum für Feldhühner befindet sich im Aufbau. Verschiedene Wildarten befinden sich hier in friedlicher Nachbarschaft.

Wildgehege am Katharinenberg

95632 Wunsiedel

Tel. 09232 / 8810610

www.berg-erleben.de

kontakt@lernort-buergerpark.de

Öffnungszeiten:

Täglich 8 bis 20 Uhr

Eintritt 1 Euro durch das Drehkreuz.

Führungen sind (auch in Kombination mit den anderen Attraktivitäten des Bürgerparks) möglich. Sie sollten mit genügend Vorlauf unter der o.g. Adresse angemeldet werden.

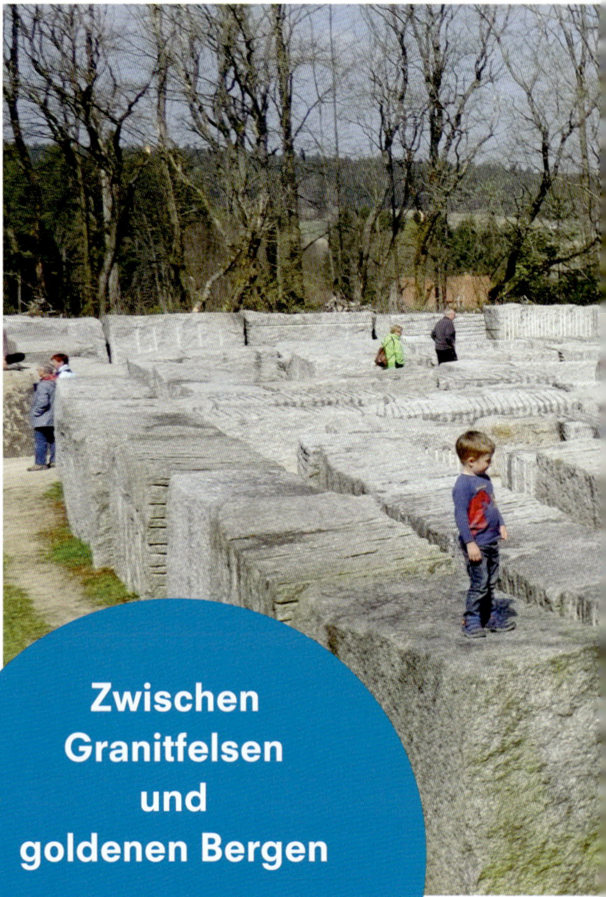

Zwischen Granitfelsen und goldenen Bergen

Bergwerkskultur

von Oliver van Essenberg

Der Bergbau schuf die Voraussetzungen für den industriellen Aufschwung im Fichtelgebirge. Daran erinnern ehemalige Bergwerke an freier Luft und unter Tage. Ein Streifzug zu den wichtigsten Sehenswürdigkeiten

Der Bergbau, eines der ältesten Gewerke der Menschheit, war für die wirtschaftliche Entwicklung des Fichtelgebirges von besonderer Bedeutung. Ab Mitte des 14. Jahrhunderts begann der Abbau von Bodenschätzen. Gold, Silber, Zinn, Eisenerz, Minerale, Erden und Steine förderten die Arbeiter zu Tage, ab dem 18. Jahrhundert auch Braun- und Steinkohle. Die energieintensiven Branchen Textil, Porzellan und Glas profitieren von der Entwicklung, waren die Bodenschätze doch auch als Energieträger zum Befeuern der Öfen zu gebrauchen.
Allerdings beschränkt sich die Bedeutung der Bergwerke nicht allein auf ihr wirtschaftliches Potenzial. Die Region zog auch etliche Naturforscher an, die den Geheimnissen der Erdgeschichte auf der Spur waren, darunter der junge Alexander von Humboldt, der im Fichtelgebirge seinerseits einige Spuren hinterlassen hat (siehe Beitrag „Auf den Spuren Alexander von Humboldts“ auf Seite 227).

Besucherbergwerk Gleißinger Fels, Fichtelberg

Das 500 Jahre alte Silberbergwerk Gleißinger Fels gehört zu den wertvollsten montanhistorischen Denkmälern des Grenzgebiets. Dank eines EU-Förderprojektes präsentiert sich die Sehenswürdigkeit ab 2020 in bestem Licht – mit Effektbeleuchtung, freier Sicht auf eine 30 Meter hohe Zeche und einem Infozentrum. Besucher ehalten hier allerlei Informationen zum Leben und Arbeiten der Bergleute im Gebiet rund um den Ochsenkopf.

Zeugen der reichen Bergbaugeschichte: Besucherbergwerk Gleißinger Fels (links), Granitlabyrinth Epprechtstein (Mitte), Besucherbergwerk Kleiner Johannes (rechts), Hammerschloss bei Tröstau (unten)

Granitlabyrinth Epprechtstein

Was haben das Reichstagsgebäude, Staatsbibliothek und die Nationalgalerie in Berlin, das Hauptpostamt in Köln, Schloss Nymphenburg und die Hypo-Passage in München mit dem Fichtelgebirge gemeinsam? Den Granit!
Am Fuß des Epprechtssteins befand sich einst ein Umschlagplatz, an dem das witterungsbeständige Gestein bearbeitet und per Bahn transportiert werden konnte. Die Stadt Kirchenlamitz übernahm das brach liegende Gelände und entwickelte es zu einer Sehenswürdigkeit. 2009 entstand hier eine begehbare Skulptur mit labyrinthisch angeordneten Steinblöcken. Ein Info-Zentrum informiert über den Granitabbau und Sehenswertes in und um Kirchenlamitz.

Das Hammerschloss, Leupoldsdorf bei Tröstau

Kaum eine andere Sehenswürdigkeit zeigt so eindrucksvoll die wirtschaftliche Bedeutung, die dem Bergbau-, Hammer- und Hüttenwesen in der Region zukam, wie das Hammerherrenschloss mit seinen Teichanlagen im kleinen Ort Leupoldsdorf. Die Gemeinde Tröstau hat das Ensemble ab 2010 vorbildlich saniert. In dem ab 1687 erbauten Torhaus erinnert

Besucherbergwerk Werra (oben), Gleißinger Fels (Mitte), Zeche „Mittlerer Name Gottes", Goldkronach (unten).

eine Ausstellung an die Geschichte des Eisenhammers in Leupoldsdorf und der Eisenverarbeitung in der Region.

Besucherbergwerk Werra, Weißenstadt

Das Besucherbergwerk nahe dem Rudolfstein war das erste Uranbergwerk Westdeutschlands. Der Besuch ist nur mit Führungen möglich, Anmeldung über die Tourist-Info Weißenstadt. Für Wanderer: Zum Bergwerk führt ab dem Kurpark Weißenstadt ein GEO-Erlebnisweg mit vielen Info-Tafeln und Gelegenheiten für Zwischenstopps, Gesamtlänge 7 km.

Besucherbergwerk Kleiner Johannes, Arzberg

Der Abbau von Eisenerz prägte die wirtschaftliche Entwicklung in Arzberg. Am Originalort können Besucher die Geschichte des hiesigen Bergbaus und die geologischen Besonderheiten in und um Arzberg erkunden. Alexander von Humboldt wohnte mehrere Jahre in dem Ort und gründete hier 1796 eine Bergschule. Ein Humboldt-Rundwanderweg verbindet das Bergwerk mit der Schlucht G'Steinigt, durch die malerisch die Röslau fließt.

Goldbergbau in Goldkronach

In Goldkronach kann der Besucher heute noch nachvollziehbar auf den Spuren des Naturforschers Alexander von Humboldt wandeln. Öffentlich zugänglich sind die Schmutzlerzeche (auch für Kinder unter 8 Jahren) und die Zeche „Mittlerer Name Gottes". Letztere führt tief hinein in den Goldberg, wegen der niedrigen Decke oft nur in gebückter Haltung. Wie vielschichtig die Arbeit der Bergleute trotz alledem war, verrät, nicht weit von der Zeche entfernt, das Goldbergbaumuseum in Goldkronach.

Auf den Spuren Alexander von Humboldts

Wer von Alexander von Humboldt und seinen abenteuerlichen Forschungsreisen durch Lateinamerika, die USA und Zentralasien spricht, sollte nicht vergessen, dass es kleine Bergbau-Orte im Fichtelgebirge waren, wo die Karriere des Universalgelehrten ihren Lauf nahm. Humboldt zeigte hier schon jene Wissbegierde, die ihn berühmt machte, und erwies sich zugleich als sehr gemeinnützig.

Wissenschaft und humane Praxis gingen bei Humboldt (1769 – 1859) Hand in Hand. Am 17. Oktober 1796 hätte sein Leben jedoch beinahe ein frühzeitiges Ende genommen. Der nach Franken gesandte Bergbeamte wollte eine Grubenlampe testen, die auch in der sauerstoffarmen Luft der Bergwerke Licht geben sollte. Obwohl der Bernecker Stollen für seine lebensgefährlichen Verhältnisse bekannt war, wagte Humboldt hier einen Selbstversuch. Das Licht brannte zwar wie gewünscht, er selber brach im Stollen jedoch ohnmächtig zusammen. Das Überleben hatte er einem Kameraden zu verdanken, der von einem ähnlichen Selbstversuch am Vortag noch malad war und deshalb vor dem Eingang Wache stand. Er kam Humboldt zu Hilfe und zog den Bewusstlosen hinaus.

Die Erforschung des Erdinneren war in der Romantik, so vor allem beim Dichter Friedrich von Hardenberg, besser bekannt als Novalis, nahezu gleichbedeutend mit der Suche nach Erleuchtung und Wahrheit, nach unseren Wurzeln. Humboldt war diesem romantischen Ideal verpflichtet, als Oberbergmeister jedoch auch an möglichst exakten Ergebnissen interessiert. In staatlichem Auftrag sollte er die brach liegenden Bergwerke in Arzberg, Goldkronach und Steben gewinnbringend wiederbeleben. Sein Einsatz für einen effizienten Abbau der Bodenschätze und gesündere Arbeitsbedingungen machte sich bezahlt, die Erträge nahmen sprunghaft zu und allen war geholfen.

Der rastlose Forscher Alexander von Humboldt in einem Stich aus dem Jahr 1906.

Humboldt sah Bildung nicht als elitäres Privileg an, sondern war bestrebt, sein Wissen breit zu teilen. In Steben und Arzberg gründete und betrieb er hierfür Bergschulen, Vorläufer der heutigen Berufsschulen. Als er nach dem Tod seiner Mutter Ende 1796 ein Vermögen erbte, konnte er sich seinen Wunschtraum erfüllen und zu ausgedehnten Bildungsreisen aufbrechen, wobei er sich den eigenen Worten zufolge im Frankenland „glücklicher als je" gefühlt hatte. Humboldts Spuren im Fichtelgebirge sind bis heute präsent. So gibt es zwei Rundwanderwege, einen in Arzberg und einen in Goldkronach, die die Stationen seiner Tätigkeit verbinden. In Goldkronach, dem heimlichen Zentrum fränkischer Humboldt-Verehrung, gedenkt man seiner nicht nur in zwei Bergwerken und im Goldbergbaumuseum, sondern auch mit einem nach ihm benannten Museumspark. Der Bad Bernecker Alaunschieferstollen, in dem Humboldt sein riskantes Experiment mit der Grubenlampe unternahm, ist für Besucher nur von außen zu besichtigen.

GEOPARK Bayern-Böhmen
Marktplatz 1
92711 Parkstein
Tel. 09602 / 9398-166

www.
geopark-bayern.de
info@
geopark-bayern.de

Führungen für
Gruppen auf Anfrage

Aufbruch ins Erdinnere

Eine Zeitreise zu den geologischen Anfängen Europas? Zurück in die Zeit, in der die Dinosaurier die Erde beherrschten, Europa unter einem tropisch-warmen Meer verschwunden war oder Vulkane die Landschaft prägten?

Kaum eine andere Region in Europa bietet dazu bessere Möglichkeiten wie die des grenzüberschreitenden GEOPARK Bayern-Böhmen, zu dem auch das Fichtelgebirge gehört. Den vielfältigen geologischen Besonderheiten der Region und der Qualität des Angebots im Rahmen eines Naturtourismus verdankt der Geopark seine Anerkennung als „Nationaler Geopark" sowohl in Deutschland als auch auf tschechischer Seite.
Eine ganz besondere Region also, der Geopark, der seine Besucher unter dem Motto „Aufbruch ins Erdinnere" mitnimmt auf eine Reise durch 500 Millionen Jahre rund um die geologische Mitte Europas von der Fränkischen Schweiz über das Fichtelgebirge und den Oberpfälzer Wald bis hinüber nach Böhmen. Der Geopark macht Erdgeschichte sichtbar und begreifbar und informiert über einzigartige Geotope, mit Lehr- und Erlebnispfaden und jüngst auch mit Hilfe moderner Informationssystemen wie Smartphones über die Entstehung der heutigen Landschaft. Infostellen im gesamten Geoparkgebiet greifen regionale geologische Besonderheiten auf und bieten reichlich Informationsmaterial zu seinen Naturattraktionen.
Das Hohe Fichtelgebirge, das hufeisenförmig die

Selb-Wunsiedler Hochfläche, historisch auch Sechsämterland genannt, umgibt, besteht aus mehreren Granitstöcken. Im Sechsämterland sind neben Graniten auch Schiefer bzw. Phyllite, Marmore und Quarzite zu finden. Über das typische Fichtelgebirgs-Gestein informiert das Infozentrum „Granit im Fichtelgebirge" in Weißenstadt. Hier werden in der Ruine eines ehemaligen Steinschleiferbetriebs die unterschiedlichen Aspekte des Granits von seiner Entstehung bis zur Veredelung seiner Oberflächen dargestellt.
Bei Kirchenlamitz verbindet der Steinbruchwanderweg am Epprechtstein viele ehemalige Steinbrüche und gibt Einblick in die für das Fichtelgebirge bedeutende Wirtschafts- und Sozialgeschichte rund um den

Granit, dessen Abbau mit harten Arbeitsbedingungen für die Beschäftigten verbunden war.

Wer sich gerne führen lässt und dabei in kurzer Zeit reichlich Wissenswertes und Interessantes über das Fichtelgebirge und seine Naturgeschichte erfahren möchte, der ist bei einer Tour der „Geoparkranger" gut aufgehoben. Allgemein verständlich und unterhaltend begleiten diese speziell ausgebildeten „Geo"-Naturführer ihre Gäste auf spannende Entdeckungsreisen durch die Erdgeschichte und lassen auch Kulturgeschichtliches nicht zu kurz kommen. Für Gruppen bietet der Geopark auch Führungen zum Wunschtermin an. Programme und Informationen zu den Geoparktouren gibt es in den Infostellen des Geoparks, in den Touristinformationen im Geoparkgebiet oder auf der Homepage.

GEO-Tipps im Fichtelgebirge:

- Drei-Brüder-Felsen und Rudolfstein
- Europas größtes Felsenlabyrinth Luisenburg
- Röslauschlucht G'steinigt bei Arzberg
- Montanhistorischer GEO-Erlebnisweg Weißenstadt
- Montanhistorischer Themenweg am Mittelberg in Warmensteinach
- GEO-Tour Wunsiedler Marmor - Zur Geologie, Bergbau, Landschaft und Kulturgeschichte eines Fichtelgebirgsgesteins
- GEO-Tour Alexander von Humboldt - auf den Spuren des Universalgelehrten durch das Fichtelgebirge
- Geologisch-historischer Themenweg Tröstau
- Steinbruchwanderweg am Epprechtstein und Granitlabyrinth Kirchenlamitz
- Schausteinbruch „Häusellohe" bei Selb
- Porzellanikon in Selb und Hohenberg an der Eger
- Fichtelgebirgsmuseum Wunsiedel mit Mineralien- und Gesteinsausstellung
- Naturpark- und Geopark-Infostelle „Bergbau und Geologie" in Arzberg
- Granit-Zentrum Weißenstadt und Eger-Lebenspfad rund um den Weißenstädter See
- Goldbergbaumuseum und Besucherbergwerke „Schmutzler-Stollen" und „Name Gottes" in Goldkronach
- Besucherbergwerk Gleissinger Fels
- GEO-Erlebnisweg Weidenberger Erdblicke
- Carolinenquelle in Hohenburg an der Eger
- Luisenquelle Bad Alexandersbad
- Quellen der Flüsse Weißmain, Eger, Saale und Fichtelnaab

Ein Erlebnis besonderer Art: Eine „Einfahrt", wie es in der Sprache der Bergleute heißt, in das Silbereisen- und Besucherbergwerk Gleissinger Fels in Fichtelberg. Es ist mit über 500 Jahren das älteste Bergwerk Nordbayerns, das noch begangen werden kann. Aber nicht nur Eisen hat man hier aus dem tiefen Untergrund des Ochsenkopfes herausgeholt, auch Gold hat es gegeben. Wer will, kann sich bei einem Besuch des Bergwerks auch als Goldwäscher versuchen.

Ebenfalls auf diesen Seiten: Felsenlabyrinth Luisenburg (linke Seite oben), Kellereingänge Weißenstadt (linke Seite Mitte), Rudolfstein (diese Seite oben).

„Jede Minute, Mensch, sei dir ein volles Menschenleben ...“

Wanderungen (1): Der Jean-Paul-Weg

von Karla Fohrbeck, Christian Kreipe, Alexander Popp und Michael Stumpf

Der 200 km lange literarisch-philosophische Jean-Paul-Weg im Arkadienland Oberfranken führt von Joditz bis Sanspareil und wurde pünktlich zum Jubiläumsjahr 2013 fertig. Mit seinen grünen und weißen Texttafeln (auf dem Land) und den dreisteligen Großstationen (im Stadtgebiet Bayreuth), gedruckten Führern, Büchern und einer App ist er inzwischen eine touristisch-kulturelle Besonderheit. Insgesamt verbindet er 22 Gemeinden, vier Landkreise, alle vier markgräflichen Schlossparks auf der Südschiene und zwei Naturparks zu einer attraktiven Energielinie, die den biografischen Heimatorten des Dichters und der imaginären Lebensader des einstigen Fürstentums Brandenburg-Bayreuth entsprechen. Hier widmen wir uns der „Nordschiene“ von Joditz bis Bad Berneck.

Der Dichter und Wanderer Jean Paul unterscheidet 1793 in seinem Roman „Die unsichtbare Loge“ – („wie die Ostindier“) vier Wanderkasten:

„– *In der I. Kaste* laufen die jämmerlichsten, die es aus Eitelkeit und Mode tun und entweder ihr Gefühl oder ihre Kleidung oder ihren Gang zeigen wollen.
– *In der II. Kaste* rennen die Gelehrten und Fetten, um sich eine Motion zu machen, und weniger, um zu genießen, als um zu verdauen, was sie schon genossen haben; in dieses passive unschuldige Fach sind auch die zu werfen, die es tun ohne Ursache und ohne Genuß, oder als Begleiter, oder aus einem tierischen Wohlbehagen am schönen Wetter.
– *Die III. Kaste* nehmen diejenigen ein, in deren Kopfe die Augen des Landschaftsmalers stehen, in

deren Herz die großen Umrisse des Weltall dringen, und die der unermeßlichen Schönheitslinie nachblicken, welche mit Efeufasern um alle Wesen fließet und welche die Sonne und den Bluttropfen und die Erbse ründet und alle Blätter und Früchte zu Zirkeln ausschneidet. – O wie wenig solcher Augen ruhen auf den Gebirgen und auf der sinkenden Sonne und auf der sinkenden Blume!
– *Eine IV. bessere Kaste,* dächte man, könnt' es nach der dritten gar nicht geben: aber es gibt Menschen, die nicht bloß ein artistisches, sondern ein heiliges Auge auf die Schöpfung fallen lassen – die in diese blühende Welt die zweite verpflanzen und unter die Geschöpfe den Schöpfer – die unter dem Rauschen und Brausen des tausendzweigigen, dicht eingelaubten Lebensbaums niederknien und mit dem darin wehenden Genius reden wollen, da sie selber nur geregte Blätter daran sind – die den tiefen Tempel der Natur nicht als eine Villa voll Gemälde und Statuen, sondern als eine heilige Stätte der Andacht brauchen – kurz, die nicht bloß mit dem Auge, sondern auch mit dem Herzen spazieren gehen."

Am *Waldstein*, auf der Stationstafel 38, ist dieser Text verewigt. Aber bis wir dort sind, müssen wir erst einmal an die 50 km zu Fuß gehen, etwa 3 Tagesetappen, vielleicht sogar 4, wenn man sich für die Stadt Hof oder den historischen Rundweg in Schwarzenbach an der Saale etwas mehr Zeit lassen will. Und wir entscheiden uns hier bestenfalls für die 3. Kaste, denn ein wenig versuchen wir, die Farben eines Landschaftsmalers mit der fränkisch-trockenen

Wegbeschreibung zu mischen. Und wir entscheiden uns auch für das Wandern ohne Gepäck, denn die Zentrale des *Fichtelgebirgstourismus* bietet Pauschalwochen mit bequemem Shuttle-Service an, damit wir, flügelleicht, womöglich in die Wanderkaste 4 aufsteigen können. Die vom Naturpark Fichtelgebirge herausgegebenen *Wanderflyer 1, 2 und 3* zur ersten Hälfte des 200 km langen Jean-Paul-Weges von Joditz bis Sanspareil helfen dabei, die Strecke geistig, gastronomisch und körperlich zu bewältigen. Das dazu gehörige, reich bebilderte Buch „Jean Paul in Oberfranken" mit allen Texten am Weg ist leider fast schon vergriffen.

Ausgangspunkt der Wanderung: Die Scheune neben dem Eingang zum privaten Jean-Paul-Museum in Joditz von Karin und Eberhard Schmidt. Und natürlich will der Dichter aus der Luke blickend die Übersicht behalten über Besucher, Dorfplatz und Kirche.

Von Hukelum nach Kuhschnappel –

so heißt beim Dichter der etwa 12 km lange Fußweg entlang der Saale, den er als glückliches Dorfkind oft „mit dem Quersack auf dem Rücken" vom väterlichen Pfarrhof in *Joditz* zu den etwas besser betuchten Großeltern zunächst nach *Hof* und dann wieder zurück lief. Wir beginnen unsere Wanderung im romantisch-verwunschenen, hinter einer Steinmauer versteckten einstigen Pfarrgarten des privaten *Jean-Paul-Museums* von Karin und Eberhard Schmidt. So vergessen auch wir Zeit und Sorgen und tauchen – nach Voranmeldung – in dieses besondere Traumreich ein. Ein Katzensprung zur barocken Dorfkirche, in der Jean Pauls Vater als Pfarrer und Organist tätig war (mit Kanzelblick auf den nur ihm sichtbaren und wohl einzigartigen „Nackta...."-Christus) lohnt ebenfalls.

Mit Geist, Gott und Gerstensaft (also Bier) gestärkt, folgen wir nun der Markierung des Weges mit dem Bildnis des jungen Jean Paul im ovalen grünen Feld. Ein Blick vom hohen Jean-Paul-Felsen über Dorf und Flussaue zu Beginn erinnert uns daran, dass wir als „Mensch mit Flügeln" auf die Erde kamen. Die brauchen wir jetzt auch, denn noch sind wir vom Fichtelgebirge weit entfernt. So schön und verträumt die *Fattigsmühle* und das *Saaletal* bis Hof auch sein mögen; so interessant der *Jean-Paul-Rundweg in Hof* ist – der Stadt mit den zwei Brudertürmen, wo der junge Dichter „das Schlimmste gelitten … und das Beste geschrieben" hat – touristisch sind wir noch im Vogtland und in Hochfranken.

Schwarzenbach a.d. Saale: Da Jean Paul hier viele Jahre als Jugendlicher und Winkelschullehrer verbrachte, hat der Ort ihm einen ausführlichen und lohnenden Rundweg zu den authentischen biografischen Orten wie Pfarrhaus und Birkenprater gewidmet.

Der Waldstein aus der Vogelperspektive. Hier ist man mitten im Granitfelsengebirge.

Von Kuhschnappel (Hof) bis Birkenprater (Schwarzenbach a. d. Saale)

Die „drei Wege, glücklicher zu werden“ (Station 16) kann man gleich darauf ausprobieren und dabei den besten wählen, der zwischen Flusstalwiesen und waldigen Höhen, Froschperspektive und Vogelschau wechselt … „Sonderbar, dass gerade die Tiefe so einsam ist wie die Höhe“, schreibt er in den „Flegeljahren“. Erst nachdem wir – *Döhlau* streifend und in *Oberkotzau* vielleicht in der Jakobuskirche verweilend – an einem Hang oberhalb der Saale, im Schatten von Don Quixotes Windmühlenflügeln, auf einer Ruhebank Halt machen und den Blick über das Saaletal und das kleine Dorf *Fattigau* (Braukeller!) genießen, erblicken wir nun erstmals Jean Pauls geliebte Berge, die Höhenzüge des Fichtelgebirges am Horizont: „So sind mir die langen und fernen Fichtelgebirge lieber als die nahen Tyrolerberge bei München; nur jene lassen meine Phantasie über die Berge und hinter die Berge ziehen und in der Nebelwelt auf ihrem Nebelrücken eine neue Morgenwelt erbauen,“ schwärmt der Dichter.

Einige abwechslungsreiche Kilometer weiter landen wir im „Marktflecken *Schwarzenbach*“, wo schon „Rektor Fälbel“ mit seinen Primanern Station machte, wo aber auch der „Wutz“ und „Die unsichtbare Loge“ in den Jahren 1790 bis 1794 geschrieben wurden, als Jean Paul dort bescheidener Winkelschullehrer war. Zuvor hatte er hier seinen ersten Kuss und seine Jugendjahre erlebt. Verlockend, einen Tag in der malerischen Altstadt an der Saale zu bleiben, im Jean-Paul-Hotel zu übernachten und den historischen Rundweg an Friedhof und Pfarramt sowie anderen biografisch wichtigen Orten vorbei zu schlendern, dabei vielleicht auch das Erika Fuchs Museum (siehe S. 198) zu entdecken oder die vielen bunt bemalten Stelzen-Karpfen.

Grün und oben etwas Blau … Auf zum Waldstein

Dem inzwischen vertrauten Fluss sagen wir jetzt Lebewohl. Der Jean-Paul-Weg strebt nun – zusammen mit dem Höhenweg (weißes H auf rotem Grund) energisch dem Fichtelgebirge zu: Hinauf nach *Baumersreuth*, bergab zum Gasthof in *Völkenreuth,* steil bergauf ins malerische *Hallerstein* mit sehens-

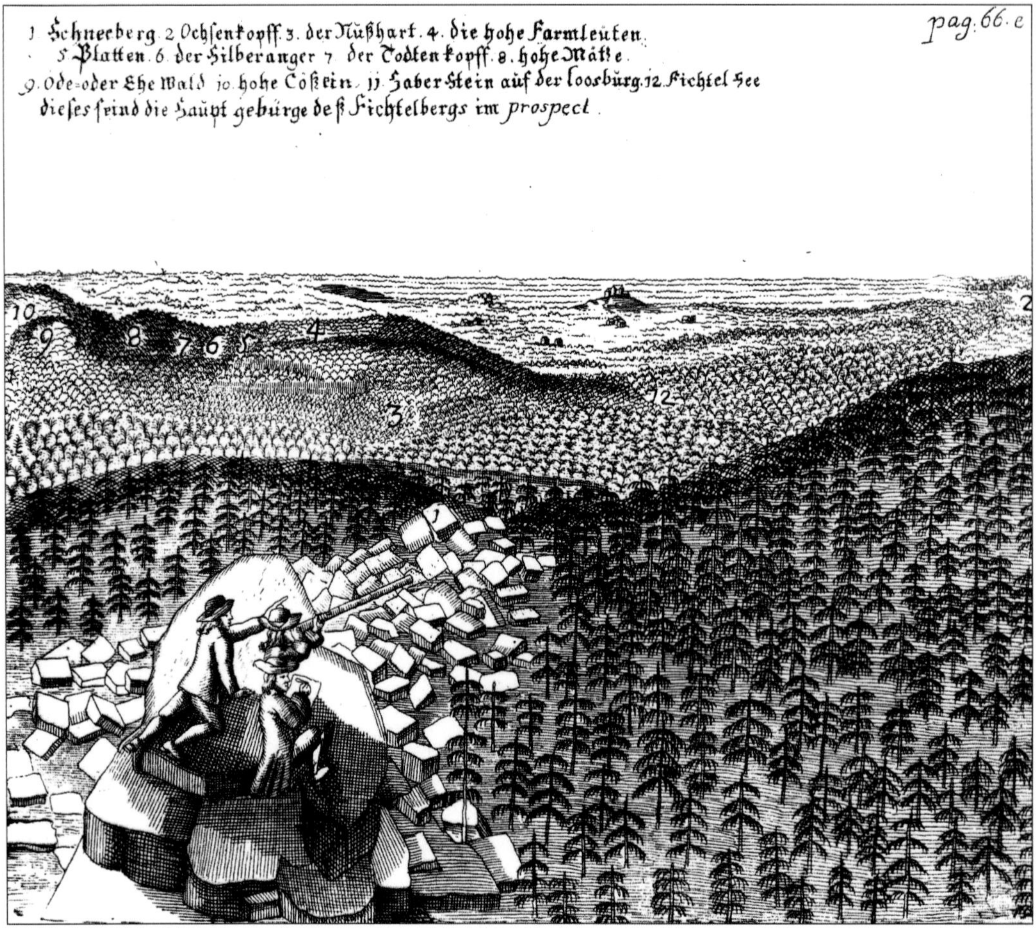

Holzstich mit Panoramablick übers Fichtelgebirge aus der ersten Hälfte des 18. Jh. Drei Männer mit Fernrohr und Zeichenblock betrachten über einen Granitbruch hinweg Schneeberg, Ochsenkopf, den Nußhardt bis hinüber zur Kösseine und der Luisenburg.

Rechte Seite oben: Wunsiedel, 1797, königlich-preußische Hauptstadt im Sechsämterland.

wertem Kirchlein und alter Dorflinde, und weiter auf Wald- und Forstwegen bis zur erfrischenden *Förmitzquelle*. Weiter geht es nach *Sparneck*, wo die Kirche mit dem typischen Taufengel zur geistigen Erholung und der Jean-Paul-Lebkuchen beim Bäcker zur körperlichen Stärkung beitragen. Bis *Reinersreuth* hat sich der Schwierigkeitsgrad noch nicht erhöht, aber das „Rezept Heiterkeit und Freude“ (Station 37) sollte man sich mitnehmen, denn ab da beginnt der 2 km lange steile Aufstieg zum Waldstein. Und als wären 200 und mehr Jahre stehen geblieben:

„Die Felsen drängen sich einander entgegen und wollen sich mit den Gipfeln berühren, und die Bäume darauf langen wirklich einander die Arme zu. Keine Farbe ist da als Grün und oben etwas Blau. Der Vogel singt und nistet und hüpft, nie gestört auf dem Boden, außer von mir. Kühle und Quellen wehen hier, kein Lüftchen kann herein. Ein ewiger dunkler Morgen ist da, jede Waldblume ist feucht, und der Morgenthau lebt bis zum Abendthau. So heimlich eingebauet, so sicher eingefasset ist das grüne Stillleben hier und ohne Band mit der Schöpfung als durch einige Sonnenstrahlen, die Mittags die stille Stelle an den allgewaltigen Himmel knüpfen.“ (aus den „Flegeljahren“)

„Die Welt von oben“... und hinunter zum Weißenstädter See

Hier heißt es Ausschnaufen im Schatten der Burgruine und sich in der gemütlichen Atmosphäre des Biergartens oder in der Gaststube niederlassen. Im *Waldsteinhaus* bietet der Fichtelgebirgsverein für Wanderer auch einfache Übernachtungsunterkunft an. Über die vier Wanderkasten (Station 38) meditieren wir erst am nächsten Morgen, wenn der Blick vom

Gipfelfelsen uns das weite Gebirgspanorama offenbart samt dem am Fuße gelegenen Weißenstädter See, unserem nächsten Ziel.

Dass hier einst Bären hausten und gejagt wurden, beschäftigt jedes Kinderherz, das am Bärenfang mit der Bärenfalle im Boden vorbeiwandert. Und in dem kleinen Dorf *Ruppertsgrün*, in dem die Ahnen Jean Pauls als Bauern lebten, erinnert die grüne Tafel 40 an den mutigen Urahn, der beim Viehhüten verbotenerweise einen Bären erlegte und dafür vom Markgrafen belohnt und zum Förster ernannt wurde. Ob man Glück hat und die seltenen Cranberry-ähnlichen Moosbeeren schmecken darf, die beim gleichnamigen Fest als Torte serviert werden?

Preiselbeeren tun es natürlich auch, die man gut eine Stunde später in der *Konditorei Seel* (siehe Seite 36) in *Weißenstadt* mit Sahne verkosten kann, aber erst, nachdem wir den See mit seinen vielen Segelbooten umrandet und dort das „Stundenbuch" von Eugen Gomringer auf wenigstens einem Teil der imposanten Granitstelen betrachtet haben. Dass es direkt am Weg inzwischen sogar ein *Rogg-In-Museum* (siehe Seite 32) gibt, hätte Jean Paul erfreut. Denn Roggen, das „Gold des Fichtelgebirges", war zu seiner Zeit mit dem Hafer das Hauptgetreide. Und auch am Waldspielplatz des städtischen Kindergartens erinnern wir an ihn, denn der Dichter sinniert da: „Das Spiel ist die erste Poesie des Menschen … Im Tiere spielt nur der Körper, im Kinde die Seele … Spiele, das heißt Tätigkeit, nicht Genüsse, erhalten Kinder heiter." (Station 42)

„Du kleine, aber gute lichte Stadt"… nur noch 17 km bis Wunsiedel

Es folgt ein angenehmer Tagesmarsch durch die Ortschaft *Grub*, wo man Kartoffeln im sandigen Granitboden anbaut und das Wirtshaus Wunderlich am Wochenende ausgezeichnete Käse-Quärkla serviert, und dann überraschend im Wald der sogenannte *Thus*, ein Festplatz mit Wasserfall in freier Natur, ein Feiertag für die Seele. *Röslau*, „in der Mitte des Fichtelgebirges – mit 12-Gipfelblick", widmet dem Dichter in der Dorfmitte sogar einen eigenen Gedenkstein, und schon geht es weiter, schließlich

Die vier Quellflüsse im Fichtelgebirge als Kleeblatt: Naab, Eger, Saale und Weißer Main.
Postkarte um 1910. Bernd-Mayer-Stiftung Bayreuth.

„wie viel Dinge braucht der Mensch?" (Station 50) – beim Gehen möglichst wenig. Verhungern und verdursten können wir weder dort noch in *Bibersbach*. Aber danach machen wir einen kleinen Um-, Rund- und Höhenweg, den die Schüler des Luisenburg-Gymnasiums zu Jean Pauls Ehren angelegt haben, mit Witz und in Limerick-Reimen getextet: „Gehörte Jean Paul zu den Stoffeln? Gern speiste er Kartoffeln. Ob Kloß oder Purrée. Die Wahl tat ihm nie weh. Am liebsten aß er – in Pantoffeln."

Von dort oben reicht der Blick über die Geburtsstadt zum Katharinenberg und zur *Kösseine*. Aber vorher sind ein Besuch im *Fichtelgebirgsmuseum* (siehe Seite 170) mit der dortigen Jean-Paul-Stube und (Schlüssel mitnehmen!) des *Geburtszimmers* in der ehemaligen Schule nahe der Stadtkirche und der prominenten Bronze-Büste des Dichters eigentlich Pflicht.

„Heilkraft des Fichtelgebirges" … Von Wunsiedel bis Nagel und zum Fichtelsee

„Das Kreuz mit den Wanderkarten" (Station 54) sparen wir uns, denn im allgemeinen ist die grün-ovale Markierung des Jean-Paul-Weges so gut sichtbar, dass man (fast) ohne Karten auskommt. Zum *Katharinenberg* (mit Falknerei und Greifvogelpark) weisen auch andere Wegweiser, danach steigen wir auf nach *Bad Alexandersbad,* wo eine Kaltwasserquelle noch heute Heilung verspricht. „Das Fichtelgebirge, fast die höchste Gegend Deutschlands, gibt seinen Anwohnern Gesundheit (sie können am ehesten das Alexandersbad entbehren) und einen schönen, hochgebauten Wuchs" (Station 60).

An der *Luisenburg* kommt auch der Jean-Paul-Wanderer vorbei. Der Dichter, der sonst nie reimte, hat sich zum Besuch der preußischen Königin Luise am 14. Juni 1805 sogar eine hochoffizielle Ode einfallen lassen, ein kleines musikalisches Festspiel mit viel „Höhenflug" (Station 63). Weiße Landschaftstafeln erklären uns, wie es früher hier einmal ausgesehen hat. Wald und Wiesen, Felsen und Bächlein, Heidelbeeren und Preiselbeeren begleiten uns an der Kösseine vorbei auf dem Weg zur Rodungsinsel *Nagel* und zum Nageler See. Dort laden Hütten am Wasser und Erlebnis-Kräutergärten zum Verweilen ein (siehe Seite 60).

Aber 14 km sind noch kein wirklicher Tagesmarsch und so wandern wir die 9 km, die auch in Nebel und Nieselregen ihren Reiz haben können, an der Hohen Matze und am (etwas entfernten, aber gastfreundlichen) Silberhaus vorbei zum Fichtelsee. „Gegenwärtig trägt man

Im Felsenlabyrinth der Luisenburg …

Granitfelsen mit „Urnasen-Gesicht".

mich über den *Fichtelsee* und über zwei Stangen, die statt einer Brücke über diese bemooste Wüste bringen." (Station 69). Heute haben wir hier ein gut erschlossenes Naherholungsgebiet vor uns.

„Wie auf Wolken" … über Bischofsgrün nach Bad Berneck

Im Fichtelgebirge entspringen auch die Saale und die Eger, aber die *Quellen* von Naab und (Weißem) Main liegen direkt am Jean-Paul-Weg, der zwischen dem 1024 m hohen *Ochsenkopf* linker Hand und dem 1053 m hohen *Schneeberg* rechter Hand durch Wald- und Gebirgslandschaften führt, die gleich von 3 grünen Texttafeln zum Thema „Gespensterfurcht" flankiert werden: „Ich bin nun auf dem Schneeberg, aber noch in der Sänfte. Erhabene Paradiese liegen um mich ungesehen, wie um den eingemauerten Menschengeist…" (Station 78).

Die 10 km vom Fichtelsee bis zum idyllischen Kurort *Bischofsgrün* markieren erst die Halbzeit an diesem Wandertag. Denn die waldreiche Anschlusstrecke über Rangen, *Metzlersreuth* und die *Entenmühle* (in der man auch übernachten kann) und weiter über Stock und *Burg Stein* nach *Bad Berneck* beträgt noch einmal gute 12 km – „Große Mannichfaltigkeit, Felsen, Blumen und Kräuter" begegnen uns da nicht nur auf der weißen Landschaftstafel.
„In Berneck übernachteten sie zwi-

Ansicht von Ochsenkopf und Schneeberg , zwei Wanderer betrachten die Landschaft. Kolorierter Stahlstich von 1847.

schen den hohen Brückenpfeilern von Bergen", erzählt Jean Paul im Roman „Siebenkäs". Heute laden die Marktplatzwirte („Bad Bernecker Genusszentrum") in der verträumten Altstadt des Kurortes zu fränkisch-bayrischer Kost oder zur teuflisch guten Alternative des „essbaren Fichtelgebirges" ein (siehe Seite 56). Hier ist eine Erholungsrunde fällig, um im biedermeierlichen Kurpark zu meditieren, im Kneipp-Wasser die Beine zu vertreten oder – als krönenden Abschluss dieser Fichtelgebirgswanderung – den 4 km Berg- und Tal-*Rundweg* zu Ehren Jean Pauls in philosophischer Ruhe am Wildbach der Ölschnitz entlang und auf den alpinen Höhen mit Ludwigsfelsen und Jean-Paul-Platz zu genießen.

Gedenk-Büste von Ludwig Schwanthaler (1802-1848) vor der Stadtkirche und nahe dem Geburtshaus in Wunsiedel, 1845 errichtet. Derselbe Bildhauer schuf auch am Jean Paul-Platz in Bayreuth das Jean Paul-Denkmal 1841 im Auftrag des bayerischen Königs Max Joseph I. Aus seiner damals berühmten Werkstatt stammt zudem die Bavaria auf der Münchener Theresienwiese.

Wer auf der „Südschiene" des Jean-Paul-Weges" über Bayreuth bis zum Felsengarten Sanspareil bei Wonsees im Landkreis Kulmbach weiterwandern will, besorge sich das Buch „Jean Paul in & um Bayreuth" oder die Kurzfassung in „Lebensart genießen – in und um Bayreuth".

Informationen

- Bei den Tourismuszentralen gibt es den Wanderflyer für die Gesamtstrecke sowie 4 Wanderflyer für die Teilstrecken des Jean-Paul-Weges.
- Eine Hör-Doppel-CD mit Einführungstexten zu Jean Paul gibt es bei audiotransit, zwei weitere, von Hans-Jürgen Schatz besprochen, bei auricula.
- Das umfangreiche Buch „Jean Paul in Oberfranken" mit den Texten am Weg, Chronologie zu den zentralen Orten

etc., ist leider – bis auf Restexemplare – vergriffen. Das Buch zur Südstrecke von Bad Berneck bis Sanspareil „Jean Paul in & um Bayreuth“ ist lieferbar.

❧ Die Bayerische Staatsbibliothek hat eine App *Dichterwege – Auf den Spuren von Jean Paul* herausgegeben.

❧ Der Jean-Paul-Weg im Internet:
www.jeanpaul-oberfranken.de
www.jeanpaulweg,de
www.jean-paul-bad-berneck.de
www.literaturportal-bayern.de
www.tz-fichtelgebirge.de

Bad Berneck um 1740, heute fast so romantisch wie damals.

Unberührte Natur zwischen hüben und drüben

Wanderungen (2): Im Dreiländereck

von Sabine Dittrich

Grenzen – davon gab es viele in der wechselvollen Geschichte Nord-Ost-Oberfankens, im Land zwischen Fichtelgebirge, Böhmen und den ersten Anhöhen des Erzgebirges. Etliche sind im Laufe der Jahrhunderte verschwunden, wie die ehemals preußisch-bayerische Grenze mitten im Fichtelgebirge, von der nur noch sprachliche Überbleibsel wie „Mauth" – eine ehemalige Grenzstation bei Nagel, derzeit die Wirtschaft „Zur Mauth" – oder der „Grenzweg" am Ochsenkopf zeugen. Manch uralte Grenzlinie existiert bis heute, lediglich die Namen der Anlieger haben sich im Lauf der Geschichte verändert. An solch einen besonderen Ort führt unser Ausflug: an das „Dreiländereck Bayern – Sachsen – Tschechien". 1844 hieß derselbe Punkt im Mühlbach „Dreikönigsreich-Eck". Die Königreiche Bayern, Sachsen und Böhmen trafen an dieser Stelle aufeinander.
45 Jahre lang war diese Gegend am Eisernen Vorhang absolut unüberwindbar. Inzwischen können wir problemlos vom Parkplatz aus auf befestigten Wegen und kleinen Brücken über die Insel am Mühlbach die Tschechische Republik betreten. Das gut gepflegte Soldatengrab auf bayerischer Seite birgt eine traurige Geschichte: Ein deutscher Soldat, nach Kriegsende im Juli 1945 auf dem Heimweg, wurde von tschechoslowakischen Partisanen erschossen.

In drei Ländern stehen

Heute ist das Dreiländereck ein überaus friedlicher Ort. Etliche Tafeln mit Informationen und Fotos erklären uns die historischen Zusammenhänge. Und wer nasse Füße nicht scheut, kann neben der Stele im Bach sogar gleichzeitig in drei Ländern stehen.
Nur einmal im Jahr wird die Stille unter den Laubbäumen auf dem großen Rastplatz unterbrochen, wenn die Bürger der angrenzenden bayerischen, sächsischen und tschechischen Gemeinden mit Musik, Bier und Bratwürsten die dank der EU „unbegrenzte" Nachbarschaft feiern. Bis 1945 herrschte an diesem Ort täglich solch munteres Treiben. Im Gasthaus Hofmannsmühle, dessen Reste man heute noch am Rand des Rastplatzes erkennen kann, kehrten die Menschen aus der Umgebung und Grenzer aller Anrainerländer gerne ein. Die Mühle wurde 1946 von Tschechen in Brand gesetzt und zerstört.
Ab hier sind verschiedene Wander- und Radausflüge je nach Lust und Kondition möglich. Nicht zu herausfordernd, weil relativ flach aber abwechslungsreich, ist der folgende, 12 km lange Spaziergang, der durch alle drei Grenzländer führt.

Brutstätten der Flussperlmuschel

Unser Weg, ein Lehrpfad, verläuft zusammen mit dem weiß-rot-weißen Zeichen auf dem gut ausgebauten ehemaligen Zufahrtsweg der tschechischen Grenztruppen.
Rechts unten im Grund markiert die südliche Regnitz – tschechisch Rokytnice – den Grenzverlauf zu Bayern. Dieses Gewässer gehört zu den saubersten Bach-

Aufzuchtstation Huschermühle:
In diesen Becken wachsen die Flussperlmuscheln heran, bis sie ausgewildert werden können.

Bachgrund der südlichen Regnitz/Rokytnice – eine weitgehend unberührte Naturlandschaft zwischen Tschechien und Bayern.

läufen Europas und ist eines der letzten Refugien der Flussperlmuschel. Bis zu 280 Jahre alte und 14 cm große Exemplare wurden in Schweden gefunden. In unseren Breiten erreichten die Muscheln dieses Alter wohl kaum, denn ihre seltenen Perlen und das aus den Schalen geschliffene „Perlmutter" waren so wertvoll, dass die Perlenfischerei ab Mitte des 16. Jahrhunderts als Hoheitsrecht des Landesherrn galt. Wer unberechtigt Muscheln aus dem Bach zog, konnte sogar mit dem Abhacken der Hand bestraft werden. Im 20 km entfernten sächsischen Städtchen

Adorf entwickelte sich Mitte des 19. Jahrhunderts ein lebhafter Industriezweig. Bis zu 1000 Arbeiter schufen aus den geschliffenen schillernden Muschelschalen Broschen, Feuerzeuge, Schmuckauflagen für den Instrumentenbau und andere wunderbare Preziosen. Im Stadtmuseum kann man die größte Perlmutter-Ausstellung Deutschlands bestaunen.
Heute ist die Flussperlmuschel fast ausgestorben. Kaum ein Gewässer ist so unbelastet, dass sie darin überleben kann. Nur hier im Grenzgebiet gibt es vereinzelte wilde Kolonien. Mehr noch: Es laufen hier auch Versuche, sie künstlich zu vermehren. Die Umgebung des Bachlaufes im Dreiländereck ist daher streng geschütztes Naturschutzgebiet.

Kurz nachdem wir die Lehrpfadtafel Nr. 4 „U Lenka" passiert haben, lugt rechts auf der bayerischen Talseite die weiße Fassade der Huschermühle zwischen den Bäumen hervor. Dort wurde als grenzübergreifendes Projekt eine Perlenaufzuchtstation eingerichtet. Am besten erreicht man die Huschermühle per Auto auf dem Sträßchen über Prex und Kirchbrünnlein, wenn man einen Blick auf die brodelnden Wasserbecken werfen will, in denen die

Schautafeln und Wegweiser für Wanderer und Radfahrer am Dreiländereck. Der Steg führt über den Grenzbach, der hier naturbelassen fließen kann und eines der saubersten Gewässer Deutschlands ist.

Muschel-Babys heranwachsen. Einen offiziellen Weg von tschechischer Seite aus gibt es momentan noch nicht.
Nach etwa 50 Minuten Wanderzeit, zwischen den Lehrtafeln 4 und 5, erreichen wir eine große Wegkreuzung. Die gelben Schilder schicken die Radfahrer wahlweise rechts nach Aš oder geradeaus Richtung Hranice Wir nehmen jedoch den schurgeraden sehr gut befestigten Weg nach links bergauf, der gar nicht ausgeschildert ist. Keine Angst – wir werden uns nicht verlaufen. Es ist der „Signalka", der ehemalige Patrouillenweg, der uns an die tschechisch-sächsische Grenze führt.

Am Grünen Band Europas

Rechts des Weges liegen große Viehweiden. Das ist überhaupt auffällig: Sobald man nach Böhmen kommt, findet man große Herden friedlich grasender Rinder. Tiefroter Klatschmohn, blaue Kornblumen und viele seltene Pflanzen wachsen an den Feldrändern. Das „Grüne Band" macht seinem Namen alle Ehre. Der ehemalige Grenzstreifen am Eisernen Vorhang vom Eismeer Nordnorwegens bis zum Schwarzen Meer ist ein gigantisches ökologisches Projekt. Wenigstens hier soll die unberührte Natur bewahrt werden. Wenn das gelingt, hätte diese unmenschliche ehemalige Grenze heute wenigstens einen einzigen guten Aspekt.
Nach etwa 2 Kilometern sanftem Aufstieg zweigt der befestigte „Signalka" in einem 90 Grad Winkel nach links ab. Jetzt geht es wieder leicht bergab durch lichten Wald und nach ca. 1,5 km erreichen wir an einem Bächlein den unscheinbaren verrosteten Schlagbaum zur sächsischen Seite. Nun ist der breite Weg zu Ende. Wir nehmen den Pfad über die Betonröhren, dann ein kurzes Stück durch die Wiese hinauf, bis wir auf den ehemaligen Kolonnenweg der DDR-Grenztruppen stoßen. Er ist hier nicht mit Betonplatten befestigt, aber in der Landschaft gut zu erkennen. Wir folgen ihm nach links.
Das Gelände zwischen Kolonnenweg und der eigentlichen Grenzlinie wurde früher vermint. Achtung, bleiben Sie auf dem Weg, es ist auch heute noch nicht sicher zu betreten!
Rechts oben stehen die verstreuten Häuser von Papstleithen. „Aktion Ungeziefer" nannte die DDR-Führung die unmenschliche Zwangsaussiedlung der Bewohner dieses Landstrichs. Bis zum Jahr 1974 wurden die Weiler Ober- und Unterwieden, Hammerleithen, Gräben im Tale und Feilehaus komplett entvölkert und zerstört. Nach einem kurzen Wegstück sehen wir in 200 Meter Entfernung rechts am Straßenrand einen hölzernen Unterstand, in dem über dieses wenig bekannte und nie wirklich aufgearbeitete DDR-Unrecht informiert wird. Ein kleiner Abstecher lohnt sich.

Nun ist der Kolonnenweg mit den typischen Beton-Lochsteinen befestigt. Er schlängelt sich dem Grenzverlauf entlang durch die idyllische Natur. Man kann auf dem Kolonnenweg fast den kompletten innerdeutschen Eisernen

So einfach ist der Grenzübertritt zwischen Deutschland und Tschechien dank der gemeinsamen EU-Mitgliedschaft: Ausweis in der Tasche genügt.

Vorhang entlangwandern oder -radeln. Der Iron-Curtain-Trail ist ein internationales Radwegeprojekt, das die Geschichte des Kalten Krieges mit Gedenkstätten und Infotafeln im wahrsten Sinne des Wortes erfahrbar machen will. Man sollte dafür allerdings über ein robustes Fahrrad und gut trainiertes Sitzfleisch verfügen.
Auf einer Hügelkuppe stoßen wir auf Wanderweg-Markierungen. Der E3 führt uns auf einen Pfad nach links hinab. Kurz darauf stehen wir wieder auf dem Rastplatz am Dreiländereck.

Nachbarn rücken zusammen

Viermal haben wir bei der Wanderung die ehemals unüberwindlichen Staatsgrenzen mitten in Europa passiert – dank der EU fast unmerklich und ohne Zollkontrollen. Doch um die Grenzen und Vorurteile zwischen den Menschen zu überwinden ist mehr nötig, als Schlagbäume zu öffnen. Seit 30 Jahren geschieht viel im oberfränkisch-tschechischen Miteinander. Städte wie Marktredwitz und Cheb, Hohenberg und Libá arbeiten eng und gut zusammen. Selb und Aš bereiten schon seit 2018 mit nachhaltigen gemeinsamen Aktionen die Bayerisch-Tschechischen Freundschaftswochen 2023 vor. Es wachsen wertvolle Freundschaften zwischen den Menschen im Grenzland, ein wichtiger Nährboden für den Geist eines gemeinsamen freien und friedlichen Europas.

Praktische Hinweise

Anfahrt: A93 bis Ausfahrt Regnitzlosau, weiter nach Prex, ab da ausgeschildert, Adresse für Navi: 95194 Regnitzlosau, Hinterprex
Ausweis-Dokumente nicht vergessen.
Gasthäuser: keine direkt an der Strecke, empfehlenswerter Ausflugsgasthof: Raitschin mit 7-Tage-Betrieb und durchgehend warmer Küche www.raitschin.de

Weitere Infos
www.museum-adorf.de/perlmutt
www.bayerisch-tschechische-freundschaftswochen-selb-2023.de

Literatur-Tipp:
Wanderkarte Sächsisches Vogtland.
Verlag: grünes herz; aktualisierte Auflage Februar 2019.

In der Oberpfalz ganz oben

Wanderungen (3): Auf dem Steinwaldweg durchs südliche Fichtelgebirge

von Dietmar Herrmann

Der Steinwaldweg führt aus dem zentralen Fichtelgebirge zu den architektonischen Kostbarkeiten des Stiftlandes. Der Weg ist gesäumt von vielen Naturschönheiten des granitenen Steinwaldes und des basaltischen Reichsforstes. Er beginnt auf der Kösseine (939 m), durchquert die Senke zwischen dem Kösseinestock und dem südlich gelegen Steinwaldmassiv. Nach dessen Gipfelunkt, der 946 Meter hohe Platte, führt er ostwärts weiter zum Marktredwitzer Haus. Von hier aus strebt er mit geringen Höhenunterschieden nordostwärts zum Mittelpunkt des historischen Stiftlandes Waldsassen, wo er nach 40 Kilometern endet. Markiert wird der Weg durch ein weiß-rotes Rechteck.

Zur Kösseine, dem Ausgangsort unserer Wanderung, gelangt man auf vielen markierten Wanderwegen. Das Unterkunftshaus auf dem Gipfel bietet Verpflegung und zudem Betten für Übernachtungsgäste an. Der steinerne Aussichtsturm ermöglicht eine großartige Fernsicht über das Fichtelgebirge.

An der Europäischen Hauptwasserscheide

Der weiß-rot markierte Steinwaldweg führt in südlicher Richtung steil abwärts in einer halben Stunde zum Fuß des Berges bei den

Ortschaften Kössain und Schurbach. Dabei passieren wir einen Granitsteinbruch, wo der einzigartige, bläulich schimmernde Kösseinegranit abgebaut wird. Kurz vorher verlassen wir beim schön gefassten Pfalzbrunnen den Regierungsbezirk Oberfranken und wandern hinfort auf Oberpfälzer Boden. Zudem bewegen wir uns hier bei Kössain und Schurbach auch auf der Europäischen Hauptwasserscheide zwischen Schwarzem Meer und der Nordsee. Beim Durchqueren der etwa sechs Kilometer breiten und teilweise bewaldeten Senke zwischen Kösseine und Steinwald berühren wir die Dörfer Langentheilen, Dreihäuser und Schindellohe. Bei Dreihäuser überqueren wir die Eisenbahnlinie Nürnberg-Marktredwitz und bei Schindellohe die Kreisstraße Marktredwitz-Erbendorf. Nun beginnt der Anstieg zum Steinwaldkamm auf bequemer Waldstraße. Noch einige Häuser der Streusiedlung Harlachberg, dann umfängt uns stundenlang dichter Wald. Bis zum Oberpfalzturm auf der Platte haben wir, von der Straße bei Schindellohe an 366 Höhenmeter zu überwinden.

Burgruine Weißenstein – Im östlichen, steil abfallenden Bereich des Steinwaldkammes finden wir eine bizarre Felsenlandschaft, in der sich die Mauerreste dieser ehemaligen Burganlage befinden. Auf dem höchsten Felsen stand der Bergfried, dessen Ruine heute als Aussichtspunkt dient.

Oben: Blick vom Marktredwitzer Haus zur Kösseine. Gut sieht man hier den Doppelgipfel des Berges mit Großer und Kleiner Kösseine.

Darunter: Buchenwald Teichelberg – Die Bergregion wurde 1996 mit einer Fläche von 114,8 ha unter Naturschutz gestellt, davon sind 67,9 ha Naturwaldreservat. Der Laubmischwald besteht aus teilweise 200-jährigen Buchen, aus Bergahorn, Linden, Eschen und Traubenkirsche.

Der 35 Meter hohe Oberpfalzturm wurde 1972 vom Verein Naturpark Steinwald aus riesigen Steinwaldfichten errichtet und im Jahr 2000 neu erbaut aus Lärchen-Leimschichtholz. Er steht auf der 946 m hohen Platte, dem höchstgelegenen Punkt des Regierungsbezirks der Oberpfalz. Von der überdachten Aussichtsplattform aus hat man einen umfassenden Blick über die Wälder des Steinwaldes und die Berge des Fichtelgebirges. Weiter führt uns der Kammweg in östlicher Richtung am Schlossfelsen vorbei zur Ökumenischen Dreifaltigkeitskapelle, die 1974 errichtet wurde und auch als Unterstellhütte dienen kann.

Höhenburg mit packender Fernsicht

Wir erreichen nun die imposante Burgruine Weißenstein in 864 m Höhe. Die Gesellschaft Steinwaldia Pullenreuth e.V. hat 1996/2000 die noch vorhandenen Gebäudeteile mit einem erheblichen ehrenamtlichen Zeitaufwand restauriert und so für den Erhalt des kulturhistorisch bedeutsamen Baudenkmals gesorgt. In einem Info-Pavillon erhält der Wanderer Auskunft über die Geschichte des Weißensteins und die Sanierung der Anlagen. Mauerreste der ehemaligen kleinen Höhenburg sind Zeugnis des einstmals mächtigen Ministerialengeschlechts derer von Nothaft. Man kann noch den einstigen Burghof erkennen. Über hölzerne Stiegen führt der Weg hinauf auf den ehemaligen Bergfried der Burganlage, der als Turmstumpf auf dem höchsten Felsen thront. Die Burg war schon im 13. Jahrhundert von den reichen Vögten der Landgrafen von Leuchtenberg bewohnt. Seit 1559 ist sie allmählich verfallen. Vom Bergfried bietet sich eine packende Fernsicht in die nördliche Oberpfalz bis zur Stadt Weiden und zu den böhmischen Bergen.

Übergang ins Basaltgebirge

Nur etwa 30 Minuten dauert der Abstieg zum Marktredwitzer Haus, ein ehemaliges Unterkunftshaus des Fichtelgebirgsvereins. Zur Weiterwanderung verlässt man den gastlichen Ort auf dem weiß-rot markierten Steinwaldweg wieder in östlicher Richtung. Unversehens kommt

man nun ins basaltische Mittelgebirge mit dem alten Namen Reichsforst, mit den Kuppen des Plößberges (820 m), den wir an seinem Nordhang umwandern, und des Rosskopfes (725 m). Den Wechsel ins Basaltgebiet erkennt man an der reicheren Vegetation zu allen Jahreszeiten. Schöne Mischwälder mit üppigem Buchenbestand und saftigem Unterwuchs nehmen uns auf. Wenig später kommen wir zum geschützten Naturdenkmal Hackelstein mit Besteigungsanlage und dann zum Markt Fuchsmühl mit seiner imposanten Wallfahrtskirche „Maria Hilf". Wir wandern durch die Buchenwälder des Großen Teichelberges, wo auf der Nordseite in einem großen Steinbruch Basalt abgebaut wird. Nach der Sage wohnten auf dem Teichelberg in alten Zeiten die Hankerln – gutmütige, hilfsbereite Zwerge, bis der böse Mensch sie vertrieb. Noch kann man den Hankelbrunnen am Südhang des Berges aufsuchen. Weiter führt der Steinwaldweg nach Großbüchlberg, schließlich über Gulg und Steinmühle, am Schupfenteichen vorbei nach Waldsassen.

Die Klosterstadt Waldsassen war einst Sitz einer reichen, reichsfreien Zisterzienserabtei, sie war der Hauptort des heute noch sogenannten Stiftlandes (siehe auch „Die Perle im Stiftland" auf Seite 158) Die Hauptsehenswürdigkeit Waldsassens ist die Stiftskirche, die 1969 von Papst Paul VI. zur Basilika erhoben wurde. Sie gilt als bedeutendster Barockbau der Oberpfalz. Der nahe gelegene Bibliothekssaal ist eine Kostbarkeit der Schnitzkunst im Übergangsstil vom Barock zum Frührokoko. Beide Räume lohnen unbedingt einen Besuch.

Übernachtungsmöglichkeiten:
Wer die 40 km lange Strecke in Etappen einteilen möchte, findet unterwegs ausreichend viele Unterkünfte, z.B. in und um Pullenreuth, Friedenfels und Fuchsmühl.

Literaturtipp:
Fritsch Wanderkarte Nr. 52 Naturpark Fichtelgebirge und Steinwald. 19. Auflage, Oktober 2016

Im kunstvoll gefassten Tabernakel der Stiftsbasilika Waldsassen spiegelt sich der Kirchenraum.

Der Verein für Herz, Beine und Verstand

Mit rund 16.500 Mitgliedern und 52 aktiven Ortsvereinen ist der Fichtelgebirgsverein (FGV) der größte Wander- und Heimatverein des Freistaates. Bis auf die Beschäftigten der Hauptgeschäftsstelle arbeiten alle Referenten ehrenamtlich.

Der Fichtelgebirgsverein (unten: Hauptgeschäftsstelle in Wunsiedel) hat großen Anteil an der Bewahrung und Entwicklung des Fichtelgebirges. Geführte Wanderungen sind nur ein Schwerpunkt der Tätigkeiten. Im Bild oben: Wanderung zur Wallfahrtskirche Kappl bei Waldsassen.

Die Gründung des Vereins erfolgte 1888 in Wunsiedel. Ein wesentliches Ziel bestand darin, das Mittelgebirge durch markierte Wanderwege, Aussichtstürme, Felsbesteigungsanlagen und Unterkunftshäuser zu erschließen. Diese Aufgabe erfordert heute und in Zukunft kontinuierliche Pflege. Von Anfang standen dabei auch das Wandern und die Ausbildung von Wanderführern auf dem Programm. Kulturarbeit ist ein weiterer Schwerpunkt:

Der Verein ist Gründer des Fichtelgebirgsmuseums Wunsiedel, des Volkskundlichen Gerätemuseums Arzberg-Bergnersreuth und des Mühlenmuseums in Weidenberg. Besonderen Stellenwert erlangte in jüngster Zeit die Naturschutzarbeit. Die gemeinnützig anerkannte FGV-Naturschutzstiftung hat bisher 14 Projekte gefördert.

3600 km Wanderwege

Im Besitz des Hauptvereins sind fünf Unterkunftshäuser und sechs Aussichtstürme, viele Felsbesteigungsanlagen und Aussichtspunkte. Zusammen mit den Ortsvereinen werden 3600 km markierte Wanderwege betreut, an denen viele Naturschönheiten, Quellfassungen und historische Bauwerke liegen. Ein „Qualitätswanderweg", der Fränkische Gebirgsweg wurde 2007 eingeweiht. Mit dem tschechischen Wanderverband werden grenzüberschreitend gute Beziehungen gepflegt.

Der Verein verleiht den FGV-Kulturpreis. Dieser geht als Würdigung für musikalische, schriftstellerische oder künstlerische Leistungen an Einzelpersonen oder Gruppen. Zusätzlich werden Personen, die sich vorbildlich auf dem Gebiet des Umwelt- und Naturschutzes engagiert haben, mit der Umweltmedaille ausgezeichnet.

In Wunsiedel, Theresienstraße 2 besitzt der FGV-Hauptverein seit 2002 ein eigenes Gebäude, das „Haus des Fichtelgebirgsvereins", mit Hauptgeschäftsstelle, Sitzungsräumen, einer Regionalbibliothek und einem Archiv. Die Vereinszeitschrift „Der Siebenstern" sowie die Schriftenreihen „Das Fichtelgebirge" und „Unser Fichtelgebirge" beinhalten interessante Aufsätze und Fotos zur Fichtelgebirgsregion und spiegeln das rege Vereinsleben wider.

Haus des Fichtelgebirgsvereins
Theresienstraße 2
95632 Wunsiedel
Tel. 09232 / 700755
www.fichtelgebirgsverein.de
www.bayern-fichtelgebirge.de

Öffnungszeiten:
Montag bis Donnerstag
10 Uhr bis 12 Uhr
und 13 Uhr bis 16 Uhr

Vorwärts zu den Wurzeln

An schöner Natur herrscht im Fichtelgebirge kein Mangel. Wie sensationell schön die Gegend sein kann und welche zum Teil verborgenen Schätze der Natur es hier zu entdecken gibt, ist vielen jedoch noch nicht bekannt.

Christina und Thomas Preisinger wollen das Bewusstsein für die Natur ein Stück weit mitgestalten: mit Themenführungen, hochwertiger Outdoor-Ausrüstung und Genussprodukten aus eigener Herstellung.
Mit Wanderungen für Gruppen und Themenführungen unternahm das Paar 2014 die ersten Schritte in die Selbstständigkeit, zunächst neben dem Hauptberuf. Christina und Thomas Preisinger kommen aus dem Bildungsbereich – die Diplom-Pädagogin arbeitete vor ihrem Studium zudem als Landschaftsgärtnerin, er ist Bildungswissenschaftler. Bei Touren wie „Heimische Gehölze erkennen", einer Porzellanwanderung oder einer Wanderung durch das Waldnaabtal vermitteln sie nun ebenfalls ihr Wissen, sinnlich erfahrbar, professionell, praxisnah. Die Angebote auf der Homepage beschränken sich auf Highlights. Führungen werden je nach Themenwunsch und dem Zeitkontingent individuell geplant.

Ein Paar, drei Standbeine: Christina und Thomas Preisinger haben sich mit Führungen, einer Manufaktur und als Ausrüster mit einem „Basecamp" in Selb selbstständig gemacht.

In einer Kleinsiedlungsanlage am Stadtrand von Selb hat das Paar das frei stehende Haus von Christina Preisingers Großvater für das gemeinsame Unternehmen „Wurzelkraxler" umgebaut. Hier gibt es auch Honig aus der eigenen Imkerei. Christina Preisinger verarbeitet ihn noch ganz traditionell, ohne Erwärmen, mit Schleudern von Hand, für unverfälschten Genuss. Die Imkerin bietet Einsteiger-Kurse für Interessierte an.
Thomas Preisingers Domäne ist die Outdoor-Ausrüstung, mit allem, was man für Trekking-Touren benötigt, einschließlich einer eigenen Serie an Outdorrmessern, die in Schweden von Hand gefertigt werden. „Wir fangen da an, wo das normale Sportgeschäft aufhört und achten auch auf die ökologische Verträglichkeit der Stoffe", erklärt er. Der familiäre Charakter und die Beratung sind besondere Stärken, auf die viele Kunden vertrauen. Schließlich haben die Inhaber alles ausgiebig getestet.

Wurzelkraxler – Akademie, Manufaktur und Ausrüster

Fichtenweg 27
95100 Selb
Tel. 09287 / 9159719
und 01525 / 3051153
www.wurzelkraxler.com
info@wurzelkraxler.de

Mit dem Mountainbike durch das südliche Fichtelgebirge. 2000 Höhenmeter, 90 km, das Ganze gleichmäßig verteilt auf zwei Touren. Radguide Tobias Gadelmeier kennt den Weg zu schönsten Trails und Highlights des Fichtelgebirges, mit vielen guten Einkehrmöglichkeiten

Von Gipfel zu Gipfel

Mountainbike-Genuss-Touren

von
Oliver van Essenberg

MTB-Tour 1: Gipfelglück

Panoramatour durch das Hohe Fichtelgebirge

„Kein Stress“, verspricht der Radguide Tobias Gadelmeier, der die Routen ausgetüftelt hat. Und Frank Süß, Inhaber des E-Bike-Verleihs „Fichtelrad“, der mir das Rad zur Verfügung stellt, beglückwünscht mich, bevor ich überhaupt losgefahren bin: „Du wirst mit einem glücklichen Lächeln vom Rad steigen.“ Es ist meine erste Tour mit einem E-Bike und vermutlich kennt er den Effekt schon. Als Stadtmensch und ambitionierter Freizeit- und Ausdauersportler hatte ich E-Biken bislang eher als Sport für Unsportliche wahrgenommen. Eine verzerrte Sicht, die vor allem Männer meines Alters zwischen 40 und 50 betrifft, wie mir Frank erklärt. Es ist die Generation, die mit Mountain-Bikes groß geworden ist und das E-Bike als Seniorenrad missversteht. Der Motor steuert in der niedrigsten Stufe zusätzlich zur eigenen Muskelkraft 50 Prozent mehr Leistung bei. Auf unsere Tour übertragen bedeutet das jedoch nicht, dass alles nur halb so anstrengend ist wie mit dem normalen Bike. Denn schließlich bringt die E-Variante über 20 Kilo auf die Waage, was den Gewinn an Leistung ein Stück weit relativiert.

Ein Vorzug spüre ich nach wenigen Hundert Metern auf unserer ersten Tour, als wir das „Fichtelrad" und Ruppertsgrün hinter uns gelassen haben und kaum merklich über ein Wiesenstück federn: ein Plus an Komfort und Sicherheit. Tobias, der Rad-Guide, gibt mir gleich noch einen wertvollen Tipp. „Wenn wir später einen Trail fahren, solltest du den Lenker mit drei Fingern umschließen und nur mit dem Zeigfinger bremsen. Dadurch hast du den Lenker fest im Griff." Unmerklich habe ich bislang mit zwei Fingern gebremst und mit der restlichen Hand gelenkt.

Nach einer halben Umrundung des Weißenstädter Sees verlassen wir die Stadt, vorbei an den Kellerhügeln, die sich wie Hobbit-Wohnungen an den Hang schmiegen, und sind bis zum Ende der dreieinhalbstündigen Tour nahezu ausschließlich im Wald unterwegs. „Wir versuchen so viele Trails wie möglich zu fahren und von der Forststraße wegzukommen", erklärt Tobias. „Mountainbiken bedeutet: rein in den Wald. Alles andere wäre eine Trekking-Tour." Und Trails, das bedeutet im Fichtelgebirge fast immer: über Stock und Stein. In den niederen Lagen, zu Beginn, sind es eher Stöckchen und Steinchen. Da bieten sich genug Möglichkeiten, links und rechts des Wegs Impressionen aufzunehmen, zum Beispiel, als wir das Uran-Bergwerk unterhalb des Rudolfsteins passieren. Je weiter man aber nach oben kommt, desto steiniger und wurzeliger werden die Trails. Das ist das Besondere am Fichtelgebirge und genau dafür ist ein gut gefedertes E-Bike mit breiten Reifen wie geschaffen.

Locker über Stock und Stein

Das Seehaus ruft. Mit dem E-Bike fühlt sich der Anstieg moderat bis mühelos an, solange wir auf der Forstraße unterwegs sind. Auf den dazwischen liegenden Trails

Oben: Bei der Abfahrt zur Egerquelle (Q-Weg) wird man für die Anstrengung des Bergfahrens reichlich belohnt. Jetzt heißt es: rollen lassen. Links: ein willkommener Ort zum Auftanken, das Restaurant am Fichtelsee.

Seite gegenüber: das Blockmeer des Habersteins, eine Zwischenetappe der Gipfeltour.

Zwischen Seehaus (unten) und Weißmainfelsen (links) gestaltet sich die Gipfeltour höchst abwechslungsreich.

ist es eine Erleichterung und echte Freude, einen Motor zu haben. Ein wenig verwundert bin ich darüber, wie der Rad-Guide Tobias die Tour mit seinem normalen Mountainbike ohne Motor bewältigt. Na ja, nicht umsonst wurde er mir vom Radverleiher „Fichtelrad“ als einer der erfahrensten Guides seines Teams empfohlen. Bei schwierigen Abschnitten fährt er auf bestmöglichem Weg voran, damit ich im Tunnelblick die Fährte aufnehmen kann.

Wir sind auf der ersten Höhe, dem Seehaus, angekommen und können den Blick schweifen lassen – bei guter Sicht zum Ochsenkopf. Über die Saugasse, einem wunderbaren Flow-Trail, geht es flott hinab zum Fichtelsee. Die richtige Mischung aus konzentrierter Anspannung und Entspannung muss jeder selbst herausfinden. Sicherheit sollte jedoch vorgehen. Das gilt natürlich noch mehr, wenn Wanderer unterwegs sind. Ob er von einem Wanderer schon mal verbal angegriffen wurde, möchte ich von Tobias wissen. Er überlegt und schüttelt dann den Kopf. „Nein, aber ich fahre auch immer im Schritttempo vorbei.“

Wanderer und Radfahrer kommen gut miteinander aus. Platz ist in der Regel genug, ein freundliches „Hallo“ nicht selten. Nach einer Runde um den Fichtelsee und einem möglichen Zwischenstopp am Restaurant (siehe Seite 86) sind wir gewappnet für den zweiten Teil der Tour, der eindeutig mehr verlangt, konditionell und technisch, Stufenfahren bei der Weißmainquelle eingeschlossen. Wer abkürzen möchte, kann über die Weißmainquelle und Karches auf dem Q-Weg direkt zur Egerquelle fahren, wird dann jedoch nicht mit den Panoramablicken belohnt, die der Haberstein und der Schneeberg eröffnen. Das Fichtelgebirge läuft hier zur Hochform auf. Nach dem gut sieben Kilometer langen und am Ende ziemlich steilen Anstieg zum Schneeberg geht es anschließend – zum Glück, möchte ich fast sagen – meistens bergab. Die Eindrücke

wechseln von Kilometer zu Kilometer – von einem kurzes Stück Asphalt geht es über griffige Waldwege durch eine Hohlgasse in schlangenförmigen Trails und über solide Fortstraßen hinab. Die artenreiche Flora und Fauna, die den Weg säumt, dürfte Biologen in Entzücken versetzen. Eine staunenswerte Vielfalt tut sich zwischen den Höhenlagen und dem tiefen Tann auf. Für Details bleibt mir keine Zeit. Das Schöne am Radfahren ist aber, dass man die Landschaft trotz des Tempos gut genug nachvollziehen kann und Bilder tankt, die lange nachwirken, weit über den Tag hinaus. Im Fichtelgebirge muss der Biker keine Riesenstrecke bis zu einem Gipfel zurücklegen, sondern kann mehrere Gipfel zu einer schönen Tagestour verbinden. So wie wir es gemacht haben.

Wir sind angefüllt mit Bildern und nicht übermäßig erschöpft. An unserem Ziel, dem „Fichtelrad" (siehe auch Seite 257), wo Kaffee und schöne Kuchen warten, genießen wir diesen Zustand ausgiebig. Auch bei jeder Erinnerung an eine sportliche Aktivität schüttet der Körper Glückshormone aus. Und in diesen Momenten ist der von der Bewegung ausgelöste Flow so intensiv, dass das Gefühl einer Dusche gleichkommt.

Tour 1 auf einen Blick
42 km, 1025 Höhenmeter
Schwierigkeit mit E-Bike: leicht bis mittelschwer

Highlights
Weißenstädter See, Uran Bergwerk unterhalb Rudolfstein, Seehügel mit Seehaus, Fichtelsee, Weißmainfels, Weißmainquelle, Haberstein, Buchenallee, Tausendmeterstein, Schneeberg, Rudolfsattel mit Option zu „3 Brüder" (lediglich ein paar Hundert Meter), Egerquelle, Torfmoorhölle

Einkehrmöglichkeiten
Fichtelrad, Ruppertsgrün
Vordorfer Mühle, „Gasthof zur Mühle"
Abstecher nach Vordorf „Dorfwirtshaus Vordorf" (Öffnungszeiten beachten)
Seehaus
Restaurant am Fichtelsee
Gasthaus Karches

Eine detaillierte Routenbeschreibung mit allen Abzweigungen, den wichtigsten Hinweisen und GPS-Tracking befindet sich hier:
www.lebensart-fichtelgebirge.de/mtb1

MTB-Tour 2: Trail-Eldorado

Auf und um die Kösseine

Oben: Radguide Tobias Gadelmeier (rechts) und der Autor am Start- und Endpunkt ihrer zweiten Tour, Fußgängerzone Marktredwitz.

Unten: die Kösseine, ein Lieblingsberg vieler Radfahrer.

Mountainbiken mit Lust – So lautet auch das Motto unserer zweiten Tour. Für alle, die gerne Trails fahren, ein Geheimtipp. Tobias hat die Strecke durch Ausprobieren ausgekundschaftet. „Ich bin nach Wegen, die ich schon kannte, einfach immer weiter gefahren und habe geschaut, wo ich rauskomme. Andere Abschnitte habe ich durch das Wandern mit der Familie entdeckt", erzählt der Marktredwitzer, der seit vielen Jahren im Schnitt drei Mal pro Woche radelt. Im Winter nimmt er das Fatbike mit den extrabreiten Reifen und macht eher kurze Touren, denn trotz guter Kleidung ist der Schutz für die Füße einfach nicht ausreichend für Radfahren in Eiseskälte.

Wir starten in Marktredwitz, fahren östlich Richtung Thölau und nehmen den R-Weg Richtung Wintersreuth, einem Fichtelgebirgs-Kleinod. Den Gasthof Wiesengrund müssen wir rechts liegen lassen – es ist noch zu früh für eine Pause. Schade eigentlich, denn mein Rad-Guide hat mich mit seinem Loblied auf die Küche ganz neugierig gemacht.

Anschließend muss man aufpassen, um den Einstieg in den Waldweg nicht zu verpassen. Der Weg dahin führt zunächst

Links oben: Q-Weg auf der Kösseine.

Daneben: bei der Luisenburg.

Unten: Erfrischung am Brunnentempel in Bad Alexandersbad.

an einem frei stehenden Bauernhof vorbei, dann über eine schmale Holzbrücke und schließlich über ein kurzes Stück Wiesenweg. Rechter Hand zweigt der versteckt gelegene Mini-Trail ab. Die weit herabhängenden Äste umschließen den Weg und bilden eine Röhre wie bei einer Surferwelle. Auch und gerade im Winter kann dieses Stück ein Zauberwald sein.

Lieblingsziel und Geheimtipps

Der nächste, längere Trail führt uns nach dem Ort Juliushammer durch das Demutstal. Es schlägt, anders als der Name nahelegt, keineswegs negativ aufs Gemüt, sondern bringt uns angesichts des malerischen Verlaufs in Hochstimmung. Bachläufe säumen bis hierhin immer wieder den Weg und führen uns nach und nach zur Luisenquelle von Bad Alexandersbad. Von hier aus nehmen wir die Auffahrt zur Luisenburg und der Kösseine in Angriff. Die Kösseine scheint nach meinen Recherchen das Lieblingsziel etlicher Biker zu sein, so auch für Tobias. Das hat mehrere Gründe: das schöne, schindelgedeckte Wirtshaus am Gipfel, der Fernblick von der Terrasse und dem Aussichtsturm und nicht zuletzt die vielfältigen Möglichkeiten, von hier abzufahren, die von ganz leicht bis zum Expertenniveau reichen. Wir nehmen einen relativ leichten Flow-Trail Richtung Reichenbach.

Tour 2 auf einen Blick
48 km, 970 Höhenmeter
Schwierigkeit mit E-Bike: leicht bis mittelschwer

Highlights
Oberthölau Eisenbahnviadukt, R-Weg Bollenstein, Demutstal, Kuranlagen Bad Alexandersbad, Luisenburg / Felsenlabyrinth, Kösseinegipfel, Hohe Matze (Aussicht Kösseine), Trail runter von der Matze, Nagler See, Gregnitztal, Auenpark Marktredwitz

Einkehrmöglichkeiten
Zoigl am Alten Rathaus, Marktredwitz
Gasthof Wiesengrund, Wintersreuth
Café Schweizerhaus, Bad Alexandersbad
Logierhaus, Bad Alexandersbad
Waldlust Luisenburg
Kösseinehaus
Kiosk Nagler See
Abstecher zum Gasthaus „Grenzhaus" und „Wirtshaus zur Mauth", bei Nagel
Gasthaus Falter, Kössain (nur donnerstags und jeden zweiten Sonntag im Monat offen)
Zum Hirschen, Rodenzenreuth
Café Jakob, Rodenzenreuth
Meisterhaus, Marktredwitz

Eine detaillierte Routenbeschreibung und die GPS-Daten der Tour lassen sich hier kostenlos runterladen:
www.lebensart-fichtelgebirge.de/mtb2

Oben rechts: im Gregnitztal.
Unten: das Gasthaus Falter in Kössain.

Bis zum Ende der Tour bleiben wir in Sichtweite der Kösseine. An der Hohen Matze ragt ihr Doppelgipfel majestätisch im Hintergrund auf. Die schönsten Trails liegen jedoch erst vor uns: allen voran der Waldweg von der Matze hinab, gefolgt von der Abfahrt zum Nageler See und der Fahrt durch das Gregnitztal. Naturnäher geht es im Grunde kaum. Und Einkehrmöglichkeiten gibt es entlang der Strecke genug. In Nagel empfiehlt sich ein Abstecher zum „Wirtshaus zur Mauth". Als Ort ist insbesondere das Gasthaus Falter in Kössain sehr schön. Einzige Einschränkung: Es hat nur donnerstags und an jedem zweiten Sonntag im Monat geöffnet. Und mitunter ist das leckere Zoigl schon vor Kneipenschluss ausgetrunken. Apropos: Vom Falter ist der restliche Weg bis zum Ziel unserer Rundfahrt, dem Marktredwitzer Marktplatz, eben und meistens asphaltiert, auch nach einem entspannenden Bier oder zwei also mühelos zu meistern.

Wäre es nicht schön, wenn es immer so weiter gehen könnte? Radfahren, Genießen und wieder Radfahren, Bewegung und Ruhe in stetem Wechsel. Das Fichtelgebirge bietet unendlich viele Möglichkeiten, den Kreislauf fortzusetzen. Auf dem E-Bike kann man eins mit der Natur werden. Selbst wenn die Strecke immer die gleiche wäre, erscheint sie im Wechsel der Jahreszeiten jedes Mal wie neu.

Akkus aufladen – leicht gemacht

Ein Cafébesuch und angeregte Gespräche – das gehört zusammen. Aber die Kombination mit einem Radverleih und geführten Touren ist neu und nicht minder vielversprechend.

Denn ein Café ist stets auch eine gute Anlaufstelle, um zu einer Radtour zu starten, sich zu stärken und Erfahrungen auszutauschen. Das „Fichtelrad" in Ruppertsgrün bringt auf diese Weise Menschen mit unterschiedlichem Alter und unterschiedlichen Interessen zusammen. Und wer partout auf keiner Tour dabei sein will, kann hier auch allein den feinen Kaffee und die hervorragenden selbstgemachten Kuchen genießen. Oder an einem Barista-Kurs teilnehmen.

Spaß für alle

Dreh- und Angelpunkt des neuartigen Konzeptes ist und bleibt dabei das Rad, genauer gesagt das E-Bike. Fichtelrad-Inhaber Frank Süß war vor seiner Selbständigkeit einige Jahre lang Außendienstmitarbeiter bei CUBE, Waldershof, und erkannte früher als andere das Potenzial, das im E-Bike-Boom liegt. Und die damit verbundenen Möglichkeiten schöpft er seit der Eröffnung von „Fichtelrad" im Frühjahr 2017 optimal aus. Von der Qualität im Café über das Ambiente im Haus und im Garten, die Beratungsstärke in Sachen E-Bike, die Flexibilität bei der Zusammenstellung von Touren, das ganzjährige Angebot an Touren bis zum Verleih von Top-E-Bikes und dem Einsatz erfahrener Rad-Guides fehlt es an nichts. „Wir wollen dafür sorgen, dass alle Spaß haben, ob der 16- oder der 70-Jährige, ob Einsteiger oder ambitionierte Sportler. Wir können das Angebot individuell anpassen und auch bei Gruppen mit unterschiedlichem Leistungsniveau dafür sorgen, dass alle gleichzeitig auf dem Berg ankommen."

Das ganzjährige Angebot schließt Schnupperkurse, Technikkurse sowie Touren von einer Stunde bis zum Tagesausflug ein. Am Ende der Saison verkauft Frank Süß die gebrauchten E-Bikes und schafft neue an. Bei der Beratung muss er zum Teil noch Aufklärungsarbeit leisten. „Wer E-Bikes fährt, verzichtet deswegen nicht auf Ausdauertraining. Im Gegenteil: Die Grundlagenausdauer lässt sich mit einem E-Bike oft besser trainieren als mit einem Mountain-Bike." Auch ein sportlich durchtrainierter Fahrer wie Frank Süß kann sich völlig verausgaben, wenn er anspruchsvolle Touren auf dem E-Bike fährt. Und dabei eine Menge Spaß haben. Wie praktisch jeder.

Ausgesuchte Touren, gute Stimmung, Kaffeegenuss – für das Fichtelrad-Team eine ganz normale Kombination.

Fichtelrad
Ruppertsgrün 13
95163 Weißenstadt
0174 / 5750000
www.fichtelrad.de
info@fichtelrad.de

Öffnungszeiten:
Café
Samstag und Sonntag
von 11 – 18 Uhr
Im Winter öffnet das Café nur sonntags

E-Bike-Verleih
Von April bis Oktober bei trockenem Wetter täglich 9 – 11 Uhr
oder jederzeit nach Absprache

November geschlossen

Schneeschuhverleih und geführte Wanderungen sind ebenfalls jederzeit individuell buchbar

Mountain-Biker-Herzen schlagen höher

Rund um den Ochsenkopf, dem Erlebnissportberg des Fichtelgebirges, sind Mountain-Biker in ihrem Element. Feld-, Wald- und Wiesenwege? Gibt es zuhauf. Ausgedehnte, aber nicht zu steile Gipfeltouren?

Wirtshaus, Pension, Bike-Verleih und Shop
Bullhead House
Fleckl 13
95485 Warmensteinach
Tel. 09277 / 975379
www.bullheadhouse.de
info@bullheadhouse.de

Öffnungszeiten
Wirtshaus:
Freitag bis Sonntag
11 – 22 Uhr (durchgehend warme Küche)

Verleih und Shop:
Mittwoch bis Sonntag
9 – 18 Uhr
Während der Schulferien täglich geöffnet
Mitte März bis Anfang April und im November geschlossen

MTB-Kurse, Camps und Reisen
Tel. 09251 / 8509886
www.bullheadbike.de

Oh ja. Herausfordernde, sportliche Trails? Und wie! Dass sich dazu noch ein zentral gelegenes Haus findet für alles, was das Biker-Herz begehrt, macht die Sache perfekt. Das Bullhead House wartet mit einem Gesamtangebot auf, das deutschlandweit, ja sogar darüber hinaus seinesgleichen sucht: Pension, Wirtshaus, Biergarten, Bike-Verleih, Bike-Shop, Zentrum für Technikkurse und Bike-Camps und ein eigener Bike-Funpark mit Technikparcours – mehr können sich ambitionierte und sportbegeisterte Biker nicht wünschen.
Die Erfolgsgeschichte ist schnell erzählt: Der aus Sparneck bei Münchberg stammende Sport- und Tourismus-Experte Peter Hanke kam 2006, nach beruflichen Auslandsjahren ins Fichtelgebirge zurück und wurde auf das leer stehende Haus aufmerksam. Fasziniert von dem Ort und seinen Möglichkeiten baute er das Domizil, das vorher dem Fichtelgebirgsverein gehörte, bis in die jüngste Zeit Schritt für Schritt nach seinen Wünschen um. Die freundlichen Zimmer ziehen auch Familien mit Kindern an, die nicht Mountain-Bike fahren wollen. Das gilt ebenso für das neu eingerichtete Wirtshaus und die Küche, die mit fränkischen

Klassikern, Salaten, Wraps und Burgern (mit exklusiven Bäcker-Brötchen) vielen Gästen einen Extra-Besuch wert ist – mit oder ohne Radtour.
Kooperationspartner für den Shop und den Verleih von Mountainbikes und E-Bikes ist der Marktredwitzer Fahrradhersteller CUBE. Schwerpunkt der vielfältigen Aktivitäten, die das Bullhead House entwickelt hat, sind die Technikkurse. In vier Stufen vermitteln speziell geschulte Trainer hilfreiche Tricks und Tipps, sowohl für Einsteiger als auch Profis. Der ab 2010 entstandene Bike-Funkpark und Technikparcours ist auf das Kurssystem abgestimmt. Bike-Camps, Kids-Camps, Gipfeltouren, Downhill-Fahrten ergänzen das Angebot. Die Seilbahn liegt vor der Haustür. Das Vergnügen kann jederzeit beginnen.

Mountainbike-Highlight im nördlichen Fichtelgebirge

2017 war es noch eine Idee, seit 2019 können sich Biker auf neue Strecken im nördlichen Fichtelgebirge freuen. Denn dank des Mountainbike-Basecamps am Großen Kornberg – geplante Eröffnung: Herbst 2020/Frühjahr 2021 – können sie in Zukunft auf vielen eigens angelegten, naturnahen Trails den 827 Meter hohen Berg hinunterfahren.

Zweckverband Naherholungs- und Tourismusgebiet Großer Kornberg
Schaumbergstr. 14
95032 Hof
Tel. 09281 / 57 354

Das Konzept des Mountainbike-Hotspots Kornberg enthält viele naturnahe Trails und u.a. eine neu gebaute Kornberghütte (im Bild als Computer-Animation).

Für das Projekt arbeiten die Landkreise Hof und Wunsiedel sowie die angrenzenden Städte zusammen. Gemeinsam haben die Landkreise den Zweckverband „Naherholungs- und Tourismusgebiet Großer Kornberg“ gegründet. Das Konzept enthält abwechslungsreiche Trails für Anfänger, Fortgeschrittene und Profis, aber auch Strecken für E-Biker. Dabei ist die Anlage systematisch aufgebaut. Die Abfahrt beginnt flach, mit niedrigen Schwierigkeitsgraden, und gewinnt anschließend an Herausforderungen. Die Trails sind zum Teil miteinander verbunden, so dass ein Wechsel möglich ist. Man kann auf griffigen Böden flott nach unten rollen, aber auch anspruchsvolle Abschnitte mit Stufen und Spitzkehren fahren. Ein Highlight dürfte sicherlich die „Jump-Line“ mit 16 Sprüngen werden.
Bislang einzigartig ist die Ausstattung des Parks als erstes interaktives Bikecamp, die Ausstattung mit 30 Kameras und Bildschirmen. Mittels App können die Biker so ihre Fahrt durch das Areal aufnehmen, nachverfolgen und auswerten.
Ebenfalls fester Bestandteil des Konzeptes ist die neu gebaute Kornberghütte, die multifunktional für den Sommer- und den Winterbetrieb genutzt werden kann. Gastronomie, Bike-Verleih, Shop, Werkstatt, Räumlichkeiten für die Bergwacht, ein Technikraum sowie eine Toilettenanlage runden das Projekt ab. Eine großzügige Terrasse macht den Blick auf die Skipiste und den Bike-Park frei. Weitere Attraktionen sind ein pädagogischer Bewegungspark und ein Förderband, das als Kinderlift im Winter und als Förderband für Mountainbiker im Sommer dient. Da der Zweckverband ein friedliches Miteinander von Radfahrern und Wanderern, Sommer- und Wintersport, Naturschutz und touristischer Aufwertung vorsieht, steht der Nutzung des Kornbergs von allen Seiten nichts mehr im Weg.

Der Quelle ganz nah

Wasser, Badeseen, Moore, Heilquellen

von
Ronald Ledermüller

Wenn das Wasser der Donau sich mit den Wellen des Schwarzen Meeres mischt und die Elbe sich wogend in der Nordsee verliert, dann tragen ihre Fluten immer auch ein Stück Fichtelgebirge mit sich. Denn über den Höhen des Fichtelgebirges scheiden sich die Wasserläufe Europas.

Wie an einem gigantischen Dach wird das Regenwasser geteilt und in alle vier Himmelsrichtungen abgeleitet. Über zahllose Bäche fließt das Wasser aus den bewaldeten Höhen in einen der vier bekannten Quellflüsse, die im Fichtelgebirge entspringen: Der Main fließt nach Westen dem Rhein zu. Die Saale nach Norden, wo sie in der Elbe mündet, ebenso wie, die nach Osten strömende Eger. Alle drei münden schließlich in der Nordsee. Die Naab, deren Hauptquelle am Ochsenkopf entspringt, fließt gemächlich nach Süden, mündet in die Donau und schließlich im Schwarzen Meer.
Seit Urzeiten prägen Bäche und Flüsse die Landschaft des Fichtelgebirges. Sie haben tiefe Täler eingeschnitten, weite Flussauen geschaffen – und wohl auch die Menschen ins Fichtelgebirge gebracht. Viele Bach- und Flussnamen sind keltischen oder slawischen Ursprungs. Flüsse und Bäche waren in frühester Zeit die Wegweiser, an denen sich die Jäger, Sammler und Siedler orientierten.

„Das teutsche Paradeiß"

Das Bild der vier Flüsse, die in alle vier Himmelsrichtungen dem Gebirge enteilen, regte in früheren Zeiten die Phantasie der Menschen an. Denn darin gleicht das Fichtelgebirge der biblischen Beschreibung des Garten Edens. Ein Chronist der rauen Gebirgsgegend, Magister Matthias Will aus Kemnath, brachte den Vergleich im 17. Jahrhundert auf den Punkt und gab dem Fichtelgebirge den Namen „das teutsche Paradeiß". Dass sich viele der Autoren damals nicht die Mühe machten, das Fichtelgebirge tatsächlich zu erkunden, um sich selbst vor Ort ein Bild der Lage zu machen, lässt sich leicht daran erkennen, dass die meisten auch verkündeten, Main, Eger, Naab und Saale würden aus einem großen, hoch gelegenen und unzugänglichen See entspringen: dem Fichtelsee. So schön die Vorstellung auch gewesen sein mag – das ist natürlich nicht wahr. Der heutige Fichtelsee wurde erst im 16. Jahrhundert künstlich aufgestaut, um auch im Sommer genug Wasser für talabwärts gelegene Mühlen und Hammerwerke zu haben. Viele solcher Stauweiher finden sich noch heute in den Wäldern und erinnern an die lange Bergbaugeschichte des Fichtelgebirges.

Neben den Hauptquellen sind es unzählige kleine Quellen, die die vier bekannten Flüsse des Fichtelgebirges speisen und auf ihrer Reise wachsen lassen. Weit über 1000 wurden von Wissenschaftlern der nahen Universität Bayreuth in den vergangenen Jahren untersucht. Viele verdanken es ihrer versteckten Lage in den Wäldern, dass sie bis heute so natürlich dem Boden entspringen, wie vor Tausenden von Jahren. Wo einst der Markgraf mit seinem Jagdgefolge seinen Durst stillte, wo Hirten ihr Vieh zur Tränke führten oder Wanderer romantischen Pfaden folgten, sind die Quellen oft gefasst worden, meist in Granit, oft kunstvoll, manchmal einfach, immer aber liebevoll und voller Respekt vor dem lebenswichtigen Nass, das hier in reinster Form so selbstverständlich und reichlich aus dem Boden sprudelt.

Handwerk, Lebensquell, Erholung

Wasser war im Fichtelgebirge immer schon ein wichtiger Faktor für den Wohlstand der Bevölkerung. Das Holz, vor allem Brennholz, wurde aus den Wäldern über die noch kleinen Bäche und Flüsse bis nach Bayreuth geflößt. Dazu wurde das Wasser in künstlichen Stauweihern gesammelt. War ausreichend Holz im Bachbett gelagert, wurden die Stauwehre geöffnet und der Wasserschwall transportierte das Brennmaterial bis weit hinunter in die Täler. Vor allem die Hammerwerke und ihre Hammerherren waren es, die ihren Reichtum dem Wasser aus den Bergen verdankten. Das Zinn wurde mit Hilfe von Wasser aus dem Granit gewaschen. In den Flüssen fand sich sogar Gold. Über 130 Mühlen und Hammerwerke bedienten sich der Kraft des Wassers, um das Erz, das tief aus den Bergen herausgeholt wurde, zu schmieden. Im Hammerschloss Leupoldsdorf – einer Infostelle des Naturparks Fichtelgebirge – kann man Macht und Reichtum der Hammerherren noch heute erahnen (siehe Seite 224).

Weitreichend sorgt der Wasserreichtum des Fichtelgebirges für das Wohl der Menschen. Im weiten Umland versorgt das Gebirge Tausende von Menschen noch heute mit Trinkwasser. Sogar die Städte Bayreuth und Hof beziehen einen guten Teil ihres Wassers aus dem Fichtelgebirge – und brauen damit ihr bekannt gutes Bier. Auch die Fischerei hat im

Die Quelle der Eger liegt hoch droben am Nordwesthang des Schneebergs.

Linke Seite: Saunabereich im Alexbad.

Fichtelgebirge eine entsprechend lange Tradition. Tausende Teiche wurden dazu künstlich angelegt. Der größte davon, der Weißenstädter See, versorgte den Hof des Markgrafen in Bayreuth über Jahrhunderte mit Karpfen, Schleien und Hechten. Alle zwei Jahre wurde der See abgefischt und die Ernte mit 26 Ochsenfuhrwerken nach Bayreuth gebracht. Heute ist der See ein Eldorado für Segler, Surfer und Sonnenanbeter. In den Teichen, Bächen und Flüssen können Angler noch heute einen guten Fang machen: Bach- und Regenbogenforellen, Hechte, Aale und Aalrutten, Mühlkoppen, Brachsen und Barsche und sogar das seltene Bachneunauge sind in den klaren, kühlen Gewässern zuhause. Der Äsche mit ihrer schillernd bunten Rückenflosse verdankt die nahe Selb gelegene tschechische Stadt Asch wohl ihren Namen. Ein wahrer Schatz sind die Perlmuscheln, die in einigen wenigen Flüssen des Fichtelgebirges leben.

Einmal im Jahr wird der Mühlgraben bei Röslau geöffnet. Dazu pilgern die Einheimischen aus nah und fern herbei und feiern ein fröhliches Fest. Einst trieb das Wasser das Rad der nahen Thusmühle an. Der Name hat seinen Ursprung vermutlich im Tosen des Wassers, das über die Felsklippe stürzt.

Wasser und Festkultur

Das landschaftlich sicher beeindruckendste Flusstal des Fichtelgebirges ist das Wellertal zwischen Neuhaus und Hohenberg, in dem Wanderer und Radfahrer auf einem gut ausgebauten und bequemen Weg die Eger ein Stück weit auf ihrer Reise begleiten können. Sie hat sich hier im Laufe von Jahrhunderttausenden an beiden Talseiten steile Granitklippen freigespült, die wie Monumente die Ufer säumen. Flussaufwärts ist in den letzten Jahren wieder eine natürliche Flusslandschaft entstanden, wie sie in Deutschland selten geworden ist. Begradigungen und Verbauungen wurden entfernt. Fischotter, Biber, Libellen und seltene Vogelarten wie der Eisvogel haben wieder einen Lebensraum gefunden. Dem Flüsschen Rösla haben die Einheimischen bei Arzberg den Namen „G'steinigt" gegeben, dort wo das „ewige Rauschen" des Flusses über die Felsen strömt. Ein besonderes Schauspiel ist das alljährliche „Thusfest" in Röslau. An diesem Tag wird ein alter Mühlgraben geöffnet und das Wasser der Eger stürzt in einem Fall tosend ins Tal.

Bis in unsere Zeit ist das Wasser für die Menschen, die im Fichtelgebirge leben oder sich hier erholen, von großer Bedeutung. In vielen Dörfern verfügten die Bauernhöfe früher zwar nicht über große Erträge aus ihren Wiesen und Feldern, doch aber über den Luxus eines eigenen Brunnens. Die Achtung und den Wert des Wassers für die Menschen hat das Wunsiedler Brunnenfest bis heute bewahrt. 26 historische Brunnen finden sich im Stadtgebiet, die jedes Jahr am Samstag nach dem Johannistag mit Blumen geschmückt werden – als Dank und zur Erinnerung, dass sie nach einer langen Dürreperiode am Johannistag wieder zu fließen begonnen haben sollen.

Die meisten Fischteiche im Fichtelgebirge wurden bereits im Mittelalter angelegt. Besonders der Karpfen war ein wichtiges Nahrungsmittel. Hunderte davon haben sich in der Landschaft – teils versteckt im Wald gelegen – erhalten. Sie werden noch immer genutzt und sind wichtige Lebensräume für Insekten und Amphibien.

Sagenhafte Moore

Die größten Moore Nordbayerns finden sich im Fichtelgebirge. Dazu gehören einerseits die uralten Hochmoore, andererseits große Niedermoore im Bereich der Flussauen. Zug um Zug werden die Moore renaturiert, damit sie ihre wichtigen Funktionen wieder erfüllen können. Denn sie sind ebenso wertvolle Lebensräume für seltene Tiere und Pflanzen wie effektive CO_2-Senken im Kampf gegen den Klimawandel. Zum Teil ist es möglich, bei Wanderungen diese einzigartigen Landschaften zu erleben. Ein direktes Betreten der Moorbereiche sollte man unbedingt vermeiden. Denn die dort lebenden Pflanzen sind sehr empfindlich und in intakten Moorbereichen kann man durchaus so tief einsinken, dass man ohne fremde Hilfe sich nur schwer wieder befreien kann.

Fichtelseemoor

Vom Wanderparkplatz Seehaus, direkt an der B 303 gelegen, führt ein Wanderweg direkt durch das Moor. Seine heute noch bis zu sechs Meter hohe Torfschicht lässt darauf schließen, dass das Moor rund 10.000 Jahre alt ist. Direkt am Wegrand sind Borstgrasrasen, Rausch- und Moosbeere, Wollgras, Orchideen und die seltenen Spirken – eine sehr seltene Kiefernart, die speziell an Hochmoore angepasst ist – zu sehen.

Zeitelmoos

Zwischen Wunsiedel, Vordorf und Röslau gelegen. Wanderparkplatz direkt an der Kreisstraße. Von dort führen mehrere Wanderwege mit schönen Ausblicken durch das ehemals größte zusammenhängende Hochmoorgebiet. Um das Zeitelmoos ranken sich viele Sagen und Mythen, von Moosweiblein, Irrlichtern und vom „Wilden Jäger".

Seltene Pflanzen wie der Sonnentau (oben) finden sich in den Gewässern und Mooren des Fichtelgebirges. Ein hautnahes Moorerlebnis im wahrsten Sinne bietet das idyllisch gelegene Moorbad in Fleckl (unten).

Ehewald

Zwischen Tröstau und Nagel fährt man direkt am Rand des Moores entlang. Das ehemals trocken gelegte Moor wird seit einigen Jahren wieder abgedichtet und vernässt. Teile des neu entstehenden Moores leuchten im Sommer rot durch dichte Teppiche des fleischfressenden Sonnentaus. Rund um Nagel führt der Rundweg „Das teutsche Paradeiß" mit Infotafeln über Tiere, Pflanzen und Geschichte durch die Kulturlandschaft und bietet auch Einblick in das Moor.

Häuselloh

Am südöstlichen Ortsrand von Selb liegt die Häuselloh. Bis in die 1970er Jahre wurde hier Torf für Heilanwendungen in Bad Alexandersbad abgebaut. Heute darf sich das Moor wieder natürlich entwickeln. Ein Schausteinbruch, Lehrpfade und Infotafeln informieren über den ehemaligen Granitabbau am Rand des Moores. Alljährlich findet ein großes Köhlerfest beim ehemaligen Forsthaus statt, bei dem eine Woche lang die Meiler qualmen wie vor Jahrhunderten üblich.

Moorbad Fleckl

Ein echter Geheimtipp für ein wirklich hautnahes Moorerlebnis ist das Moorbad in Fleckl. Es ist direkt von Fleckl oder von den Warmensteinacher Ortsteilen Grassemann oder Geiersberg zu erreichen. In einem abgegrenzten Bereich darf man hier direkt ins Moor steigen und sich genüsslich im Torf suhlen. Nebenan lädt ein Badeteich ein, um im dunklen Moorwasser zu schwimmen. Umkleidekabinen und Duschen, Liegewiese und Spielplatz sind vorhanden.

Schöne Naturbadeteiche und Seen im Fichtelgebirge

■ Fichtelsee: Sonnenplätze am naturbelassenen Ufer, Spielplatz im Wald, Restaurant mit Sonnenterrasse, Bootsverleih.

■ Nageler See: Liegewiesen, Kiosk, Wasserspielplatz, Bootsverleih, Umkleide.

■ Weißenstädter See: Liegewiesen, Beachvolleyball, Basketball, Sandstrand mit Wasserspielplatz, asphaltierter Weg rund um den See, Segel- und Surfmöglichkeit.

■ Waldbad Bad Alexandersbad: Liegewiesen, Beachvolleyball, Kleinkinderspielplatz, Kiosk, Duschen, Umkleide.

■ Kösseinebad Waldershof: Liegewiesen, Kiosk, Duschen und Umkleide, Spielplatz, Sprungtürme, Rutsche, Boccia, Beachvolleyball, Tret- und Ruderbootverleih.

■ Langer Teich in Selb: Liegewiesen, Sport- und Spielplätze, bewirtschafteter Kiosk, Duschen und Umkleide.

■ Naturbad „An den drei Bögen", Marktredwitz: Liegewiesen, Liegeterrasse, Wasserspielplatz mit Piratendorf und Sandstrand, diverse weitere Spiel- und

Nageler See und Fichtelsee waren einst Wasserspeicher für die zahlreichen Hammerwerke. Ihr Wasser stellte sicher, dass deren Räder sich auch im Sommer drehen konnten, um das Eisen aus den Bergen des Fichtelgebirges schmieden zu können. Heute sind es beliebte Ausflugsziele, wo man schwimmen und Boot fahren kann.

Zahlreiche Naturbadeseen und -teiche bieten Naturerlebnis und Badespaß bei bester Wasserqualität: Langer Teich in Selb (rechts), Waldbad Schiedateich (Mitte links), Kipp (Mitte rechts), Weißenstädter See (unten).

Sportplätze, 24m-Wellenrutsche, 10m-Sprungturm, Wettkampfschwimmbahn, Grillplatz, Kiosk, Duschen, Umkleide.

- Waldbad Tröstau (Petzelweiher): Liegewiesen, Umkleide, Kiosk – (noch?) ein Geheimtipp.

- Feisnitz-Stausee bei Arzberg: Liegewiesen, Sandstrand, Kinderspielplatz, Umkleide, Gaststätte mit Sonnenterrasse.

- Waldbad Schiedateich, Schwarzenbach/Saale: Wasserrutschen, Sprunganlage (1m und 3m), integrierte 50-Meter-Bahn, abgegrenzter Kinderbereich, große Spiel- und Liegewiese, Duschen und Umkleide, Abenteuerspielplatz mit Seilbahn, Spielbereich für Kleinkinder, Kiosk.

- Waldbad „Kipp“, Wiesau: Liegewiese, Sandstrand, Tischtennis, Beachvolleyball, Sprungbrett, Kiosk, Umkleide – eine Perle unter den Waldbädern, lohnt einen Abstecher in die Oberpfalz.

Vulkanismus hat vor Millionen von Jahren die Grundlage für die Heilquellen im Fichtelgebirge geschaffen. Ihre wohltuende Wirkung lockt seit Jahrhunderten Besucher in die Region. In Bad Alexandersbad kurierte einst der europäische Hochadel seine großen und kleinen Wehwehchen. Das Schloss und der weitläufige Kurpark mit dem Brunnentempel wurden vom letzten Bayreuther Markgrafen Alexander geschaffen.

Heilquellen im Fichtelgebirge

Das Massiv des Fichtelgebirges steht auf einer bewegten Scholle. Vor etwa 20 Millionen Jahren wurden die Alpen in die Höhe gedrückt. Mit ihnen wölbte sich auch ein langer Streifen der Erdkruste auf, der von der tschechisch-polnischen Grenze über Nordböhmen bis ins Egerland, das Fichtelgebirge und den Oberpfälzer Wald reicht. Tief im Inneren der Erde entstanden dabei Risse, an denen Magma aus dem Erdinneren emporstieg. Die südlich des Fichtelgebirges liegenden Vulkane, wie etwa der Raue Kulm, der Teichelberg oder der Parkstein entstanden.

Noch heute bewegt sich hier die Erde und fördert an einigen Stellen besondere Naturschätze zu Tage: Quellen, die mit Mineralien und Kohlensäure aus den Tiefen der vulkanisch bewegten Erde aufsteigen. Sie stehen geologisch in direktem Zusammenhang mit den weltberühmten Heilquellen im tschechischen Bäderdreieck Karlsbad, Marienbad und Franzensbad. Seit Jahrhunderten nutzen Einheimische und Gäste des Fichtelgebirges ihre Heilkraft. Besonders die Quellen in Bad Alexandersbad haben den Kur- und Gesundheitstourismus ins Fichtelgebirge gebracht.

Bad Alexandersbad

Entdeckt wurde die Heilquelle in Bad Alexandersbad am 19. Mai 1734 durch den Bauern Brodmerkel und seinen Knecht Lippert. Im Tal unterhalb des Dorfes Sichersreuth fanden sie das auffällig säuerlich schmeckende Wasser. Der kranke Bauer wurde dadurch gesund. Die Nachricht von der heilsamen Wirkung des Brunnens erreichte kurz darauf den Bayreuther Markgrafen Georg Friedrich. Ein erstes Brunnenhaus wurde errichtet. Erst sein Nachfolger, Markgraf Alexander, der letzte Bayreuther Markgraf, baute den Kurort 1783 rund um die Quelle weiter aus, mit Schloss, Badehaus, Alleen und Parkanlagen, und verlieh dem neu entstandenen Ort seinen Namen. Das kleine Heilbad lockte daraufhin bis zum ersten Weltkrieg die Reichen und Schönen jener Zeit inklusive des europäischen Hochadels ins Fichtelgebirge. Am bekanntesten ist der mehrwöchige Aufenthalt des preußischen Königspaares Luise und Friedrich Wilhelm III. im Jahr 1805 mitsamt Kindern und Hofstaat. Heute entwickelt sich das Heilbad rund um den historischen Ortskern aus der Markgrafenzeit zu einem modernen Gesundheits- und Tourismusort mit dem noch immer sprudelnden, stark eisenhaltigen Heilwasser und Naturmoor als Heilmittel. Im 2017 eröffneten ALEXBAD laden zwei Bewegungsbäder sowie ein Panoramabad mit Blick über den Ort und in die Landschaft sowie moderne Saunen und ein Dampfbad zum Entspannen ein.

In einem modernen Gerätepark stellen Trainer ein individuelles Trainingsprogramm zusammen. Die ungewöhnliche und preisgekrönte Architektur bildet von Innen wie Außen eine Verbindung zur Natur des Fichtelgebirges mit ihren Felsen, versteckten Winkeln und Ausblicken, Wiesen und Wäldern und immer neuen Entdeckungsmöglichkeiten.

Carolinenquelle, Hohenberg an der Eger

Direkt am Ufer der Eger, am Fuße des steilen Burgberges, sprudelt in Hohenberg die Carolinenquelle aus dem Boden. Schon um 1600 war die Heilwirkung des ebenfalls stark eisenhaltigen und mit natürlicher Kohlensäure aus der Tiefe versetzten Wassers bekannt. Die Bayreuther Markgrafen, Kurfürsten und Könige genossen das Wasser. Anfang des 19. Jahrhunderts gab es sogar Pläne, einen Kurbetrieb aufzunehmen, die aber aus Geldmangel wieder fallen gelassen wurden. Das Wasser wurde bis 1979 in Krüge abgefüllt und als Hohenberger Sprudel vertrieben. Unter einem neu errichteten Holzpavillon können Besucher das Wasser heute frei und kostenlos zapfen und genießen.

Kothigenbibersbach

Ein weiterer „Sauerbrunnen", wie die kohlensäurehaltigen Heilquellen im Fichtelgebirge von den Einheimischen genannt werden, entspringt in einer flachen Talmulde am Rande des Thiersheimer Ortsteiles Kothigenbibersbach. Auch diese Quelle wird schon seit dem 17. Jahrhundert wegen ihrer Heilwirkung weit gerühmt. Ihr Mineralgehalt und die enthaltenen Gase lassen darauf schließen, dass sie in direktem Zusammenhang mit den Quellen in Hohenberg und Bad Alexandersbad steht.

Radonquellen

In jüngerer Zeit sind die Radonquellen im Fichtelgebirge für die Heilbehandlung vor allem rheumatischer Krankheiten entdeckt worden. Radon ist ein radioaktives Edelgas. In Gebirgen mit Urgesteinen, wie dem Fichtelgebirge, Bayerischen Wald oder Erzgebirge, entsteht das Gas beim Zerfall des von Natur aus in geringen Mengen vorhandenen Uran. In bestimmten Quellen kann es sich anreichern und für Heilzwecke genutzt werden. Drei Quellen sind seit längerer Zeit wegen ihrer hohen nutzbaren Radonkonzentration bekannt: Die Ahornquelle am Ochsenkopf in der Nähe von Fichtelberg / Neubau, das „böse Wasser" am nördlichen Stadtrand von Wunsiedel und schließlich die Radonquelle in Weißenstadt. Direkt am Weißenstädter See gelegen bietet das „Kurhotel Weißenstadt am See" in seinem Gesundheitsangebot Wellness-, Trainings- und Therapieangebote, u.a. eine Kältekammer und Radonanwendungen.

Thermalquelle Weißenstadt

In 1835 Metern Tiefe war es soweit. Bei einer gezielten Bohrung am Westrand des Weißenstädter Sees, stießen Experten im Jahr 2013 auf eine mineralreiche Thermalquelle, die mit über 32 Grad Celsius artesisch nach oben sprudelt. Drei Jahre später öffnete das „Siebenquell GesundZeitResort" mit angeschlossenem Vier-Sterne-Superior-Hotel seine Pforten. Auf rund 100.000 m² lädt eine Sauna- und Wellnesslandschaft zu einer Entdeckungsreise durch die Heilkunst der vergangenen Jahrtausende und längst verschwundener Hochkulturen.

Bad Berneck

Aus den gesammelten Kräften der Fichtelgebirgsnatur speisen sich die heilenden Anwendungen, die in Bad Berneck seit dem Jahr 1857 angeboten werden: heilsame Stille in reiner, würziger Waldluft, klares Gebirgswasser in Fluss-, Wannen-, Loh-, Salz-, Stahl- und Fichtennadelbädern. Aus heimischen Heilkräutern wurde ein eigener Heiltrank, die so genannte Molke, hergestellt und den Gästen angeboten. Als anerkannter Kneipp-Kurort rundet der Traditionskurort am Westrand des Fichtelgebirges das Gesundheitsangebot der Region ab.

Die Einheimischen nutzen die Heilwirkung der Quellen seit jeher und ganz selbstverständlich. Das Wasser wird in Flaschen für den Hausgebrauch abgefüllt. Neben den nachweislich medizinisch wirksamen Heilquellen sagt der Volksglauben im Fichtelgebirge auch anderen Brunnen sagenhafte Heilwirkungen nach.

Mystische Quellen

Eine besondere Heilwirkung bei Kopf- und Zahnschmerzen sowie bei Augenleiden soll der Konradsbrunnen in der Nähe des Golfhotels Fahrenbach bei Tröstau haben – zumindest glaubten das die Einheimischen früher. Neben der noch heute vorhandenen Quelle stand bis ins 16. Jahrhundert die St.Conrads-Kapelle. Zu Kapelle und Quelle und zu einem alten Birnbaum daneben sollen Wallfahrten stattgefunden haben. Der Birnbaum galt den Einheimischen ebenfalls als abergläubische Wallfahrtsstätte und wurde mit Wunschzetteln, Pflöcken und Einritzungen versehen. Es erscheint gut möglich zu sein, dass die Verehrung der Quelle und des Baumes auf vorchristliche Traditionen zurückging und der Bau der Kapelle ein Versuch war, die Verehrung auf das christliche Glaubensgebäude umzulenken.

GesundZeit, Wellness, Urlaubsglück

Inmitten des Fichtelgebirges am Weißenstädter See gelegen, bietet das Siebenquell GesundZeitResort eine bemerkenswerte Vielfalt: ein Vier-Sterne-Superior Hotel mit Beauty & Spa, eine großartige Wasser- und Saunawelt, eine einzigartige GesundZeitReise, Medical SPA, Fitness-Studio und abwechslungsreiche Gastronomie.

Verwöhnbecken mit Poolbar und Blick ins Fitness-Studio. Rechts: Bar in der Kaminflackerei.

Siebenquell GesundZeitResort
Thermenallee 1
95163 Weißenstadt
Tel. 09253 / 95460 0
www.siebenquell.com
info@siebenquell.com

Öffnungszeiten Therme für Tagesbesucher:
täglich
von 10 bis 22 Uhr

In einem der modern gestalteten Zimmer oder Juniorsuiten mit eigenem Balkon oder Terrasse findet man Entspannung pur. Ein Blick auf die umliegenden, malerischen Wälder und Gipfel des Fichtelgebirges und auf den Weißenstädter See lässt jeden Gast gut ankommen.

In der Wasserwelt – 1000 m² zusammenhängende Thermalwasserfläche – mit Verwöhn- und Aktivthermalwasserbecken sorgen Wasserattraktionen, Strömungskanal, Heißwasserbecken, Poolbar, Außenbecken und vieles mehr für Erholung und Belebung zugleich. Die Kleinsten finden Freude in einem eigenen Kleinkinderbereich. Neu seit Sommer 2019 ist der erweiterte Außenbereich. Die gemütlichen Sonnenliegen, eine Boule-Bahn und Schachbrett sowie eine Bistroterrasse locken, auch bei sommerlichen Temperaturen in die Therme.
In der Saunawelt mit neun Themensaunen verteilt auf den Innen- und Außenbereich finden alle Saunafans ihre Lieblingstemperatur. Verschiedene Aufguss- und Duftsaunen mit unterschiedlichen Temperaturen stehen zur Wahl, zudem eine Dampf- und Infrarotsauna. Abkühlung schafft unter anderem ganzjährig der Rieselschnee in der Schneekabine bei minus 10 Grad Celsius.

Highlight GesundZeitReise

Das Herz des Siebenquell ist die GesundZeitReise. Hier lassen sich Mineralienbäder und Badelandschaften jahrtausendealter Kulturen erleben. Höhepunkt ist das Mineralienschwebebecken. Die weltweit einmalige Kombination aus Unterwassermusik und einer 360 Grad Full-Dome-Projektion sorgt für Entspannungsmomente der ganz besonderen Art.

Das Wohlfühl-Angebot setzt neue Maßstäbe in Sachen Erholung. Die Gäste können aus einer Vielzahl an Wellnessmassagen, Wohlfühlbädern, Packungen

und orientalischer Badekunst wählen. Im Bad mit Rügener Heilkreide, im Duft von Zirbenlocken und ätherischen Ölen lässt sich gut neue Energie tanken. Für Aktivität und körperliche Fitness lockt das Fitness-Studio „blu“ mit Blick auf den Weißenstädter See und in die Thermenhalle. Hier trainieren die Gäste an modernsten Geräten und bei abwechslungsreichen Kursen. Medical SPA, Wandern, Mountainbike, Kochkurse im Siebenquell-Kochstudio, Tanzabende und vieles mehr runden das Angebot des Siebenquell GesundZeitResort ab.

Kulinarisch verwöhnt das Haus die Gäste mit regionaler Küche bis hin zu leichten internationalen Snacks. Im Steakhaus RotRind werden nur beste Fleischqualität aus der Region sowie saisonale Spezialitäten serviert. Für einen perfekten Tagesausklang bietet sich ein Platz in der Kaminflackerei mit Panoramalounge und musikalischer Umrahmung an.

Entdecker- und AusZeiten, Verwöhn- und AktivZeiten – hier findet ein jeder seine individuelle GesundZeit.

Auch Tagesgäste sind stets willkommen. Die GesundZeitWelt mit Wasser- und Saunawelt, GesundZeitReise und Fitness-Studio erwartet täglich – auch an Feiertagen – seine Gäste von 10 bis 22 Uhr. Für Wohnmobilisten stehen 15 Plätze direkt am Thermeneingang bereit.

Siebenquell GesundZeitResort. Unten links: Aufguss in der Bäckereisauna. Daneben: Mineralienschwebebecken in der GesundZeitReise.

Gesundheit und Wohlfühlen erleben

Das unmittelbar am Weißenstädter See gelegene „Kurzentrum Weißenstadt am See“ bietet Vier-Sterne Hotelkomfort in Kombination mit medizinischen Therapien und Wohlfühlanwendungen an.

Großzügige Badelandschaft mit ganzjährig beheiztem Außenbecken.

Kurzentrum Weißenstadt am See
Im Quellenpark 1
95163 Weißenstadt
Tel. 09253 / 9545-0
www.kurzentrum-weissenstadt.de
rezeption@kurzentrum-weissenstadt.de

In den lichtdurchfluteten und großzügigen Zimmern und Suiten, jeweils mit eigenem Balkon und auf Wunsch mit Verbindungstür, genießt man die Atmosphäre und die Ruhe des Ortes. Mit Blick auf den See werden im Hotelrestaurant regionale und frische Produkte geschmackvoll serviert. Spezielle Arrangements wie die Basenfastenwoche und das Heilsame Intervallfasten dienen der Entsäuerung und verbessern das Wohlbefinden. Neues wird direkt im Kochstudio mit der Ernährungsexpertin umgesetzt.
Die Vielfalt an Therapien und Wohlfühlanwendungen ist enorm und wird durch Anwendungen mit dem natürlichen Heilmittel Radon ergänzt. Für einen ganz besonderen Frische-Kick sorgt die Ganzkörperkältekammer bei minus 110 °C.
Ob präventiv oder zur Linderung von Beschwerden – ein Team aus Gesundheitsexperten begleitet und unterstützt die Gäste während ihres Aufenthaltes. Beste Entspannung und Erholung bietet die großzügige Sauna- und Badelandschaft mit ganzjährig beheiztem Außenbecken.

4-Sterne Gesundheitshotel Weißenstadt in bester Seelage.

Ofengemüse mit süßsaurem Avocadodip

vom Küchenteam des Kurzentrums Weißenstadt am See

Zutaten für 4 Personen
Ofengemüse:
½ Hokaidokürbis
1 Rote Beete
2 Süßkartoffeln
2 Fenchel
3 Paprika
1 Aubergine
2 Zucchini
Frischer Rosmarin
Frischer Thymian
Salz, Pfeffer, Olivenöl
Für den Avocadodip:
2 Avocado
1 Mango
Saft von 1 Limette
Frischer Koriander
Salz, Pfeffer

Zubereitung

Das Gemüse waschen und in mundgerechte Stücke schneiden, mit Olivenöl, Salz, Pfeffer, gehacktem Rosmarin und Thymian mischen. Das Ganze in eine Backform geben und bei ungefähr 200 Grad ca. 20 Min. garen lassen. Nach 20 Min. das Gemüse auf Bissfestigkeit prüfen.

Für den Dip die Avocado entkernen und das Fruchtfleisch mit einem Löffel aushöhlen. Das Fruchtfleisch mit einer Gabel zerdrücken. Die Mango schälen und den Kern entfernen. In feine Würfel schneiden. Den Limettensaft und die Mango zu der Avocado geben. Den Dip mit frischem gehackten Koriander sowie Salz und Pffer abschmecken. Den Dip in einer Schale zu dem Ofengemüse servieren.

Neustart mit großer Geschichte

Bad Alexandersbad ist das kleinste bayerische Heilbad, die Gemeinde zählt nicht einmal 1000 Einwohner und lässt sich auf der Markgrafenstraße bequem in 15 Minuten zu Fuß durchqueren.

Gästeservice im ALEXBAD
Markgrafenstr. 28
95680
Bad Alexandersbad
Tel. 09232 / 9925 – 0
www.
badalexandersbad.de
info@
badalexandersbad.de

Öffnungszeiten:
Panoramabad:
Mo bis So
8 – 22 Uhr
Sauna:
Mo bis So
10 – 22 Uhr

Beim Durchfahren deutete im Sommer 2014 noch nicht viel darauf hin, dass hier ein Jahrhundertprojekt im Gange ist, aber Bad Alexandersbad hat sich in den darauffolgenden Jahren neu erfunden. Ein architektonisch einzigartiges Kurmittelhaus, eine umfassende Nachhaltigkeitsstrategie und die Modernisierung der historischen Kuranlagen sind Meilensteine, die die Gemeinde optimistisch in die Zukunft blicken lassen.
Das neue Kurmittelhaus ALEXBAD ist wirtschaftlich betrachtet der wichtigste Part des Großprojektes. Es ist nach der Fertigstellung im Jahr 2017 direkt mit dem Alten Kurhaus, der ersten bayerischen „Kaltwasserheilanstalt" aus dem Jahr 1838, verbunden und ist keine „Heilanstalt" mehr, sondern ein modernes Gesundheitszentrum mit faszinierender Architektur, ein Treffpunkt für Gesundheitsbewusste, Erholungssuchende und Patienten. Den Gästen stehen ein umfangreiches Gesundheits-, Wohlfühl- und Therapieangebot sowie klassische Kuranwendungen zur Auswahl, zum Beispiel mit hochwirksamen Heilwasserbädern und Moorpackungen.

Bad Alexandersbad entwickelt sich vom historischen Kurort zum modernen Dienstleistungszentrum. In unmittelbarer Nachbarschaft zum Alten Kurhaus ist 2017 das neue ALEXBAD entstanden mit Panoramabad und Sauna, Trainingspark, Anwendungen mit Heilwasser und Naturmoor, Physiotherapie- und Kosmetikabteilung. Ein Meilenstein der Gesundheitsregion Fichtelgebirge.

Die modernen Schlossterrassen mit dem Markgräflichen Schloss, Sitz des Bundesverbandes Osteopathie e.V. (BVO), der Freien Akademie für Osteopathie (FAFO) und der Osteopathie-Schule Scheuerer (OSS)

Die Gemeinde macht zudem auch durch überregional bedeutende Bildungs- und Tagungsstätten, ein umfangreiches Kulturprogramm und als Mehrgenerationen-Ort auf sich aufmerksam. Während Markgraf Friedrich Alexander als Gründer des Badeortes in die Geschichte einging – er baute die Anlage ab 1781 aus –, ist Bürgermeister Peter Berek (Amtszeit: 2008 bis 2020) die Neuausrichtung des Ortes im 21. Jahrhundert gelungen. Der Verwaltungsfachwirt holte stattliche Fördermittel in den kleinen Ort und beteiligte die Bürgerschaft basisdemokratisch am Entscheidungsprozess. Die „Baderner" redeten beim Masterplan mit und sind zudem Betreiber ihrer eigenen Energieversorgung.

Wie an einer Perlenkette

Nachwachsende Ressourcen sorgen für Strom und warmes Wasser: Eine topmoderne Heizanlage verfeuert Biogas und Hackschnitzel aus qualitativ minderwertigem Holz des Fichtelgebirges. Sparsame LED-Leuchtmittel senken die Energiekosten um 20.000 Euro jährlich und tragen dazu bei, dass die Allee mit den wie an einer Perlenkette aufgereihten Attraktionen stimmungsvoll illuminiert wird.
Auf der anderen Seite der Kuranlage renovierte die Gemeinde das Markgräfliche Schloss. Die Räume bieten Platz für verschiedene Osteopathie-Einrichtungen. Die Schlossterrassen wurden rundum erneuert, ebenso die Anlage auf der Rückseite mit ihren Kleinodien: Musikpavillon, Schwanenweiher, Wandelwege, Ruheplätze. Da in einem Weiher das Froschkraut gedeiht, einmalig in ganz Bayern, wurde das idyllische Fleckchen als Naturparkfläche neu gestaltet. Hier unten befindet sich auch die Heilquelle, in deren Wasser schon Königin Luise anno 1805 gebadet hat. Der Kohlensäure- und Eisengehalt ist gut für das Herz-Kreislauf-System und wird heute unter anderem auch für Wohlfühlbäder eingesetzt.
Das hinter der Quelle gelegene Badehaus, 1842 errichtet und 1965 abgebrochen, ist gerade den Bürgern eine Herzenssache. Ein Verein hat wertvolle Steine gesichert und sammelt Spenden für den Wiederaufbau, der in den nächsten Jahren realisiert werden soll. Das Badehaus soll als Trink- und Wandelhalle dienen und die ganzjährige Nutzung der Luisenquelle ermöglichen. Damit kehrt, unter neuen Vorzeichen, etwas von der alten Magie des markgräflichen Kurortes zurück.

„Ein Glücksort mit bundesweiter Ausstrahlung"

Gäste des Evangelischen Bildungs- und Tagungszentrums (EBZ) loben vor allem die herzliche und umsichtige Aufnahme. Hier ist ein besonderer Geist spürbar, in dem ganz verschiedene Menschen sich sofort wohlfühlen.

Evangelisches Bildungs- und Tagungszentrum Bad Alexandersbad
Markgrafenstr. 34
95680
Bad Alexandersbad
Tel. 09232 / 99390
www.
ebz-alexandersbad.de
info@
ebz-alexandersbad.de

Nervosität und Unruhe des Alltags bleiben zurück. Sie können aufatmen und sich auf die Zeit in diesem schönen Haus freuen.
Das Bildungszentrum ist kein Hotel. Es bietet selbst Seminare und Freizeiten an, und es ist eine hervorragende Herberge für Gastgruppen. Das sind vielfach kirchliche Gruppen, darunter auch eine große Zahl katholischer Gäste. Aber auch andere Vereine, Institutionen und Initiativen sind herzlich willkommen.
Mehr als 100 Menschen können hier in komfortablen und ansprechend gestalteten Zimmern eine gastliche Unterkunft finden. 15 Tagungsräume mit zeitgemäßer Medienausstattung bieten Gruppen in jeder Größe bis zu 200 Personen konzentrierte und inspirierende Arbeitsmöglichkeiten. Abends lockt das gut sortierte Bierstüberl mit einer gern genutzten Kegelbahn. Auch die sehr gute Küche ist für viele Gäste ein wichtiger Grund, immer wieder ins Bildungszentrum zu kommen.

Die Tagungsstätte liegt in sonniger Hanglage sehr ruhig am Rande des idyllischen Kurortes Bad Alexandersbad. Direkt hinter dem Haus beginnen die Wanderwege des Naturparks Fichtelgebirge. Ausgedehnte Wälder und eindrucksvolle Felsformationen laden zu kleinen Spaziergängen oder langen, einsamen Wanderungen ein. Und wenn der Zeitplan es zulässt, verspricht das neu eröffnete ALEXBAD in der unmittelbaren Nachbarschaft Erholung und Entspannung.

Umfassende Persönlichkeitsbildung

Das eigene Seminarangebot des Bildungszentrums steht unter dem Motto „Das Leben entfalten". In der Tradition der Ländlichen Heimvolkshochschulen richtet es sich besonders an Menschen aus dem Ländlichen Raum. Die Evangelisch-Lutherische Kirche in Bayern und das Bayerische Landwirtschaftsministerium fördern diesen besonderen Schwerpunkt der Evangelischen Erwachsenenbildung, um auch für die Menschen auf dem Land ein gutes Bildungsangebot zu sichern. Ziel ist nicht so sehr berufliche Qualifizierung, sondern eine umfassend verstandene Persönlichkeitsbildung. Sie fördert die Entfaltung schöpferischer Fähigkeiten und bietet Beiträge zur geistigen wie geistlichen Orientierung als Voraussetzung verantwortungsbewussten Handelns.
Das Programm kann auf der Webseite eingesehen werden. Auf Wunsch liefert das EBZ die gedruckte Übersicht kostenfrei nach Hause. Die Veranstaltungen richten sich an alle Interessierten.

Begegnung und Gespräch auch zwischen den verschiedenen Gästegruppen sind wesentliche Dimensionen der Bildungsarbeit. Die Architektur des Hauses leistet dazu einen wichtigen Beitrag, aber auch die Einladung zu entspannter und interessierter Tischgemeinschaft. Und abends im Bierstübchen sind schon viele überraschende Freundschaften geschlossen worden.
Besondere Bedeutung geben die Verantwortlichen allen Angeboten zur Besinnung. Damit sind zunächst natürlich die Einladungen zu Meditation, Andacht und Gottesdienst gemeint. Es geht aber auch darüber hinaus um Gelegenheiten zu Stille und Muße. In wohltuender Distanz zur Nervosität des Alltags kann hier neue Aufmerksamkeit wachsen. Ein Bild, ein Wort, einen Klang können Anlass werden zu tiefer Besinnung. Andreas Seiverth, ein langjähriger Freund des Bildungszentrums, hat Recht, wenn er dies Haus einen Glücksort nennt.

„Bildung, Begegnung, Besinnung – das anspruchsvolle Konzept des EBZ zieht sich durch alle Räume des Hauses. Träger der Bildungseinrichtung ist der gemeinnützige „Verein der Evangelischen Bildungszentren im ländlichen Raum in Bayern". Die Bayerische Evangelische Landeskirche und das Landwirtschaftsministerium unterstützen die Arbeit.

Golfen im Herzen Europas

Während andernorts schon mal Bäume weichen müssen, bilden Golf und Natur auf der Anlage der Stiftländer eine harmonische Einheit. Im Herzen Europas, nahe der tschechischen Grenze, hat sich ein besonderer Golfclub etabliert.

Golfclub Stiftland e.V.
Ottengrün 50
95698 Neualbenreuth

Tel. 09638 / 1271
www.gc-stiftland.de
golf@gc-stiftland.de

Reizvolle Landschaft soweit das Auge reicht. Der Golfclub Stiftland ermöglicht optimale Entspannung.

Wer im Golfclub Stiftland seine Golfschuhe schnürt, kann sich beim Spielen Zeit lassen, die naturbelassene Landschaft zu genießen, denn hier gilt Golfen ohne Abschlagszeiten. Die ersten neun Bahnen wurden 1984 am Fuße des Tillenberges gebaut; sie sind wunderbar eingewachsen zwischen alten Bäumen. Mitten in die Natur wurden die Bahnen eingepasst und sind eine Herausforderung für jede Spielstärke. Die wunderschöne Aussicht auf das Erzgebirge und den Oberpfälzer Wald entschädigt dafür, dass die Bäume öfters mal die Tigerline versperren. Leicht ist der von Don Harradine geplante und von Brian Pierson auf 18-Loch erweiterte, fast 6,4 Kilometer lange Parcour, deshalb nicht – aber fair. Daneben steht noch ein 1400 Meter langer, gerateter 9-Loch-Kurzplatz zur Verfügung.

Im Zentrum der 80-Hektar-Anlage wartet das Clubhaus mit seiner schönen Sonnenterrasse auf die Golfer. Hier kann man bei kulinarischen Genüssen und romantischem Sonnenuntergang einen herrlichen Golftag angemessen ausklingen lassen. Entspannen kann man natürlich auch in den Badetempeln des nah beim Golfplatz Stiftland gelegenen Sibyllenbades, berühmt für sein radonhaltiges Heilwasser.
Der Golfclub Stiftland ist ein idealer Ausgangspunkt für eine Golfsafari nach Tschechien ins nahe gelegene Marienbad oder einen Besuch der mittelalterlichen Stadt Eger (heute Cheb).

Grenzenloses Golfvergnügen

Schwungvoll schlängelt sich die Straße von Tröstau hinauf zum Golfhotel. Jede Kurve eröffnet einen anderen Blick auf die Grünanlage mit Wasserläufen, kleinen Baumgruppen und Feuchtbiotopen. Die richtige Einstimmung auf ein Erlebnis in herrlicher Natur – Durchatmen, Kraftschöpfen, Genießen. Das ist hier in vielerlei Hinsicht möglich, insbesondere für Golfspieler, die von hier aus ganz bequem einen schönen Platz nach dem anderen erkunden können.

Golfhotel Fahrenbach
Fahrenbach 1
95709 Tröstau
Tel. 09232 / 8820
www.golfhotel-fahrenbach.de
kontakt@golfhotel-fahrenbach.de

Hotel und Restaurant ganzjährig geöffnet

Die 18-Loch-Golfanlage zählt mit 104 Hektar zu den größten und dank der Lage am Fuß der Kösseine auch zu den schönsten Plätzen in Bayern. Als besondere Attraktion hat sich das grenzübergreifende Golfvergnügen, die Bayerisch-Böhmische Golfsafari etabliert. Die Teilnehmer können einen oder zwei Tage in Fahrenbach spielen, am nächsten Tag in Franzensbad (Distanz: 37 km) oder in Marienbad (67 km) golfen bzw. den Schläger im oberpfälzischen Stiftland (42 km) schwingen oder aber ganz nach Belieben auf einem der anderen Dutzend Golfplätze der Umgebung. Ein Shuttleservice bringt sie von Ort zu Ort. Das Golfhotel kümmert sich um die Startzeitenreservierung und bietet das Komplettpaket (mit Halbpension, Übernachtung und Nutzung der Saunalandschaft) zu einem günstigen Preis an. Zunehmend nutzen auch Geschäftsreisende sowie Firmen das Hotel. Die Räumlichkeiten sind für Veranstaltungen hervorragend geeignet – es stehen mehrere freundliche und großzügige Konferenzräume von 40 bis 150 qm zur Auswahl. Die geräumigen, im Schnitt fast 40 qm großen Doppelzimmer machen das Hotel für Golfer und Urlauber attraktiv. Es bieten sich viele Gelegenheiten, um aktiv zu werden, innen wie außen, im Sommer und im Winter. Das Hotel verleiht E-Bikes. Der nahegelegene Brückenradweg Bayern-Böhmen führt durch die unverwechselbare Landschaft des Fichtelgebirges.

Besonderes Angebot:
Beim Kauf einer „Golf ProSim Euregio Karte" erhalten Gäste bis zu 50 Prozent Greenfee-Ermäßigung bei den Partnerclubs der bayerisch-böhmischen Golfvereinigung. Die Karte ist u.a. im Golfhotel Fahrenbach und beim Golfclub Stiftland (siehe Seite 276) erhältlich. (www.golf-prosim.de)

Das Golfhotel Fahrenbach, zu dem u.a. ein Restaurant gehört, ist eine Anlaufstelle für ausgedehnte Golftouren, aber auch für Tagungsgäste sehr attraktiv.

Als der Schüler Otto Semmelmann aus Nürnberg im Jahr 1895 mit drei Freunden auf selbstgebauten Schneeschuhen von Bayreuth aus zu einer Tour ins Fichtelgebirge aufbrach, waren Wintersportler dort noch das Tagesgespräch.

Die Besitzerin der Gastwirtschaft Pfeiferhaus bei Warmensteinach erinnerte sich fast 40 Jahre später an die vier jungen Leute, die sich nach den Strapazen der Wanderung in ihrer Wirtsstube behaglich niederließen:
„Sowas war was Neues und das bleibt in bester Erinnerung, denn sie waren bereits vorgemeldet mit den Worten: ***Es kummera no Viera aus der neuen Welt, die wo Körb an die Füß ghabt ham.***“

Die Reaktion der Einheimischen mag uns heute nur ein Schmunzeln entlocken – doch waren es lange Zeit vor allem die Schrecken der kalten Jahreszeit, mit denen besonders die Menschen in Gebirgsregionen zu kämpfen hatten. Nicht umsonst wurde in Märchen- und Geschichtsbüchern der Winter als bärtiger Grießgram und die unberührte Schneedecke als Leichentuch bezeichnet. So verwundert es kaum, dass die Freude am Wintersport nicht in den schneereichen Gebieten der Alpen oder der Mittelgebirge aufkam, sondern im bürgerlichen Milieu der Städte des Industriezeitalters. Nicht nur aufklärerisches Interesse an Flora und Fauna, wie es noch im 18. Jahrhundert vorgeherrscht hatte, sondern der Wunsch nach Erholung vom grauen Arbeitsalltag trieb viele Städter im ausgehenden 19. Jahrhundert auch im Winter in die Berge.

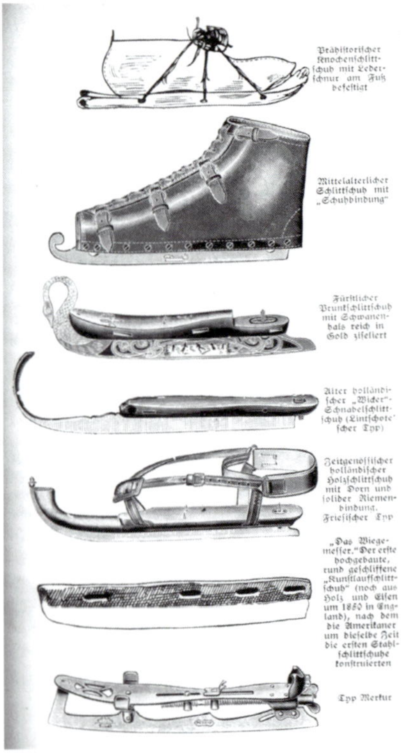

Impressionen aus zwei Jahrhunderten –
Oben: Langläufer im Fichtelgebirge 2013.
Rechte Seite: „Skiamazonen“, um 1900.
Diese Seite unten: historische Grafik zur Entwicklung des Schlittschuhlaufs.

Ein Skizentrum im Wandel der Zeit

Wintersport einst und heute

von Klaus Jahn

Germanen schwingen das „Eisbein"

Die Anfänge des Wintersports reichen allerdings viel weiter zurück. Die Fahrt mit Schlitten und der Eislauf waren in Mitteleuropa schon lange bekannt – die alten Germanen banden sich nachweislich mit Lederriemen versehene Schweinefußknochen als Gleithilfen an die Füße, wovon auch die Bezeichnung „Eisbein" herrührt.

Der Skilauf wurde in Deutschland zuerst von Gerhard U.A. Vieth und Johann C. Guts Muths, in ihren Schriften (1794/1804) als „Leibesübung für die Jugend" propagiert. Sie blieben in ihrer Zeit aber weitgehend unbeachtet. Erst ein Norweger brachte den Stein ins Rollen. Das Buch des Polarforschers Fridtjof Nansen „Auf Schneeschuhen durch Grönland" (1891) wurde auch hierzulande zum Bestseller. In Nansens Heimat benutzte man Schneeschuhe und Skier schon lange als praktikables Fortbewegungsmittel. Das Wort „Ski" bedeutete dort ursprünglich soviel wie „Holzscheit" bzw. „gespaltenes Holz".

Anfänge ab 1892

1892, ein Jahr nach dem Erscheinen von Nansens Buch, begann auch im Fichtelgebirge die Geschichte des Wintersports auf Skiern, als der Lehrer Prell aus Wunsiedel erste Fahrversuche unternahm. Aus Bischofsgrün und Warmensteinach wurde noch vor 1900 von Skipionieren berichtet, die sich zunächst noch ohne Stöcke und mit uns heute abenteuerlich anmutenden Holzbrettern den Hang hinunterstürzten. Auch einige Frauen waren unter den ersten Skiläufern im Fichtelgebirge. Damals noch züchtig mit Röcken bekleidet, gaben die sogenannten Skiamazonen bei einem Sturz oft tiefere Einblicke preis, als es ihnen lieb gewesen sein könnte. Es sollte noch einige Jahre dauern, bis sich auch bei den Frauen die Hose als Skibekleidung durchsetzen konnte.

Die Erschließung des Fichtelgebirges durch die Eisenbahn war wohl die wichtigste Voraussetzung für die Erfolgsgeschichte des Wintersports in dieser Region. Nachdem 1877 die ersten Lokalbahnen in Betrieb genommen wurden (Wunsiedel-Hof und Fichtelberg-Neusorg), kam 1896 eine Schienenstrecke von Warmensteinach nach Bayreuth hinzu. Weitere Strecken nach Bischofsgrün, Weißenstadt und Gefrees folgten wenige Jahre später. Aufgrund des wachsenden Interesses am Wintersport richtete die Eisenbahndirektion Nürnberg ab der Wintersaison 1907/08 Sonderzüge ins Fichtelgebirge ein. Da zu dieser Zeit viele Wintersportbegeisterte auch mit Rodelschlitten verkehrten, wurden diese Züge im Volksmund Rodelzüge genannt.

Auftrieb wie in den Alpen

Vor dem Ersten Weltkrieg wuchs das Aufkommen an Wintersportlern so stark an, dass auch die Einheimischen das wirtschaftliche Potential erkannten. Es entwickelte sich eine touristische Infrastruktur, die mit der der Alpen durchaus Schritt halten konnte. Die Rodler und Skifahrer wurden bei der Ankunft in Warmensteinach mit Blaskapellen begrüßt und vor Ort gab es bald zahlreiche Gaststätten und Geschäfte, in denen man Skier und andere Wintersportartikel erwerben konnte.

1909 wurde in Bischofsgrün der erste Skiclub gegründet. 1911 folgte der fränkische Wintersportverein. Nur wenige Jahre nach Ankunft der ersten Skipioniere war der Wintersport im Fichtelgebirge so beliebt geworden, dass es zum Beispiel an der kostenpflichtigen Rodelbahn an der Luisenburg in Wunsiedel regelrechte Warteschlangen gab. Anfang der 1920er Jahre verkehrten bis zu 1200 Skiläufer jährlich mit den Wintersportzügen. In der Wintersaison 1925/26 wurden trotz schlechter Schneeverhältnisse schon fast 10.000 Personen befördert.

Mit dem Boom gelangte noch eine weitere Disziplin ins Fichtelgebirge: der Skisprung. Dieser stammte ebenfalls aus Norwegen und soll dort im 19. Jahrhundert von Soldaten erfunden worden sein, die im Winter auf Skiern durch unwegsames Gelände

Oben: Die Ochsenkopf-Südabfahrt mit Seilbahn. Derartige technische Errungenschaften standen im frühen 20. Jahrhundert noch in den Sternen. Dafür gab es immerhin schon einen Wintersportzug. Im Bild: Ankunft in Warmensteinach.

Nordbayern, die sogenannte Kurzskimethode. Er beschrieb später scherzhaft, dass ihm bei der Erfindung dieser Lehrmethode der ansteigenden Skilängen auch der Zufall zu Hilfe kam. So gab es in einem seiner Skikurse einen „schmächtigen, blassen jungen Mann aus der Großstadt", der trotz mehrerer Anfängerkurse nicht die geringsten Fortschritte machte. Puchtler verpasste dem schon fast abgeschriebenen „Patienten" als letztes „Heilmittel" ein paar wesentlich kürzere alte Kinderski. Wie durch ein Wunder erlernte der das Skifahren daraufhin ohne Probleme und fuhr beim Abschlussrennen des Skikurses sogar die Bestzeit. Nach und nach verfeinerte der Skilehrer aus Bischofsgrün daraufhin seine Methode, bei der die Schüler zunächst mit ganz kurzen Skiern kurze Schwünge fuhren und sich dann

stapften und dann einige Hindernisse springend überwanden. Die erste Skisprungschanze im Fichtelgebirge entstand 1911 in Warmensteinach „am Hängweg". Das Skispringen, technisch schwierig und damit als Massensport nicht geeignet, entwickelte sich dennoch auch im Fichtelgebirge sehr rasch zum Publikumsrenner. 1933 wurde in Bischofsgrün die Ochsenkopfschanze eingeweiht. Hier fanden bald zahlreiche gut besuchte Wettkämpfe statt. Im Winter 1936/37 betrug der Schanzenrekord immerhin schon 44 Meter, aufgestellt von Walter Koch aus Warmensteinach.

Mit der ersten Mattenschanze im westlichen Deutschland gelangte der Skisprung im Fichtelgebirge auch nach dem Zweiten Weltkrieg in die Schlagzeilen. Durch die guten Kontakte zum Wintersportort Oberhof in der damaligen DDR, wo es bereits seit 1956 eine Sommersprunganlage gab, konnte 1957 eine solche Schanze gebaut werden. Bei der Einweihung waren nicht weniger als 20.000 Zuschauer anwesend.

Aufschwung für die Kurzskimethode

Auch beim alpinen Skisport war man im Fichtelgebirge durchaus innovativ. So erfand 1967 der Bischofsgrüner Martin Puchtler, damals der Leiter der Skischule

Als Mattenschanze wird die Sprungschanze in Bischofsgrün inzwischen überwiegend im Sommer genutzt. Ganz anders früher – Mitte: Doppelsprung am Sprunghügel bei Warmensteinach, Februar 1914.
Unten: Ochsenkopfschanze Bischofsgrün.

über verschiedene Skilängen zum langen Schwung vorarbeiteten.
Im Februar 1969 wurden die beiden Sesselbahnen auf den Ochsenkopf fertiggestellt und damit auch die Verbindung der Nord- und Südpiste von Bischofsgrün nach Fleckl. Mit dem Klausenlift in Mehlmeisel und den beiden kleineren Liften in Warmensteinach gibt es heute optimale Bedingungen für den alpinen Wintersport. Gerade für Skianfänger bieten die zahlreichen Skischulen gute Übungsmöglichkeiten.

Heimat von Spitzensportlern

Das Fichtelgebirge brachte im Lauf des 20. Jahrhunderts vor allem in den nordischen Skidisziplinen immer wieder auch überregional erfolgreiche Wintersportler hervor. So erinnert man sich im Skiclub Neubau gerne an den Langläufer Edgar Eckert, der 1970 Deutscher Meister über die 15 km Distanz wurde. Dabei schlug er sogar den damals schon legendären Walter Demel aus Bayreuth. 1971 nahm Eckert an den Weltmeisterschaften in der Hohen Tatra teil und stand ein Jahr später sogar im Aufgebot der Olympischen Spiele von Sapporo. Vier Jahre vorher erreichten schon der Bischofsgrüner Skispringer Henrik Ohlmeyer und die aus Wunsiedel stammende Langläuferin Barbara Barthel die Olympiateilnahme in Grenoble. Dank des Skirennfahrers Gerd Schönfelder aus Kulmain kam das Fichtelgebirge auch in jüngerer Zeit in die internationalen Schlagzeilen.

Mit dem DSV-Funktionär Horst Hüttel aus Wunsiedel gibt es zudem einen unermüdlichen Förderer des Wintersports in der Region um den Ochsenkopf. Hüttel ist seit 2008 sportlicher Leiter der deutschen Skispringer und Kombinierer. In seiner Funktion setzt er sich für gute Trainingsbedingungen ein und holt auch international bekannte Sportler zu Wettkämpfen

Winterfreuden für Kinder und Erwachsene.

Oben: Zipfelbobfahren in Nebau, Mitte: Rodelbahn zwischen Luisenburg und Wunsiedel, um 1910.

Unten: Skipioniere, um 1900.

Eine Freude ganz eigener Art: die malerische Winterlandschaft (im Bild oben: Nußhardt). Unten: Postkarte

ins Fichtelgebirge. Als Vorsitzender im Exekutivkomitee Nordische Kombination des Weltverbandes FIS zählt er in dieser Disziplin international zu einem der einflussreichsten Männer. Mit dem Neubau neuer Trainingsschanzen versucht man in Bischofsgrün und Warmensteinach, den Skisprung-Nachwuchs im Fichtelgebirge zu halten und damit wieder international konkurrenzfähige Sportler zu rekrutieren. Was die touristische Entwicklung angeht, hat man schon längst erkannt, dass im Fichtelgebirge ein harter Wintertourismus nach dem Vorbild vieler Alpenregionen schon allein wegen der natürlichen Voraussetzungen nicht praktikabel ist. Vielmehr setzt man hier auf eine Klientel, die einen gemütlichen sowie günstigen Winterurlaub abseits des Rummels der großen Wintersportorte verbringen will. Gerade Familien und Rentner kommen im Fichtelgebirge voll auf ihre Kosten. Mit dem Nordic Park Fichtelgebirge findet man aber ein Loipensystem vor, dass auch anspruchsvollen Sportlern gerecht wird. Trotzdem ist es auch im 21. Jahrhundert zwischen Ochsenkopf und Schneeberg noch möglich, wie es einst Otto Semmelmann als Schüler getan hat, zu Fuß oder auf Skiern durch eine unberührte verschneite Winterlandschaft zu wandeln. Gelangt man danach etwa zur Unterkunftshütte Seehaus, wo schon Johann Wolfgang von Goethe 1785 weilte, kann man sich ebenso wie unsere Schüler anno dazumal bei einer gemütlichen Brotzeit von den „Strapazen der Wanderung“ erholen.

Urlaub für ein Jahr

Gipfelglück im Fichtelgebirge

von Oliver van Essenberg

Es ist ein Herzklopf-Moment, nach dem man sich schon die ganze Zeit mit brennender Geduld gesehnt hat: Noch ein Schritt bis zur Aussichtsplattform auf dem Asenturm, hoch oben auf dem Ochsenkopf, und dann: durchatmen, die Weite genießen. Balsam für die Augen und, wenn man den Aufstieg zu Fuß oder ein gutes Stück mit dem Rad bewältigt hat, auch für die Beine.

Heute muss der Besucher dank Sessellift nicht mehr so viel schwitzen wie früher, um diesen Augenblick aufsaugen zu können. Aber was bedeutet schon müssen? Der Aufstieg zum Aussichtsturm ist eine Möglichkeit und um den Gipfel herum warten noch unzählige weitere. Um Kraft zu tanken, gibt es kaum etwas Besseres als Bewegung, und die Gegend um den 1024 Meter hohen Ochsenkopf ist das ganze Jahr über ein Hotspot für abwechslungsreiche Aktivitäten.

Die Gemeinden Bischofsgrün, Fichtelberg, Mehlmeisel und Warmensteinach schmiegen sich wie eine Kette in rund 600 Metern Höhe an den zweithöchsten Berg des Fichtelgebirges. Der Wintersport hat hier Tradition. Scharenweise kamen die Besucher einst mit Zügen an, um ihrem Hobby zu frönen. Und auch heute wird bei Saisonbeginn am Nürnberger Hauptbahnhof die Ochsenkopf-Fahne hochgezogen. Bis Weidenberg im Fichtelgebirge fährt die Bahn, dann heißt es umsteigen in den Bus.
Im Winter steuern vor allem Skifahrer, Familien wie auch Winterwanderer das Ziel an. Vielfalt auf überschaubarem Raum ist angesagt: 10 Pistenkilometer, 100 Kilometer präparierte Loipen, zahlreiche geräumte Winterwanderwege, zwei Rodelbahnen, ein Snowboardpark, zwei Seilbahnen, 10 Schlepplifte sowie zwei große Skischulen mit insgesamt 140 Skilehrern inklusive Ski- und Snowboardverleih. Mit der „Ochsenkopfrunde" entstand der erste vom Deutschen Wanderverband zertifizierte Winterwanderweg im Fichtelgebirge.

Das Panorama genießen, einkehren, runterbrettern, gemütlich wandern ... Immer wieder ruft der Ochsenkopf.

Die Natur zeigt sich von ihrer schönsten Seite: Im Winter verwandelt sich der Wald in eine glitzernde Kristalllandschaft. Die Fichten tragen schwer am Schnee, sodass ihre Arme bis zum Boden reichen. Und wenn der Himmel einmal zu wenig Flocken schickt, sorgen neueste Beschneiungsanlagen für optimale Bedingungen. Die leichten bis mittelschweren Pisten versprechen gerade Familien mit Kindern und Anfängern Skispaß pur. Aber auch Jugendliche kommen, so etwa beim Snowboarden, voll auf ihre Kosten.

Die sanften Stärken des fränkischen Winters offenbaren sich insbesondere beim Skilanglauf und beim Schneeschuhwandern. Die Loipen liegen zwischen 600 und 1024 Meter Höhe und warten oft mit wunderbaren Panoramablicken und Winterwald-Zauber auf. Wie knirscht der Schnee unter den Füßen! Schritt für Schritt, mit Schneeschuhen noch mehr als beim Langlauf. Schneeschuhwanderungen führen durch eine unberührte Natur. Von einfachen Spaziergängen bis hin zu Tagestouren oder gar nachts lassen sich alleine oder mit ausgebildeten Führern schönste Impressionen genießen.
Der Ochsenkopf zeigt sich auch beim Schlittenfahren, Rodeln, Eislaufen, Eisstockschießen und Skispringen von seiner sportlichen Seite, und das an über 100 Wintertagen im Jahr. Ende November startet in der Regel die Saison und bis Ende März schwingen und skaten die letzten Skifahrer auf der Nordseite am Ochsenkopf.

Grandioses Radwegenetz

Schon bald zieht es die Bewegungshungrigen wieder hinaus. Der heilklimatische Kurort Bischofsgrün gilt als das Wanderzentrum: 300 km markierte Wanderwege rund um den Ort, viele herrliche Tages- und Halbtagestouren. Der Bischofsgrüner Panoramaweg wurde in der Rubrik „Traumtour“ als Qualitätswanderweg des Deutschen Wanderverbandes zertifiziert. Die schönsten Flecken lassen sich auch vom Sattel aus erkunden. Mit Elektrofahrrädern, die sich Gäste in der Ochsenkopfregion mieten können, sind die „zwei Tausender“ an einem Tag – erst der Schneeberg (1053 m), dann der Ochsenkopf (1024 m) – gut zu meistern. Für Mountain-Biker ist das Routennetz quer durch Wälder und Hügel mit leichten bis extremen Steigungen geeignet wie kaum eine andere Region in ganz Franken! Gut ausgebaute Straßen und flache Routen im Tal machen den Ochsenkopf aber auch für Rennradfahrer sowie Genuss-Radler zu einem attraktiven Ziel. Wagemutige können beim Downhill-Fahren (siehe Bullhead House Seite 258) einen Adrenalinkick finden.

Das Wahrzeichen des Berges – Dem in den Fels eingemeißelten Stierkopf verdankt der Ochsenkopf aller Wahrscheinlichkeit nach auch seinen Namen.

Der Spaßfaktor rund um den Ochsenkopf ist groß! Bei einer rasanten Fahrt auf der Sommerrodelbahn an der Nordseite bei Bischofsgrün oder mit den Déval-Karts in Oberwarmensteinach darf man sich den Wind um die Nase wehen lassen. Im Ziplinepark können die Gäste, begleitet von Guides, entlang der Skiabfahrt Süd unvergessliche Ausblicke auf neue Art genießen. Nach der Bergfahrt schwingt man sich auf 15 steilen Seilstrecken von einer Baumplattform zur nächsten, bis hinab zur Talstation.
Für leistungsorientierten Sport ist die Region im Winter dank Biathlon und Skispringen seit jeher ein Magnet, wobei beide Sportarten auch im Sommer ausgeübt werden. Die Erlebnisregion Ochsenkopf stellt ihre sportliche und medizinische Kompetenz mit dem Aspekt Bewegung in den Mittelpunkt.
Das Programm „Fit4Life“ bereichert nicht nur die Gesundheitsregion Bayreuth im Bereich der Gesundheitsprävention, sondern ist ein Leitprodukt der Marke „Gesundes Bayern“.
Die Angebote der Ochsenkopfgemeinden sind so umfangreich, dass es schon eines Multi-Multi-Sport-Talents bedurfte, um alles abzudecken. Wo welche Highlights für die Bewegung in freier Natur warten, verraten die Tipps auf diesen Seiten.

Mehr Infos:

www.erlebnis-ochsenkopf.de www.bischofsgruen.de
www.fichtelberg.de www.mehlmeisel.de
www.warmensteinach.de

Sommer-Highlights

- **Schwebeseilbahnen zum Ochsenkopf-Gipfel** von der Nord- und der Südseite (ganzjährig). Infos: www.seilbahn-ochsenkopf.de
- **Fränkischer Gebirgsweg:** zertifiziert als Qualitätsweg Wanderbares Deutschland des Deutschen Wanderverbandes, Jean Paul Weg (siehe Seite 230) und bergbaugeschichtlicher Wanderweg (Start: Warmensteinach); Glaswanderweg von Weidenberg bis Bischofsgrün; Wellness-Wanderweg von Warmensteinach nach Bischofsgrün; Echowaldweg Mehlmeisel; mit Kindern besonders zu empfehlen: Märchenwanderweg und Walderlebnispfad Bischofsgrün.
- **Radfahren:** fantastisches Wegenetz und radfahrerfreundliche Betriebe (Verleihcenter mit modernsten CUBE Hybrid Bikes), sechs Mountain-Bike-Routen, Bullhead House in Fleckl (siehe Seite 258).
- **Kletterwald Ochsenkopf** in Bischofsgrün: Kletterwand und Hochseilgarten. Infos: www.oxenkopf.de
- **Ziplinepark** in Fleckl: Rasante, 2 km lange Fahrt auf 15 Seilstrecken (ab 12 Jahren). Info: www.ziplinepartk.info
- **Sommer-Rodeln:** An der Ochsenkopf Talstation Bischofsgrün mit Sommerrodelbahn mit 10 Steilkurven und Erlebnisbahn Alpin-Coaster (auch bei Regen nutzbar).
- **Déval-Kart-Bahn** in Oberwarmensteinach: in rasanten Kisten mit bis zu 60 km/h ins Tal.
- **Biathlonzentrum** bei der Bleaml-Alm in Neubau: 2,5 km lange Skiroller- und Inlinerbahn.
- **Skisprungschanze** Bischofsgrün und Warmensteinach: Alljährlich der Saisonauftakt der deutschen Nationalmannschaft mit Spezial-Skispringen oder Nordische Kombination, jedes Jahr abwechselnd im Juni.
- Schauen und Staunen: **Wildpark Mehlmeisel** (siehe Seite 217), **Freilandmuseum Grassemann** (216), **Automobilmuseum Fichtelberg** (173), **Besucherbergwerk Fichtelberg** (224).
- Naturbadespaß im Fichtelsee und im Flecklbad.

Oben: Ochsenkopf Südabfahrt. Unten: Die winterlich romantische Ochsenkopf Region ist zu einem Geheimtipp für die Trendsportart Skitourengehen geworden.

Am Ochsenkopf hat sich ein Tourengeher-Treff etabliert. Das Bergrestaurant Asenturm hat hierfür stets mittwochs extra bis 22 Uhr geöffnet.

Winter-Highlights

❄ **Ski alpin mit Nordbayerns längsten Pisten:** 2,3 km lange beschneite Nordabfahrt und 1,9 km lange Südabfahrt sowie zwei Anfängerlifte am Ochsenkopf. Beschneit und mit Flutlicht bis 22 Uhr: die Klausenlifte in Mehlmeisel, die Skischaukel Geiersberg- und Hempelsberglift (Oberwarmensteinach) und der Bleaml-Alm-Lift (Neubau bei Fichtelberg). Mit Flutlicht zudem: der Gehrenlift in Bischofsgrün.
Tipp: Günstige, zweitägige Verbundliftkarte.

❄ **Ski- und Snowboardkurse:** Skischule Hottenroth und Schneesportschule Nordbayern. Ski- und Snowboardverleih mit neuestem Equipment.
Infos: www.skischule-nordbayern.de und www.skischule-hottenroth.de

❄ **Tipps Skilanglauf:** mittelschwere 3,6 km lange Gipfelloipe mit herrlichen Aussichten; landschaftliche reizvolle, 11 km lange Königsheide-Loipe mit mehr als 400 Höhenmetern; die ca. 5 km lange Panoramaloipe in Wülfersreuth, Nachtlaufloipe auf der Südseite des Ochsenkopfes beim Langlaufzentrum Bleaml-Alm und im Wagenthal bei Warmensteinach.
Infos: Wettkampfloipe

❄ **Größter Snowboard-Park Nordbayerns** am Geiersberg und Hempelsberg (Oberwarmensteinach), Flutlicht bis 22 Uhr.
Infos: www.skilifte-devalkartbahn.de

❄ **Schneeschuhwanderungen:** In Kombination mit der Ochsenkopf-Seilbahn auch für große Etappen bestens geeignet. Zwei bis drei Mal pro Woche geführte Wintertouren.
Tipp: Sonnenaufgangstour Richtung Ochsenkopf.
Infos: www.derschneeschuhwanderer.de

❄ **Wintersportzentrum Bleaml-Alm:** Nordbayerns einzige Biathlon-Anlage Nordbayerns mit 2,5 km langer Wettkampfloipe (im Winter beleuchtet und beschneit).
Infos: www.skiclub-neubau.de

❄ **Rodel-Tipp:** Hintergeiersberg (Warmensteinach), eine 1,2 km lange Naturrodelbahn durch den Wald.

❄ **Schneemannfest am Rosenmontag** mit Deutschlands größtem Natur-Schneemann in Bischofsgrün.

Ochsenkopf Gästekarte
Die Ochsenkopf Gästekarte ist in Nordbayern sehr beliebt: Sie wird vom Gastgeber bei der Anreise ausgehändigt, sodass der Urlaubsgast bereits ab der ersten Übernachtung zahlreiche Angebote und Vorteile genießen kann. So gelangt man zum Beispiel mit dem Bus kostenfrei ins nahe Bayreuth, das mit dem Weltkulturerbe Markgräfliches Opernhaus ein Highlight bereit hält.

Bleibe doch, Augenblick!

Das Genießen von Weite und Zeit

von Josef Schmidt

Genießen und Regionalität sind heute allgegenwärtig. Die Bedeutung des Wortes „Genießen“ hat sich dabei gerade in jüngster Zeit stark erweitert. Genießen steht immer häufiger auch, beinahe neutral, für gebrauchen.

Genuss im engeren Sinn bezeichnet dagegen etwas Außergewöhnliches und Kostbares. Ja, genießen darf und sollte sogar ein Luxus sein.

Luxus und Fichtelgebirge? Luxushotels, wo eine Übernachtung 9500 Euro kostet (St. Moritz), ein Abendessen 500 und eine Flasche Rotwein 700 bis 800 Euro, gibt es hier nicht. Eine solche Verschwendung darf mit dem einwandfreien Luxus des Fichtelgebirges nicht verwechselt werden. Sprechen wir also über den wunderbaren Luxus für alle Gesellschaftsschichten: für den Normalverdiener und den Hartz-IV-Empfänger, den Arbeiter auf dem Bau, den chronisch Kranken, den Rentner, den Schüler, den Banker und den Manager. Der Luxus, den das Fichtelgebirge für alle Menschen bietet, ist körperlich und geistig, maßvoll und ohne Maß, eine Sache des Augenblicks und intensiver Momente.

Es ist ein Phänomen, das sich als „gedehnte Zeit" umschreiben lässt. Wobei Zeit für eine relative, subjektive Größe steht und immer an den Raum gebunden ist. Der gedehnten Zeit entspricht das Erleben von Weite. Im Fichtelgebirge zu leben oder nur seinen Urlaub zu verbringen, ist in dieser Hinsicht nicht nur ein Hochgenuss, sondern auch richtige Lebensökonomie. Wenn man Zeit haben will, um diese dann auch zu genießen, sollte man nicht versuchen Zeit zu sparen, sondern Zeit sinnvoll einzusetzen. Ein Vergleich mit der Betriebswirtschaftslehre ist hier durchaus aufschlussreich. Die Kunst der Betriebswirtschaftslehre besteht ebenfalls nicht darin Geld zu sparen, sondern Geld sinnvoll einzusetzen. Zeit in das Genießen des Fichtelgebirges zu investieren, bringt viel Gewinn.

Alles was uns begegnet, alles was wir erleben an Schwerem und Schönen, was uns geschenkt wird an Glück und Seligkeit müssen wir nur richtig verwerten und wir werden beim Zuhören und Zusehen den Atem der Schöpfung spüren, um es dann in richtiger Weise anzunehmen.

Was können wir im Fichtelgebirge, in der Natur allgemein verwerten und erleben? Zunächst einmal uns die Zeit nehmen, um das Fichtelgebirge in all seinen Facetten zu betrachten. Zeit nehmen, wo sie doch vermeintlich so knapp ist. Zum Spazieren und Schweifen durch die herrliche Landschaft, einmal über Dinge nachzudenken, wie sie wirklich sind. Ein häufig verwendeter Satz in vielen Teilen der Welt lautet: „Ich habe keine Zeit." Ist das auch bei uns wirklich so? Nein! Es ist und bleibt, egal wie oft wir das auch sagen, die Unwahrheit. Jeder Mensch hat täglich 86.400 Sekunden Zeit, egal wer er ist und was er tut. Ob Bundespräsident oder Schäfer, einfach jeder. „Ich habe keine Zeit" bedeutet nur „Ich habe andere Prioritäten." Die Frage ist, wofür wir unsere Zeit einsetzen wollen. Und das ist schon ein sehr schönes Thema für einen genüsslichen Spaziergang durch das Luxusgebiet Fichtelgebirge.
Die Ruhe, die Schönheit und somit die Atmosphäre des Fichtelgebirges bie-

ten uns das Umfeld, über solche Dinge nachzudenken. In vielen Jahren, besser Jahrzehnten durfte ich immer wieder erleben, dass Menschen, Gäste, Seminarteilnehmer hierher kamen, mit Sorgen und Problemen beladen, und hier, in der Ruhe, aber auch in der Schönheit der Gegend Gedanken und Ideen bekamen, die die Probleme lösten. Dabei geht es doch fast immer um das Verständnis, dass in jedem Problem der Keim der Verbesserung steckt und dieser Keim braucht Nahrung – auch von außen.

Der Mensch braucht Riten und Rituale in schlechten wie in guten Zeiten. Dazu ist es gut, sich in gewissen Zeitabständen Fragen zu beantworten, die man sich schon einmal beantwortet hat. Was möchte ich in meinem Leben erreichen? Welche immateriellen Werte sind für mich wichtig (Geborgenheit, Zugehörigkeit, Sicherheit)? Welche Bedeutung haben für mich Familie, Sport, Vereine? Welchen Nutzen biete ich der menschlichen Gemeinschaft? Wie wichtig sind mir Besitz und Vermögen? …

Und dazu braucht man das Fichtelgebirge? Nein! Um diese Fragen aber richtig zu beantworten, braucht man ein Umfeld, eine Stimmung, eine Atmosphäre. In der Pflanzenwelt würde man sagen, eine Flora. Eine Vegetation des Gedeihens um meinen Körper und Geist herum. Das bietet das Fichtelgebirge. Die Fichtelgebirgler sind steuerfreie Nutznießer dieses herrlichen Luxus.

Zum Philosophieren gehört aber auch die Wahrheit, dass es im Fichtelgebirge auch weniger Schönes gibt. Dazu fällt mir wahrscheinlich nichts ein.

Das Fichtelgebirge, der einzige Allround-Ort, wo man alles hat, was man zum Glücklichsein braucht? Nein, der einzige Ort nicht, aber einer von den allerbesten. Gute Ideen brauchen einen Ort, um zu gedeihen, zu blühen und um Früchte zu bringen. Diese Tatsachen sind wahrscheinlich auch die Ursache dafür, dass Menschen aus den anonymen Städten wieder in solche Regionen zurückkehren oder ein solches Umfeld suchen. Wesentliche Aspekte sind aber auch, dass die Argumente, die man für das Wegziehen benutzt hat, nicht mehr stimmen. Warum? Weil es hier hochwertige Arbeitsplätze gibt. Weil es hier erstklassige kulturelle Veranstaltungen gibt und mindestens genauso gute Möglichkeiten für Sport. Am meisten aber wird geschätzt, dass es hier für Kinder ein gedeihliches Umfeld in freier und frischer Luft gibt. Bei den Schulen bestehen im Vergleich zu den Ballungszentren kaum noch Unterschiede.

Mit Fug und Recht kann man behaupten, dass dies Luxus pur für anspruchsvolle Menschen ist. Ich behaupte, dass ein Leben in diesem Luxus besonders intensiv ist.

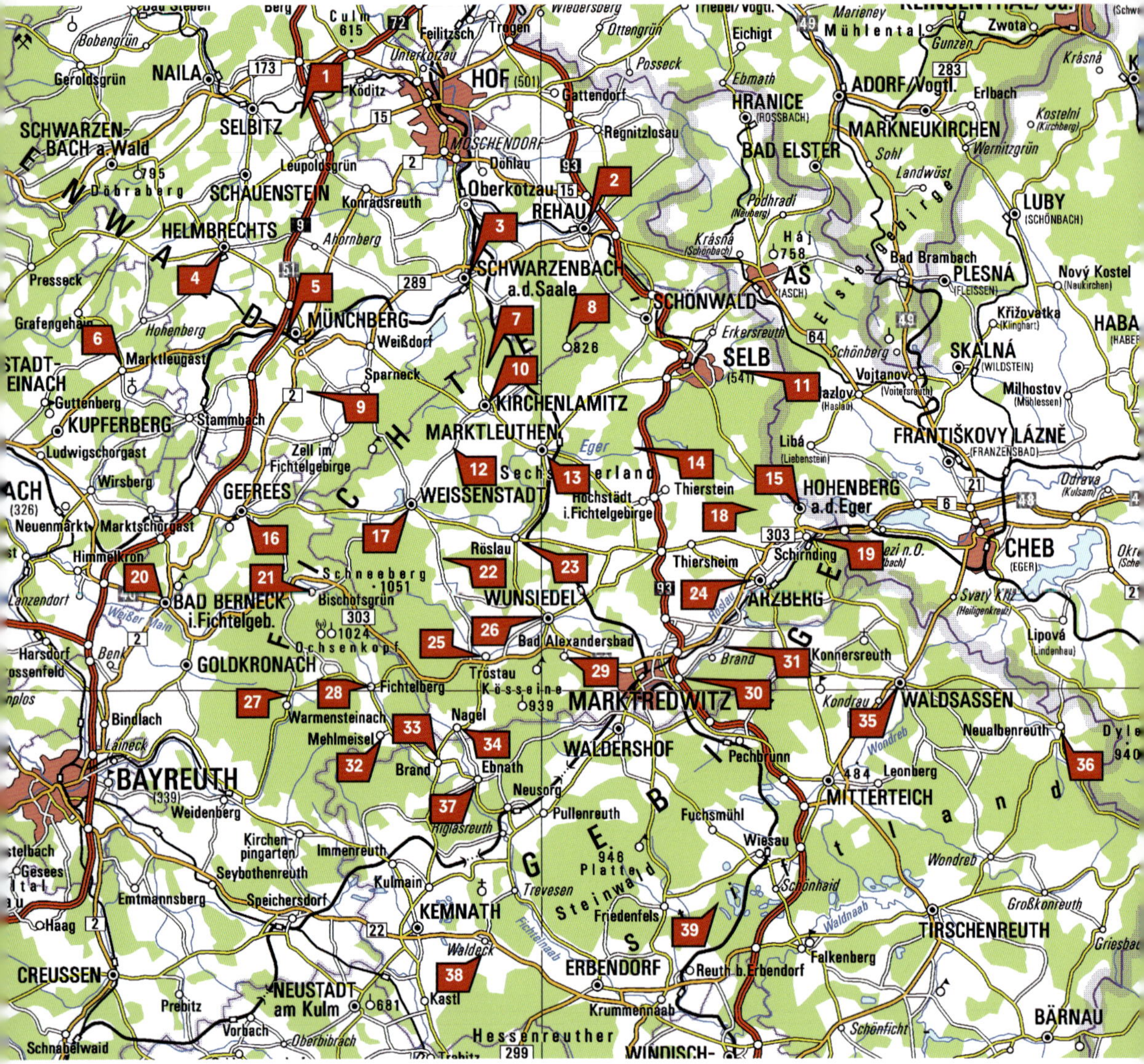

Ausgewählte Adressen

Fichtelgebirge und nähere Umgebung

Essen Trinken Ausgehen

Nr.		Seite
12	Bauernhofcafé und Ferienhof Petzold	26
5	Fickenschers Backhaus	28
17	ROGG-IN (Museum)	32
17	PEMA Vollkornspezialitäten	34
17	Konditorei und Café Seel	36
26	Lang Bräu	38
30	Brauerei Nothhaft	42
37	Köstlers Bio-Bauernhof	46
26	Rotwildgehege Wunsiedel	47
1	Landmetzgerei Strobel	48
13	Bio-Geflügelhof Ritter	50
12	Buchberghof Eismanufaktur	51
34	Kräuterdorf Nagel	60
26	Wirtshaus im Gut	56
6	Landgasthof Haueis	56
28	Wildkräuter-Hotel	56
33	Gasthof Pension Waldfrieden	56
21	Puchtler's Deutscher Adler	56
32	Gasthof-Pension „Zum Loisl“	56
20	Gasthof Goldener Hirsch	56
16	Gasthof-Pension Entenmühle	56

Ausstattung Design Architektur

Kunst Kultur Natur

Viele weitere Adressen finden sich in den Rahmenbeiträgen dieses Buches.

Autoren

Christian Kreipe (2.v.l.) war Geschäftsführer des Naturpark Fichtelgebirge und Regionalmanager im Landkreis Wunsiedel und organisierte mithilfe des Fichtelgebirgsvereins die Strecke vom Waldstein bis nach Bad Berneck. Er flankierte auch die anschließende Realisierung der „Südschiene" mit Rat und Tat, addierte die weißen Tafeln „Landschaft zur Zeit Jean Pauls" und sorgte für die Herausgabe der 5 Wanderflyer zum Weg.

Dr. Karla Fohrbeck (re.) ist Kulturwissenschaftlerin, Kulturpublizistin und Kulturpolitikerin (zuletzt Schul- und Kulturreferentin in Nürnberg). Sie hat ihr Büro bei der Agentur KulturPartner in Bayreuth und war von 2007 bis 2013 u.a. für Idee, Koordination und Vermarktung des Jean-Paul-Weges in Oberfranken verantwortlich und Autorin der beiden Bücher zum Weg.

Michael Stumpf (2.v.r.) war als Regionalmanager im Landkreis Hof (zusammen mit Herbert Rödel) für die Organisation des Jean-Paul-Weges von Joditz bis zum Waldstein zuständig.

Alexander Popp (li.) Regionalmanager im Landkreis Bayreuth, war – zusammen mit Dr. Clemens Lukas (Agentur KulturPartner) und Dr. Karla Fohrbeck – für die weitere Strecke bis Sanspareil und die Wegführung zwischen Eremitage und Fantaisie durch das Stadtgebiet Bayreuth federführend.

Textauswahl für die Stationstafeln am Weg:
Karin und Eberhard Schmidt (Joditz bis Schwarzenbach a.d. Saale) sowie Dr. Karla Fohrbeck und Dr. Frank Piontek (von dort bis nach Sanspareil).
Hauptsponsor auf der „Nordschiene" des Weges: NÜRNBERGER Versicherungsgruppe.

Sabine Dittrich, Jahrgang 1962, arbeitet als Autorin und Referentin. Sie hat mehrere Romane, Sachbücher und Kurzgeschichten veröffentlicht. Die Autorin engagiert sich in Deutsch-Tschechischen Projekten, z.B. dem Festival Literarisches Franzensbad. Sie ist Mitglied des tschechischen Internationalen P.E.N. Clubs in Prag. Ihre Freizeit verbringt sie gerne mit langen Wanderungen in der Natur, manchmal auch abseits der üblichen Wege.

Dr. Oliver van Essenberg, Jahrgang 1970, ist Publizist. Er studierte Germanistik mit Schwerpunkt Journalistik an der Universität Bamberg und promovierte in Literaturwissenschaft. Nach beruflicher Tätigkeit in einer Werbe- und PR-Agentur machte er sich 2008 selbständig. Publikationen (Auswahl): Buchreihe „Lebensart genießen" (seit 2010, Herausgeber und Verleger), Magazin „ZUKUNFT Fichtelgebirge" (seit 2015, Chefredakteur), zweisprachiges Publikationsprojekt „Hüben und Drüben – Franken und Böhmen für Entdecker" (2018, Chefredakteur).

Prof. Eugen Gomringer, geboren 1925 in Bolivien, studierte von 1944 bis 1952 Nationalökonomie und Kunstgeschichte in Bern und Rom. Der „Vater der konkreten Poesie" hatte zahlreiche Professuren und Gastprofessuren für Gestaltung, Kunst, und Ästhetik inne. 2000 gründete er das Institut für Konstruktive Kunst und Konkrete Poesie – IKKP – in Rehau, das er heute noch leitet. Eugen Gomringer schreibt in fünf Sprachen; er veröffentlichte zahlreiche literarische und literaturtheoretische Werke.

Dr. Alexandra Hentschel, Jahrgang 1969, studierte Ethnologie, Soziologie, Pädagogik und Museumsmanagement in Göttingen, Paris und Hamburg. Sie arbeitete als freie Mitarbeiterin im KL!CK Kindermuseum Hamburg und als Dozentin für Museumsmanagement an der Universität Hamburg. Seit 2013 ist sie Leiterin des Erika-Fuchs-Hauses, Museum für Comic und Sprachkunst, in Schwarzenbach a.d. Saale

Dietmar Herrmann, Jahrgang 1945, war bis zu seiner Pensionierung Bereichsleiter Firmenkunden in der AOK Bayern. Seit seinem 18. Lebensjahr betätigt er sich als Heimatforscher, ist aktiv im Fichtelgebirgsverein und Referent für Heimatgeschichte. Er schreibt seit 40 Jahren über alle Themengebiete der Heimat und veröffentlicht Sachbücher über das Fichtelgebirge. Nebenbei entstand eine umfangreiche Fotosammlung zur Fichtelgebirgsregion. 2003 erhielt er den Kulturpreis des Fichtelgebirgsvereins.

Klaus Jahn, Jahrgang 1966, arbeitete zunächst als Werbefotograf in München. Ab 1992 studierte er Ethnologie, Volkskunde und Religionswissenschaften in Bayreuth. Seit 1998 arbeitete er als wissenschaftlicher Mitarbeiter in Museen, zuletzt am Fränkische Schweiz-Museum Tüchersfeld. Er war an zahlreichen Ausstellungsprojekten beteiligt.

Christof Kaldonek, geboren 1960, hat Philosophie, Linguistik und Kunstgeschichte studiert. Er arbeitet seit Jahrzehnten als selbständiger Dramaturg und Kulturberater mit den Schwerpunkten Kunst und Kultur (www.kaldonek.info). Er hat in seinem Berufsleben schon viele Stationen absolviert, sowohl geographisch – Insel Rügen, Weimar, Halle/Leipzig, München, Berlin und Frankfurt – als auch thematisch, vom Schauspiel über das Tanztheater und das Musical bis zur Literatur und der modernen Fotografie. Seine Vielseitigkeit hat ihn 2016 das erste Mal zu den Luisenburg-Festspielen geführt, für die er seit 2018 als Leiter Kommunikation und Öffentlichkeitsarbeit tätig ist.

Dr. Laura Krainz-Leupoldt, geboren 1961 in Triest, studierte Sprachwissenschaften und Philosophie und arbeitete parallel im elterlichen Unternehmen, einem Planungsbüro für Passagierschiffselektrik. 1992 trat sie in das Unternehmen PEMA Vollkorn-Spezialitäten ein, seit 2014 ist sie geschäftsführende Gesellschafterin. Sie erhielt mehrere Preise für besondere Verdienste um die regionale bzw. europäische Wirtschaft.

Norbert Krines kam 1973 in der „heimlichen Hauptstadt des Bieres" Kulmbach zur Welt. Für sein Studium zog er in die „wahre Hauptstadt des Bieres", Bamberg. Seit seinem Abschluss arbeitet er als Autor und Dozent. Seit 2001 ist er aktiver Heimbrauer. In seinem Blog bier-scout.de beschrieb er ab 2011 fünf Jahre lang jeden Tag ein anderes fränkisches Bier. Von ihm sind unter anderem der „Craft Bier Führer Franken", „111 fränkische Biere, die man getrunken haben muss" und „111 Craft Biere, die man getrunken haben muss" erschienen.

Georg Lang, Jahrgang 1948, begann nach dem Abitur ein ausschweifendes „studium generale" und widmete sich daneben dem Brotstudium Architektur/Stadt- und Regionalplanung in München und Berlin. Seine Berufstätigkeit führte ihn nach Berlin, Lörrach (Südbaden) und Bamberg. Seit 2004 ist er Sympathisant der internationalen Slow Food-Bewegung.

Ronald Ledermüller, geboren 1974, studierte an der FH Weihenstephan Forstwirtschaft und absolvierte später noch ein Masterstudium zum Regionalmanagement. Er volontierte bei der Frankenpost und dem Hofer Anzeiger, arbeitete als Umwelt- und Museumspädagoge, Gebietsbetreuer und seit 2016 als Geschäftsführer beim Naturpark Fichtelgebirge. Zudem ist er als freier Journalist tätig.

Beate Roth, geboren 1962, studierte Design und Malerei, arbeitete von 1989–2005 im Gourmetrestaurant „Jägerstüberl" auf der Luisenburg/Wunsiedel und machte 2006 den Gesellenbrief zur Köchin. Sie betreut das Förderprojekt „essbares Fichtelgebirge". Aus der Beschäftigung mit Jean Pauls Werk enstanden literarische Vorträge mit Gesang und Essen. 2008 veröffentlichte sie mit Dr. Cosima Lutz „Hoppelpoppel und Schnepfendreck – Jean Paul häppchenweise". Sie bietet Schulungen zum Thema „Jean Paul und das Essen" an.

Claus Rabsahl, geboren 1958, studierte in Nürnberg Betriebswirtschaftslehre, arbeitet heute selbständig und lebt seit 2000 in Bad Berneck im Fichtelgebirge. Er engagiert sich als Burgenreferent für den Förderverein historischer Stätten e.V. in Bad Berneck.

Sandra Schiffel, geboren 1960, studierte in Nürnberg Betriebswirtschaftslehre, arbeitet heute selbständig und lebt seit 2000 in Bad Berneck im Fichtelgebirge. Sie ist Organisatorin der Bad Bernecker Kunststraße, die jährlich stattfindet.

Josef Schmidt, 1934 geboren, gestorben 2019, war gelernter Handwerksmeister. Über den zweiten Bildungsweg absolvierte er eine kaufmännische Ausbildung und führte in der Folgezeit mehrere Unternehmen erfolgreich. Aus seinen jahrelangen Erfahrungen im Management entstanden seine Modelle Strategischer Unternehmensführung und Zeitplanung. 1985 gründete Josef Schmidt sein eigenes Lehrinstitut, das SchmidtColleg. Er trainierte Manager und Führungskräfte bedeutender Unternehmen.

Wilhelm Antonius Maria Siemen, 1955 geboren, studierte Mittlere und Neuere Geschichte und Publizistik in Münster. Schon 1985 kam er zum deutschen Porzellanmuseum und war als Museumsleiter für den Aufbau des Museums zunächst in Hohenberg und ab 1988 zusätzlich für den Standort in Selb-Plößberg verantwortlich. Der Porzellanspezialist konzipierte zahlreiche Ausstellungen, ist Gründungsmitglied des Porzellanikons in Selb, Herausgeber von Publikationsreihen zu Geschichte und Gegenwart des Porzellans, Lehrbeauftragter an Kunsthochschulen und erhielt schon in mehreren Ländern Kulturorden.

Birgit Simmler, Jahrgang 1972, ist seit Herbst 2017 künstlerische Leiterin der Luisenburg-Festspiele, Wunsiedel. Die gebürtige Münsteranerin verfügt neben einem Staatsexamen in Deutsch und Englisch über einen Diplom-Abschluss der Universität Zürich in „Executive Master in Arts Administration". Sie lebte und arbeitete als Theater-Regisseurin und Produzentin in Berlin, Wien, New York und Biedenkopf (Hessen).

Impressum

Konzept, Redaktion, Porträttexte
Dr. Oliver van Essenberg

Mitarbeit (Porträttexte der Seiten)
Dr. Karla Fohrbeck (24)
Jochen Goller (184f)
Dr. Alexandra Hentschel (198f)
Dietmar Herrmann (248)
Christof Kaldonek (208)
Dr. Alexander Peterek (219 und 228f)
Sabine Reichel-Fröhlich (106)
Joachim Twisselmann (274)
Dr. Sabine-Zehentmeier-Lang (170f)

Verlag
selekt Verlag
Untere Königstr. 19
96052 Bamberg
Tel. 0951 / 2975923
www.selekt.org
info@selekt.org

Fotografen
Fotostudio Feig, Selb (FF)
Eva Hagen (EH)
Josef Hagen (JH)
Manfred Jahreiß (MJ) / Fotostudio Jahreiß
Florian Miedl (FM)
Gerd Purrucker (GP)

Layout und Grafik
Stephan Drescher / globaldigital.de

Mit freundlicher Unterstützung durch

#frei raum für macher FICHTELGEBIRGE

Förderverein Lebens- & Wirtschaftsraum Fichtelgebirge e.V.

Naturpark Fichtelgebirge
www.fichtelgebirge.bayern

©ADMSERVICE GmbH

jahreiss.
kommunikation foto film

Bildnachweise (Seite, Fotograf/Copyright, Platzierung)
1: MJ, 4: JH, 7: MJ, 8: MJ (o.), Ehapa-Verlag, 10-11: TZ Fichtelgebirge / A. Hub, 12-13: MJ, 14-17: FM, 18-19: GP, 20-21: MJ (o.l.), Genussregion Oberfranken / Martin Bursch, 22: Jean Paul Museum Bayreuth (o.), Beate Roth (u.), 23: Th. von Oer / Die Gartenlaube, 24: Bayreuth Marketing & Tourismus GmbH, 25: Beate Roth, 26: Petzold, 27: MJ, Petold (r.u.), 28-29: A. Fickenscher, 30-31: MJ, ROGG-IN (M.), 32-33: ROGG-IN, 34-35: PEMA, 36-37: EH, Magnus Seel (u.r.), 38: MJ, 39: Michael Schinharl, 40: Jana Groß (o.), JH, 41: Schafferhof, 42: MJ, Nothhaft (u.r.), 43-44: Ronald Ledermüller, Jürgen Purucker (u.r.), 45: Kießling, Ledermüller (u.), 46: MJ, 47: Wun KU, 48-50: MJ, 51: Hannes Bessermann, 52: TZ Fichtelgebirge / A. Hub, 53. Genussregion Oberfranken / Bursch, 54: Genussregion Oberfranken / Bursch (o.), Sepp photography / shutterstock, 55-57: MJ, 58: essbares Fichtelgebirge, Bessermann (o.r.), 59: essbares Fichtelgebirge, 60-61: Gemeinde Nagel, EH (o.l.), van Essenberg (u.r.), 62-63: MJ, Sack's Destille (u.r.), 64-65: Jagdschloss Fahrenbühl, JH (o.r., M.r.), 66-67: Helmut Groh / Fotostudio Groh, 68-69: FF, 70-71: MJ, 72-73: Hollerhöfe, 74: MJ, 75: Ingo Hilger, EH (u.), 76: Robert Reith, 77: Doris Köhler (u.r.), Bezirk Oberfranken (o.), Schwarzenbach/Saale (u.l.), 78-81: Beate Roth, 83-84: Ewige Baustelle, 84-85: Bräustüberl, 86: MJ, 87: Restaurant am Fichtelsee, MJ (u.r.), 88-89: Kohler's Kulinarik, 90: MJ, 91: Alte Wirtschaft, 92: Museo, 93: MJ, 94: Rosenthal Casino, 96-97: GP, 98: Porzellanikon / Thomas Meyerhöfer (o.), 99: Porzellanikon, Rosenthal GmbH (u.), 100: Porzellanikon / Meyerhöfer, 101: Rosenthal (o.), Porzellanikon / Meyerhöfer, 102: FM (o.), Rosenthal, 103: Rosenthal, 104: MJ, 105: Rosenthal, 106-107: Porzellanikon / MJ, 108-109: Staatl. Fachschule für Produktdesign, 110-111: Rosenthal Outlet, 112-113: Dibbern, 114: Rosenthal, 115: Fichtelgebirgsmuseum, 116: Das Kleine Museum (o.), Designblick (u.), Rosenthal, 117: MJ (o.), Baderschneider, Sellinger, Satzinger, 118-119: bleed, 120-121: MJ, 122-123: Feiler, 124-125: JH (u.l.), Bessermann (o.l.), hofmann druck + design, 126: MJ (o.), Sabine Schüller, 127: Monte Pelle, 128-129: Hohenberger Tapetenmanufaktur, 130-131: MJ, 132-133: Pretsch Schmuck, MJ (u.r.), 134: istockphoto / lorenzo, Martin Hertel / Bayerische Staatsforsten (u.), 135: Gemeinfrei / wikimedia, 136: Tourismus & Marketing Ochsenkopf GmbH (o.), Kur- & Tourist-Information Weißenstadt, 137: Grasyma (o.), Ledermüller, 138-139: Staatl. Fachschule für Steintechnik, EH (r.o., l.o.), 140-141: GELO Holzwerke, 142: MJ, 143: Gäste-Information Neualbenreuth, 145-146: MJ, 147: MJ (o.), Egerland-Museum, 148-149: GP, 150: Radquartier / Benjamin Sieber, 151: MJ (l.u.), antoniodiaz / shutterstock, 152: Poschenrieder, 153: Bessermann (o.), EZD (u.), 154-155: FM, 156: FM (o.), Bessermann, 157: FM, Martin Ehrenberger/ blackriver+ GmbH (o.r.), 158-159: Abtei Waldsassen, Franz X. Bogner (o.r.), JH (u.r.), 160: JH, 161-163: MJ, 164: Florian Fraaß / Tourist-Info Bad Berneck, 165: Sandra Schiffel, Dominic Day / Tourist-Info Bad Berneck (u.), 166-169: Fraaß / Tourist-Info, 170-171: Fichtelgebirgsmuseen, 172: Ofr. Bauernhofmuseum, 173: Deutsches Fahrzeugmuseum, 174-175: MJ, Rosenthal (u.r.), 176-177: Rosenthal, MJ (r.o.), FF (u.r.), 178-181: MJ, 182-183: Das Kleine Museum, 184: Kunstverein Hochfranken, 185: Micha Farkas, 186-187: Tietz, JH (r.o., r.u.), 188: JH, 189: Stefan Rettinger, 190: Jörg Gulden, Annette Hähnlein (M.), 191: Erik Mansila (o.), Hähnlein, 192-197: Ehapa-Verlag, Schwarzenbach/Saale (197 u.), 198: Simon Schwartz, 199: Schwarzenbach/Saale, 200-206: MJ, 207-209: FM / Luisenburg-Festspiele, 210-211: MJ, 212: Sarah Beer, 213: MJ, wikimedia / Michael Gäbler (u.), 214: Florian Fraaß, 215: FM (o.), Fraaß, 216: Simone Werner-Ney, Ledermüller (r.), 217: Sarah Beer, Tourismus & Marketing Ochsenkopf GmbH (u.), 218: 228: Karl Paulus, 219: Tourismus & Marketing Ochsenkopf GmbH, 220-221: Bürgerpark Wunsiedel, Dietmar Herrmann (M.r.), 222.223: Bürgerpark, Herrmann (o.l.), 224-225: Tourismus & Marketing Ochsenkopf GmbH (l.), MJ, 226: Kur- & Tourist-Information Weißenstadt (o.), Tourismus & Marketing Ochsenkopf GmbH (M.), TZ Fichtelgebirge (u.), 227: Gemeinfrei, 228: Bessermann, Martina Gorny / Naturschutzarchiv LRA (u.), Rettinger / Fichtelgebirgsdrohne, Fotoclub Arzberg (u.), 230: FM, 232-238: Archiv Jean Paul Weg, Stadt Schwarzenbach/ Saale (232 u.), Rettinger / Fichtelgebirgsdrohne (233), FM (236), EH (237), 240-241: Reinhard Feldrapp (o.), MJ, 242-243: Feldrapp (u.l.), MJ, 244: Steinwald-Allianz, 245: TZ Fichtelgebirge / A. Hub, Dietmar Herrmann (u.), 246: JH, Herrmann (u.), 247: Uwe Gaasch, 248: Herrmann, 249: Preißinger, 250: Rettinger / Fichtelgebirgsdrohne, 251: van Essenberg, MJ (u.), 252-253: Tobias Gadelmeier, 254-257: Moritz Klauer, 258: Bullhead House, 259: CUBE (o.), Kuchenreuther Architekten / Stadtplaner Marktredwitz, 260: Gemeinde Bad Alexandersbad, 261: TZ Fichtelgebirge / A. Hub, 262: GP (o.), Franz X. Bogner, 263: Martin Hertel (o.), Dietmar Herrmann, 264: FM (o.). EH, 265: MJ (o.), Stadt Schwarzenbach (M.l.), FM (u.), 266: Bad Alexandersbad, 267: MJ (o.), D. Herrmann, 268-269: Siebenquell GesundZeitResort, 270: Kurzentrum Weißenstadt am See, 271: MJ, 272-273: Bad Alexandersbad, 274-275: Ev. Bildungs- und Tagungszentrum, JH (o.r., o.l.), 276: Golfclub Stiftland, 277: Golfhotel Fahrenbach, 278-283: Fichtelgebirgsmuseum, Tourismus & Marketing Ochsenkopf GmbH / Andreas Munder (278 o., 281 o.), Werner-Ney (280 o.), Archiv A. Munder (281 u.), FrankenTourismus / Alexander Hub (280 o.), Ledermüller (283 o.), 284-285: Tourismus & Marketing Ochsenkopf GmbH, 286-287: TZ Fichtelgebirge / A. Hub (o.l.), Tourismus & Marketing Ochsenkopf GmbH, 288-293: GP, 294-295: Landesamt für Vermessung und Geoinformation, 296-297: Franz X. Bogner, 298-301: die Autoren.

Sie haben Fragen zum Fichtelgebirge?
Gerne helfen wir Ihnen weiter und vermitteln den richtigen Ansprechpartner für Ihr Anliegen.

Entwicklungsagentur Fichtelgebirge
Tel. 09232 / 80-451
www.entwicklungsagentur-fichtelgebirge.de
www.landkreis-wunsiedel.de